CW01656685

PLACE BEAUVAU

OLIVIA RECASENS
JEAN-MICHEL DÉCUGIS
CHRISTOPHE LABBÉ

PLACE BEAUVAU

La face cachée de la police

ROBERT LAFFONT

© Éditions Robert Laffont, S.A., Paris, 2006
ISBN 2-221-10384-X

À tous ceux qui comptent pour nous
et qui ont compté pour ce livre.

« Ce qui vient au monde pour ne rien troubler ne mérite ni égards ni patience. »

René CHAR, *Fureur et Mystère*.

Avant-propos

Ce livre ne fera pas plaisir à l'institution policière. Si nous sommes partis à l'assaut de la Place Beauvau, c'est pour démonter les rouages secrets du ministère de l'Intérieur. Ce qui bizarrement n'avait jamais été fait. Parce que la « maison Poulaga » est bien tenue et que la plupart des journalistes spécialisés « police », ce que nous ne sommes pas, ne peuvent pas scier la branche sur laquelle ils sont assis. Divulguer des informations qui dérangent, c'est prendre le risque de « se griller » avec la hiérarchie policière et voir du jour au lendemain se refermer toutes les portes.

La police est-elle instrumentalisée par le politique ? Le poste de ministre de l'Intérieur est-il un tremplin pour devenir président de la République ? À quoi, à qui servent tous ces renseignements qui remontent chaque jour au ministre ? Quel est le vrai pouvoir des syndicats dans la police ? Le rôle de la franc-maçonnerie ? La guerre des polices existe-t-elle encore ? Pour qui roulent les grands flics ? D'où viennent et à quoi servent les millions d'euros qui circulent de la main à la main Place Beauvau ? La police manipule-t-elle les journalistes ?

Pour répondre à toutes ces questions, nous avons mené à trois une enquête de plus d'un an, rencontré près de deux cents policiers de tous grades et de tous services, mais aussi des préfets, des anciens ministres de l'Intérieur et leur entourage, des hauts fonctionnaires et des magistrats. Nous avons, sans y être invités, visité des commissariats. Nous avons également eu accès à des documents confidentiels et vu de l'intérieur comment fonctionnaient des services spécialisés comme les renseignements généraux, l'antiterrorisme, la DST[1], les Stups...

En explorant les coulisses du ministère de l'Intérieur, nous avons aussi découvert quelques cadavres dans les placards. Parfois, notre curiosité a dérangé. Certains de nos interlocuteurs ont été dissuadés de nous rencontrer ; pour d'autres, tout a été fait pour les identifier, ce qui nous a valu quelques filatures lors de rendez-vous. Pendant un an, il a fallu, afin de protéger nos sources, prendre des précautions que l'on croyait réservées au polar : utiliser les cabines téléphoniques, se servir de mots clefs pour fixer les heures et les lieux de rendez-vous, mettre les documents à l'abri... jusqu'au titre du livre qui avait pour nom de code *La Ferme* – sous-entendu le poulailler. Et comme pour tous les livres qui dérangent, nous avons eu droit à la sollicitude du fonctionnaire des RG qui suit l'actualité de l'édition.

Ironie du sort : pendant que nous enquêtions sur la police pour écrire ce livre, nous avons nous-mêmes fait l'objet d'une enquête de la police des polices. Les « bœufs-carottes », comme on les appelle dans le jargon, ont mis nos téléphones sur écoute. Il s'agissait pour eux de trouver nos prétendues sources dans la police après la publication, dans *Le Point*, d'un de nos articles relatant une enquête des Stups sur le dopage dans le Tour de France : l'affaire Cofidis.

Une chose est sûre, jamais la volonté de contrôler l'information n'a été aussi forte qu'aujourd'hui au sein du ministère de l'Intérieur. D'un côté, on dissuade les policiers de parler à la presse s'ils n'ont pas été dûment autorisés, de l'autre on cantonne les journalistes au rôle de porte-voix dans des opérations de communication. Jamais la police, notamment au nom de la lutte antiterroriste, n'a eu autant de moyens juridiques et techniques – qu'il s'agisse des écoutes téléphoniques, de la pose de micros, des perquisitions ou encore de l'interception des

1. Pour les sigles et acronymes, le lecteur peut se reporter à la table en fin d'ouvrage (*N.d.E.*).

courriers électroniques. La sécurité est devenue un enjeu politique. Et jamais la police n'a été autant politisée.

Depuis 1981, au gré des alternances, les locataires successifs de la Place Beauvau ont mis au service de leur carrière certains grands flics, obligeant les troupes à choisir leur camp. Aujourd'hui, on ne s'étonne même plus qu'un futur candidat à la présidentielle annonce qu'il revient Place Beauvau pour protéger les siens. Un climat propice aux dérives, surtout si le ministère de l'Intérieur reste un monde opaque où les curieux sont indésirables.

Pour que la police ne soit pas instrumentalisée et qu'elle remplisse son rôle, qui est de lutter contre la délinquance, la grande criminalité ou le terrorisme, il faut que le citoyen sache réellement de quoi elle est faite.

1

Un tremplin pour les futurs présidents de la République

C'est le ministère le plus proche de l'Élysée. Quand, chaque mercredi matin, le ministre de l'Intérieur quitte son bureau de la Place Beauvau, il lui faut moins de dix minutes à pied pour rejoindre la salle du conseil des ministres où l'attendent les autres membres du gouvernement et le président de la République.

Le chemin le plus sûr vers l'Élysée ?

L'actuel locataire de l'Élysée tout comme son prédécesseur y ont brièvement séjourné. Jacques Chirac a occupé le fauteuil de février à mai 1974, et François Mitterrand, neuf mois entre 1954 et 1955. Longtemps cantonné au rôle d'intendant qui tient la boutique Police, le ministre de l'Intérieur n'a cessé de prendre du galon dans l'organigramme gouvernemental jusqu'à occuper aujourd'hui la place de numéro 2. Il faut dire qu'il a entre les mains une carte qui a pris de la valeur, celle de l'insécurité, un thème électoral porteur. « Les Français pensent que les hommes politiques ne servent à rien, confie un conseiller de Nicolas Sarkozy[1]. Quand le chômage diminue, c'est parce que l'économie repart. En revanche, lorsque la délinquance baisse, ils se disent que c'est le résultat du travail accompli par le ministre

1. Entretien du 29 juin 2005.

de l'Intérieur. » Et d'évoquer l'avantage de son poulain face au Premier ministre, Dominique de Villepin, qui a enfourché comme cheval de bataille la lutte contre le chômage dans la course aux élections de 2007.

On est loin de l'époque où de Gaulle choisissait son ministre de l'Intérieur essentiellement pour son patronyme. L'intéressé se nommait Fouchet, ce qui rappelait aux oreilles du Général le redoutable ministre de la Police de Napoléon.

Aujourd'hui, l'Intérieur est avec Matignon le seul ministère à pouvoir donner de l'épaisseur présidentielle. À gauche, les prétendants sont légion : le député de l'Essonne Julien Dray, le président du groupe socialiste à l'Assemblée nationale Jean-Marc Ayrault, le maire de Dijon et numéro 3 du PS François Rebsamen, ou encore le député-maire de Gonesse Jean-Pierre Blazy.

Quand il accepte l'Intérieur plutôt que la Justice qu'il convoitait, Chevènement a dans sa ligne de mire l'Élysée : « J'ai finalement pensé que le poste me donnerait une meilleure position au sein de l'État, que je pourrais y montrer mes qualités[1] », avoue l'ancien ministre, qui nous reçoit dans ses bureaux, à deux pas de la rue de Varenne. C'est effectivement son passage Place Beauvau qui va faire décoller sa cote de popularité. Et pour cause, le ministère de l'Intérieur est le bateau le plus visible de l'escadre. Celui à bord duquel on peut aller pêcher dans les eaux territoriales des autres ministres, comme Chevènement s'est employé à le faire avec ses collègues de la Justice ou de l'Éducation nationale. Un rayon d'action que Sarkozy a poussé à son maximum.

Le pouvoir de l'information

Si le ministère de l'Intérieur est un bon tremplin pour sauter par-dessus le mur de l'Élysée, c'est d'abord parce que l'on y est l'homme le mieux informé de France. Le saint du saint,

1. Entretiens du 14 juin et du 12 juillet 2005.

Place Beauvau, c'est la « salle des permanents », collée au bureau du directeur de cabinet. C'est là qu'aboutissent toutes les informations collectées par les services de police partout en France. Deux policiers y éclusent 24 heures sur 24 les dépêches – pour la plupart estampillées « ne pas communiquer à la presse » – qui arrivent en flot continu de la police judiciaire (PJ), des renseignements généraux (RG), de la sécurité publique (SP) et du contre-espionnage (DST).

« On les choisit en fonction de l'intérêt politique ou médiatique. Ce peut être un député ami ou ennemi cité dans une procédure judiciaire ou une personnalité ayant eu le moindre pépin avec la police, raconte un ancien conseiller de Jean-Pierre Chevènement au ministère de l'Intérieur[1]. Je croulais sous les infos, je recevais plus de deux cents notes par jour. À un moment j'aurais tué le type qui m'apportait les parapheurs. J'étais scotché à mon bureau de 8 heures à 23 heures, je vivais avec la hantise que le ministre apprenne une info le matin à la radio en se rasant. »

Toutes les six heures, un point est fait au directeur de cabinet, au conseiller police et au ministre. Chaque jour, ce dernier dispose ainsi d'une dizaine d'informations sensibles classées dans des pochettes de couleur correspondant aux différents services. L'angoisse, c'est l'information urgente qui tombe en pleine nuit : « On se demande toujours s'il faut réveiller le ministre ou pas », souligne l'ancien conseiller.

Ce fantastique vaisseau de plus de cent quarante-cinq mille matelots, conçu pour récupérer dans ses filets la moindre information et la porter tout de suite au capitaine, fascine jusqu'en Russie. En 2002, Vladimir Poutine a fait venir pendant cinq jours au Kremlin une délégation du ministère de l'Intérieur pour que ses fonctionnaires copient le modèle français. Il est vrai que Beauvau est le bâtiment le plus armé de la flottille gouvernementale, capable d'envoyer par le fond en une seule bordée. « J'ai eu entre les mains une quantité phénoménale de

1 Entretien du 20 mars 2005.

renseignements, y compris sur mes collègues du gouvernement[1] » se souvient Paul Quilès. Le ministre de l'Intérieur de Pierre Bérégovoy porte un regard lucide sur son passage Place Beauvau : « Ministre de l'Intérieur, cela consiste aussi à regarder par les trous de serrure. Moi, ça m'a écœuré, ces détails sur la vie intime des uns et des autres, sur ce qui se passait dans telle chambre à coucher. » Tenir le maroquin de ministre de l'Intérieur peut faire tourner la tête. « Ces informations dont on vous abreuve, c'est un peu comme le vin, vous avez vite fait de vous laisser griser. Vous pensez : j'ai un pouvoir formidable, je vais instrumentaliser les uns et les autres. » Et l'effet perdure même loin de Beauvau. « Les gens sont persuadés que vous êtes au courant de tout, que vous avez des fiches sur eux. Surtout quand ils ont mauvaise conscience... » Le ministère de l'Intérieur a tout du château de Barbe-Bleue avec ses pièces fermées à clef remplies de secrets. « Il y a certaines choses que je n'ai jamais dites au Premier ministre, ni au président[2] », nous a avoué Charles Pasqua, deux fois premier flic de France.

Joxe reconnaît avoir utilisé au moins une fois les RG pour faire taire un adversaire. C'était à propos des listes électorales en Corse qu'il voulait assainir. « J'ai essuyé les foudres d'un sénateur, il n'arrêtait pas de m'emmerder. J'ai demandé des infos sur lui et un jour je l'ai pris à part dans un couloir du Sénat : "Je sais que vous êtes inscrit sur telle liste et sur telle autre. Ce n'est pas grave, ce sera corrigé." Le sénateur s'est décomposé. J'ai enchaîné : "Je sais aussi que vous avez fait inscrire votre épouse sur deux listes, et puis Mme Machin qui n'habite pas en Corse, et pour laquelle je connais la nature de vos relations." Je n'ai plus eu aucun problème avec lui. » Difficile quand on est ministre de l'Intérieur et que l'on a les renseignements généraux sous ses ordres, de ne pas céder à la tentation. « Tous les mercredis après-midi, le patron des RG m'apportait les petites notes de ses services. La deuxième fois, je lui ai clairement fait comprendre que la consommation de

1. Entretien du 18 mai 2005.
2. Entretiens du 6 et du 13 juillet 2005.

stupéfiants et les relations sexuelles entre adultes consentants, je m'en fichais. Les histoires de mœurs, ceux qui s'y intéressent trop finissent par se les prendre dans la figure », souligne Pierre Joxe. Une prudence que ne partageait pas toujours son entourage et qui faisait sourire à l'Élysée. « Mitterrand avait tendance à aimer ce genre d'infos, c'était son côté IVe République, il se moquait de moi : “Cela ne vous intéresse pas, vous, évidemment, vous êtes protestant...” »

Le ministre et ses préfets

Le ministre de l'Intérieur est aussi le patron des vingt-six préfets de régions, des cent préfets de départements et des trois cent vingt-six sous-préfets. « Avec eux, vous contrôlez le cœur et les artères de l'État, précise Charles Pasqua. Vous disposez d'un atout par rapport aux autres ministres. »

Lorsque, en 2003, Nicolas Sarkozy voit achopper son projet de loi sur la prévention de la délinquance, pour cause de désaccords avec ses homologues de la Justice et de l'Éducation nationale, il contourne le veto de Matignon grâce au réseau préfectoral.

Ce sont les préfets qui appliquent directement les idées du ministre dans vingt-quatre quartiers difficiles. D'où les batailles pour la nomination de ces serviteurs zélés, qui impliquent parfois jusqu'au président de la République.

1986, première cohabitation. Pasqua veut nommer un préfet de région ; il se fait convoquer à l'Élysée par Mitterrand : « Vous ne pouvez pas faire ça. Juste avant les élections, ce préfet a dit qu'il ne servirait jamais sous la gauche. » L'infortuné a dû se contenter d'un poste de préfet de département.

Le grand ménage

À chaque changement de gouvernement, c'est le grand nettoyage. Un ancien membre de cabinet se souvient : « Quand je suis arrivé en 1997 pour prendre mes fonctions, plusieurs camions à broyer s'activaient dans les rues autour de la Place Beauvau. Ils détruisaient des archives. Dans mon bureau, il ne restait plus le moindre bout de papier. » Les dossiers les plus sensibles sont carrément exfiltrés. « Les proches conseillers du ministre partent toujours avec des documents sous le bras, raconte Christophe Lanelongue[1], aujourd'hui en poste à l'Inspection générale des affaires sociales. En quittant le cabinet de Pierre Joxe, en 1986, j'ai moi-même gardé certains dossiers financiers. »

Le grand ménage vaut également pour les hommes.

Depuis vingt-cinq ans, les ministres de l'Intérieur ont pris l'habitude de renouveler une partie de l'équipage lorsqu'ils embarquent Place Beauvau. Les changements ne se limitent pas au pont supérieur. « En 1981, la gauche cherche à placer des hommes de confiance dans une administration qu'elle juge hostile, explique le chercheur Olivier Renaudie[2] qui a étudié à la loupe les effets des alternances politiques sur la police. Le gouvernement avait peu d'hommes sur qui s'appuyer dans le corps policier et l'encadrement était très opposé au PS. » Ce n'est qu'après trois ans de flottement que la gauche a compris la police et qu'elle est arrivée à la maîtriser.

Quand la droite revient à Matignon en 1986, le duo Pasqua-Pandraud, convaincu que la gauche au pouvoir n'était qu'une parenthèse, reprend en main la maison Police. Tous les directeurs centraux passent à la trappe, avec un effet domino sur le reste de la hiérarchie. Robert Pandraud va jusqu'à annuler le tableau d'avancement des commissaires signé par son prédécesseur Joxe. Sont expurgés six policiers considérés comme trop

1. Entretien du 16 février 2005.
2. Entretien du 20 janvier 2005.

marqués à gauche. L'un d'entre eux du seul fait qu'il est en poste à Chalon-sur-Saône, la ville d'élection de Pierre Joxe[1]. « C'est la fin de l'autonomie de la police par rapport au pouvoir politique », commente Olivier Renaudie.

Protéger les siens

Avec le début des affaires politico-financières, le ministre de l'Intérieur se voit investi d'une nouvelle mission : protéger les siens. Ce n'est pas un hasard si la nomination du directeur de la PJ parisienne donne lieu à un bras de fer entre Beauvau et l'Élysée. Le poste est stratégique. Il faut y mettre un fidèle. « Pour les affaires sensibles, il y a une consigne : avant que le dossier ne parte au parquet, on envoie l'original de la procédure au directeur de la PJ qui en fait une copie, constate avec regret un commandant de police. L'officier de PJ qui tient le verrou dans une procédure se transforme ainsi en agent de renseignements[2]. »

Dans certains services, il est arrivé que le patron demande aux enquêteurs de ne pas acter en procédure une partie du dossier ou de faire carrément disparaître des scellés. À l'inverse, si l'affaire concerne un adversaire politique, on peut appuyer sur l'accélérateur. Rien de tel, pour « plomber » la réélection de François Mitterrand en 1988, qu'une salve de scandales mettant en cause le Parti socialiste, comme l'affaire Urba sur le financement du PS. De retour au pouvoir, de 1988 à 1993, la gauche rendra coup pour coup. De même, quand Charles Pasqua revient à l'Intérieur en 1993, il a deux ans pour faire élire Édouard Balladur à l'Élysée, ou, mieux, rafler lui-même le poste. Dès lors, une série de scandales va dégringoler sur le clan Chirac, comme l'affaire des HLM de la ville de Paris qui met en cause les conditions de financement du RPR.

1. Olivier Renaudie, *La Police et les Alternances politiques depuis 1981*, Paris, Panthéon Assas, 1999.
2. Entretien du 12 juillet 2005.

« J'avais été nommé sous la gauche, mais je n'étais pas trop politisé, Pasqua m'a gardé[1] », raconte un ancien grand flic de la police judiciaire à la soixantaine alerte, qui travaille aujourd'hui pour un grand groupe privé français. Pasqua n'aura pas à se plaindre. « À chaque fois que la brigade financière tombait sur un document qui pouvait intéresser le politique, je faisais naturellement remonter au préfet de police qui transmettait au directeur de cabinet du ministre ou directement au ministre. » Pendant l'interview, le téléphone portable de notre interlocuteur sonne, une amie de son patron veut obtenir une prolongation de passeport en urgence. Pour régler l'affaire, l'ancien flic appelle la secrétaire du patron de la PJ de Paris qui repousse d'une demi-heure la fermeture du bureau des passeports. Sitôt le téléphone raccroché, l'entretien reprend. « Un jour, dans une affaire sensible, Philippe Massoni, alors préfet de police de Paris me dit : "Pasqua aimerait que vous donniez des instructions." En clair, je devais ordonner à mes hommes de ne pas accompagner le juge lors de la perquisition. J'ai refusé en expliquant que le magistrat irait de toute façon, seul ou avec des gendarmes, alors que si mes hommes l'accompagnaient, le ministre saurait immédiatement ce qui a été trouvé pendant la perquisition. »

Après la victoire de Jacques Chirac à la présidentielle, Olivier Foll, le directeur de la PJ de Paris nommé par Jean-Louis Debré, interdira à ses hommes, le 27 juin 1996, d'assister le juge Éric Halphen dans sa perquisition au domicile de celui qui est alors le maire de Paris, Jean Tiberi. Privé par la Cour de cassation de son habilitation d'officier de police judiciaire (OPJ), Olivier Foll sera toutefois maintenu à son poste[2].

Est-ce un hasard si l'actuel sous-directeur des affaires économiques et financières (AEF) de la Préfecture de police de Paris est un protégé de Nicolas Sarkozy ? C'est en tout cas ce dernier qui l'a fait nommer lors de son premier passage Place Beauvau

1. Entretien du 24 février 2005.

2. « Le contrôle de la chambre d'accusation sur l'activité des officiers de police judiciaire », *Dalloz*, n° 23, juin 1997.

à ce poste où sont traitées 80 % des affaires politico-financières. Toujours est-il que la brigade financière, qui dépend justement des AEF, enquête depuis janvier 2004 sur la déconfiture de la compagnie aérienne Euralair, dirigée par un proche de Jacques Chirac. Des fiches de vol publiées dans *Le Canard enchaîné*[1] révèlent que les époux Chirac ou encore Jean-Louis Debré ont voyagé gratuitement sur des avions de cette compagnie. Cette affaire pourrait tourner au bras de fer entre l'Élysée et l'Intérieur. D'autant que plusieurs interlocuteurs policiers certifient qu'il existe au sein des AEF un petit groupe d'enquêteurs, baptisé « le groupe Chirac », officieusement chargé d'éviter au président de sauter sur un scandale politico-financier...

« Dans les affaires sensibles, financières ou politiques, je peux vous dire que les procédures font un détour par le bureau du ministre de l'Intérieur avant d'arriver au Palais de justice[2] », confie Philippe Marchand, ministre de l'Intérieur entre 1991 et 1992 sous le gouvernement d'Édith Cresson. Et d'expliquer entre deux bouffées de pipe : « Un jour, j'ai reçu un dossier d'instruction sur lequel était collé le Post-it suivant : Monsieur le ministre, dois-je transmettre au juge ? »

Les mutineries

Sur son navire bardé de canons, le ministre de l'Intérieur peut envoyer par le fond les bâtiments adverses. Mais il n'est pas à l'abri d'une mutinerie à bord. Quand Daniel Vaillant s'installe dans son bureau en août 2000, il est confiant. Il a suivi les cours de l'Inhesi, l'Institut national des hautes études en sécurité intérieure, pour se préparer au poste. Cela fait trois ans qu'il patiente. En 1997, lorsque Lionel Jospin s'est retrouvé Premier ministre après la dissolution de l'Assemblée nationale par Jacques Chirac, Vaillant se serait fait souffler la place par Chevènement pour une vieille histoire de main courante déposée au

1. Le 6 juillet 2004.
2. Entretien du 21 juin 2005.

commissariat du 18e arrondissement de Paris dont il est le maire. La copie du document, dans lequel sa femme faisait état d'une violente dispute conjugale, a circulé opportunément dans le Tout-Paris.

À la tête d'un cabinet resserré de vingt-deux membres, constitué de longue date, Daniel Vaillant n'a pas ménagé sa peine. « J'ai bossé comme un fou, me levant à 5 h 30 du matin et ne dormant que quatre heures par nuit[1] », raconte l'ancien ministre qu'un déjeuner prolongé avec « un ami gaulliste » a mis en retard pour le rendez-vous qu'il nous a fixé à sa mairie. Et de persifler : « Jospin appréciait d'avoir un ministre de l'Intérieur qui travaille et ne passe pas son temps à se plaindre comme Chevènement. » C'est pourtant lui qui va couler sans le vouloir l'escadre gouvernementale aux élections de 2002.

La chute de la maison Jospin commence un an avant, avec la publication des statistiques désastreuses de la délinquance et la grogne des flics qui va faire descendre vingt mille d'entre eux dans la rue. Le coup de grâce est porté trois jours avant le premier tour de la présidentielle. Le 18 avril 2002, le visage tuméfié d'un septuagénaire orléanais qui pose devant les restes de son pavillon incendié par deux voyous fait l'ouverture des journaux télé et la une de la presse. « Papi Voise » devient le symbole du laxisme de la gauche. « Il y avait des zones d'ombre dans le récit de l'agression. On l'a tout de suite su. Et puis on avait le dossier des RG sur la personnalité ambiguë de la victime. Mais Jospin n'a pas voulu qu'on sorte les infos[2] », regrette l'un des anciens conseillers de Daniel Vaillant au ministère de l'Intérieur. Au final, le chef de file du PS trébuchera sur la courbe de la délinquance, laissant Jean-Marie Le Pen lui passer devant au premier tour.

Le courant entre les policiers et leur ministre, dont le fils est pourtant officier de police judiciaire à Paris, n'est jamais passé. À l'origine, il y a cette formule malheureuse que Vaillant lâche lorsqu'il arrive : « Je ne suis pas le premier flic de France. » La

1. Entretien du 10 juin 2005.
2. Entretien du 31 mai 2005.

plupart des policiers l'ont prise pour une marque de mépris. Autre sacrilège : le ministre, enfermé dans son bureau toute la journée, omet de visiter la crèche du personnel pourtant située à cinquante mètres.

Une attitude qui désole le préfet Jean-Pierre Duport, ancien directeur de cabinet de Jean-Pierre Chevènement. « Un flic a besoin que son ministre lui montre qu'il est proche de lui[1]. » L'actuel conseiller d'État, au faux air de Raymond Barre, se souvient de sa première visite dans un commissariat alors qu'il venait d'être nommé préfet de Seine-Saint-Denis en 1993. « Il faisait froid, il pleuvait, la voiture qui me transportait avec le directeur de la sécurité publique est tombée en panne au carrefour de Rosny-sous-Bois. Au lieu d'aller m'installer au chaud dans le café le plus proche, j'ai poussé la voiture avec les autres. À partir de ce moment-là c'était acquis. Cela fonctionne comme ça avec les flics. Il faut leur montrer qu'on les aime. »

Ajoutez-y, pour Daniel Vaillant, un vent de malchance : sept policiers tués en service, le carnage de Nanterre par Richard Durn, le 11-Septembre... Et peut-être aussi le manque de réseaux.

Le patron est sur le pont

Pour tenir le cap dans la tempête, le ministre de l'Intérieur a besoin de vigies qui lui signalent les récifs, et d'hommes capables de le renseigner sur tout ce qui se passe à bord. « L'administration, surtout dans la police, s'applique à vous dissimuler un certain nombre de choses. C'est donc vital d'avoir des gars dévoués corps et âme qui vous font remonter des infos en dehors du circuit officiel », avertit Charles Pasqua, fin connaisseur de la maison Police. Et l'ancien ministre d'ajouter : « C'est vous qui donnez l'impulsion à la politique du gouvernement. Si vous vous reposez trop sur l'administration, vous ne serez jamais un grand ministre. Comme dans la marine, c'est

1. Entretien du 18 février 2005.

important que les matelots sachent que le patron est sur le pont[1]. »

Une recette qu'applique scrupuleusement Nicolas Sarkozy, comme l'avait fait Pierre Joxe avant lui. « En juin 1983, Mitterrand me téléphone : "Avec Gaston, ça ne peut plus durer, il faut le remplacer. Êtes-vous prêt à prendre l'Intérieur"[2] ? » Avec sa tignasse grise, ses grosses lunettes austères et son visage à la Darry Cowl, Pierre Joxe n'a pas le look attendu des ministres de l'Intérieur. Et pourtant, celui qui nous reçoit dans son appartement parisien perché au-dessus de la Seine aura passé en tout cinq ans Place Beauvau. Le meilleur score des ministres de l'Intérieur depuis vingt-cinq ans. « Quinze jours plus tard, le président est revenu à la charge : j'ai bien réfléchi, c'est vous. » Si Gaston Defferre est en disgrâce, c'est parce que la « maison Poulaga » est entrée en mutinerie. Après l'assassinat de deux d'entre eux, le 31 mai 1983, avenue Trudaine à Paris, par le groupe terroriste Action directe, les policiers manifestent jusque sous les fenêtres du garde des Sceaux, Robert Badinter, coupable à leurs yeux d'avoir donné le feu vert aux tueurs de flics en faisant abolir la peine de mort. Le préfet de police de Paris et le patron de la Police nationale sautent.

Dans le plus grand secret, Pierre Joxe se prépare à sa future tâche. Il se met à lire tout ce qu'il trouve sur l'Intérieur, à rencontrer des chercheurs, des syndicalistes policiers qu'il a connus quand il était vice-président du syndicat étudiant l'Unef-Id à Sciences-Po, et même des membres du cabinet de Defferre. Le temps passe, Joxe, qui ne voit toujours rien venir, commence à douter. En fait, Mitterrand répugne à congédier Defferre, son vieux compagnon de route. Il saisira le prétexte du changement de gouvernement, après la manifestation monstre en faveur de l'école libre, pour installer Joxe Place Beauvau, en juillet 1984. Mitterrand lui confie trois missions : reprendre en main la police et préparer les élections législatives de 1986, tout en barrant la route aux ambitions de Michel Rocard.

1. Entretiens du 6 et du 13 juillet 2005.
2. Entretien du 21 juin 2005.

Pierre Joxe lance la mode des visites surprises de commissariats. « Pierrot la Grimace », comme l'appellent les policiers, débarque à l'aube ou en pleine nuit pour mener des inspections qui virent à la revue de détail. C'est à l'occasion de l'une de ses « descentes » dans un service parisien en 1989 qu'il décide, à la vue des cadavres de bouteilles jonchant le sol, d'interdire l'alcool pendant les heures de service. Une petite révolution dans la maison Police. Les CRS se vengeront en baptisant « Petit Joxe » leur apéritif préféré...

Quand Pierre Joxe arrive Place Beauvau, la police est dans un état lamentable : de vieilles voitures, des systèmes de communication radio qui peuvent être captés par les voyous et des laboratoires de la police scientifique qui n'ont pas bougé depuis Bertillon, le père des empreintes digitales. Un jour, il entend parler de l'existence d'un rapport sur la police technique et scientifique. « Je l'ai lu d'une traite, dans la nuit, et le lendemain matin j'ai demandé à voir son auteur », raconte l'ancien ministre de l'Intérieur aujourd'hui membre du Conseil constitutionnel. Le flic en question se nomme Jacques Genthial. C'est l'ancien patron de la prestigieuse brigade criminelle que Defferre a mis dans un placard avec le titre de chargé de mission sur la police scientifique. Motif de la disgrâce : une conversation téléphonique interceptée par la cellule de l'Élysée, au cours de laquelle Genthial aurait informé le polémiste Jean-Edern Hallier qu'il était mis sur écoute par la cellule élyséenne. « Lorsqu'il a poussé la porte de mon bureau, je me suis souvenu l'avoir vu à la télé le soir où il s'était fait virer, et avoir vu ensuite Defferre qui annonçait la mise à l'écart d'un "policier promis à un grand avenir"... J'avais trouvé cela curieux », raconte Pierre Joxe. À la fin de l'entretien avec son nouveau ministre, Jacques Genthial ressort bardé du titre de sous-directeur de la police technique et scientifique... et tout à créer. Mais le voilà également transformé en fidèle de Pierre Joxe qui, lors de son deuxième passage Place Beauvau, le prendra dans son cabinet avant de le propulser en 1990 patron de la police judiciaire. Autre repêché : François Le Mouel, l'ex-patron de la PJ parisienne, que Joxe nomme en

1984 à la tête de la nouvelle Unité de coordination et de lutte antiterroriste.

En remettant ainsi en selle une série de grands flics victimes des purges de son prédécesseur il s'en fait des alliés indéfectibles. « Genthial ou Le Mouel, j'aurais pu leur demander n'importe quoi, à condition de ne pas mettre à mal leur déontologie », confirme l'intéressé. C'est également en récupérant les « victimes » de Defferre que Charles Pasqua a étoffé son réseau dans la police.

Les réseaux Joxe

De nombreux « Joxe boys » sont passés par le moule de l'Inhesi[1], le lieu de réflexion dont Pierre Joxe a doté la police en clonant un institut qui existait déjà au ministère de la Défense. Pour beaucoup d'entre eux, Joxe reste la statue du commandeur. Aujourd'hui encore, il n'est pas rare de voir des policiers emprunter l'interminable escalier qui mène à l'appartement de leur ancien ministre. Et ce, pas seulement pour des visites de courtoisie.

De quoi alimenter la rumeur sur les fameux « réseaux Joxe » dans la police. À Matignon, Clotilde Valter, conseillère pour les affaires de sécurité auprès de Lionel Jospin, prévient ce dernier : « Certains Place Beauvau veulent nous entraver. » Clotilde Valter, aujourd'hui inspectrice générale de l'administration au ministère de l'Intérieur, pense à Patrice Bergougnoux, l'homme de Joxe. L'actuel délégué interministériel à la Coupe du monde de rugby de 2007 a fait ses armes en tant que conseiller technique dans le premier cabinet de Pierre Joxe qui, à son retour Place Beauvau, le rappellera et fera de cet ancien capitaine de CRS un préfet.

« Quand Chevènement est arrivé au ministère de l'Intérieur, il n'avait pas de réseaux dans la police, il a passé un coup de

1. Devenu depuis l'Inhes, Institut national des hautes études de sécurité.

fil à Joxe qui lui a conseillé Bergougnoux[1] », s'agace Clotilde Valter. Au bout d'un an, Chevènement le nomme directeur adjoint de cabinet.

Pendant les six mois que dure la convalescence du « Che » après son accident opératoire, c'est Patrice Bergougnoux qui tient les manettes face à Matignon. Et se livre avec les conseillers de Jospin à une guerre à couteaux tirés lors de l'enquête sur l'assassinat du préfet de Corse, Claude Érignac, en février 1998. Quand Chevènement claque la porte du gouvernement, en août 2000, « libre désormais d'entrer dans la course à l'Élysée », il laisse Bergougnoux, nommé entre-temps directeur général de la Police nationale (DGPN) malgré les réticences de certains conseillers de Jospin, dans les pattes de son successeur, Daniel Vaillant. Jusqu'à l'arrivée de Nicolas Sarkozy à Beauvau, en juin 2002, Joxe conservera ainsi l'un de ses plus fidèles lieutenants à la tête de la Police nationale.

En se constituant une garde rapprochée, Pierre Joxe a réussi à prévenir les mauvais coups de la cellule élyséenne qui, sous la férule de Gilles Ménage, le directeur de cabinet adjoint de François Mitterrand, protège Mazarine, la fille cachée du Président et s'active dans la basse police. D'autant qu'autour de ce marigot évoluent de nombreux conseillers occultes que Mitterrand utilise comme agents de renseignements pour démultiplier ses canaux d'information. Au premier rang, le trouble François de Grossouvre. Surnommé « le Duc de Guise », il est retrouvé mort une balle dans la tête en avril 1994 à l'Élysée, après être tombé en disgrâce.

Pierre Joxe doit aussi faire avec le ministre de la Défense, Charles Hernu, qui chapeaute à la fois la Gendarmerie et les services secrets avec la Direction générale des Services extérieurs (DGSE). Lorsque, en juillet 1985, dans le port d'Auckland en Nouvelle-Zélande, des espions français coulent le *Rainbow Warrior*, le bateau amiral de Greenpeace, Joxe est tout de suite soupçonné d'avoir doublé la DGSE par des fuites dans la presse afin de déstabiliser son ennemi Hernu.

1. Entretien du 9 février 2005.

Une accusation qui a le don d'énerver l'actuel membre du Conseil constitutionnel. « C'est faux. Tant que la DGSE a nié être impliquée, la police s'est même décarcassée pour brouiller les pistes, martèle Pierre Joxe. Un vendredi, Interpol a appelé pour nous demander d'identifier un numéro de téléphone, il s'agissait d'un coup de fil passé par les faux époux Turenge, et qui risquait de dévoiler leur appartenance aux services secrets. On leur a fait croire qu'en raison du week-end tout était fermé et qu'on ne pourrait pas leur donner de réponse avant lundi. Entre-temps on a "désattribué" le numéro et on l'a réaffecté sur une location fictive pour pouvoir dire aux Néo-Zélandais que la ligne était celle d'un appartement vide depuis des mois[1]. » Les relations avec Hernu sont d'autant plus orageuses que Joxe prétend avoir découvert, grâce aux renseignements généraux, un épisode trouble dans le passé du ministre de la Défense. Charles Hernu aurait été dans sa jeunesse le secrétaire particulier de Marcel Déat, leader politique exclu de la SFIO en 1933 à cause de son adhésion au national-socialisme et condamné à mort par contumace à la Libération.

Cache-cache présidentiel

Mais à l'époque, ce qui agace au plus haut point le ministre de l'Intérieur, ce sont les gardes du corps de « Tonton », qui entretiennent autour de leur patron un épais rideau de fumée. Pour savoir où se trouve Mitterrand – le « loger », dans le jargon policier – le ministre de l'Intérieur est obligé de faire appel au contre-espionnage. Des agents de la DST, la Direction de la surveillance du Territoire, sont chargés de filer le président et son entourage. « On savait qu'on était écoutés. On les enfumait en utilisant des codes », raconte un commissaire divisionnaire, ancien responsable de la sécurité de Mitterrand. Entre les gorilles du Président et les agents de la DST, c'est même allé jusqu'au coup de poing. Jamais pourtant les filocheurs

1. Entretien du 18 juillet 2005.

envoyés par Joxe n'ont sorti leur carte tricolore – ils agissaient sous couverture. « Quand la blindée qui transportait le président s'échappait tout à coup du cortège officiel, cela rendait Joxe fou furieux. Il voulait être au courant de tout. Normalement, on n'aurait rien dû faire sans lui rendre compte, ajoute l'ancien patron des « gros bras » de Mitterrand. Je faisais semblant de me tromper de voiture, de lieu, d'horaire... Je passais pour un incompétent[1]. » Deux fois de suite, Pierre Joxe le convoquera pour lui remonter les bretelles.

Si on évoque avec lui ces parties de cache-cache, l'ancien ministre hausse ses épais sourcils, et rétorque par une anecdote. « Un week-end du 15 août, Mitterrand était introuvable, comme d'habitude. J'avais décidé de partir discrètement quelques jours dans ma maison de campagne en Bresse, où pour continuer à travailler j'avais installé, dans un bout de grange, un bureau avec un secrétariat. Mitterrand m'appelle : “Où êtes-vous ?” J'étais au frais, la fenêtre ouverte avec vue sur la campagne. “Dans mon bureau”, ai-je dit. Je ne mentais pas vraiment... Mitterrand ne savait pas où j'étais, mais moi je savais où il était. »

Avec ses gardes du corps, François Mitterrand se comportait comme un patriarche. C'étaient « ses » flics. Quand son ministre de l'Intérieur tapait du poing sur la table, il les protégeait. « Il était plus indulgent avec nous qu'avec les membres de son propre cabinet, se rappelle l'ex-chef de la sécurité. Il nous faisait une confiance totale. Lorsque l'on sortait incognito, il paniquait dès qu'il apercevait une tête inconnue. Il venait me voir et me demandait : “Il est des nôtres ?” »

S'il y avait bien une chose qui obsédait Joxe, c'était la sécurité de Mitterrand. Christophe Lanelongue faisait partie à l'époque de ses conseillers. Une nuit, dans la voiture qui les ramène tous deux Place Beauvau, Joxe décide de faire un crochet par la rue de Bièvre pour tester la vigilance des policiers qui gardent le domicile du président. Côté boulevard Saint-Germain, l'un des plantons, occupé à conter fleurette à sa collègue féminine, ne voit pas arriver Joxe qui avance à pas de

1. Entretien du 17 juin 2005.

loup dans le brouillard et lui tombe dessus pour le rappeler à l'ordre. Poursuivant son avancée dans la rue de Bièvre, le ministre aperçoit un autre planton qui, alerté, tente de rejoindre en crabe son poste de garde. De retour dans la voiture, Joxe, énervé, lance à son conseiller hilare : « Vous êtes trop indulgent, vous ne réussirez jamais. »

« De retour au ministère, il a traversé la cour d'un pas martial en répétant : "ils sont morts" », raconte Christophe Lanelongue. Lorsque Pierre Joxe déboule, avec sa tête des mauvais jours, dans le bureau de François Roussely, son directeur de cabinet, celui-ci, interloqué, lui demande : « Qu'est-ce qu'il y a, Pierre ? – Ce sont tous des nuls, on les vire ; le patron de la sécurité, il prend la porte dès cette semaine. » Et Roussely d'objecter : « Mais c'est toi qui l'as nommé... »

Mitterrand et l'Intérieur

François Mitterrand a toujours eu un sentiment ambigu vis-à-vis de la police, mélange de fascination et de répulsion. Avant d'arriver à l'Élysée, il se vante d'avoir le plus gros dossier aux RG. Dossier dont une partie sera d'ailleurs discrètement exfiltrée dans les jours qui suivent son élection. Le président n'a ainsi jamais pu voir les comptes rendus de surveillance des renseignements généraux rue Jacob au domicile de Mazarine Pingeot et de sa mère. Mitterrand n'aime pas la police, mais son passage au ministère de l'Intérieur n'a fait que confirmer ce qu'il savait déjà : on ne tient pas l'appareil d'État sans elle.

D'où l'attention particulière qu'il porte, avec son proche conseiller Michel Charasse, aux nominations pour les postes clefs de la hiérarchie policière, qu'il s'agisse du patron des RG, du directeur de la PJ ou du DGPN. Michel Charasse est ainsi l'ami d'enfance de Jacques Fournet, qui se retrouvera successivement patron des RG en 1988, puis de la DST en 1990.

Quand Jacques Chirac s'installe à Matignon en 1986, François Mitterrand compte sur Pierre Verbrugghe, le DGPN, un homme astucieux et respecté au sein de la maison Poulaga, pour le protéger des coups tordus. Trois ans plus tôt, il est allé chercher cet ancien secrétaire général de la Nièvre pour en faire le patron de la police.

« Mais en 1986, il restait à Verbrugghe peu de divisions, se rappelle l'un de ses adjoints de l'époque. Au ministère de l'Intérieur, Pasqua et Pandraud avaient constitué en catimini un cabinet bis du DGPN. Chaque conseiller du DGPN officiel avait sa doublure dans le camp d'en face. Chaque fois que je signais un parapheur, je savais qu'il serait aussi visé par mon double[1]. »

En juillet 1986, éclate l'affaire Chalier, Pierre Verbrugghe va voir François Mitterrand : « Je ne peux pas empêcher que des choses comme cela arrivent, je ne suis même plus sûr de pouvoir vous protéger. » Et il donne sa démission. Grâce à un faux passeport délivré par la DST, Charles Pasqua vient en effet de faire exfiltrer Yves Chalier au Brésil. Le chef de cabinet de Christian Nucci, ancien ministre socialiste de la Coopération, est soupçonné d'avoir participé au détournement de fonds publics provenant de l'association « Carrefour du développement » chargée d'organiser le sommet franco-africain de Bujumbura. En contre-partie de la mise au vert de Chalier, Pasqua espérait peut-être récupérer des biscuits sur ce scandale qui éclabousse le Parti socialiste[2]. « Pour la première fois, on a senti que l'appareil policier échappait au PS et même au président », souligne l'ancien conseiller de Pierre Verbrugghe.

Le départ du DGPN donne lieu à une guerre larvée de plusieurs mois entre l'Élysée et l'Intérieur. François Mitterrand refuse de signer le décret de nomination du nouveau directeur. Il veut un successeur qui lui convienne, c'est-à-dire pas trop marqué politiquement. Six candidats sont tour à tour recalés. C'est finalement Ivan Barbot, préfet du Var, qui rafle la mise le 7 janvier 1987.

Celui-là même qu'Édith Cresson récupérera quatre ans plus tard à Matignon comme conseiller police. Il s'agissait alors de contrer l'emprise des « réseaux Joxe » sur le ministre de

1. Entretien du 24 février 2005.
2. Voir à ce sujet le chapitre « Les réseaux Pasqua ».

l'Intérieur, Philippe Marchand, jugé trop « influençable ». Un ministre tellement discret qu'un week-end, alors qu'il roule seul au volant de sa Fiat 500, des policiers l'arrêtent et le font souffler dans le ballon sans reconnaître leur patron.

Tenir la Place Beauvau

Une chose est sûre. Pour gagner les rivages de l'Élysée, il faut des réseaux dans la police. Et le meilleur moyen de les acquérir est de faire escale Place Beauvau. C'est lors de son passage au ministère de l'Intérieur que Jacques Chirac met la main sur Robert Pandraud dont il fait son directeur de cabinet adjoint. Avec lui, il sabotera la candidature du Premier ministre Jacques Chaban-Delmas à l'élection présidentielle de 1974 au profit de Valéry Giscard d'Estaing. Chirac profite de sa position au ministère de l'Intérieur, d'où il a la haute main sur les préfets et les RG, pour rallumer la polémique sur la feuille d'imposition de Chaban-Delmas, qui ne paie pas d'impôts grâce à un avoir fiscal. Donné gagnant, celui-ci s'effondre soudain dans les sondages. Un torpillage qui vaudra à Chirac d'être nommé Premier ministre par VGE.

À quarante-deux ans, celui que Pompidou appelait « mon bulldozer » a maintenant les yeux tournés vers l'Élysée. Un objectif pour lequel Pandraud est un précieux sherpa, puisqu'il devient DGPN de 1975 à 1978 puis patron du personnel du ministère de l'Intérieur. Lorsque Jacques Chirac, retranché dans sa citadelle de l'Hôtel de Ville, ferraille contre le pouvoir socialiste, c'est encore Robert Pandraud qu'il choisit comme directeur de cabinet. L'insécurité, dont il fait son cheval de bataille, lui permet d'être réélu maire de Paris.

Après la victoire de ses troupes aux législatives de 1986, Chirac installé à Matignon confie à Pandraud la mission de surveiller son ministre de l'Intérieur, qu'il craint, à juste titre, de voir jouer le rôle de Brutus. Charles Pasqua se retrouve affublé d'un « ministre délégué pour la Sécurité ». « Le chef de la police, c'était Pandraud, mais le responsable pour l'opinion publique, c'était moi. Quand tout allait bien, Pandraud en tirait les lauriers, et quand tout allait mal, c'était pour ma pomme », plaisante Pasqua[1].

Aujourd'hui, pour surveiller Nicolas Sarkozy depuis l'Élysée, Chirac compte sur son conseiller chargé des questions de sécurité, Philippe Massoni[2]. Ancien patron des RG, ancien préfet de police, ancien directeur adjoint du cabinet de Pandraud, Massoni, qui a débuté sa carrière en 1962 comme commissaire de police, constitue un réseau à lui tout seul. Et c'est aussi pour le président un « ami de trente ans » puisqu'il a été membre de son cabinet à Matignon, sous Giscard.

Ce n'est d'ailleurs pas un hasard si François Mitterrand, qui connaît le poids des réseaux, songe un temps, pour lui succéder, à son ministre resté le plus longtemps à l'Intérieur. « Mitterrand a pensé à moi pour prendre le relais. Il m'a demandé de me présenter à la présidentielle de 1995, mais entre-temps j'avais quitté la vie politique », confie Pierre Joxe.

Dès lors, on comprend pourquoi Dominique de Villepin, le dauphin de Jacques Chirac, a fait des pieds et des mains pour décrocher l'Intérieur. En 2002, il se voyait déjà Place Beauvau. Il est vrai que Jacques Chirac le lui avait plus ou moins promis. Le jour où Nicolas Sarkozy lui a soufflé la place, Dominique Galouzeau de Villepin avait déjà constitué son équipe et même rédigé son premier discours de ministre de l'Intérieur. C'est du moins ce que racontent certains membres de son entourage.

Deux ans plus tard, Villepin déboule enfin Place Beauvau. Il tient l'occasion de se tisser des réseaux dans la police, ce dont il manque cruellement. En bon tacticien, il choisit comme directeur de cabinet Pierre Mongin, le préfet d'Auvergne, qui peu de temps auparavant s'est fait retoquer par Sarkozy au poste de DGPN. Cet ancien chef de cabinet d'Édouard Balladur à Matignon connaît bien la boutique pour être passé à la fois par le ministère de l'Intérieur et par la Préfecture de police de Paris. Un bagage minimum pour contrer les fidèles de Sarkozy dans

1. Entretiens du 6 et du 13 juillet 2005.
2. Malgré plusieurs sollicitations, Philippe Massoni n'a pas souhaité nous rencontrer.

la maison, à commencer par Michel Gaudin, le DGPN. Afin de lui permettre de naviguer toutes voiles dehors, l'Élysée a toutefois pris soin de verrouiller la DST, les RG, et de nommer un préfet de police de Paris acquis au Château. Autant de petits cailloux que Nicolas Sarkozy a désormais dans ses chaussures de ministre de l'Intérieur.

En empochant le portefeuille de Beauvau, Villepin a aussi obtenu le ministère des élections et des collectivités locales. Une occasion en or pour lui, l'ex-diplomate qui ne s'est jamais frotté au suffrage universel, de se rapprocher des élus. Le 8 décembre 2004, sur les conseils de l'Élysée, il a mis les petits plats dans les grands pour recevoir à dîner le bureau du groupe UMP au grand complet. Au menu il y avait même de la tête de veau dont raffole le président Chirac. Lors d'un déjeuner avec des journalistes, quelques jours plus tôt, Villepin a confessé que le passage par le ministère de l'Intérieur « était indispensable pour apprendre la politique ».

En se coltinant à l'une des préoccupations quotidiennes des Français, l'insécurité, thème électoral porteur s'il en est, Dominique de Villepin a également gagné Place Beauvau sa légitimité pour Matignon... Et plus si affinités. Aujourd'hui, Premier ministre « en lutte contre le chômage », Dominique de Villepin n'a pas forcément intérêt à ce que la campagne pour les présidentielles commence trop tôt. Mais il part avec un atout en poche. Il connaît désormais le type de canons et le genre de munitions dont dispose le principal navire qui pourrait l'attaquer.

2

Nicolas Sarkozy, premier flic de France

Les photos de Christopher Reeves – qui incarnait Superman au cinéma –, cloué dans sa chaise roulante après une chute de cheval, l'ont traumatisé. Depuis qu'il les a vues, Nicolas Sarkozy a renoncé à son sport favori : l'équitation. Désormais, il préfère enfourcher son vélo et taper dans le ballon. Les deux sports préférés des Français.

La prise en main du ministère

C'est au ministère de l'Intérieur que le « Petit Nicolas » a trouvé sa panoplie de super-héros. Le 8 mai 2002, lorsqu'il franchit la grille en fer forgé du ministère de l'Intérieur, à deux pas de l'Élysée, Nicolas Sarkozy porte la tunique du pénitent sur laquelle on peut lire : « Traître et perdant ». En 1995, il a abandonné en rase campagne son mentor Jacques Chirac pour Édouard Balladur. Quatre ans plus tard, alors qu'il conduit à la bataille des européennes les troupes du RPR, c'est la Berezina avec 12,7 % des voix.

Aujourd'hui, le premier flic de France caracole dans les sondages. En décembre 2005, il arrivait en tête des intentions de vote à la présidentielle de 2007, devançant de quinze points Dominique de Villepin[1].

1. Sondage Sofres-*Le Figaro*, 15 décembre 2005.

Pour devenir en si peu de temps l'idole des flics et le Superman de la sécurité aux yeux des Français, Nicolas Sarkozy a transformé le ministère de l'Intérieur en une formidable machine de guerre au service de son ambition. D'abord en faisant place nette. Dans quasiment toutes les directions de la police, les têtes tombent à son arrivée. Quant aux préfets, 60 % d'entre eux sont déplacés. Un nettoyage au Kärcher qui n'est pas sans rappeler la chasse aux sorcières menée par Pasqua lors de son premier passage Place Beauvau, sous les yeux d'un Nicolas Sarkozy alors chargé de mission au ministère de l'Intérieur pour la lutte contre les risques chimiques et radiologiques.

Pour repeupler la haute hiérarchie policière, Sarkozy pioche dans les réseaux Pasqua. Il faut dire que « Charlie », c'est le parrain de Nicolas en politique. Grâce à lui, il s'est retrouvé propulsé dès 1977 au conseil municipal de Neuilly-sur-Seine et au comité central du RPR.

La plus belle pièce que Sarkozy pique sur l'échiquier de Charles Pasqua, c'est Claude Guéant. Ce préfet, que l'on surnomme « Richelieu » dans les couloirs du ministère, fut directeur adjoint de cabinet de Pasqua de 1993 à 1994 puis DGPN. La grande réforme des corps et carrières, qui a chamboulé la police en remplaçant les traditionnels inspecteurs par des lieutenants, capitaines et commandants, c'est à Guéant qu'on la doit. « Pasqua m'a nommé DGPN en me disant : "Vous avez porté cette loi, vous allez la mener jusqu'au bout"[1] », explique ce tueur à sang-froid doté d'une intelligence percutante et d'un éternel sourire dessiné au couteau. Comme le dit l'un de ses conseillers, « Guéant sait prendre les décisions difficiles sans état d'âme ». D'ailleurs son expression favorite est : « Inutile de tourner autour du pot. » Comment rêver meilleur guide pour découvrir la maison Poulaga et ses chausse-trapes ?

Depuis 2002, Nicolas Sarkozy en a fait son directeur de cabinet attitré. Assis dans son bureau de « vice-ministre », accolé à celui du patron, Claude Guéant se souvient avec amusement de leur première rencontre. Après Pasqua, le style de

1. Entretien du 1er août 2005.

Sarkozy dénotait. « Il était député-maire de Neuilly, il m'avait invité à déjeuner. La première chose qui m'a surpris c'est qu'il ne buvait que du jus d'orange. Il n'a pas changé d'habitude, parfois il se permet le pamplemousse. » C'est Claude Guéant qui va organiser le casting à l'arrivée de Sarkozy Place Beauvau. Pour le poste clef de DGPN, il choisit Michel Gaudin, énarque et préfet comme lui. Non seulement Gaudin est un ami de Guéant, mais il connaît sur le bout des doigts les rouages de la maison pour en avoir dirigé le personnel et l'administration. Lui aussi est passé par les Hauts-de-Seine en tant que directeur général des services départementaux sous Charles Pasqua.

Le noyautage de l'équipe Villepin

Pendant les treize mois où Dominique de Villepin va occuper le fauteuil de ministre de l'Intérieur, Michel Gaudin sera l'œil de Guéant Place Beauvau. Villepin le soupçonne entre autres de lui avoir savonné la planche lors de son passage en janvier 2005 à « 100 minutes pour convaincre » sur France 2, sa première grande émission télé. Ce jour-là, *Le Figaro* annonce – sur la foi de statistiques contestées sorties de la Place Beauvau – que les gardiens de la paix ne travaillent en réalité que 27 heures par semaine. Un « scoop » qui, évoqué sur le plateau, déstabilisera le ministre. Et lui fera piquer quelques jours plus tard une grosse colère : « Il a explosé : "Des gens veulent ma peau. Cela ne se passera pas comme ça !" », raconte un témoin de la scène. À propos du journaliste du *Figaro* qualifié de « suppôt de Sarkozy », « le ministre aurait enchaîné : "Il ne sera plus reçu chez nous, il n'aura plus rien !", avant de conclure sur le mode guerrier, loin du détachement de son poète favori, René Char · "Je vais éradiquer les réseaux de Sarkozy" ».

Villepin aura aussi dans ses pattes le directeur de la sécurité publique Alain Fontaine, ex-collaborateur de « Charlie » au conseil général, ou encore le secrétaire général du ministère de l'Intérieur, le préfet Daniel Canépa, ancien patron de la sécurité civile sous Pasqua, que Guéant s'était choisi comme adjoint jusqu'en 2003 avant de lui confier les rênes de l'administration de la police. Le recrutement de ces « Pasqua boys » a été d'autant plus facile que la carrière de leur ancien chef bat de l'aile, ankylosée par les affaires.

Un noyautage qui permettra à Nicolas Sarkozy de fanfaronner un jour devant les cadres de l'UMP : « Le ministère de l'Intérieur, j'y compte beaucoup d'amis et je n'ai pas besoin d'y être pour savoir ce qui s'y passe. »

Faute de connaître les recoins de la boutique, un ministre de l'Intérieur peut se faire enfumer. C'est ce qui arrive à Villepin en juillet 2004 lorsqu'il réagit au quart de tour sur l'agression antisémite du RER D, inventée de toutes pièces par une jeune mythomane. Les mauvaises langues murmurent que les sarkozystes restés en place auraient laissé l'info remonter jusqu'au ministre sans la filtrer.

Human Bomb

Quand il débarque la première fois Place Beauvau, Sarkozy est déjà Superman dans la tête de certains flics. Et ce, depuis le 13 mai 1993. Ce jour-là, Nicolas Sarkozy, ministre du Budget et maire de Neuilly, apprend par Pasqua qu'un forcené bardé d'explosifs, « Human Bomb », tient en otages vingt et un élèves et leur institutrice dans une maternelle de la ville. « Sarkozy est resté avec nous pendant quarante heures, mais on ne l'a jamais eu sur le dos à nous dire ce que l'on devait faire ou pas, se souvient un ancien flic qui a participé à l'opération. Malgré les risques, il est allé négocier directement avec Human Bomb et a réussi à faire libérer quinze gamins contre une rançon de 100 millions de francs de l'époque, soit l'équivalent de 15 millions d'euros[1]. » Pour les six enfants restants, « Supersarko » propose à Human Bomb de prendre leur place. Refus de ce dernier, qui sera tué le lendemain matin par le RAID, l'unité de choc de la police.

1. Entretien du 24 février 2005.

Les flics qui étaient à ses côtés lors de cet acte de bravoure, Sarkozy achèvera, une fois à l'Intérieur, d'en faire des « Sarko boys » en accélérant leur carrière. Le nouveau ministre ressort ainsi du placard Louis Bayon, l'ex-patron du RAID, pour le propulser coordonnateur en chef des vingt-huit groupes d'intervention régionaux qu'il vient de créer afin de s'attaquer à l'économie souterraine des cités. Christian Lambert, qui a mené l'assaut de la maternelle, se retrouve lui à la tête du RAID. Lambert prouvera sa reconnaissance le soir du 4 juillet 2003 en arrêtant Yvan Colonna, l'assassin présumé du préfet Érignac, dans une bergerie du sud de la Corse près de Propriano. Une arrestation qui tombe à pic, deux jours avant le référendum sur le statut de la Corse pour lequel Nicolas Sarkozy a mouillé sa chemise. Le lendemain, le ministre de l'Intérieur se fend d'un vibrant hommage aux quatre mousquetaires qu'il avait envoyés « chasser » le Colonna : Guéant, Gaudin, Lambert et Squarcini, alors numéro 2 des RG.

« Squars » ou « le Squale », comme l'appellent ses hommes, est un « pro ». Repéré par Pasqua sur le dossier corse, il est aujourd'hui dans les starting-blocks pour prendre la tête d'un grand service unifié de renseignements. Quant à Christian Lambert, depuis le retour de Sarkozy Place Beauvau, il a abandonné sa casquette de préfet adjoint pour la sécurité en Corse pour devenir patron des CRS. Un poste névralgique puisqu'il s'agit de tenir des troupes remuantes syndicalisées à gauche, tout en essayant de les faire glisser du maintien de l'ordre à la sécurité publique, afin de colmater les brèches ouvertes par les départs massifs à la retraite de policiers.

À l'assaut du pouvoir

Le premier fait d'armes de Nicolas à Neuilly, ce n'est pas l'assaut de la maternelle, mais celui de la mairie, dix ans auparavant. L'inamovible député-maire de la ville, Achille Peretti, vient de mourir d'une crise cardiaque. Pour Pasqua, il est évident que le fauteuil de ce vieil ami corse lui est réservé. Mais

Pasqua ne peut pas organiser la succession car il est hospitalisé pour une hernie à la clinique Hartmann. Sarkozy va s'occuper de tout. Pendant une semaine, il visite consciencieusement tous les membres du conseil municipal. Résultat : le 29 avril 1983, Nicolas Sarkozy, simple conseiller municipal, rafle à vingt-huit ans la mairie de Neuilly sous le nez de Pasqua.

Le traître est boudé trois ans, jusqu'à la mort de Malik Oussekine, tabassé par les voltigeurs motocyclistes de la Préfecture de police de Paris, à l'issue de la manifestation contre la réforme Devaquet. Plombé par cette bavure, Pasqua, alors ministre de l'Intérieur, apprécie que « Judas » lui manifeste sa compassion. D'autant qu'ils ne sont pas nombreux à le faire. Autre soutien inattendu, celui de Pierre Joxe qui lui envoie ce mot : « Nous n'avons été que deux à avoir occupé ce poste à deux reprises, je pense à vous actuellement. » Pour son retour en grâce, Sarkozy récolte même un poste de conseiller Place Beauvau. Ce qui lui fera dire plus tard : « Grâce à Pasqua, je sais que rien n'est définitif, que tout est question de rapports de force. »

Une fois la mairie de Neuilly en poche, Nicolas Sarkozy va pouvoir engranger de nouveaux fidèles en tapant dans le haut du panier. Parmi les riches administrés devenus ses amis, une quinzaine de grands patrons au premier rang desquels l'empereur du mobilier urbain Jean-Claude Decaux, compagnon de vélo, ou encore le roi du BTP et propriétaire de TF1 Martin Bouygues, dont Sarkozy a fait le parrain de son fils Louis, et le témoin avec Bernard Arnault, le patron du groupe LVMH, de son mariage avec Cécilia.

Côté show-business, le compositeur Didier Barbelivien, un ami de plus de quinze ans, vient parfois avec sa guitare pousser la chansonnette au ministère de l'Intérieur. « Le ministre apprécie particulièrement de reprendre avec lui les chansons de Johnny Hallyday, le chanteur préféré des Chirac », confie un participant régulier de ces soirées musicales. Mais l'habitué des lieux, c'est Christian Clavier. L'acteur est un fan du ministre et réciproquement. Quand le Jacquouille des *Visiteurs* est violemment extirpé de sa Jaguar par des braqueurs, le 21 février 2003 dans les Hauts-de-Seine, son copain de ministre donne des ordres afin que la police retrouve dare-dare les coupables. Pour ajouter des noms connus à son carnet d'adresses, le ministre de l'Intérieur n'hésite pas à organiser des réveillons « people » Place Beauvau. En fait, ironise un élu de l'UMP, « les réseaux Sarkozy fonctionnent un peu comme les réunions Tupperware. Chaque nouvel adhérent est chargé d'en recruter d'autres[1] ». Parmi les derniers venus, on trouve Monica Bellucci, Gérard Depardieu, Stéphane Courbis, le patron d'Endémol, l'humoriste Jean-Marie Bigard ou encore le chanteur Faudel. Une belle brochette pour le comité de soutien d'un candidat à la présidence de la République. D'autant que Sarkozy est devenu, depuis la crise des banlieues de novembre 2005, la cible d'une autre partie du show-biz.

Si Nicolas Sarkozy s'est servi de Neuilly pour étoffer ses réseaux, il en a aussi fait un marchepied pour conquérir le département des Hauts-de-Seine. En avril 2004, il prend la place de président du conseil général que Charles Pasqua lui a cédé. Le voilà à la tête de l'un des plus riches départements de France, avec un PIB près de quatre fois supérieur à celui du Luxembourg. Une base de repli idéale quand il devra rester cinq mois sans portefeuille ministériel, avec son pire ennemi qui campe Place Beauvau. Plutôt que des « Hauts-de-Seine », Nicolas Sarkozy préfère parler de son « 92 ». Comme le persifle un élu UMP, « cela fait moins France d'en haut. On pense à Gennevilliers et Nanterre... » Bref, pour un futur candidat à la présidentielle, c'est moins stigmatisant que maire de Neuilly.

Il arrive même au ministre de l'Intérieur de se prendre pour Jaurès. En juin 2005 à l'Assemblée nationale, lors de la séance des questions au gouvernement, Sarkozy apostrophe les bancs de l'opposition : « Je comprends pourquoi le peuple s'est détourné de vous. C'est parce que vous avez oublié le peuple. Vous ne parlez pas comme lui, vous ne le comprenez pas et vous ne tirez aucune des conséquences de ce qu'il vit au quotidien. » Et quand il déboule toutes sirènes hurlantes dans les cités, le ministre de l'Intérieur n'hésite pas à se présenter

1. Entretien du 2 juin 2005.

comme « un fils d'immigré de la première génération ». Certes son père, Paul Sarkozy de Nagy Bosca, n'avait pas un sou en poche lorsqu'il est arrivé en France depuis sa Hongrie natale. Certes il a quitté le domicile conjugal quand Nicolas avait cinq ans. Pour autant, sa mère, avocate d'affaires, a élevé le petit Nicolas et ses deux frères dans les beaux quartiers de Paris, puis à Neuilly où la famille s'est exilée après le bac B de Nicolas.

Cécilia et Nicolas

Neuilly est la ville porte-bonheur de Super-Sarko. Non seulement elle est le point de départ de son ascension politique, mais c'est aussi là qu'il rencontre Cécilia. Cette grande et élégante jeune femme de vingt-sept ans, d'origine russo-espagnole, est la troisième épouse de Jacques Martin. C'est Nicolas lui-même qui les a mariés en 1986 à Neuilly. « Ce jour-là, j'ai su qu'elle était pour moi », avouera-t-il. Ce qui vaudra à Sarkozy de se faire casser la figure par l'animateur de *L'École des fans*. Avec Cécilia, Nicolas va fabriquer un couple à l'américaine, jusqu'à en faire, lors de son premier passage au ministère de l'Intérieur, les Kennedy de la Place Beauvau.

Difficile quand vous êtes reçu par le ministre et que le petit Louis, cinq ans, se faufile sous la table, de ne pas faire le rapprochement avec la célèbre photo de *Time Magazine* où l'on voit le fils de John Kennedy jouant dans le bureau ovale de la Maison Blanche. Même Indy, le labrador des Sarkozy, qui est dit-on de la « race des chiens de président », s'est retrouvé un temps enrôlé dans le plan com. Et c'est sans doute afin de le rendre plus photogénique que Cécilia a envoyé Indy en stage au RAID à leur arrivée Place Beauvau[1]. Lorsqu'il décroche la présidence de l'UMP, Nicolas Sarkozy organise un show à l'américaine qui hissera l'utilisation marketing de la famille à des fins politiques à un niveau encore jamais atteint en France.

1. « Nicolas Sarkozy, l'homme (trop) pressé », *Les Dossiers du Canard enchaîné*, octobre 2003.

Le 29 novembre 2004 au Bourget, devant six cents journalistes, quatre cent douze parlementaires, quatre cents membres de corps diplomatiques, dont quatre-vingts ambassadeurs, le nouveau patron du parti monte à la tribune pour faire son discours, après avoir embrassé une Cécilia au bord des larmes. Les lumières viennent juste de se rallumer sur les dernières images du film, diffusé sur écran géant, où Louis est apparu pour dire « Bonne chance, mon papa ».

Une médiatisation de sa vie privée sur laquelle Nicolas Sarkozy va tourner la page quand son couple se mettra à tanguer. Dans les bandes dessinées Marvel, Superman affronte son pire ennemi Lex Luthor, qui dirige la plus grande entreprise de la ville et tire les ficelles dans un tas d'affaires crapuleuses. Dans le rôle, Sarkozy verrait bien Dominique de Villepin, l'actuel locataire de Matignon qu'il soupçonne d'être pour beaucoup dans ses malheurs. Y compris conjugaux. Tout commence le 22 mai 2005, à une semaine du référendum sur la Constitution européenne. PPDA s'apprête à recevoir pour le JT de 20 heures le président de l'UMP, quand on le prévient que celui-ci ne viendra pas pour cause de « grande fatigue ». Dans le même temps, les journalistes des services politiques reçoivent des SMS qui détaillent en temps réel les déboires du couple Sarkozy. Pendant que la presse française garde un silence pudique, *Le Matin*, premier quotidien suisse, s'empare de l'affaire et révèle, photo à l'appui, l'identité de Richard Attias, « l'homme qui a séduit Cécilia ». Le patron de Publicis Events Worldwide n'est autre que le gourou new-yorkais de la communication que Sarkozy avait embauché en novembre 2004 pour orchestrer la logistique du congrès de l'UMP.

Dans l'entourage de Nicolas Sarkozy, on affirme que le journal helvétique, contre lequel le ministre de l'Intérieur a déposé plainte[1], a été alimenté en informations par un « cabinet noir ». Des ténors de la majorité, avec l'aide d'une officine fréquentée par d'anciens pontes des RG (dont l'un est baptisé « Paupières lourdes » par le staff de Sarkozy) auraient soufflé

1. Le 13 juillet 2005 pour « atteinte à la vie privée ».

sur les braises pour mettre le feu dans le couple Nicolas-Cécilia. Une chose est sûre : les révélations de la presse suisse ont très vite circulé dans les rédactions parisiennes via des courriers électroniques anonymes. Les Sarko boys indiquent être remontés jusqu'aux ordinateurs à l'origine de ces courriels et assurent que la piste mène à certains membres du gouvernement Villepin. Les mêmes accusent Philippe Douste-Blazy, nouveau ministre des Affaires étrangères, et Jean-François Copé, ministre délégué au Budget et porte-parole du gouvernement Villepin, d'avoir ricané avec des journalistes sur les déboires conjugaux de Super-Sarko. Ce qui permettrait de décrypter l'incident survenu dans les semaines qui ont suivi le retour de Sarkozy Place Beauvau. Alors que Jean-François Copé lui tend la main, le ministre de l'Intérieur lui lance : « Si tu tiens à ne pas voir ta carrière s'arrêter net, avise-toi de ne jamais plus m'adresser la parole. »

Autre œuvre attribuée au « cabinet noir » : la liste des supposées maîtresses de Nicolas Sarkozy publiée par *Le Matin*. Ses proches conseillers n'hésitent pas à faire le parallèle, auprès des journalistes, avec l'affaire Markovic. En octobre 1968, un ex-garde du corps d'Alain Delon est retrouvé assassiné dans une décharge des Yvelines, avec sur lui des photos truquées où l'on voit l'épouse du Premier ministre George Pompidou dans des situations compromettantes. En fait, il s'agit d'une opération montée par des officines pour déstabiliser le successeur prévisible du général de Gaulle à l'Élysée.

Des photos truquées, Cécilia en a aussi été victime. En 2004, *Le Canard enchaîné* se voit proposer le cliché d'une fausse Cécilia nue. Il s'agit de faire croire que la femme du ministre est une ancienne « coco girl », une de ces pin-ups de l'ancienne émission télé de Stéphane Collaro. *Le Canard* ne tombe pas dans le panneau. « Depuis, on a appris que le document provenait du ministère de l'Intérieur, affirme Claude Guéant. Le ministre en place à l'époque a lancé une enquête qui n'a pas abouti...[1] » Après un court silence ponctué par le tic-tac de la

1. Entretien du 1er août 2005.

pendule, l'éminence grise de Nicolas Sarkozy reprend : « Nous veillons sur le ministre. Il faut être attentif, la période précédente s'est révélée plutôt compliquée. Il y a huit mois, un fonctionnaire de la Préfecture de police est venu se confier à nous. Une officine avait essayé de le recruter pour mener une action contre Nicolas. Que d'autres coups soient tentés me semblent tout à fait possible. »

Quoi qu'il en soit, au cours de notre enquête, plusieurs policiers, dont un ex-grand flic de la PJ, nous ont avoué avoir été approchés au début de l'année 2005 pour « travailler » sur Sarkozy. Parmi ces commanditaires intéressés par la vie privée et le patrimoine du ministre figure un barbouze reconverti dans les affaires, un fin connaisseur de l'Asie proche de Michel Roussin[1], l'ex-numéro 2 de la DGSE et ancien directeur de cabinet de Jacques Chirac à la mairie de Paris.

Sarkozy reprend les rênes

Au ministère de l'Intérieur, Nicolas Sarkozy est-il plus à même de parer les coups ? Le 1er juin 2005, lorsqu'il annonce son retour Place Beauvau, il explique devant un parterre d'élus UMP éberlués qu'il revient « pour répondre aux officines et aux coups tordus ». Hallucinante déclaration dans une démocratie que celle d'un ministre de l'Intérieur qui affiche ainsi publiquement son intention d'instrumentaliser la police à des fins personnelles. Un avertissement bizarrement salué d'un silence assourdissant dans quasiment toute la presse.

La première victime est le sous-préfet Gérard Dubois, responsable depuis douze ans de la communication à la Préfecture de police de Paris. La scène se déroule quarante-huit heures après le retour de Sarkozy Place Beauvau. Son directeur de

1. Aujourd'hui vice-président du groupe Bolloré, Michel Roussin a été condamné, dans l'affaire de financement des partis politiques via les marchés publics des lycées d'Île-de-France, à quatre ans de prison avec sursis, 50 000 euros d'amende et une privation de cinq ans de ses droits civiques, civils et de famille. Il a fait appel.

cabinet, Claude Guéant, annonce au préfet de police Pierre Mutz : « Gérard Dubois doit partir. » Motif de l'éviction : le clan Sarkozy accuse cet adepte du gratin mondain d'avoir alimenté la machine à rumeurs. Gérard Dubois, lui, jure n'y être pour rien.

Tout comme Arnaud Lagardère, le patron de *Paris Match*, le jour où son journal publie à la une la photo de Cécilia en compagnie de son nouveau compagnon[1]. Il aura beau téléphoner au ministre de l'Intérieur pour lui dire qu'il n'était pas au courant, celui-ci reste persuadé que les photos ont été publiées pour lui nuire. Son conseiller de l'ombre, Pierre Charron, spécialement chargé de gérer les répercussions médiatiques des difficultés du couple, est convaincu que les photos prises en juillet ont été sciemment divulguées fin août pour torpiller la rentrée politique de Nicolas Sarkozy. Il aura fallu quatre mois pour que le ministre de l'Intérieur signe un armistice avec Alain Genestar, le directeur de la rédaction de *Paris Match*.

Les photos de Nicolas Sarkozy et de sa nouvelle compagne journaliste au *Figaro*, prises en septembre 2005 par des paparazzi dans deux magasins parisiens, n'ont, elles, jamais paru. Toutes les rédactions auxquelles elles ont été proposées les ont refusées. Et quand *France-Soir* puis l'Agence France Presse révèlent en octobre le nom de la jeune femme, le ministre de l'Intérieur, devenu soudain très soucieux de protéger sa vie privée, porte plainte illico. Sur France 2, lors de l'émission « Question ouverte », il déclare qu'il ne communiquera « plus jamais » sur sa vie privée. Cinq mois plus tôt, c'est le même Nicolas Sarkozy qui confiait en direct dans le journal de France 3 ses déboires conjugaux. Puis commentait ainsi, devant les journalistes qui l'accompagnaient lors d'un voyage dans le Cantal, sa stratégie de communication : « Ça crée de l'affect. Jusqu'à présent, on parlait de mon ambition personnelle. Maintenant, on parle de mon humanité. »

La malédiction de la Place Beauvau s'est aussi abattue le

1. Le 25 août 2005.

24 novembre 2005 sur la biographie de Cécilia qu'une journaliste du magazine people *Gala* devait publier aux Éditions First. Quinze jours avant la parution du livre, le P-DG de la maison d'édition, convoqué par le ministre de l'Intérieur, se rend Place Beauvau avec le manuscrit sous le bras et en ressort après trois heures d'entretien. Le lendemain, il annonce à l'auteur que la sortie du livre est reportée. Les vingt-cinq mille exemplaires déjà imprimés partent au pilon. Une péripétie annonciatrice du retour en grâce de Cécilia. Gageons qu'à l'approche de la présidentielle, la vie privée de Nicolas Sarkozy va continuer de susciter l'intérêt de ses ennemis. Le 31 octobre 2005, à la rédaction du *Figaro*, deux ordinateurs ont été volés, dont celui de la journaliste qui avait brièvement succédé à Cécilia. Officiellement, pour la police judiciaire saisie de l'affaire, il s'agit d'un pur hasard. En janvier 2006, Cécilia Sarlozy faisait son grand retour Place Beauvau. La séparation aura duré six mois.

La liste noire de Sarkozy

Si Sarkozy est revenu à Beauvau, c'est donc aussi pour retrouver ses super-pouvoirs qui vont le protéger de tous ses super-ennemis ralliés au clan des « TSS », comprenez : « Tout sauf Sarkozy ». Pendant les treize mois que Nicolas Sarkozy a passés loin de la Place Beauvau, la grêle s'est en effet abattue sur son équipe. Celui qui a essuyé le grain le plus sévère, c'est Brice Hortefeux. L'actuel ministre délégué aux Collectivités territoriales, Auvergnat d'origine, est un ami de trente ans de Nicolas Sarkozy qui en a fait son général en chef pour la prochaine campagne présidentielle. C'est lui qui s'occupe notamment de gérer les conflits entre la Place Beauvau et le cabinet de Dominique de Villepin. Avec son allure de Viking, on verrait bien Hortefeux mener l'assaut contre l'Élysée en éliminant tous les rivaux qui barrent la route de son chef. Il fallait donc un coup bas pour le désarçonner : une rumeur de pédophilie. Le 27 mai 2004, Nicolas Sarkozy, qui a alors cédé son fauteuil de ministre de l'Intérieur à Dominique de Villepin, découvre dans *Libération* un article qui évoque le ragot que la Place Beauvau fait courir depuis le 13 mai auprès des journalistes. Furieux, Sarkozy téléphone à Villepin qui proteste : « Ce n'est pas moi qui suis à l'origine de cette rumeur. » Réplique de son collègue de l'Économie : « Tu n'as qu'à tenir tes troupes ! Depuis que tu m'as remplacé, c'est le retour des anciennes méthodes[1]. » Dans la foulée, Sarkozy serait allé voir Chirac à l'Élysée pour le mettre en garde : « Si ça continue comme ça, c'est la guerre ! »

Une menace à prendre au sérieux car Nicolas Sarkozy a déjà prouvé qu'il savait cogner. En 1995, alors qu'il est ministre du Budget et qu'il roule pour Balladur, Sarkozy transmet consciencieusement à la justice le dossier des HLM de la Ville de Paris qui éclabousse l'entourage du maire de l'époque Jacques Chirac. Celui-ci reste aussi persuadé que c'est encore Nicolas Sarkozy qui a fait « fuiter » dans *Le Monde* l'affaire des terrains du port autonome de Paris. Une vente qui aurait rapporté une juteuse plus-value à Bernadette, dont la famille était propriétaire des parcelles rachetées. La même année, les contrôles fiscaux pleuvent sur tout ce qui ressemble de près ou de loin à un chiraquien... De quoi laisser quelques rancœurs.

Nul doute qu'aujourd'hui l'Élysée surveille de près Frédéric Péchenard, le sous-directeur des AEF, les affaires économiques et financières à la Préfecture de police de Paris. Ce Sarko boy de quarante-huit ans, ex-patron de la brigade criminelle, a été propulsé à ce poste clef en 2002 par Sarkozy. Frédéric et Nicolas se connaissent depuis l'enfance. Les deux familles habitaient rue Fortuny dans le 17e arrondissement de Paris et leurs mères, avocates, étaient amies. Après s'être perdus de vue, les deux hommes se sont retrouvés lors de l'épisode Human Bomb. Frédéric Péchenard avait été dépêché sur les lieux en tant que numéro 2 de la brigade de recherche et d'intervention. Étoile montante dans la galaxie Sarkozy, le commissaire Péchenard, dont le professionnalisme fait l'unanimité, pourrait, si les astres lui sont favorables, se voir propulser à la direction

1. *Le Canard enchaîné*, 2 juin 2004.

de la police judiciaire parisienne. Avec Frédéric Péchenard aux AEF, Sarkozy espère garder un œil sur les enquêtes financières qui pourraient gêner son clan ou ses adversaires politiques. Et ce, au sein de la Préfecture de police, un territoire qui reste le fief de l'Élysée.

Au Château justement, Sarkozy dénonce la présence d'un mauvais œil en la personne du conseiller pour la sécurité de Jacques Chirac. À soixante-dix ans, l'ancien préfet de police de Paris, Philippe Massoni – surnommé « Bouddha » pour son calme légendaire –, est soupçonné de tirer encore les ficelles dans la police. C'est d'ailleurs Bouddha qui a verrouillé la Préfecture de police en y poussant à sa tête un homme qui a les faveurs de l'Élysée, Pierre Mutz.

« Le retour de Sarko Place Beauvau, c'était le scénario cauchemar, confie un proche de l'Élysée[1]. Après la victoire du "non" au référendum sur le traité constitutionnel européen et le départ de Jean-Pierre Raffarin en mai 2005, le projet de Chirac était de laisser de Villepin à l'Intérieur avec Massoni en secrétaire d'État délégué à la Police. Chirac a reçu Sarkozy pour lui dire : "Tu ne seras pas Premier ministre, mais tu peux me demander ce que tu veux." Sarko a répondu : "Beauvau." Il a vu le profit qu'il pouvait en tirer. Il a misé sur l'Intérieur. » Exit Massoni.

Mais Bouddha continue de hanter les nuits de Sarkozy. Peu de temps après son retour Place Beauvau, celui-ci aurait confié sur le ton de la plaisanterie : « J'ai fait un rêve. Je suis élu président de la République, ma première décision est de supprimer le conseil de sécurité et son président, cet abominable Massoni. »

À l'Élysée, un autre conseiller figure sur la liste noire de Sarkozy : Maurice Gourdault-Montagne. Le chef de la cellule diplomatique du Château est un ami de Sciences-Po de Dominique de Villepin et l'un de ses anciens collaborateurs. Gourdault-Montagne est accusé de toutes les turpitudes par le clan Sarkozy. Il aurait favorisé des fuites sur les déboires conjugaux

1. Entretien du 12 mai 2005.

du ministre de l'Intérieur et doublé Nicolas Sarkozy sur le dossier « Miksa », nom de code d'un fabuleux contrat d'armement de 7 milliards d'euros avec l'Arabie saoudite. En 2002, afin de faire aboutir les discussions entamées par Charles Pasqua en 1987, Sarkozy envoie en mission secrète ses deux lieutenants Claude Guéant et Brice Hortefeux avec pour objectif de négocier une première tranche de 150 millions d'euros. Mis au parfum par des taupes Place Beauvau, l'Élysée, qui soupçonne sans preuve une tentative de mise en place d'un réseau de financement occulte, contre-attaque[1]. Le 10 novembre 2003, Maurice Gourdault-Montagne décolle à son tour pour Riyad. Il va convaincre le prince régnant Abdallah de négocier directement avec la Défense, plutôt qu'avec le ministre de l'Intérieur qui devra annuler son voyage prévu pour le 13 décembre. Mais Nicolas Sarkozy ne s'avoue jamais vaincu. À peine revenu Place Beauvau, il aurait annoncé à ses conseillers son intention de relancer les négociations avec son homologue saoudien[2]. Toujours est-il que Miksa est un dossier brûlant derrière lequel certains, comme nous l'avons constaté au cours de notre enquête, continuent de chercher une affaire de financement occulte.

Ce 10 juin 2005, un grand soleil brille sur Paris. Nous avons rendez-vous à la terrasse d'un café avec le conseiller d'un cacique du Parti socialiste. À la fin de l'entretien, celui-ci nous met le marché en main : « C'est la guerre jusqu'en 2007. On veut la mort politique de Sarko. On a des cartouches, on veut les vôtres. Qu'est-ce vous avez sur l'Arabie saoudite ? » Nous prenons congé poliment. Décidément, Superman a beaucoup d'ennemis. À droite comme à gauche.

1. « Soupçon sur le contrat du siècle », *Le Point*, 6 mai 2004.
2. Intelligence Online, 17 juin 2005.

La guerre Villepin-Sarkozy

Un climat malsain qui a de quoi rendre paranoïaque. En juin 2004, persuadé qu'il faisait l'objet d'écoutes sauvages, Nicolas Sarkozy s'est ainsi équipé de téléphones cryptés. Le 14 du même mois, le juge d'instruction Renaud Van Ruymbecke reçoit de la part d'un mystérieux corbeau une lettre intitulée « Le bal des crapules ». La missive contient une liste de personnalités censées posséder des comptes secrets au Luxembourg, alimentés par des commissions occultes liées à la vente de frégates françaises à Taïwan. Deux de ces prétendus comptes sont attribués à « Stéphane Bocsa » et « Paul de Nagy ». Or pour l'état civil, le patronyme complet du ministre est Nicolas, Stéphane, Paul Sarkozy de Nagy Bocsa. Sur le listing figure aussi le nom de Bernard Squarcini, l'un des hommes de Sarko. Dominique de Villepin, alors ministre de l'Intérieur, demande illico une enquête à la DST. Un zèle suspect aux yeux de Nicolas Sarkozy qui soupçonne Lex Luthor, alias Villepin, d'avoir saisi ce prétexte pour faire travailler le contre-espionnage sur lui.

Mais la machine bien huilée s'enraye. Les agents de la DST remettent à Villepin un rapport qui conclut à une manipulation et livre le nom de l'un des corbeaux : Jean-Louis Gergorin – qui proteste aujourd'hui de son innocence. Directeur de la stratégie chez EADS dans le groupe Lagardère, il est un ami personnel de Villepin. Celui-ci l'a même reçu en avril 2004 dans son bureau de la Place Beauvau pour le décorer de l'ordre national du Mérite.

Sarkozy apprenant l'existence de ce rapport qui le blanchit, fonce voir le 15 octobre Dominique de Villepin et Pierre Bousquet de Florian, le patron de la DST, pour leur demander de transmettre à la justice les conclusions de la DST. Sans succès[1]. Le bras de fer culmine un mois plus tard lorsque Nicolas Sarkozy rend public à la une du *Monde* le refus de Villepin de sortir de son tiroir ledit rapport.

---

1. *Le Canard enchaîné*, 17 novembre 2004.

Revenu à l'Intérieur, Sarkozy a deux entretiens orageux avec Bousquet de Florian, le patron de la DST nommé par Chirac, qu'il soupçonne d'avoir enquêté sur lui avant la présidentielle. Pierre Bousquet de Florian sent le vent du boulet, mais il sauve sa tête en assurant Sarkozy de sa loyauté. « On le dit proche de Chirac, mais suffisamment habile pour avoir toujours su ménager la chèvre et le chou », analyse un commissaire de la DST.

Depuis, c'est la paix armée. Au pôle financier, on laisse entendre que chaque camp n'a sans doute rien à gagner à un déballage sur la place publique. Échaudé par l'affaire, Nicolas Sarkozy en a profité pour ressortir du placard une vieille lune : mettre les services de renseignements – RG et DST – sous contrôle du Parlement, et les fusionner en une seule direction, placée sous la houlette du fidèle Squarcini.

Les cordons de la bourse

« Rien ne me détournera de la route que j'ai choisie », a prévenu Nicolas Sarkozy, le 26 mai 2005 sur France 3. Non seulement le ministre se sent à nouveau protégé par les remparts de Beauvau, mais il règne sur un vaste domaine. Jamais aucun locataire de la Place Beauvau n'avait repoussé aussi loin les frontières du ministère. Comme Pasqua avant lui, Sarkozy a récupéré l'Aménagement du territoire et sa tirelire de plusieurs milliards d'euros[1] dans laquelle un ministre de l'Intérieur peut piocher pour s'attacher la sympathie des élus – qu'il s'agisse de construire une route, une école, une bibliothèque, de rénover la voirie, de donner un coup de pouce à un projet intercommunal ou d'effacer les dettes d'un conseil général. À charge de revanche... « C'est vrai, le député ou le maire est toujours content de décrocher une subvention, reconnaît Claude Guéant,

1. Le budget total pour 2005 était d'environ 7,5 milliards d'euros en autorisations de programme et 8,7 milliards d'euros en crédits de paiement.

avant de se reprendre : La fidélité n'est pas le moyen de s'attirer une reconnaissance éternelle. »

Les cordons de la bourse, Nicolas Sarkozy les a pourtant déjà utilisés, au Budget, pour étrangler ses adversaires ou récompenser ses obligés. En 1993, les deux fantassins de Chirac dans le gouvernement d'Édouard Balladur, Jacques Toubon à la Culture et Alain Juppé aux Affaires étrangères, voient soudain leurs crédits se rétrécir comme peau de chagrin. À l'inverse, pour rallier le maximum de députés à la cause de Balladur, Sarkozy sème les subventions à tout va. Et le revendique : « Je ne viens jamais les mains vides », déclare-t-il dans la presse locale en mars 1995 lors d'un déplacement dans les Ardennes. En 2003, Nicolas Sarkozy ministre de l'Intérieur compte aussi sur sa cassette pour convaincre les élus corses d'approuver son référendum sur le statut de l'île de Beauté. Il leur promet des dizaines de millions d'euros de subventions[1]. Pas étonnant dès lors qu'il ait nommé à l'Aménagement du territoire et aux Collectivités territoriales des fidèles d'entre les fidèles, Christian Estrosi et Brice Hortefeux.

À la cagnotte de l'Aménagement du territoire, s'ajoute le trésor de guerre des 33 millions d'euros de l'UMP, sur lequel Nicolas Sarkozy a fait main basse en prenant la tête du parti. En septembre 2006, c'est lui qui distribuera les investitures UMP pour les élections législatives de 2007 et les municipales de 2008, et l'argent du parti pour financer les campagnes. De quoi faciliter la tâche de Frédéric Lefebvre, conseiller parlementaire du ministre de l'Intérieur, dont la mission est de rassembler sous la bannière de Nicolas Sarkozy les troupes UMP de l'Assemblée et du Sénat. Autour de cet élégant quadra, qui passe sa vie entre la Place Beauvau, le Palais Bourbon et celui du Luxembourg, bourdonne en permanence un essaim de parlementaires venus butiner plus d'effectifs pour leur commissariat, la nomination d'un préfet ou la réparation d'un clocher frappé par la foudre. Et pas question de faire lanterner les élus. Nicolas

1. Discours devant les élus corses à Ajaccio le 7 avril 2003.

Sarkozy, qui est le ministre le plus sollicité, exige que les réponses soient données aux parlementaires dans un délai maximum de quinze jours.

Les deux casquettes

Avec Super-Sarko, le siège de l'UMP n'est plus rue la Boétie, mais Place Beauvau. « Il confond son rôle de serviteur de l'État et de leader politique, regrette un élu de la majorité, tendance Chirac. À l'approche des élections, la situation peut vite devenir malsaine.[1] » Quand le ministre de l'Intérieur veut faire passer un texte qui déplaît à Matignon, il utilise sa casquette de président de l'UMP pour arriver à ses fins. C'est le cas sur le dossier de l'immigration. Pour imposer son idée de quotas d'entrée favorisant les immigrés qualifiés, Nicolas Sarkozy provoque le débat à l'UMP, lors d'une convention le 9 juin 2005 sur le thème : « Une immigration choisie, une intégration réussie ». Dominique de Villepin est contraint de faire volte-face et de soutenir la proposition de son ministre de l'Intérieur. En agissant ainsi, Nicolas Sarkozy affûte sur le dos de l'UMP et de ses deux cent seize mille militants, son programme pour les présidentielles.

Au Parlement, Sarkozy s'appuie sur des voltigeurs toujours prêts à en découdre, y compris avec leurs collègues de l'UMP, pour défendre les idées du patron. Côté Sénat, Alain Lambert et Philippe Goujon montent sans hésiter au créneau. Tandis qu'à l'Assemblée nationale, le député de Seine-et-Marne Yves Jégo et celui du Vaucluse, Thierry Mariani, jouent les nettoyeurs de tranchées au service d'un bataillon de soixante-dix fidèles.

C'est également au sein de la machine UMP que Nicolas Sarkozy a dissimulé son *think thank*, un concept importé encore une fois des États-Unis. À sa tête, un passionné de stratégie politique : Manuel Aeschlimann. La mission du député-maire d'Asnières : défricher les préoccupations des Français dans la

1. Entretien du 16 mai 2005.

perspective des prochaines présidentielles. Afin de dresser la carte la plus précise des attentes des électeurs, ce brillant quadra fait plancher des journalistes, des sociologues, des professeurs d'université, des politologues, des sondeurs...

Manuel Aeschlimann, que ses adversaires politiques disent « sans état d'âme », revendique faire du marketing politique. Pour lui, une bonne stratégie électorale se nourrit d'argumentaires ciblés. « Il faut traiter les problèmes des Français au plus près de leurs préoccupations[1]. » Les notes de synthèse que le conseiller en opinion politique produit régulièrement à l'intention du ministre de l'Intérieur portent sur des sujets aussi éclectiques que sensibles : les beurs, l'appartenance religieuse des Français ou encore les électeurs du FN. Selon Aeschlimann, la moitié du vote FN pourrait être récupérée par Sarkozy en 2007. Étrangement, celui qui dirige le laboratoire d'idées de Sarkozy a fait l'objet d'une tentative de déstabilisation. Quelques mois après la création de la commission de suivi, plusieurs journalistes ont reçu un courrier anonyme estampillé « personnel et confidentiel » qui accusait sans la moindre preuve le député des Hauts-de-Seine de corruption.

Beauvau et dépendances

Pendant que Villepin se focalise sur la chasse aux emplois, Sarkozy espère accaparer tout le reste. À défaut d'être Premier ministre, il sera le premier des ministres. Son nouveau cabinet est taillé dans cette optique. « Nicolas Sarkozy veut passer de la sécurité intérieure à la "sécurité globale", un nouveau concept qui inclut la défense, la santé, l'aménagement du territoire, la justice... », explique l'un de ses conseillers. Et donner du même coup une dimension présidentielle à son poste de ministre de l'Intérieur.

Parmi les victimes du boulimique ministre de l'Intérieur figure en bonne place son collègue des Transports Dominique

1. *Le Figaro*, 7 juillet 2005

Perben. Lorsque, en juillet 2005, la délinquance routière augmente de 7 %, Sarkozy se fend illico d'un commentaire relayé par l'AFP : « On reprend les choses en main. » Et d'annoncer qu'il va renforcer la répression contre les chauffards. Sous-entendu, si le nombre de tués sur les routes a bondi, c'est la faute de Perben qui, le mois précédent, avait annoncé avant de se rétracter la possibilité d'une pause dans l'installation des radars automatiques. « Quand les chiffres ne sont pas bons, c'est que le discours ne l'a pas été », souligne le ministre de l'Intérieur. Une queue de poisson pour piquer au ministre des Transports un sujet sensible inscrit sur la liste des grands chantiers du président.

Ce que voudrait Nicolas Sarkozy, c'est devenir le Monsieur Loyal de la sécurité routière, celui qui chaque mois, face aux caméras, dévoile les très médiatiques chiffres des accidents de la route. C'est également la raison pour laquelle Sarkozy lorgne sur l'Observatoire de la sécurité routière, qui est le seul à posséder ces statistiques mais dépend du ministère de l'Équipement. Nicolas Sarkozy a aussi essayé sans succès de placer l'un des siens à la tête de la délégation interministérielle à la sécurité routière. Cela dit, à force d'accourir dès qu'il entend le mot « délinquance routière », il a tout de même réussi à devenir aux yeux de l'opinion publique celui qui tord vers le bas la courbe des accidents de la route. Et quand celle-ci remonte, il lui suffit de rappeler qu'il n'est malheureusement pas propriétaire du dossier.

L'autre territoire intéressant à annexer est bien sûr celui de la Place Vendôme. L'une de ses plus belles offensives s'est déroulée à l'été 2005. Le prétexte ? Le meurtre de Nelly Cremel, une joggeuse assassinée le 2 juin dans une forêt de Seine-et-Marne, dont l'un des agresseurs, condamné en 1990 à la perpétuité pour meurtre, venait de bénéficier d'une libération conditionnelle. Lors d'une réception Place Beauvau, le 24 juin, Nicolas Sarkozy déclare : « Le juge qui a remis en liberté le meurtrier de Mme Cremel devra payer pour sa faute. » Tollé chez les magistrats. Deux mille d'entre eux vont jusqu'à signer une pétition sur le thème « Halte à la démagogie ». Le pavé balancé par Sarkozy atterrit aussi dans le jardin de Chirac, président du Conseil supérieur de la magistrature, et à ce titre garant de l'indépendance de la justice. Ce qui n'empêche pas le ministre de l'Intérieur d'enfoncer le clou le lendemain en prenant à partie, en plein conseil des ministres, son collègue de la Justice, Pascal Clément, pour lui demander ce qu'il compte faire du magistrat qui a osé « remettre un monstre pareil en liberté conditionnelle ». Ce qui lui vaut un rappel à l'ordre par le président de la République et son Premier ministre. Peu importe, Nicolas Sarkozy a sur le feu un projet de loi sur la multirécidive qui doit être voté en seconde lecture par les parlementaires. Quatre jours avant le vote, interrogé sur Europe 1, le ministre sort de son chapeau le cas d'un récidiviste de quatorze ans arrêté cent deux fois. Un épouvantail qui va lui permettre de passer son texte comme une lettre à la poste, et même de le durcir de vingt-quatre amendements. À lire les journaux, on croirait presque que Pascal Clément est devenu le secrétaire d'État de Nicolas Sarkozy.

Même l'Éducation nationale, Sarkozy entend la glisser dans son cartable de ministre de l'Intérieur. Son cheval de bataille pour pénétrer rue de Grenelle, c'est la violence à l'école. Le très voyant Luc Ferry, ministre de l'Éducation nationale sous Raffarin, a lui aussi dû en rabattre. À peine arrivé, il voit Sarkozy se saisir du dossier de l'absentéisme scolaire, sous prétexte que celui-ci nourrit la délinquance des mineurs. Sans prendre la peine d'avertir Ferry, le ministre de l'Intérieur propose de suspendre les allocations familiales aux parents dont les enfants sèchent les cours à répétition. L'occasion d'envoyer au passage une bourrade à l'ami de Chirac, Christian Jacob, alors ministre délégué à la Famille. Gonflé à bloc, Sarkozy lance carrément l'idée de réformer le bac, avec notamment un baccalauréat sécurité civile ! En juin 2003, désormais chez lui rue de Grenelle, il préside, en tant que ministre de l'Intérieur, une réunion pour régler le conflit des « Toss », les petites mains de l'Éducation nationale qui se sont mises en grève, avec le soutien des enseignants, pour ne pas passer sous la tutelle des régions. Cette fois, Sarkozy a joué de l'écusson « Libertés locales » collé sur sa veste de ministre de l'Intérieur, pour souffler le dossier à Luc Ferry. Avec le satisfecit du jury, puisqu'il renvoie aux calendes grecques la délocalisation des Toss. Le philosophe Ferry aura devant les journalistes cette phrase stoïcienne : « J'apprends l'humiliation. Sarkozy est un très bon professeur[1]. » L'actuel ministre de l'Éducation doit lui aussi faire face aux OPA hostiles lancées par la Place Beauvau. Ainsi, en novembre 2005, au moment même où Gilles de Robien rédigeait sa réforme de l'école, Nicolas Sarkozy mettait les pieds dans le plat en déclarant que l'heure du « dépôt de bilan » des zones d'éducation prioritaire avait sonné, ce qui a fait immédiatement sortir de leurs gonds les syndicats enseignants.

Enfin, aux yeux de la ministre de la Défense, Michèle Alliot-Marie, son collègue de l'Intérieur est le glouton qui a gobé la gendarmerie. Depuis juin 2002, Nicolas Sarkozy est le patron des cent cinq mille gendarmes. Désormais, tous les soirs à 19 heures, le directeur de la Gendarmerie nationale file au rapport, non plus rue Saint-Dominique au ministère de la Défense, mais Place Beauvau. Comme si cela ne suffisait pas, le ministre de l'Intérieur réclame à présent de pouvoir décider de la carrière des gendarmes qui reste encore du ressort de sa collègue de la Défense.

L'appétit démesuré de Nicolas Sarkozy énerve Jacques Chirac. Il faut dire que, le 14 juillet 2005, Sarkozy a poussé la provocation jusqu'à organiser une contre-garden-party Place Beauvau, en même temps que celle du président. Mais surtout, le ministre de l'Intérieur foule aux pieds le domaine réservé de l'Élysée, les Affaires étrangères.

1. « Nicolas Sarkozy, l'homme (trop) pressé », *Les Dossiers du Canard enchaîné*, octobre 2003.

Sarkozy international

Pour acquérir l'envergure internationale nécessaire à tout candidat à la présidentielle, Nicolas Sarkozy profite sans complexe de son poste à l'Intérieur. Sous couvert de lutte antiterroriste, il parade au G8, part en Colombie signer un accord de coopération sur le narco-trafic et c'est pour démanteler les réseaux de prostitution qu'il se rend en Roumanie et en Bulgarie. Le 12 juillet 2002, il convie son homologue britannique pour une conférence de presse Place Beauvau. Les deux ministres annoncent la fermeture du controversé centre de rétention des clandestins de Sangatte.

À l'automne 2002, Jacques Chirac, qui prépare une visite officielle à Alger pour relancer la coopération entre les deux pays, découvre avec stupeur que son ministre de l'Intérieur a déjà programmé, sans l'en avertir, son propre voyage. Il le stoppe in extremis. En septembre 2005, expliquant qu'il lui reste dix-neuf mois pour « élargir son cercle de connaissances[1] », Sarkozy s'envole pour la Pologne où l'attend Lech Walesa, et apporte dans la foulée son soutien à Angela Merkel en passe d'être nommée chancelière d'Allemagne, histoire de préparer l'après 2007 et de se démarquer de la « vieille Europe » incarnée par le couple Chirac-Schröder.

Et ce n'est pas un hasard si Nicolas Sarkozy chouchoute le Service de coopération technique international de la police (SCTIP), le bras armé du ministère de l'Intérieur à l'étranger. L'une de ses premières mesures Place Beauvau a été de l'étoffer en ouvrant vingt postes à l'étranger. « Nicolas Sarkozy se sert du SCTIP pour empiéter sur les domaines réservés », explique un commissaire passé par ce service. Comme le dit lui-même le ministre : « On m'attaque sur la Corse, je suis en Roumanie. On m'attaque sur la Roumanie, je suis à Sangatte. On m'attaque sur Sangatte, je suis ailleurs[2]. »

1. « Sarkozy soigne son image internationale », *Le Figaro*, 14 septembre 2005.
2. « Sarkozy, flic story », *L'Express*, 24 octobre 2002.

« Ailleurs », c'est par exemple le terrain de la religion. Nicolas Sarkozy utilise sa fonction de ministre des Cultes pour pêcher des électeurs au sein de chaque communauté. « Il met les Français dans des boîtes puis segmente son discours pour l'adapter à l'étiquette qu'il a collée dessus », décrypte un élu de son clan. Au risque d'apparaître comme un communautariste. Pour l'électorat juif, Sarkozy a un discours sur mesure. Ce catholique pratiquant, dont la mère descend d'une famille juive de Salonique, a réussi à faire croire qu'il est le seul à lutter contre l'antisémitisme. Tout le monde se souvient de sa sortie fracassante dans l'hémicycle de l'Assemblée nationale, le 18 avril 2004. S'adressant aux bancs socialistes, Nicolas Sarkozy accuse le gouvernement Jospin « d'avoir donné de la France l'image d'un "pays antisémite" ». Le tollé est tel que Jacques Chirac doit calmer le jeu dès le lendemain : « L'antisémitisme est un sujet trop grave pour entretenir la polémique. » Sarkozy espère d'autant plus récupérer des voix dans la communauté juive qu'il profite de l'estampille proarabe de Chirac. À tel point que le président a voulu rééquilibrer son image en recevant en grande pompe, à l'été 2005, le Premier ministre israélien Ariel Sharon.

Pour séduire l'électorat beur, le ministre de l'Intérieur a aussi un discours sur mesure : la discrimination positive. Un concept qui insupporte Jacques Chirac. Nicolas Sarkozy, qui a choisi comme conseillère chargée de l'intégration une jeune magistrate d'origine maghrébine, a aussi nommé début 2004 le premier préfet musulman issu de l'immigration. Et pour bien montrer qu'il a pris sous son giron la communauté musulmane, deuxième religion de France, Sarkozy a créé le Conseil français du culte musulman. Désormais toutes les composantes de l'islam en France sont représentées dans une même structure qui sert d'interlocuteur unique face à l'État. Au passage, Sarkozy a offert une respectabilité à l'Union des organisations islamiques de France, la branche ultraconservatrice de l'islam, en lui permettant de siéger au sein du Conseil français du culte musulman. Est-ce en signe de gratitude que l'UOIF a lancé une *fatwa* pour condamner les violences, lors de la poussée de fièvre de novembre 2005 dans les banlieues ?

Le ministre et ses grognards

Suivant la méthode Pasqua, Nicolas Sarkozy saisit la moindre occasion pour instaurer un rapport direct avec les policiers de terrain, quitte à court-circuiter la voie hiérarchique. Peu de temps après son arrivée au ministère, il embarque pour une virée avec la brigade anti-criminalité de Mantes-la-Jolie. Dans la voiture, il ordonne aux policiers : « Je vous interdis de répondre à la radio », et pendant deux heures parle avec eux à bâtons rompus de leur travail quotidien. Il n'hésite pas à serrer la main du planton du ministère ou à recevoir Place Beauvau le groupe qui a fait une grosse saisie de stups ou une belle interpellation, pour les féliciter comme Napoléon avec ses grognards. « Speedy », comme l'appellent affectueusement les policiers, additionne les petits gestes qui font la différence. Comme par exemple envoyer un bouquet de fleurs quand il apprend que tel fonctionnaire de police vient de se marier ou d'avoir un enfant. « Sarkozy est obsédé par ce que pense de lui le flic de terrain[1] », explique un syndicaliste policier. Aux obsèques d'un gendarme, d'un pompier ou d'un flic mort en service, exercice délicat que redoute tout ministre de l'Intérieur, il excelle. Son discours rédigé à partir de la fiche ultra-détaillée de chacune des victimes fait mouche. Un savoir-faire qui a son importance dans la « grande maison ». « Il nous a redonné notre fierté », se réjouit un officier de police parisien. Le ministre de l'Intérieur sait que la reconnaissance, ça ne coûte pas cher et ça peut rapporter gros. Attentif à la popote, il s'empresse de convoquer à son retour Place Beauvau tous les grands directeurs de la police pour leur demander un état des lieux sur le moral des troupes et la liste des récriminations. Lorsqu'il reçoit les syndicalistes, il sait les mettre à l'aise. Comme Pasqua, Sarkozy

1. Entretien du 16 juin 2005.

est prompt à sortir le saucisson corse. Avec le tutoiement en prime. « Il joue cartes sur table, on est avec ou contre lui, mais au moins les choses sont claires. » Un langage d'« homme » qui ne déplaît pas dans la police. Rien à voir avec Dominique de Villepin qui a laissé Place Beauvau l'image d'un ministre en gants blancs, réticent à mettre les mains dans le cambouis du quotidien.

Marketing politique

Avec le ministère de l'Intérieur, Nicolas Sarkozy dispose d'un fantastique porte-voix pour attirer le chaland d'ici 2007. Est-ce parce qu'il a failli devenir journaliste en 1981 ou parce que son père a fait fortune dans la publicité ? En tout cas, Sarkozy est de tous les ministres de l'Intérieur le meilleur bateleur. « Sa méthode est parfaitement rodée, commente un de ses collègues ministres : visite sur le terrain, provocation verbale, émois à gauche, questions d'actualité à l'Assemblée nationale, et un JT de 20 heures en bouquet final. » Illustration le 19 juin 2005 dans une cité de La Courneuve, en banlieue parisienne. Rendant visite à la famille d'un enfant de onze ans victime d'une balle perdue lors d'un règlement de comptes entre voyous, Nicolas Sarkozy lâche devant les caméras : « Nous allons nettoyer la Cité des 4000 au Kärcher. »

Derrière les apparitions télé de Super-Sarko, il y a Franck Louvrier. Cet ancien attaché de presse du RPR sous la présidence de Juppé gère la communication du ministre à l'UMP et Place Beauvau. Dans son petit bureau côté jardin, ce trentenaire bien coiffé, toujours souriant, aux allures de gendre idéal, décroche son téléphone toutes les dix minutes. Franck Louvrier ne fait pas qu'organiser les entretiens avec les journalistes, il commande aussi régulièrement des enquêtes qualitatives sur son ministre. La botte secrète de Sarkozy, c'est le marketing immédiat appliqué à la politique. En clair, il s'agit de mesurer la popularité en temps réel d'une idée, d'un slogan ou d'une stratégie, en disséquant la manière dont l'opinion réagit. Tout est millimétré. Rien n'est laissé au hasard.

« Les réponses nous permettent d'ajuster le discours, de l'infléchir ou au contraire d'appuyer sur tel ou tel aspect », explique Franck Louvrier[1]. L'institut Ipsos a ainsi été réquisitionné pour mener des enquêtes qualitatives sur la discrimination positive, la double peine ou encore l'entrée de la Turquie en Europe, contre laquelle Nicolas Sarkozy est monté au créneau en désaccord avec le président de la République. « C'est grâce à cette étude que l'on s'est rendu compte que la question turque nourrissait beaucoup d'inquiétude dans notre électorat. » Mais le produit que le ministre de l'Intérieur teste le plus souvent, c'est lui-même. Chaque fois qu'il participe à une émission de télé ou à un JT, il fait appel à l'agence Médiascopie. Un groupe témoin suit en direct la prestation télévisée. Chacun des membres de ce panel est équipé d'un joystick avec lequel il note « positif » ou « négatif » les propos du ministre. En retour, Nicolas Sarkozy connaît à quel moment précis son message est passé et la manière dont il a été perçu. La sémantique de Sarkozy a ainsi été testée. « On a par exemple constaté que le mot "racaille" fonctionnait », se réjouit Franck Louvrier. Mais à vouloir trop en faire, les conseillers com' de Sarkozy marchent parfois sur la ligne jaune. En pleine crise des banlieues, le cabinet du ministre a demandé aux standardistes de la Place Beauvau de noter dans les appels téléphoniques ceux qui étaient favorables ou défavorables à Nicolas Sarkozy[2].

Grâce à tous ces outils de marketing politique, quand un événement survient, le ministre de l'Intérieur sait tout de suite en tirer le meilleur profit. Quatre mois après son arrivée Place Beauvau, Nicolas Sarkozy, dont le lieutenant Mariani a fait passer un an plus tôt à l'Assemblée un amendement « anti-rave-party », est tourné en ridicule par un tecknival organisé dans les Alpes côté italien, à quelques mètres des forces de l'ordre françaises qui, cantonnées de l'autre côté de la frontière,

1. Entretien du 28 juin 2005.
2. Une pratique dénoncée par le syndicat Sud-Intérieur le 18 novembre 2005.

assistent au spectacle sans pouvoir intervenir. Plutôt que d'entamer un bras de fer, il saisit l'occasion de redorer son image auprès des jeunes en invitant les porte-parole des ravers Place Beauvau. Ce qu'aucun ministre de l'Intérieur, même socialiste, n'avait fait avant lui. Désormais, les « free-parties » se dérouleront sous le contrôle des préfets, sur des terrains réquisitionnés.

Ce 1er août 2005, Claude Guéant interrompt sa conversation pour décrocher le téléphone qui sonne avec insistance : « Aïe, aïe, aïe. On sait s'il y a des victimes ? Que sont devenus les pilotes ? » Sitôt raccroché, le directeur de cabinet ouvre l'un des battants de la porte qui donne sur le bureau de Nicolas Sarkozy : « Un Canadair vient de s'écraser en Haute-Corse, près de Calvi. » Pendant dix jours, jusqu'à ce que l'enquête lève le doute sur la fiabilité des appareils, les dix Canadair de la sécurité civile restent cloués au sol, sur décision du ministre, malgré les incendies qui font rage. Le jour de la reprise des vols, Super-Sarko est à bord d'un Canadair pour effectuer un écopage avec largage. Comme de bien entendu, la scène se passe devant une noria de journalistes...

Pour ne pas provoquer d'overdose médiatique chez les futurs électeurs, les conseillers en communication de Nicolas Sarkozy mesurent régulièrement ce que l'on appelle dans le jargon l'« unité de bruit médiatique ». En clair, l'intensité de la caisse de résonance. « Chaque intervention du ministre est calculée pour générer un maximum de reprises par les journalistes », précise Franck Louvrier.

C'est aussi aux journalistes que sont livrées chaque mois les fameuses statistiques de la délinquance. Nicolas Sarkozy a transformé son ministère en usine à produire des courbes. Et pour orienter dans le bon sens le nombre de gardes à vue, de faits constatés ou de crimes élucidés, il a inventé ce que les flics ont baptisé le « sarkomètre ». L'idée est d'évaluer le travail des préfets, commissaires et gendarmes en fonction des bons ou mauvais chiffres qu'ils ramènent.

La culture du résultat, Sarkozy l'a rapportée d'un voyage à New York en août 2002, lorsqu'il est allé voir le très populaire maire de l'époque Rudolph Giuliani. L'avantage des statistiques est que les journalistes en sont friands et qu'avant de leur en fournir on peut les ajuster, surtout lorsqu'elles sont calculées à deux décimales près. Quand le 12 janvier 2006, Sarkozy annonce devant cinq cent soixante-douze journalistes réunis salle Gaveau à Paris à l'occasion de ses vœux, que pour la troisième année consécutive la délinquance a reculé de 1,30 %, tout le monde traduit : le ministre de l'Intérieur a bien fait son travail. En novembre 2005, il y eut malheureusement un paramètre statistique que l'on ne put ajuster, c'était le nombre de voitures brûlées, parce que les assureurs eux aussi en tiennent la comptabilité. On a vu certains jours brûler jusqu'à mille voitures. Un score obligeamment donné lors de ses conférences de presse quotidiennes par le directeur de la Police nationale. Mais quand le ministère de l'Intérieur a décrété officiellement la fin des troubles, les journalistes n'ont plus eu droit au moindre chiffre. Et pour cause : chaque jour en France près d'une centaine de véhicules partent en fumée... Pour rendre encore plus présentables les chiffres de la délinquance à la veille des présidentielles, l'IGPN caresse le projet d'enlever des statistiques officielles, une partie des « dégradations volontaires » les plus légères qui constituent le gros du contingent des « faits constatés » par la police.

À force d'ordonner à la machine d'aller toujours plus vite, elle peut dérailler. « C'est un ministère "casse-gueule" parce que l'on n'est jamais à l'abri d'une grosse bavure », avertit Charles Pasqua qui en a fait l'amère l'expérience à chacun de ses passages Place Beauvau. Conscient qu'il ne doit pas cabosser son image sur un pépin d'ici à 2007, Sarkozy, de retour au ministère de l'Intérieur, a décidé de généraliser les caméras vidéo « antibavures » embarquées dans des voitures de police. Au moindre dérapage le couperet tombe, comme ce fut le cas pour ce flic filmé le 7 novembre 2005 par les caméras de France 2 en train de frapper à terre un jeune incendiaire qui le narguait au sortir de sa garde à vue.

Avant de quitter le ministère de l'Intérieur pour se lancer officiellement dans la course aux présidentielles, Nicolas

Sarkozy aura distribué à ses fidèles les meilleures pièces d'artillerie de la Place Beauvau, histoire de pouvoir canarder l'Élysée et de neutraliser la citadelle de la Préfecture de police de Paris. « Au fur et à mesure que l'échéance approche, les coups bas vont pleuvoir et la guerre des rumeurs s'intensifier. Il faudra à Sarkozy un réseau efficace de renseignements pour savoir sur qui il peut réellement compter et ne pas se faire intoxiquer par l'adversaire[1] », analyse un ancien conseiller de Charles Pasqua, qui était aux premières loges lors de l'affrontement Chirac-Balladur en 1995. Même s'il dispose d'hommes clefs dans la maison, ce ne sera pas forcément suffisant pour résister aux courants telluriques de la police où s'entremêlent les restes des réseaux Pasqua, Pandraud et Massoni. Les adversaires de Super-Sarko pourraient y trouver la kryptonite, cette roche qui ôte tous ses pouvoirs à Superman...

1. Entretien anonyme en décembre 2005.

3

Les réseaux Pasqua

« Bonjour, monsieur le commissaire, alors comment va la police ? » Charles Pasqua, la carrure massive, slalome entre les tables, serre les mains, s'informe des potins... Drôle mais un peu amer, forçant sur l'accent de Pagnol, il commente les dernières « frasques » des socialistes, ces usurpateurs qui ne « comprennent rien à la police ». Nous sommes en 1989, l'élu RPR a rendu depuis un an son tablier de ministre de l'Intérieur à son rival Pierre Joxe, mais il continue d'entretenir ses réseaux à l'instar d'une vieille maîtresse. Chaque mois, il invite une trentaine de commissaires et de magistrats autour d'un dîner gastronomique chez Drouant, la table du prix Goncourt et de l'Académie française, à quelques pas de l'Opéra-Garnier. On y croise les « grands flics » de la maison Pasqua, tous écartés par le pouvoir socialiste : l'ancien patron de l'Inspection générale de la police (IGPN) Marcel Leclerc, l'ex-conseiller police de la Place Beauvau, Claude Guérin l'ex-numéro 2 de la PJ Olivier Foll. C'est le « club des exclus »...

Pasqua prépare le terrain

Quatre ans plus tôt, les mêmes policiers plus quelques autres répondent déjà aux invitations de Charles Pasqua, alors président du groupe RPR au Sénat. L'élu prépare son arrivée Place Beauvau. À l'époque, il ignore tout des rouages de la police mais sait l'importance qu'il y a à la contrôler. Il le confie d'ailleurs dès 1984 à ses proches : « Ce sera l'Intérieur et rien d'autre », dit-il à Jean-François Probst, le secrétaire général du groupe RPR au Sénat à l'époque[1]. Le brillant et fidèle collaborateur de Charles Pasqua jusqu'en 1986 raconte la grosse colère que pique, six mois avant les élections législatives, la terreur du RPR en lisant dans l'hebdomadaire *Paris Match* une brève qui avance le nom de Robert Pandraud comme futur locataire de la Place Beauvau. « Nous étions dans la voiture, avenue Foch, Pasqua a demandé au chauffeur de sortir. Puis il a appelé Chirac devant moi pour lui expliquer très clairement que s'il n'avait pas l'Intérieur, il partirait en guerre contre lui », se souvient encore Jean-François Probst, auteur du livre décapant *Chirac et dépendances*[2].

Dès l'automne 1985, c'est le branle-bas de combat : entrevues, réunions et dîners secrets se multiplient entre les policiers et le futur ministre. De nombreuses rencontres ont lieu en particulier dans un splendide appartement situé au 33, avenue Foch dans le 16e arrondissement de Paris. Une adresse discrète gracieusement mise à disposition par le riche industriel suisse Jean-Claude Mimran, propriétaire des Grands Moulins de Dakar et de la Compagnie sucrière sénégalaise. Y sont reçus des magistrats réputés proches du RPR tels que Jean-Louis Bruguière, Alain Marsaud, Pierre Truche et des commissaires tels que le futur patron du quai des Orfèvres Jacques Franquet, le prochain chef du Service de coopération technique internationale de police (SCTIP) Jacques Delebois ou le futur conseiller police de la Place Beauvau, Claude Guérin.

Durant la même période, le futur ministre rencontre aussi les membres du « Club de la cravate », une association de grands flics très bien élevés qui compte Olivier Foll, Jacques Poinas, actuel numéro 2 de la PJ, ou Marcel Leclerc. Ces entrevues discrètes se déroulent rue de Lauriston dans le 16e arrondissement de la capitale. Le conseiller de Paris Pierre Charon est

1. Entretiens de juillet 2005.
2. Jean-François Probst, *Chirac et dépendances*, Paris, Ramsay, 2002.

chargé des présentations. Le message du futur ministre de l'Intérieur est sans ambiguïté : « Je vais être votre nouveau patron, donc il faut rouler pour moi. »

Charles Pasqua fait aussi de la retape dans les rangs des inspecteurs et des gardiens de la paix, en particulier chez les syndiqués. Régulièrement, des dîners sont organisés par son staff au restaurant La Méditerranée, près du Sénat.

Pasqua et Mitterrand

L'arrivée de Charles Pasqua Place Beauvau n'est donc pas une surprise, au moins pour quelques-uns. Car l'intéressé feint aujourd'hui encore l'étonnement : « Je n'étais pas du tout préparé à l'Intérieur », nous affirme-t-il en juillet 2005, lorsqu'il nous reçoit dans son bureau tout à la gloire du général de Gaulle, à Neuilly-sur-Seine. Affaibli par plusieurs pontages et six mises en examen, le sénateur des Hauts-de-Seine, aux épaules désormais voûtées, n'en garde pas moins une manière toute pagnolesque de dire, non pas la vérité, mais *sa* vérité. « Chirac m'a prévenu trois semaines avant : prépare-toi, je vais te proposer l'Intérieur. Je n'étais pas totalement ignare car mon père, mon oncle et mon frère étaient tous les trois dans la police », poursuit Charles Pasqua.

Une autre légende veut que François Mitterrand se soit opposé avec virulence à la nomination de Pasqua à l'Intérieur. En tout cas c'est ce que prétend à l'époque Jacques Chirac : « Mitterrand m'a dit : "Pasqua, c'est le SAC[1], ne l'oubliez pas, monsieur le Premier ministre. Il va vous truffer Matignon de micros. Surveillez votre téléphone, c'est un conseil." » Subterfuge. En réalité, l'entourage du Premier ministre se méfie de l'ancien VRP de Ricard, à commencer par son conseiller

1. Le Service d'action civique, service d'ordre des gaullistes, dont Charles Pasqua est le cofondateur en 1958 avec Jacques Foccart puis le vice-président jusqu'en 1969. À l'époque, les hommes du SAC exécutent les basses œuvres que la police et l'armée ne peuvent faire.

Jérôme Monod et Bernadette Chirac. La Résistance, le SAC, les réseaux, l'atavisme corse, la politique des « chapiteaux[1] » font de Charles Pasqua un homme de l'ombre, aux relations sulfureuses.

Contrairement donc à ce que prétend le clan Chirac, François Mitterrand n'a fait preuve d'aucune espèce de résistance lors de la nomination de Pasqua. Ce dernier le reconnaît d'ailleurs bien volontiers. Ses yeux d'homme de soixante-dix-huit ans brillent lorsqu'il confie que Mitterrand lui a fait savoir par son ami et député Michel Charasse que « Chirac racontait des conneries ». À force de se combattre, les deux mammouths de la politique ont appris à s'apprécier. Ils entretiennent des relations de confiance fondées sur un respect et une crainte mutuels.

« Jamais Mitterrand n'aurait laissé Pasqua prendre l'Intérieur s'il n'avait reçu en amont certains gages », analyse Jean-François Probst. De quelle nature furent les tractations ? De quels dossiers a-t-il été question ? Les deux hommes sont, sans doute, seuls à connaître la réponse. Ils se sont en tout cas rencontrés avant mars 1986, date officielle de leur première entrevue. Ce jour-là, au palais de l'Élysée, lors d'une remise de légion d'honneur à un ami résistant commun, Charles Pasqua trouve le temps long. Il va au buffet et commande une eau minérale lorsqu'il entend dans son dos la voix du président de la République : « Mais c'est ce terrible monsieur Pasqua ! »[2].

Les deux adversaires prennent un verre ensemble, tout en évoquant leur passé commun de résistants : Mitterrand était le capitaine Morland, Pasqua, le deuxième classe Prairie dans le même réseau Tartane. Le duo s'amuse surtout du désarroi que provoque leur conversation chez le président du Sénat, Alain Poher. Finalement, François Mitterrand s'adresse à celui-ci : « Vous vous demandez ce que nous pouvions bien nous dire ? Eh bien, sachez que nous étions résistants dans le même réseau. » Le soir, Alain Poher a déjà prévenu ses amis : Mitterrand tutoie Pasqua.

---

1. Organisation des meetings de l'UNR puis du RPR.
2. Alain Rollat, Philippe Boggio, *Ce terrible Monsieur Pasqua*, Paris, Orban, 1988.

Charles Pasqua prend plaisir à évoquer la mémoire du président, encore flatté de sa considération passée : « Nous nous sommes violemment combattus, notamment au sujet de la Nouvelle-Calédonie. Mais le président était un personnage à facettes qui faisait la distinction entre le combat politique – lui-même n'a jamais fait de cadeaux à personne – et le combat personnel. Il savait que j'avais le sens de l'État. » En 1986, les deux hommes préparent la cohabitation ensemble. « Mitterrand ne se gênait pas pour critiquer devant moi ses amis politiques », précise Pasqua. Plus tard, lors de certains conseils des ministres, on verra même les deux adversaires politiques échanger des clins d'œil.

Pasqua s'installe

Une mauvaise surprise attend Charles Pasqua à son arrivée Place Beauvau. Jacques Chirac lui colle dans les pattes Robert Pandraud en ministre délégué à la Sécurité, dont la mission première est de le surveiller. Une simple porte sépare les bureaux des deux hommes et leurs appartements sont sur le même palier.

Pasqua et Pandraud ont en commun une aptitude pour le tutoiement et une attirance pour les « petites gens ». Pour le reste, c'est le yin et le yang. En apparence, la complémentarité parfaite : d'un côté, l'homme des bureaux et de la préfectorale, mal habillé et un peu sinistre, de l'autre le « représentant » efficace, un peu m'as-tu vu mais doué pour les médias. Au VRP, la politique, le découpage de la carte électorale et les coups tordus ou médiatiques, à l'ancien directeur de la Police nationale, les dossiers techniques, la sécurité et la police... « Charlie » élabore la tactique, « Bob » assure la mise en place.

Convaincu que la droite est installée au pouvoir pour longtemps, Charles Pasqua exige une emprise totale sur le fonctionnement de l'institution. Pour lui, les policiers sont d'abord les serviteurs d'un gouvernement avant d'être des hommes de métier. À son siège de campagne des Hauts-de-Seine, avenue de Madrid à Neuilly, le soir même de sa nomination, le nouveau ministre dresse la liste noire des grands flics à jeter aux oubliettes : « Il est des nôtres celui-là ? » demande-t-il pour chaque directeur de service. DST, RG, CRS, SCTIP, DCPJ, PJPP, le grand nettoyage, on le sait, est achevé en moins de huit mois. Tous les directeurs de l'administration centrale sont remplacés[1]. Du jamais vu. Aucun ami, aucun ennemi n'est oublié. Le premier à être sacrifié sur l'autel de la République n'est autre que l'ancien chauffeur de son prédécesseur Pierre Joxe : « C'est comme si j'avais un micro dans la voiture », justifie Charles Pasqua à un proche. Qu'importe que le limogé soit là depuis Raymond Marcellin et ait conduit avec la même rigueur Michel Poniatowski, Christian Bonnet et Gaston Defferre...

Quatre jours seulement après son arrivée, Pasqua rappelle les syndicalistes d'extrême droite sanctionnés par l'ex-gouvernement socialiste après la manifestation anti-Badinter du 3 juin 1983. Pour services rendus, Rémy Halbwax, ex-secrétaire général de l'Union des syndicats de la police, ôte son uniforme de brigadier pour revêtir celui de chargé de mission. Il sera mis en examen et incarcéré en octobre 1994 par le juge Halphen dans l'affaire des HLM de la ville de Paris. Le gardien de la paix Jacques Gaussens intègre le service de sécurité de l'Intérieur – l'ingrat sera plus tard suspendu pour avoir monté une société privée de gardiennage, Orion International[2]. Pasqua place ses hommes, son clan, à la hussarde. Mais Pandraud, pour ne pas être en reste, agit de la même façon. Désormais, Place Beauvau, on appartient à un camp ou à un autre. En aucun cas aux deux. Comme d'autres flics, le commissaire divisionnaire Lucien Aimé-Blanc, policier baroudeur et iconoclaste, est témoin de cette rivalité. Convoqué par Robert Pandraud, il s'entend dire par le ministre de l'Intérieur : « Vous cherchez un poste ? Allez voir votre ami Bob. Il faut savoir avec qui on est[3]. »

1. Article d'Edwy Plenel, *Le Monde*, janvier 1986.
2. Article de Frédéric Ploquin, *L'Événement du jeudi*, 31 décembre 1986.
3. Entretien du 7 juillet 2005.

Le « cabinet noir »

Charles Pasqua verrouille tout. Très vite, il nomme un de ses hommes, Jacques Delebois, à la tête du stratégique Service de coopération technique international de police (SCTIP) dont le nouveau ministre va se servir comme d'une officine de renseignements pour mener sa propre politique africaine et maghrébine. Jacques Delebois est un ancien de la DST et spécialiste des coups tordus : il s'est jadis illustré en posant des micros au *Canard enchaîné*. Au SCTIP, il rassemble autour de lui « une sorte de cabinet noir informel [...] composé d'illustres fonctionnaires de police dont la compétence ne peut être mise en doute[1] ».

Charles Pasqua conteste l'existence de ce « cabinet noir » : « Je disposais simplement de policiers qui me faisaient remonter des informations. » L'ancien ministre minimise le rôle de Jacques Delebois. « Il considérait qu'il était le seul à me renseigner, je ne l'ai pas contrarié. Il me fournissait toutes sortes d'informations, je faisais le tri. Quand vous arrivez Place Beauvau, vous êtes content de pouvoir compter sur deux, trois personnes. »

Jacques Delebois affirme dans son manuscrit que son « cabinet noir » a pour mission officieuse de contrôler l'équipe de Pandraud et surtout Philippe Massoni dont Charles Pasqua se méfie particulièrement. Sorti de la poussière des services techniques, ce policier corse est à la fois patron des RG et directeur du cabinet de Robert Pandraud. « Mon but était de le neutraliser ou de le récupérer. Après une lutte de quelques mois, Philippe Massoni comprend d'où vient le vent. Il quitte Pandraud et se rallie à Pasqua, via Daniel Léandri », nous confie Jacques Delebois[2]. Charles Pasqua aurait su faire jouer la fibre corse. Sans scrupule, le ministre de l'Intérieur parvient même à

1. Selon sa propre expression, tirée du *Fusible*, ouvrage écrit avec la collaboration de Marc Bourreau d'Argonne, non publié à ce jour.
2. Entretiens du 9 février et du 1er mars 2005.

mettre à la porte les amis de Robert Pandraud : le DGPN Pierre Verbrugghe et le préfet de police de Paris, Guy Fougier[1].

Les réseaux Pasqua ? « Du pur fantasme, une invention des médias », se défend catégoriquement l'intéressé qui consent seulement à parler de « relations ». Soit. Mais des cercles de relations, alors ! Des cercles distincts et cloisonnés qui au fil du temps se sont superposés, une véritable toile d'araignée composée de gens venus de tous les horizons : anciens militaires, pros du renseignement, hommes d'affaires, brigadiers... Pour Pasqua, les réseaux sont moins un instrument politique qu'une façon de faire de la politique.

La garde rapprochée

Outre le « cabinet noir » de Jacques Delebois, le nouveau ministre s'appuie sur sa vieille garde. C'est le réseau de la basse police issue de la France barbouzarde, de la guerre d'Algérie, de la guérilla antigauchiste puis du complot contre Valéry Giscard d'Estaing en 1981. En clair, c'est le réseau du SAC, bras armé successif de l'UDR, l'UNR puis du RPR, jusqu'à sa dissolution en juillet 1981 après la tuerie d'Auriol[2] : on en retrouve certains membres en 1986 Place Beauvau. Les carrures vieillissantes des anciens « gorilles » du général de Gaulle hantent également les couloirs du ministère. En son temps, le général avait nommé ses quatre gardes du corps commissaires, Pasqua en fait, lui, des conseillers. Parmi eux, Raymond Sasia prend la tête des services de sécurité rapprochée de la Place Beauvau. L'ancien professeur de judo, pressenti à la tête du service des voyages officiels et de la protection des hautes personnalités, n'a pas reçu l'aval de l'Élysée : pas question qu'un gaulliste soit le « garde-chiourme » de la République. Pourtant le contrôleur général Sasia connaît son boulot. Il est même une légende dans

1. *Le Monde*, 8 janvier 1987.
2. Un responsable du SAC et cinq membres de sa famille sont sauvagement assassinés.

la police. Raymond Sasia a sauvé la vie d'Hassan II, le roi du Maroc, lors de l'attentat contre son avion en août 1972. Il a aussi introduit en France la technique du tir dit « instinctif » après un stage effectué au FBI. Cela lui vaut d'être encore en 2005 le conseiller « Maroc » du ministère de l'Intérieur et le président du club de tir de la Police nationale, avenue Foch.

Charles Pasqua fait aussi appel à quelques vieilles connaissances de l'OAS pour accomplir des missions parallèles au circuit officiel. C'est le cas de Jean-Michel Schoeler. Le concessionnaire Renault du boulevard Bessières devient son conseiller tout-terrain en Afrique, empiétant au passage sur les plates-bandes de la DST et la DGSE. L'homme est du genre à déposer son arme sur la table avant de dîner.

Charles Pasqua s'appuie enfin sur une autre génération de gardes du corps : le réseau des gardiens de la paix du RPR surnommés les « Léandri's boys », du nom de celui qui les a rassemblés, le brigadier Daniel Léandri.

Le fidèle Léandri

Natif de Corse du Sud, ce fidèle parmi les fidèles de Charles Pasqua s'est rendu célèbre en voulant rentrer un jour à l'Assemblée nationale avec son artillerie. L'homme aime bien exhiber son arme. Une autre fois, lorsque le juge Laurence Vichnievsky perquisitionne à son domicile du Val-d'Oise, Daniel Léandri est absent mais son flingue, lui, est délicatement posé sur la table de la salle à manger, comme le révèle la procédure. Certains y voient un geste d'intimidation...

Grand avec de larges épaules, le crâne lisse, Léandri travaille au commissariat du 17e arrondissement de Paris avant d'être détaché par l'UNR au début des années 1970 à la sécurité d'André Bord, ministre des Anciens Combattants puis de René Tomasini, et enfin de Charles Pasqua. Le début d'une complicité de plus de trente ans. D'abord garde du corps, Léandri est devenu au fil du temps le conseiller des missions sensibles et le bras droit de l'élu. Les deux hommes ont en commun leur origine corse et un père policier. Léandri, alias « le Tondu » ou « l'Enrhumé » est un véritable personnage de roman de gare. « Il est discret, mystérieux et a pour caractéristique d'avoir toujours des liasses de billets plein les poches. En général, il s'exprime par sous-entendus ou en corse. Pendant quelques années il a porté un borsalino[1] », explique l'ancien policier Bernard Courant qui a fait partie des Léandri's boys.

En 1986, Daniel Léandri est en charge des « dossiers de renseignements » pour le ministre de l'Intérieur. « Son rôle était de me faire remonter l'information du terrain, explique l'ex-ministre. Quand j'avais un message à transmettre en dehors de la hiérarchie, cela passait toujours par lui. Et vice versa ». En réalité, « le Tondu » se trouve au carrefour de toutes les missions sensibles. C'est M. Corse, M. Casinos, M. Afrique...

Pourquoi donner tant d'importance à un simple brigadier lorsqu'on est entouré d'énarques et de grands flics ? « Le grade, ça n'a aucune importance. Il y a des gens intelligents, efficaces, et d'autres qui ne le sont pas. Il y a des gens auxquels on fait facilement confiance et d'autres pas. Vous pouvez être préfet ou contrôleur général, il y a des choses que les gens ne vous diront pas », répond l'ancien ministre. Avant d'être brigadier, Daniel Léandri est un militant politique. « Policier, il aurait pu ne pas l'être, mais il connaît beaucoup de monde dans le milieu », précise Charles Pasqua. Avec le ministre, Léandri communique essentiellement en corse. Dans son petit bureau de la Place Beauvau défilent sans distinction grands flics, énarques, syndicalistes, nationalistes ou journalistes. « Tout le monde le draguait, pour obtenir soit des renforts, soit une promotion, soit une information, se souvient un conseiller. C'était le cardinal. Un jour, il m'a invité dans un très grand restaurant mais il a joué les idiots du village durant tout le repas... À la fin il a payé, en liquide. »

Daniel Léandri coordonne une dizaine de policiers dévoués corps et âme à Charles Pasqua. Corses pour la plupart, ils ont un accent à couper au couteau et un look très polar. Aussi

1. Entretien du 25 novembre 2005.

discrets que leur maître, ils communiquent entre eux par code, évitant de prononcer le moindre nom. Ainsi par exemple appellent-ils le président Chirac « Tarzum »... L'arrivée de ces Léandri's boys Place Beauvau en mars 1986 est encore gravée dans les mémoires. « La passation des pouvoirs entre Joxe et Pasqua devait avoir lieu à 15 heures. À 10 heures du matin, on a vu arriver en voiture dans la cour quatre types avec lunettes de soleil et borsalino sur la tête. On aurait dit des voyous, se souvient un conseiller du ministre socialiste. La secrétaire de Joxe leur a demandé ce qu'ils voulaient, ils ont répondu avec un accent corse provocateur : "C'est la relève."[1] »

La plupart de ces hommes sont détachés au service de sécurité de la Place Beauvau. Mais quelques-uns poursuivent une mission de « taupe » à l'extérieur du ministère. C'est le cas du policier Bernard Courant qui en 1986 est placé par le ministre de l'Intérieur chez Édouard Balladur, ministre de l'Économie et des Finances. « Charles Pasqua m'a dit : "Bernard, je vous envoie auprès d'Édouard Balladur. Vous comprendrez plus tard pourquoi et vous ne le regretterez pas" », raconte Bernard Courant. Et l'ancien policier de préciser : « Pasqua ne le disait jamais clairement, mais je savais que s'il m'envoyait chez Balladur, c'était pour que je l'informe de ses moindres faits et gestes. Pasqua avait le renseignement et la police dans le sang. Il avait des taupes à lui partout et innovait en matière de sécurisation, au RPR comme au gouvernement. C'est lui qui a instauré pour nous les gilets pare-balles dans les meetings du RPR et les voitures suiveuses pour mieux protéger les ministres. »

D'origine bretonne, contrairement à ses collègues méditerranéens de l'équipe, Bernard Courant, cheveux blancs et regard bleu innocent, au service de Charles Pasqua depuis 1972, lui a souvent servi d'indic. Pour la petite histoire, il était déjà auprès de Jacques Chirac à l'hôpital Cochin quand celui-ci a eu son grave accident de voiture en novembre 1978 sur une route de Corrèze. Fort de la confiance de Bernadette Chirac qui

1. Entretien du 18 mai 2005

l'appréciait, le policier a même fait boire à la paille son mari. « Tous les jours j'appelais Pasqua pour le tenir au courant de l'évolution de la santé de Chirac et des visites qu'il recevait », affirme Bernard Courant[1].

Mais, en 1986, le policier vit très mal le fait de ne pas se retrouver comme ses autres collègues Place Beauvau. « Pour moi, c'était une consécration. Au lieu de ça, je me suis retrouvé en exil auprès du ministre des Finances, à Rivoli. Un soir, Charles Pasqua est venu dîner chez Édouard Balladur et ne m'a même pas salué pour ne pas mettre la puce à l'oreille de son hôte. » C'est alors la goutte qui fait déborder le vase. Bernard Courant démissionne dans les semaines qui suivent.

Extrême droite, francs-maçons et Corses

Dans la boîte de Pandore, citons aussi William Abitbol, Patrick Devedjian, Jean-Jacques Guillet, Bruno Tellenne, Joël Galli, Francis Sifredi, Gérard Écorcheville. Issus des mouvements d'extrême droite comme Occident ou Ordre nouveau, ces militants n'avaient à la fin des années 1970 qu'un but : « faire tomber Giscard ». C'est la raison de leur association avec Charles Pasqua qui devient leur formateur et leur parrain en politique. Ils connaîtront des fortunes diverses. Gérard Écorcheville, superviseur de campagnes électorales et Joël Galli, expert en arts martiaux, sont vite écartés du pouvoir en raison de leurs styles un peu trop excentriques ou musclés. Joël Galli, l'ami de Pierre-Philippe Pasqua, le fils du ministre, sombrera dans la drogue dans le sud de la France où il a été expédié. *A contrario*, le président de l'agence de pub Marianne, William Abitbol, fait carrière. L'ex-militant d'Occident – à qui l'on doit, dit-on, l'idée des petits « diamants » collés en confettis sur les affiches de campagne du président sortant Giscard en 1981[2] – prépare les

1. Entretien du 25 novembre 2005.
2. Référence à l'affaire des diamants de l'empereur de Centrafrique Jean-Bedel Bokassa.

coups politiques de Charles Pasqua. Il est aussi sa plume. Le pasticheur de journaux Bruno Tellenne, frère de Karl Zéro, apporte, lui, quelques touches d'originalité aux discours du ministre de l'Intérieur. Ce qui n'est pas forcément une tâche aisée quand il est question de statistiques de la délinquance. Le conseiller s'occupe aussi au cabinet de la liaison avec les Hauts-de-Seine, le fief de Pasqua.

Autre ancien militant d'Occident attiré par les coulisses du pouvoir : Jean-Jacques Guillet. Selon Nicolas Beau dans *La Maison Pasqua*[1], l'ex-patron de l'Institut de sondage Indice SA, qui surévaluait le score du candidat Jacques Chirac en 1981, se meut dans un autre réseau d'influence : la Grande Loge nationale de France, l'une des trois grandes obédiences maçonniques. Sans être franc-maçon, Charles Pasqua compte de nombreuses relations à l'intérieur de ce lobby très puissant dans la police. D'où la nomination de plusieurs d'entre eux à son cabinet : Bernard Guillet[2] devient conseiller diplomatique et Bernard Tomasini chef adjoint de cabinet. C'est un signe fort donné aux francs-maçons. Mais aussi au clan corse. Le conseiller général RPR de l'Eure n'est autre que le fils du gaulliste corse René Tomasini dit « Toto », le véritable parrain de Charles Pasqua en politique. Appuyé par des Corses au début de sa carrière, Charles Pasqua renvoie l'ascenseur dès son arrivée au ministère « comme il l'a promis à la mère de René Tomasini, le jour de ses obsèques », précise Jean-François Probst[3].

Le réseau Pasqua se prolonge jusqu'en Afrique dans ce qu'on appelle la « Corseafrique » du jeu ou la Corse Connection, autrement dit le milieu corse des jeux. Des insulaires à la frontière de la voyoucratie et du monde des affaires auxquels le ministre va accorder autorisations de jeux et ouvertures de casinos.

Le réseau corse, Place Beauvau, c'est le cercle des intimes,

1. Paris, Plon, 2002.
2. Sans lien de parenté avec Jean-Jacques si ce n'est d'être frère de loge.
3. Entretien de juillet 2005.

des fidèles, de ceux dont Charles Pasqua est sûr qu'ils ne le trahiront pas. « Il fallait voir tous ces Corses tomber dans les bras les uns les autres, s'embrasser. Pasqua, influencé par Léandri, ne savait rien leur refuser, affirme Bernard Courant. Place Beauvau, on a même vu le ministre se faire baiser la main par certains insulaires qui lui demandent audience. »

Le plus proche conseiller de Charles Pasqua est son propre fils Pierre-Philippe. Agent immobilier à Grasse, il est le « vrai fils de son père ». Aussi massif et secret que Charles, le charisme en moins. Pierre-Philippe n'apparaît ni dans l'équipe du ministère ni sur une quelconque liste électorale. Sa seule trace en politique est, comme le révèle Nicolas Beau[1], un passage au GUD, le syndicat étudiant d'extrême droite. « Il était très difficile de savoir ce qu'il faisait exactement[2] », explique un ancien conseiller. Comme beaucoup d'amis de son père, Pierre-Philippe Pasqua est un spécialiste de l'Afrique. Il gère des sociétés liées à l'aide au développement. « Il faisait clairement comprendre qu'il parlait au nom de son père », confie le même ancien conseiller. Il a une « capacité d'influence colossale sur le père [...] Charles Pasqua n'avait pas de regard critique, ni distancié sur son fils. Il se reprochait de ne pas avoir eu le temps de l'élever comme il l'aurait voulu ». Pierre-Philippe fournit au père une bonne partie de ses conseillers. William Abitbol, Jean-Jacques Guillet ou le Corse Dominique Vescovali dit « Vesco » voient ainsi leur influence grandir auprès de Charles du fait de leur amitié avec Pierre.

Dominique Vescovali est cadre supérieur chez Bull, chargé des relations avec le Parlement. En 1983, c'est lui – ou plutôt un ingénieur pour lui, un certain Fiterer – qui s'est occupé de l'installation de tous les fichiers de la rue de Lille, au siège du RPR. Pas ingrat, certains au sein du RPR prétendent que « Vasco » aurait piraté au passage tout le système pour Charles Pasqua, son seul vrai patron. Au ministère, celui que l'on surnomme « le Magicien » est curieusement chargé de mission

1. *Op. cit.*
2. Entretien de juillet 2005.

pour la lutte contre les incendies de forêt. Plus tard, il sera envoyé dans le Var par Charles Pasqua pour prendre le RPR local mais il décédera d'un cancer avant d'y parvenir.

Autre Corse, autre proche, Jean-Charles Marchiani. L'ancien parachutiste au visage en lame de couteau est le plus mystérieux des émissaires de la Place Beauvau. L'homme des missions difficiles. Étudiant en droit à Aix-en-Provence, Jean-Charles Marchiani rencontre Charles Pasqua lorsque celui-ci est encore chez Ricard. Ils ne se sont jamais perdus de vue. L'agent secret préféré de la Place Beauvau a fait ses classes au SDECE, l'ancêtre de la DGSE, avant d'en être écarté pour avoir joué, dit-on, un rôle trouble dans l'affaire Markovic en 1970. Jean-Charles Marchiani, c'est un mélange de VRP et d'aventurier. Négociateur hors pair et homme d'affaires rusé, il a tissé un vrai réseau dans les pays arabes, au Liban, en Libye. « Quand il ne peut s'infiltrer dans un coup, son système est d'en créer un de toutes pièces... et de le résoudre ensuite », explique dans son livre Jacques Delebois. L'émissaire n'a pas de bureau Place Beauvau. Il y passe de temps en temps, uniquement pour voir le ministre. En général, il gare sa petite Austin dans la cour du ministère et monte directement dans le bureau de Charles Pasqua. Ses contacts directs avec le ministre lui ouvrent les portes de la DGSE où il tente d'imposer ses méthodes sans grande réussite.

Entre eux, Pasqua et Marchiani parlent corse, et de préférence à l'extérieur du bureau du ministre. « J'ai toujours été un peu méfiant. C'est l'expérience du maquis », explique Charles Pasqua. Je me méfie du téléphone, des micros... Quand j'ai quelque chose à dire, je ne veux pas que cela se retrouve sur la place publique. » Certains conseillers officiels de la Place Beauvau apprendront l'identité et le rôle de Jean-Charles Marchiani trois jours avant la libération des otages du Liban. « J'ai vite appris à ne pas poser de questions, explique un membre du cabinet. Plusieurs fois, je me suis retrouvé Place Beauvau à la table de gens dont j'ignorais le nom. »

La méthode Pasqua

En somme, Pasqua a construit son ministère avec d'un côté une nébuleuse de conseillers occultes, toujours plus nombreux au fil des mois, rémunérés sur les fonds secrets du ministère, de l'autre côté le cabinet officiel composé en majorité d'énarques et de grands flics. « Pasqua faisait en sorte que ces réseaux ne communiquent pas entre eux. Une fois, il m'a reproché de m'être entretenu avec quelqu'un que je n'aurais pas dû rencontrer », confie Bernard Courant[1].

L'étonnant, c'est que, Place Beauvau, l'ambiance est plutôt chaleureuse et bon enfant. Une blague par-ci, un mot gentil par-là, Charles Pasqua sait détendre l'atmosphère. On le décrit jovial, comique et respectueux. Il offre des fleurs à ses collaboratrices pour la fête des mères ou serre la main des plantons. « Pour mobiliser les gens, il faut d'abord les comprendre et les aimer », dit-il.

Attachant, le ministre n'en demeure pas moins méfiant, même envers ses collaborateurs. Et surtout bien renseigné sur eux. Un jour, la jolie attachée de presse de la Place Beauvau, Sophie Deniau, doit déjeuner avec le journaliste d'investigation du *Monde* Edwy Plenel : elle se retrouve convoquée chez le ministre. « Quand je rentre dans son bureau, Pasqua a le visage grave des mauvais jours, raconte Sophie Deniau. Il m'explique comme un père à sa fille que la Place Beauvau a des ennemis et que je dois être méfiante[2]. » L'attachée de presse quitte le bureau du ministre avec une liste de quelques noms de personnes à ne voir sous aucun prétexte. Parmi eux, figure celui d'Edwy Plenel. Sophie Deniau annule son rendez-vous mais en conclut qu'elle est peut-être sur écoute.

Charles Pasqua a un style, une méthode, un œil sur tout. Il veut, et doit réussir. Dès mars 1986, il a pour objectif la baisse de l'insécurité et de la délinquance. Il s'agit de couper l'herbe

1. Entretien du 25 novembre 2005.
2. Entretien du 1er juillet 2005.

sous le pied de Le Pen. Rafles, opérations coups de poing, barrages... le duo Pandraud-Pasqua passe à l'offensive. « La France doit cesser d'être un dépotoir. L'ordre revient », affirme le ministre[1]. Autre formule en uppercut : « Il faut terroriser les terroristes. » Pour la petite histoire, cette phrase choc sera même imprimée sur des tee-shirts à l'effigie d'un Charles Pasqua vindicatif, le doigt tendu. Lors d'un voyage à Marseille, quelqu'un remet un paquet à Sophie Deniau pour son patron. « Un jour en fouillant dans mes affaires, je suis retombée sur ces tee-shirts », explique l'ancienne collaboratrice du ministre. Un vrai « collector » que quelques grands flics ou préfets gardent encore au fond de leurs armoires.

Formules à l'emporte-pièce, maladresses, questions sans réponse... la presse se déchaîne contre le ministre. D'autant que les bavures se multiplient : Fontenay, la rue de Mogador, Pantin... Au mois de septembre, les attentats des Fractions armées révolutionnaires libanaises (FARL) mettent à feu et à sang Paris : la librairie Gibert jeune, le magasin Tati de la rue de Rennes, la cafétéria de la Défense. « La France en a vu d'autres », affirme le ministre de l'Intérieur.

Dans les couloirs de la Place Beauvau, des noms d'oiseaux s'échangent entre les cabinets de Pasqua et de Pandraud. Pis, on se cache les dossiers et on se fait la guerre. Pasqua, le politique, reproche à Pandraud, le technicien, d'accumuler les « conneries » et de ne pas savoir les réparer sans lui. *A contrario*, le second accuse le premier d'être trop bavard. « L'idéal, c'est une police dont on ne parle jamais », dit Pandraud.

L'affaire Oussekine

C'est dans ce contexte de tension que surviennent les manifestations étudiantes de décembre contre les lois des ministres Alain Devaquet et René Monory, autre duo de choc. Aujourd'hui, le souffle court et la voix éraillée par les cigarettes qu'il

1. *Paris-Match*, 18 avril 1986.

fume les unes après les autres, Robert Pandraud, soixante-dix-sept ans, attribue au Premier ministre Jacques Chirac la mauvaise gestion des événements. « Les messages des RG étaient très alarmistes. Nous les transmettions à Matignon. Mais là-bas on nous considérait comme des obsédés de 1968 [1]. » L'actuel député de Seine-Saint-Denis évoque l'impossibilité à l'époque de trouver des interlocuteurs fiables parmi les étudiants. « Monory recevait une délégation, trois jours plus tard c'était une autre. Quant à Devaquet, il n'était en contact qu'avec des agneaux. » Bref, une situation inextricable... « J'étais sans illusion sur la façon dont tout cela allait tourner. Un moment, il faut arrêter de rigoler », explique Robert Pandraud toujours aussi piètre communicant.

Le soir de la manifestation pacifique du 4 décembre 1986, des tirs tendus de grenades provoquent trois blessés graves parmi les étudiants. Dans la nuit du 5 au 6 décembre, les voltigeurs motocyclistes tabassent à mort le jeune Malik Oussekine. « Je l'ai pris en pleine gueule, confie aujourd'hui Charles Pasqua. C'était une énorme bavure, doublée d'une hérésie politique. Les manifs étaient terminées, qu'est-ce qu'on avait besoin de faire sortir des types qu'on avait maintenus sous pression pendant des heures ? En plus, des motards... »

L'ancien ministre est au lit quand il apprend la nouvelle. « Vers 1 heure, le préfet Jean Paolini m'a appelé pour me dire que la manifestation était dispersée, la place de l'Odéon évacuée. Je me suis couché. Une heure plus tard, le même Paolini me rappelle : "Monsieur le ministre, une chose effroyable vient d'arriver, on vient de trouver le corps d'un jeune..." »

Le lendemain, le président de la République rend visite à la famille Oussekine pour lui apporter son soutien. « J'ai très mal vécu cette visite. D'autant que je l'ai apprise par l'AFP », avoue Robert Pandraud. « Cette visite, ce n'était pas contre moi, mais contre Chirac. Mitterrand le détestait tellement », commente Charles Pasqua. L'ancien ministre affirme ne jamais avoir su

1. Entretien du 1er juillet 2005.

qui avait donné l'ordre de « faire sortir les voltigeurs. Je ne suis pas sûr que Pandraud l'ait su lui-même. Je ne savais même pas ce que c'étaient que ces voltigeurs ». L'enquête de l'époque indique que ni le commissaire divisionnaire ni le préfet de police de Paris n'ont donné d'ordre. « Philippe Massoni a peut-être couvert des gens, explique sans y croire Charles Pasqua. La police, quand elle veut cacher quelque chose, elle peut le faire. Même le ministère est impuissant. »

Le matin du 7 décembre, à la fête anniversaire du RPR, Pasqua, sans un mot pour la jeune victime, lance à ses troupes : « Tenez-vous prêts à défendre la République ! » Il fustige « ceux qui veulent dans la rue renverser le gouvernement et les institutions, les professionnels de la déstabilisation, gauchistes, anarchistes de tout poil et de toutes nationalités[1] ». Pasqua joue le rôle du père Fouettard. Mais, dans notre enquête, beaucoup d'éléments laissent à penser qu'il n'est pas réellement un homme sécuritaire. Tous ses conseillers et proches que nous avons rencontrés, de droite comme de gauche, l'attestent.

Vingt ans plus tard, Pasqua renvoie la faute sur son ministre délégué. « Pandraud a fait une déclaration à la con[2]. Il a réagi en technicien. Je lui ai dit : "Tu as fait une belle connerie." Il n'était pas glorieux. J'ai assumé. » En réalité, Charles a fermement recommandé à Robert de « fermer sa gueule ». « Désormais, c'est moi seul qui interviendrai », l'a-t-il prévenu. C'est ainsi qu'en pleine affaire Chalier, alors que Charles Pasqua est accusé d'avoir fourni un faux passeport à l'ancien chef de cabinet de Christian Nucci, le ministre délégué déclare à un haut fonctionnaire : « Je ne suis pas dans le coup, qu'il se démerde. »

1. *L'Événement du jeudi*, 31 décembre 1986.

2. « Si j'avais un fils sous dialyse, je l'empêcherais d'aller faire le con dans les manifs », avait déclaré le ministre délégué Robert Pandraud dans une interview au *Monde* en décembre 1986.

L'affaire Chalier

L'affaire Chalier, tout un symbole ! C'est l'instrumentalisation de la police pour des coups parallèles, c'est aussi l'utilisation du réseau corse comme instrument politique. Pour mémoire : en 1984, se tient à Bujumbura, au Burundi, un important sommet franco-africain. La France voit grand. Des millions sont versés pour toutes les réceptions. Bâtiments officiels et hôtels sont entièrement restaurés. Même les véhicules qui transportent les invités sont flambant neufs. C'est l'association Carrefour du développement qui s'occupe de la gestion financière du sommet. Elle reçoit pour cela des sommes considérables du ministère de la Coopération. Son trésorier n'est autre qu'Yves Chalier, le chef de cabinet du ministre Christian Nucci. Le 24 avril 1986, sa comptabilité est emportée par des cambrioleurs qui, visiblement, savaient ce qu'ils cherchaient.

Michel Aurillac, successeur RPR de Nucci à la Coopération, porte plainte contre X pour détournement de fonds publics. Christian Nucci se retrouve accusé d'avoir détourné 10 millions de francs à des fins de financement du PS. C'est la première fois qu'un ministre est visé en tant que tel. L'affaire est une épée de Damoclès sur la tête des socialistes et du président François Mitterrand. Nucci nie en bloc et rejette les responsabilités sur le dos de son ancien chef de cabinet aussitôt inculpé de faux et d'abus de confiance. Yves Chalier est soupçonné d'avoir détourné au total 26 millions de francs.

Le sachant lâché par les socialistes, le contrôleur général Jacques Delebois prend contact avec lui. Les deux hommes se sont connus en Afrique, en particulier lors du sommet de Bujumbura. Selon Delebois, Chalier lui fait part de sa peur. « Il se disait menacé de mort par la cellule élyséenne. » Delebois aurait alors prévenu Charles Pasqua qui aurait senti le bon coup à jouer et cherché à exploiter politiquement la chose : sur les conseils de Delebois, il aurait décidé d'exfiltrer Chalier pour lui sauver la peau... et l'utiliser. Qu'importe si l'homme a puisé dans la caisse, volé le contribuable et détourné l'argent destiné aux populations africaines. Le ministre de l'Intérieur se substitue à la justice. « Je voulais connaître la vérité sur cette affaire. Par conséquent, il me fallait protéger le type qui pouvait nous donner des infos », reconnaît-il aujourd'hui sans pour autant faire son mea culpa.

Le cabinet du ministère de l'Intérieur organise la fuite de Chalier. Six mois plus tard, la manipulation apparaît au grand jour. Une affaire dans l'affaire. Les socialistes exploitent le filon, la justice s'en mêle, la presse se déchaîne. Selon ses propres dires, Jacques Delebois aurait servi de fusible et masqué le rôle d'un autre homme : Daniel Léandri. « Pasqua me charge pour le couvrir. Il sait que si son bras droit apparaît, il est cuit », nous confie Jacques Delebois[1]. Dix ans plus tard, l'ancien contrôleur général donne ainsi sa propre version des faits, recoupée par d'autres témoins.

Selon lui, c'est Daniel Léandri qui trouve la planque d'Yves Chalier à Rio, chez son ami Gilles Filippeddu, un homme d'affaires sulfureux, d'origine sarde, qui appartient au milieu corse des jeux et contrôlerait au Brésil le marché interdit des vidéo-pokers. Ancien croupier, il est lié à Jean-Dominique Fratoni, l'ex-patron du casino du Ruhl, dont Charles Pasqua a récemment autorisé la réouverture.

Du Brésil, Yves Chalier aurait adressé une lettre au policier Jacques Delebois expliquant toute l'affaire du Carrefour du développement. Le courrier aurait été aussitôt transmis à Daniel Léandri qui l'aurait fait suivre au ministre. « Les informations de Chalier devaient être exploitées discrètement par la Cour des comptes. Mais tout est sorti dans la presse », confie Jacques Delebois. Dès lors Chalier est en danger et doit changer d'identité. Il faut donc lui fournir un passeport.

L'ancien chef de la police de Rio, Arnaldo Campana, aurait fait parvenir en France deux photos d'identité d'Yves Chalier, via Pierre Chiarelli, un médecin de Porto-Vecchio, proche du député corse RPR Jean-Paul de Rocca-Serra. Le 19 mai 1986, à l'arrivée du médecin à l'aéroport de Roissy, un autre Corse

1. Entretiens du 9 février et du 1er mars 2005.

du milieu des jeux se trouve dans la zone internationale. Il s'agit d'Edmond Raffalli, directeur du cercle des jeux Concorde, avenue des Champs-Élysées, et ancien collaborateur de Marcel Francisci, le patron du cercle Haussman assassiné à Paris en 1982. Un inspecteur divisionnaire de la police de l'air et des frontières, René Baudin, proche de Jacques Delebois, accompagne le patron des jeux. Sa mission est de faire passer au médecin les contrôles de police et de douane sans qu'il ait à dévoiler son identité, ni que ses bagages soient fouillés[1]. Toujourts selon Delebois, Pierre Chiarelli aurait remis à Edmond Raffalli les deux photos d'identité d'Yves Chalier et une lettre. Le courrier en question, adressé à Delebois, n'aurait pas concerné, comme on le dit à l'époque, l'affaire du Carrefour, mais des livraisons d'armes effectuées par le Brésil. En fait, encore selon Delebois, Chalier aurait infiltré les milieux militaires brésiliens pour le compte du SCTIP, bras armé du ministère de l'Intérieur à l'étranger.

Le jeu de piste se poursuit. Daniel Léandri aurait récupéré les photos d'identité et les aurait transmises au patron de la DST, Bernard Gérard. Celui-ci – comme il l'a très vite reconnu – délivre à Chalier sur ordre du ministre, et via Delebois qui le remet à Léandri, un passeport au nom d'Yves Navarro. En visite à Paris, l'ancien chef de la police de Rio, Arnaldo Campana, l'aurait alors récupéré des mains de Daniel Léandri.

Grossière erreur : le passeport, pris sur le contingent du service, est numéroté et donc traçable. « Le patron de la DST a fait preuve d'une certaine incompétence », tranche aujourd'hui Charles Pasqua.

À l'époque, Robert Pandraud n'est au courant de rien. « Pasqua aurait dû faire appel à moi. Je lui aurais trouvé un passeport plus sûr, quitte à aller le chercher à Barbès », prétend le ministre délégué.

La vérité éclate en novembre 1986 lorsque Yves Chalier se

1. Georges Marion et Edwy Plenel, « Carrefour du développement : le temps des cercles et des jeux », *Le Monde*, 29 janvier 1987.

livre au juge Jean-Pierre Michaud qui a incarcéré sa compagne. Le scandale passé, droite et gauche se neutralisent : le RPR change de ton par rapport à Nucci, le PS devient plutôt conciliant à l'égard de Chalier. En 1988, au moment de la passation de pouvoir Place Beauvau, le nouveau ministre de l'Intérieur Pierre Joxe croise Robert Pandraud et Charles Pasqua. Après quelques politesses d'usage, Pierre Joxe prend à part l'ancien ministre et l'entraîne dans le jardin. « Je pensais qu'ils avaient mis des micros partout et je ne voulais pas qu'on entende notre conversation, confie, espiègle, le socialiste. J'interroge Pasqua : "Racontez-moi l'histoire du faux passeport. Qu'avez-vous fait ?" Et Pasqua me répond [Joxe imite son accent] : "J'ai fait une grosse connerie." »

En avril 1990, le ministre de la Coopération Christian Nucci est blanchi par la Haute Cour de justice en application de la loi d'amnistie votée par les députés en janvier 1990. Et ce malgré l'existence de « charges suffisantes ». Yves Chalier, lui, est condamné le 1er avril 1992 à cinq ans de prison. Côté vrai-faux passeport, l'affaire se clôt sur un verdict de clémence. Le tribunal désigne Charles Pasqua comme l'auteur de l'infraction principale mais ne peut le poursuivre, un ministre ne pouvant être traduit que devant la Haute Cour... Le contrôleur Jacques Delebois est condamné à quatre mois de prison mais sa peine est amnistiée. Le policier n'a pas agi « en vue d'en tirer un quelconque profit », selon le tribunal.

Edmond Raffalli, lui, est relaxé. Les juges estiment que rien n'établit qu'il ait réellement transporté l'enveloppe contenant les deux photos d'identité et la lettre, ni qu'il ait eu connaissance de leur contenu. Le 1er septembre 1986, soit deux mois après l'épisode de Roissy, le ministre de l'Intérieur l'a autorisé à reprendre ses activités de jeux au Cercle Concorde, suspendues depuis février 1984 par la police. Pour justifier ce qui ressemble fort à un renvoi d'ascenseur, Charles Pasqua affirme dans une note encore jamais révélée que « les faits reprochés à Edmond Raffalli » par la police des jeux « ne semblent pas avoir été dûment prouvés », précisant au passage que « le rapport de police fait état plus de rumeurs que de faits établis ».

Le dernier larron de la bande, Gilles Filippeddu, est finalement relaxé après avoir été expulsé du Brésil le 19 janvier 1987 et interdit de séjour durant vingt ans. Pour l'anecdote, le 27 septembre 1997, la police de l'air et des frontières le coince à l'aéroport de Roissy avec un passeport canadien falsifié au nom de Maurizzio Ferrera. Filippeddu arrive alors du Brésil où il gère ses affaires grâce à un prête-nom : M. Gomez. « J'ai récupéré gratuitement le passeport par un ami en France, en ne fournissant que la photo », explique-t-il à la PAF. Sa compagne apporte ensuite à la PAF un passeport au nom de Gilles Filippeddu. Le document porte trace de nombreux voyages : Égypte, Pérou, Mali, Togo, Gambie, Guatemala, USA, Israël, Syrie...

La libération des otages du Liban

Avec l'affaire du vrai-faux passeport, le ministre de l'Intérieur n'est pas passé loin du couperet. En conséquence, il doit redorer son blason. En février 1987, les RG décapitent le groupe terroriste Action directe. « C'est le produit de dix mois d'effort, de remise en ordre et de rétablissement des services », explique Charles Pasqua. Au même moment, la délinquance de droit commun baisse pour la première fois depuis des lustres.

En outre, Pasqua se fixe un nouvel objectif : libérer les otages du Liban. De la bourde du passeport de la DST, Charles Pasqua a tiré une leçon : plus question de s'appuyer sur les services officiels pour manigancer des coups tordus. Désormais, le ministre utilise des cellules informelles en prise directe avec le terrain. Dans cette affaire qui verra bientôt libérés les premiers otages Jean-Louis Normandin et Roger Auque, il est à lui seul Matignon, la Défense et le Quai d'Orsay. À ses détracteurs, il peut désormais opposer un bilan. Cible privilégiée de la gauche, le mal-aimé devient l'homme de l'année 1987. Une belle revanche. En 1988, Jacques Chirac fait même de lui son stratège de campagne. Et le ministre délaisse les affaires de police pour parcourir la France et soutenir son candidat.

Quatre jours avant les élections présidentielles, le ministre de l'Intérieur fait un dernier coup. Le 5 mai 1988, les otages Jean-Paul Kauffmann, Marcel Carton et Marcel Fontaine sont libérés après trois ans de captivité. C'est la fin d'un cauchemar pour les trois hommes et leurs familles. Et l'aboutissement d'une longue bataille menée en partie par l'homme lige du ministre : Jean-Charles Marchiani. Comment arrache-t-il leur libération ? Quels engagements a-t-il pris ? « Secret d'État. » Le ministre de l'Intérieur et son émissaire nient la moindre remise de rançon. « Tout s'est passé d'État à État [...] sans aucune négociation directe avec les ravisseurs », affirment-ils.

Aujourd'hui, dix-huit ans après les faits, la libération des otages comporte encore plusieurs zones d'ombre et notamment des volets financiers complexes. Jean-Charles Marchiani est accusé d'avoir détourné une partie de la rançon versée par l'État français au Hezbollah, selon un système de rétro-commissions[1].

Pasqua l'Africain

Quoi qu'il en soit, en mai 1988, le ministre de l'Intérieur ne réussit pas son coup : Jacques Chirac est battu. Pour Charles Pasqua et son équipe, c'est donc la passation de pouvoir. Puis, très vite, la réorganisation des forces... L'ancien ministre se replie discrètement au siège de l'association France-Afrique-Orient, situé boulevard de La Tour-Maubourg à quelques pâtés de maisons du Quai d'Orsay.

En 1990, il tente avec Philippe Seguin un putsch contre le « centre mou » du RPR incarné par Alain Juppé et Édouard Balladur. Mais un accord est finalement trouvé et le duo obtient un tiers des mandats. Jacques Chirac n'en demeure pas moins fort mécontent. Sur TF1, il lance une phrase assassine contre

1. L'homme d'affaires franco-libanais Iskandar Safa, épinglé dans une note de la DST de janvier 2001, qui affirme verser depuis dix ans des sommes d'argent à Jean-Charles Marchiani, a déposé plainte contre X en dénonciation calomnieuse, à la fin de l'année 2005.

son ancien ministre : « Charles Pasqua ? C'était mon ami. » L'intéressé marque le coup.

L'Afrique est un autre sujet de fâcherie entre les deux hommes. Jacques Chirac n'admet pas que Charles Pasqua réduise l'influence de ses propres réseaux africains, contrôlés par Jacques Foccart, l'ancien secrétaire général des affaires africaines et malgaches du général de Gaulle. Depuis 1990, Charles Pasqua multiplie ses visites en Afrique centrale et en Afrique noire, notamment au Gabon, Congo, Cameroun et Togo. Ces pays ont en commun d'être tous des États pétroliers. C'est Daniel Léandri qui prépare ses voyages. Le général Charles Pasqua et son grognard utilisent parfois pour se déplacer un avion de la compagnie pétrolière Elf international. Pourquoi tous ces voyages en Afrique ? Des ambitions présidentielles, disent les uns, des intérêts économiques pour renforcer son bastion des Hauts-de-Seine, prétendent les autres.

À partir de l'arrivée en 1989 à la tête d'Elf de Loïk Le Floch-Prigent, Charles Pasqua prend de plus en plus de place au sein de la compagnie. C'est ainsi qu'une sorte d'alliance et de cogestion des ressources parallèles se met en place entre les réseaux Pasqua et le clan Mitterrand. Sept proches de l'ancien ministre sont salariés d'Elf international, la filière suisse de la compagnie présidée par l'aventurier Alfred Sirven, ancien conseiller de Charles Pasqua. On y retrouve l'incontournable Daniel Léandri et son fils Marc, inspecteur. Le premier émarge à 83 000 francs par mois, le second à 25 000 francs. Pas vraiment des salaires de brigadier ou d'inspecteur. Deux Léandri's boys, Paul Poverelli et François Antona, profitent aussi des largesses de la compagnie. Le dernier est l'homme à tout faire de Daniel Léandri en Afrique pour la modique somme de 15 000 francs par mois. Cet inspecteur de la brigade de répression du banditisme est connu pour avoir pris une balle dans le doigt à l'ambassade d'Irak. On retrouve également chez Elf les épouses des ex-conseillers de Pasqua William Abitbol et Jean-Marie de Morant, ainsi que son vieil ami Antoine Pagni.

Pour mener sa politique africaine, Charles Pasqua s'appuie aussi sur la « Corseafrique ». En juillet 1992, comme l'écrit

Nicolas Beau dans *La Maison Pasqua*[1], les services secrets français dénoncent dans une note interne l'activisme des réseaux Pasqua en Afrique. La note épingle Gilles Filippeddu, au Cameroun depuis 1992, Robert Feliciaggi, un ami de Charles Pasqua, roi des casinos en Afrique, et Toussaint Luciani, un ingénieur, ex-OAS, propriétaire du Comptoir international d'achat et de transit, Afrique Export. C'est le début d'une guerre sans merci entre les services secrets français et les réseaux parallèles de l'ancien ministre.

Retour Place Beauvau

Depuis 1988, Charles Pasqua a pris de la hauteur et de l'épaisseur. Lors du référendum pour Maastricht en 1992, il porte haut et fort la voix du « Non » qui obtient presque la moitié des suffrages. Par ailleurs, dans son fief des Hauts-de-Seine, l'élu dirige le conseil général en parfait capitaine d'industrie et multiplie les « opérations à dimension sociale ». Charles Pasqua a désormais la stature de l'homme d'État. Son proche entourage lui voit un destin présidentiel. Pour en convaincre l'intéressé lui-même, on l'appelle désormais « M. le président ». Et pas seulement en référence à son titre de président du conseil général des Hauts-de-Seine ! À Jean-François Probst qui s'amuse de cette situation cocasse, Charles Pasqua rétorque : « C'est pour impressionner les autres, c'est comme les gardes du corps avec leurs armes. »

De 1988 à 1993, il n'a jamais cessé d'entretenir ses réseaux dans la police. Pourtant, à l'aube des élections législatives de mars 1993, l'ancien ministre de l'Intérieur vise la Défense ou le Quai d'Orsay, en aucun cas il ne veut la Place Beauvau. « J'en ai fait le tour », dit-il. D'où sa déception lorsque Édouard Balladur nomme François Léotard à sa place à la Défense et qu'il hérite une deuxième fois de l'Intérieur. Jacques Chirac n'est sans doute pas étranger à ce choix. Petite compensation :

1. *Op. cit.*

Charles Pasqua devient ministre d'État, chargé de l'Aménagement du Territoire. De plus, Édouard Balladur ne lui impose personne. L'ancien ministre délégué Robert Pandraud est oublié en route. « En 1986, Charles Pasqua savait qu'il ne connaissait pas la police. En 1993, il croyait tout savoir », s'amuse aujourd'hui Robert Pandraud[1].

Comme en 1986, Charles Pasqua se réinstalle dans les appartements de la Place Beauvau pour être disponible 24 heures sur 24. À son arrivée, Jeanne, son épouse, se rend à la cave récupérer un canapé et deux fauteuils qui plaisaient à son mari et les remet là où ils se trouvaient, dans le salon bleu, avant son départ en 1988. Un buste de Voltaire retrouve également sa commode. Dans son bureau, le ministre replace les trois objets qui ne le quittent jamais : une affiche originale de l'appel du 18 juin, un grand portrait du général de Gaulle et une aigle napoléonienne. Le style et la méthode du ministre n'ont pas changé. Le jour même de sa prise de fonctions, il convoque tous les directeurs centraux. L'un d'entre eux se souvient encore de la scène. « Le ministre était décontracté et souriant. Il nous a tenu le discours que l'on attendait : "Messieurs, vous êtes l'élite de l'administration, il n'y aura donc pas de chasse aux sorcières." Nous sommes partis rassurés. Trois mois plus tard, la plupart d'entre nous étaient virés[2]. »

Certains des remplaçants sont déjà connus, d'autres un peu moins... Bons serviteurs de l'État, Olivier Foll prend la tête de la PJ parisienne, Claude Guérin, celle de la Direction centrale de la sécurité publique, Jean-Louis Ottavi, celle du SCTIP à la place de Jacques Franquet qui devient directeur central de la police judiciaire. « En me nommant, Pasqua m'a dit : "Démerdez-vous pour faire baisser la délinquance" », confie ce dernier[3]. Seul manque à l'appel Jacques Delebois. « Charles Pasqua n'avait plus d'intérêt politique à me soutenir, il m'a laissé sur la touche, explique le contrôleur général. Me donner

1. Entretien du 1er juillet 2005.
2. Entretien du 23 juin 2005.
3. Entretien du 1er mars 2005.

une direction aurait déclenché une polémique. Pasqua n'en voulait pas[1]. »

À la tête de la DST, le ministre nomme Jacques Parent. Un flic qu'il connaît bien et dont le père est un héros de la France libre. « Je ne voulais pas que l'on me fasse un enfant dans le dos », explique-t-il. À l'époque, l'objectif numéro 1 de la DST c'est l'arrestation du terroriste Carlos. « Je voulais un geste fort, confie Pasqua. Carlos avait tué un commissaire et deux inspecteurs de police. » Et le patron de la Place Beauvau ne veut pas d'une nouvelle erreur comme celle commise par la DST en 1986 dans l'histoire du vrai-faux passeport de Chalier.

Durant deux ans, Charles Pasqua et Jacques Parent se rencontrent régulièrement en tête-à-tête. « Si vous voulez qu'un chef de service vous parle, il faut le voir seul. Lors des réunions communes entre chefs de service, chacun garde ses infos pour soi », explique l'ex-ministre. En 1997, Jacques Parent ira témoigner en faveur de Charles Pasqua malgré le désaccord du cabinet du ministre de l'époque Jean-Pierre Chevènement.

Côté cabinet, là encore du grand classique. Le ministre de l'Intérieur n'a pas perdu son sens de la famille et du clan. Bernard, fils de René Tomasini, redevient son chef de cabinet, Bernard Guillet, son conseiller diplomatique, William Abitbol, son conseiller politique, Alain Robert, chargé de mission des relations avec les collectivités territoriales... Sans oublier l'éternel Daniel Léandri, plus utile que jamais.

Cette fois, le brigadier occupe un bureau contigu à celui du ministre. Il gère en coulisse des syndicats et les dossiers Corse, Afrique et Casinos. Rien que ça ! Son accompagnateur en Afrique, l'inspecteur François Antona, est officiellement affecté au SCTIP sans jamais y mettre les pieds. En 1999, une procédure administrative l'« extraira » du SCTIP pour le placer en disponibilité.

Pierre-Philippe Pasqua, plus influent que jamais auprès de son père, n'apparaît toujours pas dans l'équipe ministérielle.

1. Entretiens du 9 février et du 1er mars 2005.

Mais quelques fidèles reçoivent de belles promotions. L'indispensable Philippe Massoni, ancien directeur adjoint du cabinet de Robert Pandraud, dirige désormais le cabinet de Pasqua avant d'être nommé préfet de police de Paris. « J'ai fait sa carrière, affirme Charles Pasqua. Être directeur de cabinet est un poste stratégique pour savoir ce qui se passe et neutraliser les autres. » Faute de pouvoir placer son ami Jean-Charles Marchiani à la tête de la DGSE, le ministre de l'Intérieur le nomme préfet du Var. Cela n'empêchera pas celui-ci de continuer à œuvrer parallèlement à la DGSE au Moyen-Orient.

À l'Élysée, c'est l'ami de Pasqua, le socialiste Michel Charasse, qui gère les nominations. Ça aide. Les deux hommes déjeunent régulièrement ensemble. Ils partagent une passion commune pour la grande et la « petite cuisine » et possèdent la même vision des intérêts de l'État.

Le Pasqua deuxième cru, qui se veut tout en rondeur, n'en adresse pas moins dès son arrivée Place Beauvau un message sécuritaire à tous les policiers. « Les Français veulent plus de sécurité. Ils n'en peuvent plus des multiples atteintes à la paix et à la tranquillité publiques qui empoisonnent leur vie quotidienne », lit-on sur le télégramme circulaire daté du 6 avril 1993 et révélé à l'époque par le quotidien *Le Jour*. Le ministre se montre même vindicatif : « Je compte sur votre total engagement [...] Vous trouverez un chef déterminé à répondre à l'attente des Français et à vous soutenir dans votre action. »

Effet boomerang : le jour même, dans un commissariat parisien, l'inspecteur Pascal Compain abat d'une balle dans la tête le jeune Zaïrois Makomé Me Bowole, dix-huit ans, menotté au radiateur. S'ensuivent plusieurs jours d'émeute et de tabassage. À Chambéry, à Wattrelos, à Paris... des flics se lâchent. Trois morts. Des jeunes. Pasqua la bonne pâte est redevenu Pasqua la terreur. Il marque le coup. Pas question cette fois de couvrir. Le ministre condamne, sanctionne et demande pardon aux familles. « J'étais moins confiant en la nature humaine. J'avais plus de recul », confie-t-il aujourd'hui. Il sort facilement de la crise. Le sentiment croissant d'insécurité l'emporte finalement sur l'émotion suscitée par les violences policières. Le ministre sait aussi mieux s'y prendre avec les médias, notamment avec la presse dite de gauche. Plutôt que de la rendre responsable de tous les maux, il choisit désormais de coopérer avec elle. *Persona non grata* en 1986, Edwy Plenel est maintenant reçu par le ministre Place Beauvau. Plusieurs autres journalistes d'investigation bénéficient aussi d'informations distillées par Charles Pasqua. En retour, la presse se montre moins agressive.

Très vite, le ministre boude l'Intérieur. La police ne l'intéresse plus, elle l'ennuie même. Sa seule préoccupation, Place Beauvau, c'est d'éviter une autre bavure. Le préfet de Paris Philippe Massoni a d'ailleurs pour consigne de lui téléphoner dès que ça chauffe sur une manifestation. Le ministre veut être le seul à pouvoir donner aux policiers l'ordre de charger. « Je préférais me retrouver avec des magasins cassés plutôt que des têtes. Tant pis si, sur le terrain, les flics ne comprenaient pas toujours pourquoi ils devaient laisser les casseurs en action. » Pour les autres affaires courantes, ce sont les fidèles du ministre qui gèrent.

Pasqua diplomate

Le patron de la Place Beauvau bivouaque désormais dans d'autres contrées. Il continue de mener sa propre politique étrangère, notamment en Afrique et au Maghreb. Il entretient ses propres relations, entreprend des négociations secrètes et se fixe des objectifs précis.

En Afrique, Charles Pasqua est désormais le mieux informé. Le SCTIP forme les gardes des présidents africains. Par ailleurs, d'anciens hommes à lui noyautent la sécurité de plusieurs dirigeants. Au Congo, une équipe policière de cinq anciens de la DGSE chapeautée par un ex-commissaire de la DST protège le président Lissouba[1]. En Centrafrique, le commissaire divisionnaire Lucien Aimé-Blanc, désormais jeune retraité, s'occupe de

1. Pascal Krop, *L'Événement du jeudi*, 4 février 1993.

la sécurité d'Ange-Félix Patassé. Quand celui-ci a pris le pouvoir en septembre 1993, le flic s'est présenté à lui avec une lettre de recommandation du ministre. Le 1er décembre, lorsque le nouveau président veut organiser une grande fête pour saluer ses premiers mois au pouvoir, Charles Pasqua envoie le RAID en Centrafrique pour assurer sa sécurité. « Ange-Félix Patassé disait ne pas avoir confiance en l'armée française », explique Lucien Aimé-Blanc[1]. Partout en Afrique, le ministre sait se montrer généreux. Ainsi en Côte-d'Ivoire, pour l'enterrement du président Houphouët-Boigny, le ministre fournit, via le SCTIP, plusieurs motos et véhicules aux dirigeants.

Charles Pasqua est le ministre des Affaires étrangères bis. Au grand dam d'Alain Juppé, le ministre en titre. Le clou de l'histoire, c'est l'arrestation en août 1994 de Carlos au Soudan. Le terroriste, trahi par les agents saoudiens chargés de s'occuper de sa protection, est enlevé, ligoté, drogué et embarqué dans un avion français. Les tractations entre l'exécutif saoudien et l'équipe de Pasqua se font sans même que l'ambassadeur de France soit au courant. Un terrible camouflet pour Alain Juppé et Jacques Chirac. On entend à l'époque que la Place Beauvau a obtenu l'arrestation de Carlos contre une dotation de matériel policier anti-émeute à l'État soudanais.

L'affaire Schuller-Maréchal

L'arrestation de Carlos est la cerise sur le gâteau, l'apothéose d'un programme soigneusement concocté par le cabinet politique du ministre. Interpellations en masse, contrôles d'identité, mises en résidence d'islamistes présumés dans le camp de Folembray... Charles Pasqua conduit des opérations symboliques, multiplie les effets d'annonce. En août, le ministre totalise 30 % d'opinions favorables. Fort du soutien de l'électorat de droite, il relance régulièrement son projet de « primaires à la française » et maintient le suspense de son choix final entre

1. Entretien du 7 juillet 2005.

Balladur et Chirac, tout en entretenant un mystère sur son éventuelle candidature. Le suspens ne va pas durer très longtemps. Le ministre du Budget, Nicolas Sarkozy, soutien actif d'Édouard Balladur, utilise des arguments secrets pour convaincre Charles Pasqua d'afficher publiquement son soutien à la candidature du Premier ministre. Sur le moment, le ministre de l'Intérieur se dit en privé littéralement abasourdi par l'aplomb du jeune Nicolas Sarkozy.

En décembre 1994, alors que la guerre fait rage entre Balladur et Chirac, Charles Pasqua, rattrapé par ses démons, commet une nouvelle bavure. C'est l'affaire Schuller-Maréchal. Un scandale politico-financier à l'odeur de soufre qui rappelle l'affaire du vrai-faux passeport... À l'époque, le juge d'instruction de Créteil, Éric Halphen, magistrat discret et courageux, empoisonne les hautes sphères du RPR. Il enquête sur les fausses factures de l'office HLM de la Ville de Paris. À son tableau de chasse, il a déjà un faux facturier, quelques entrepreneurs et le ministre de la Coopération, Michel Roussin[1], soupçonné d'avoir tenu le tiroir caisse du RPR à Paris lorsqu'il était directeur de cabinet du maire de la capitale. Le petit juge s'intéresse aussi au conseil régional d'Île-de-France, au département des Hauts-de-Seine, et plus particulièrement à son office des HLM, tenu par le maire de Levallois-Perret Patrick Balkany[2], un proche du ministre de l'Intérieur.

Le 13 décembre 1994, Éric Halphen perquisitionne au journal *Le Clichois*, la feuille de chou électorale de Didier Schuller, conseiller général RPR de Clichy et candidat à la mairie de la ville. Le directeur général de l'office HLM des Hauts-de-Seine et proche de Patrick Balkany, contre-attaque aussitôt. À la stupéfaction générale, il porte plainte contre le beau-père du juge, le docteur Jean-Pierre Maréchal, psychiatre à l'Hôpital

1. Michel Roussin a été condamné le 26 octobre 2005 à quatre ans de prison avec sursis et 50 000 euros d'amende par le tribunal correctionnel de Paris dans le cadre des affaires de corruption des marchés publics de l'Île-de-France. L'ex-bras droit de Jacques Chirac a fait appel.

2. Patrick Balkany a été relaxé le 18 octobre 2005 par le tribunal correctionnel de Créteil.

américain. Il l'accuse de lui avoir proposé deux mois plus tôt d'intervenir auprès de son gendre pour freiner ses ardeurs. Un service offert moyennant finances. À l'époque, Didier Schuller n'a pas cru devoir porter plainte. Depuis, la situation a changé : le juge Halphen ne menace plus simplement le fief de Jacques Chirac, il lorgne aussi sur celui du ministre de l'Intérieur. Il devient donc urgent de le déstabiliser. Schuller et Maréchal se connaissent depuis plusieurs années. Le second soigne la mère et l'épouse du premier. Les deux hommes sont par ailleurs francs-maçons.

Pour déposer plainte, Didier Schuller n'a pas eu besoin de se rendre dans un commissariat comme tout le monde. Le ministre de l'Intérieur a demandé au directeur central de la police judiciaire, Jacques Franquet, de s'occuper en personne de l'affaire. C'est la façon la plus sûre de contrôler l'enquête de bout en bout et d'éviter les fuites. En bon serviteur de l'État, le patron de la PJ s'est déplacé lui-même à Nanterre au siège du conseil général des Hauts-de-Seine pour auditionner l'élu. De même, alors que la logique voudrait que l'affaire soit traitée par la brigade financière, Jacques Franquet a confié la plainte à l'Office central pour la répression du trafic illicite des stupéfiants (OCRTIS), dirigé par l'un de ses proches, le commissaire Gilles Leclair. Dernière curiosité : Maréchal une fois arrêté est placé en garde à vue Place Beauvau. Aussitôt, la nouvelle de son arrestation filtre dans les rédactions. Avec la bonne grâce du ministère de l'Intérieur, les images d'une transaction entre Schuller et Maréchal sont même diffusées sur les chaînes de télévision. Partout, la rumeur se répand : le juge Halphen est un ripoux. Certains élus et avocats appellent leurs contacts dans les rédactions pour expliquer que le juge était le vrai destinataire du million.

Néanmoins, après une journée de désinformation, la vérité prend le dessus : il s'agit d'un coup monté par l'Intérieur. C'est l'effet boomerang. Charles Pasqua a offert un angle d'attaque idéal à tous les adversaires d'Édouard Balladur. À l'Élysée, le président François Mitterrand, alerté sur le risque de dessaisissement du juge Halphen par son conseiller justice Louis Joinet, demande des explications au Premier ministre et au garde des Sceaux, Pierre Méhaignerie. Convaincu qu'Édouard Balladur lui cache une partie de la vérité, il saisit le Conseil supérieur de la magistrature (CSM) pour bloquer le dessaisissement du juge. « C'est Robert Badinter qui conseille à François Mitterrand d'appeler à la rescousse le CSM », affirme aujourd'hui, sûr de son fait, Charles Pasqua. Le ministre de l'Intérieur tente alors un contre-feu dans les médias. Quelques journalistes triés sur le volet sont invités à consulter les PV de l'affaire dans le bureau du patron de la PJ, Jacques Franquet. Sans succès.

Le ministre de l'Intérieur est purement et simplement court-circuité : la fuite des conversations téléphoniques entre Schuller et Maréchal est organisée dans la presse. Dans l'opinion, c'est l'émotion. Les policiers ont-ils agi avec ou sans aval de la justice ? « Les magistrats ont fait la fine bouche, mais, au départ, le parquet a bel et bien couvert les enregistrements », jure aujourd'hui Charles Pasqua.

L'ex-ministre de l'Intérieur a sous-estimé ses adversaires, en particulier le patron du RPR. « Chirac est en embuscade dès le début de l'affaire. Il est au courant de ce qui se trame, explique Jean-François Probst, ancien secrétaire général du groupe RPR au Sénat et ex-bras droit de Charles Pasqua au Sénat jusqu'en 1992 La position de Chirac est idéale. Si Pasqua réussit son coup, il est débarrassé d'Halphen, s'il échoue, il souffle sur les braises. »

Dans son officine des Champs-Élysées, Jean-François Probst, militant chiraquien de la première heure, œuvre pour l'élection de son « poulain ». Ses visiteurs sont aussi inattendus que le patron des RG, Yves Bertrand, ou le préfet de police Philippe Massoni. Réputés proches du ministre de l'Intérieur, le policier et le préfet distillent discrètement quelques précieuses informations au clan Chirac pour assurer leurs arrières. Un pari réussi. Après la victoire de celui-ci à la présidence de la République, Bertrand et Massoni resteront tous les deux en place. Depuis, l'ex-préfet de police de Paris est devenu le conseiller sécurité du président à l'Élysée.

Une autre éminence grise aurait à la même époque joué un

double jeu : le propre avocat de Didier Schuller, Francis Szpiner. Fin procédurier, Francis Szpiner, alias « le Petit », aurait été, selon Jean-François Probst, un « sous-marin » du cabinet informel mis en place par Dominique de Villepin. Ce que conteste l'avocat : « J'ai contribué auprès de Dominique de Villepin à la défense de Jacques Chirac qui faisait l'objet à l'époque de tentatives de déstabilisation de la part de certains, affirme maître Szpiner. J'ai participé officiellement à la campagne du futur président. Mais en aucun cas je n'ai fomenté de coups tordus contre des adversaires de Jacques Chirac[1]. » En janvier 1995, le CSM lave le juge Halphen de tout soupçon et dénonce « une volonté portée à son indépendance ».

Didier Schuller est désormais un homme aux abois. Le 8 février, la cour d'appel de Paris annule les enregistrements de ses conversations avec le docteur Maréchal. Par ricochet, toutes les pièces du dossier sont annulées. Et les poursuites contre le docteur Maréchal abandonnées. Le 9 février, Didier Schuller quitte en catastrophe la France pour la Suisse. Quelques jours plus tard, il s'enfuit aux Bahamas avant de partir en voilier à Saint-Domingue.

Le scandale est énorme. Pour ne rien arranger, en février, il apparaît que le beau-père du juge Halphen a été placé sur écoute par Matignon, sans motif précis[2]. Socialistes et chiraquiens sonnent l'hallali contre le Premier ministre. En dépit de ses premières explications publiques, Édouard Balladur est contraint d'admettre l'irrégularité du dispositif. Le 20 février, le patron de la PJ, Jacques Franquet, démissionne de son poste. Il sert de fusible, comme auparavant Jacques Delebois dans l'affaire du vrai-faux passeport. L'affaire Schuller-Maréchal est terminée.

Le 27 février 1996, la Cour de cassation clôt définitivement la procédure. Le beau-père du juge Halphen ne sera jamais

1. Entretien du 29 novembre 2005.

2. Les écoutes administratives sont décidées par le Premier ministre sur proposition écrite. Elles sont motivées par « la prévention de la criminalité et de la délinquance organisée, le terrorisme » ou encore « la sécurité nationale ».

poursuivi. Didier Schuller non plus, dans le cadre de ce dossier. Quel rôle a joué le cabinet informel de Dominique de Villepin dans la fuite de celui-ci ? Édouard Balladur était-il au courant de la manipulation de son ministre de l'Intérieur ? Et si oui, y a-t-il participé d'une quelconque façon ? Ces questions demeurent sans réponses. Aussi incroyable que cela puisse paraître, aucune enquête judiciaire n'a été ouverte pour connaître toute la vérité. Le garde des Sceaux n'en a pas pris l'initiative. Il est vrai qu'une fois au pouvoir, Jacques Chirac n'y avait aucun intérêt. De plus, les médias ont fait preuve d'une inquiétante docilité. « Dans une véritable démocratie, à partir du moment où la manipulation policière est prouvée, on ne manque pas de faire diligenter une enquête pour en identifier les commanditaires, déclare aujourd'hui l'ancien juge Éric Halphen[1]. Certains peut-être ne tenaient pas à ce que la lumière soit faite. »

Une enquête n'aurait pas manqué de remonter aux interlocuteurs de Didier Schuller en Suisse qui ont facilité sa fuite. De plus amples investigations auraient également permis de connaître la provenance des billets de 500 francs qui se trouvaient dans le sac de Schuller à l'aéroport. De l'argent de la Banque de France, a-t-on dit. L'argent provient toujours de la Banque de France, même quand il s'agit des fonds secrets de Matignon. La rumeur veut en effet que le butin destiné au docteur Maréchal ait été prélevé dans le coffre même de Nicolas Bazire, directeur de cabinet du Premier ministre. Des accusations qu'aucune preuve ne confirme à ce jour.

Le procès des HLM des Hauts-de-Seine en juin 1995 n'a pas permis d'en savoir plus. Le tribunal a refusé de communiquer le dossier Maréchal au nouvel avocat de Didier Schuller, maître Jean-Marc Fedida. « C'est une affaire qu'on a murée. C'est un sarcophage », a affirmé Didier Schuller devant le tribunal. L'ancien élu a prétendu avoir averti dès le mois d'octobre Charles Pasqua de l'offre du docteur Maréchal. « Tu te rends pas compte, on va pas acheter un juge. On va terminer aux assiettes », lui aurait dit l'ancien ministre de l'Intérieur. « Hé

1. Entretien du 29 mars 2005.

hé, je m'en souviens : il n'avait pas dit aux assises mais aux assiettes », a insisté Schuller. Deux mois plus tard, Pasqua devait changer d'avis : « Tu portes plainte, cette histoire, c'est du chantage », aurait-il déclaré à Schuller[1].

Convoqué par la défense, Édouard Balladur n'est pas venu au tribunal. Il a indiqué qu'il ne voyait pas « en quoi cette audition serait nécessaire à la manifestation de la vérité ». Schuller a une autre vision des choses. « Nicolas Bazire est au courant dès le mois d'octobre des exigences de Maréchal. Il a suivi l'affaire en détail, et dès mon dépôt de plainte a été informé du déroulement de l'enquête », a-t-il déclaré dès juin 1995[2]. La fuite de Schuller aux Bahamas ? L'intéressé l'attribue entièrement au « cabinet noir » de Dominique de Villepin. « Son clan considérait qu'après l'affaire Maréchal, ma cavale pouvait nuire encore un peu plus à Balladur. »

À Genève, Schuller aurait préparé son départ aux Bahamas avec le financier suisse Jacques Heyer. C'est alors qu'un mystérieux deuxième homme, « un barbouze extrêmement proche de Dominique de Villepin », d'après Schuller, lui annonce que les réseaux Pasqua sont « en alerte » et même qu'un « contrat a été lancé contre lui[3] ». Sous la pression, il s'envole pour les Bahamas.

En mai 1995, l'affaire Schuller-Maréchal coûte sans doute à Édouard Balladur les élections présidentielles. À Charles Pasqua, le poste de Premier ministre qui lui était destiné. L'ancien ministre de l'Intérieur n'intègre pas le nouveau gouvernement Jacques Chirac. Entre les deux hommes, le divorce est consommé. En décembre 1998, Charles Pasqua claque la porte du RPR, en désaccord avec le traité d'Amsterdam. Il s'allie alors à Philippe de Villiers pour les élections européennes de juin 1999 et crée la surprise en devançant la liste du RPR. C'est son dernier succès politique. La suite n'est qu'une lente déconfiture.

1. *Libération*, 27 juin 2005.
2. Interview donnée au *Monde*, le 28 juin 1995.
3. *Libération*, 27 juin 2005.

Pasqua contre Courroye

À l'automne, l'ancien ministre lance avec Philippe de Villiers le Rassemblement pour la France (RPF) et divise le mouvement gaulliste, dont il s'autoproclame l'héritier. Mais le RPF ne parvient pas à se faire une place au soleil. Très vite, les deux hommes s'étripent pour le contrôle des structures départementales et la répartition des finances. Au mois de juillet 2000, Philippe de Villiers claque la porte du RPF. La guerre se poursuit devant les juges. Le président du conseil général de Vendée attaque publiquement Charles Pasqua sur « sa gestion opaque » du RPF. Dès lors, l'étau judiciaire ne cesse de se resserrer sur l'ancien ministre de l'Intérieur et ses proches. Des perquisitions ont lieu Place Beauvau. Une première ! Le 29 mai 2001, Charles Pasqua est mis en examen pour « financement illégal de campagne électorale » par les juges du pôle financier Philippe Courroye, Isabelle Prévost-Desprez et Michèle Vaubaillon. Rebelote le lendemain : l'ex-premier flic de France est une nouvelle fois mis en examen par les mêmes magistrats pour « abus de biens sociaux » dans l'affaire sur les ventes d'armes vers l'Angola. « Tout ça est directement lié à l'action politique que je conduis. Les juges n'ont rien dans leurs dossiers », commente Pasqua.

C'est le début d'une bataille de procédures. Aux mises en examen, l'ancien ministre contre-attaque par des recours ou des plaintes pour divulgation du secret de l'instruction. En 2001, il va jusqu'à déposer une plainte pour « faux en écriture » contre le juge Philippe Courroye. Mais il sera débouté trois ans plus tard. « Courroye se croit chargé d'une mission divine : me détruire. Et il est capable de tout pour m'épingler à son tableau de chasse », affirme Charles Pasqua lors de notre entretien. Aucun ne veut laisser l'ascendant à l'autre. Les deux hommes sont aux antipodes. Le visage émacié et l'allure monacale, Philippe Courroye n'est guère causant. En public, il ne sourit quasiment jamais. *A contrario*, Charles Pasqua, allure bonhomme, joue sur son tempérament méridional et multiplie les facéties.

Le duel tourne vite à l'avantage du juge. À la tête d'une formation moribonde, délaissé par nombre de ses amis, Charles Pasqua, soixante-quatorze ans, renonce à sa candidature à la présidentielle. Comme un malheur n'arrive jamais seul, la loi sur le cumul des mandats le contraint à sacrifier le 31 juillet 2002 sa présidence des Hauts-de-Seine pour garder son siège au parlement européen qui lui assure une immunité certaine.

La fin des réseaux Pasqua

La maison Pasqua est en ruine. Fils, cousins, amis, secrétaires, garde du corps, conseillers de l'ancien ministre de l'Intérieur sont mis en examen dans des affaires se rapportant à la période 1993-1995. Au total plus d'une vingtaine de proches et de collaborateurs sont poursuivis... Parfois dans plusieurs affaires à la fois. Une situation symptomatique du mélange des genres qui régnait à l'époque au ministère de l'Intérieur, entre intérêt de l'État et intérêts personnels. Avec pour Jean-Charles Marchiani quatre mises en examen. Dans l'affaire des otages du Liban, on trouve aussi sa femme, Christiane, ainsi que la secrétaire de Charles Pasqua, Marie Danielle Faure, dont le nom apparaît également dans le dossier des ventes d'armes à l'Angola. Le 14 décembre 2005, Jean-Charles Marchiani s'est vu infliger une peine de trois ans de prison ferme, pour « trafic d'influence passive commis par dépositaire de l'ordre public ». Toujours le 14 décembre, le préfet a été condamné à dix-huit mois de prison ferme, cette fois pour « recel d'abus de biens sociaux ». Dans cette même affaire, Claude Pasqua, le cousin du ministre, et Jean-Claude Marchiani, le frère du préfet, ont écopé de dix-huit mois d'emprisonnement avec sursis[1].

C'est l'hécatombe dans le clan Pasqua. Bernard Guillet, ex-conseiller diplomatique du ministre, est mis en examen dans les dossiers de Total et de la Sofremi, l'office des ventes d'armes du ministère de l'Intérieur. L'ex-brigadier Daniel Léandri est lui

1. Jean-Charles Marchiani et les autres condamnés ont fait appel.

aussi pris dans la tourmente. La justice le condamne en appel à dix mois de prison ferme pour un emploi fictif chez Elf. Son fils Marc, et son homme à tout faire en Afrique, François Antona, sont également condamnés. Une affaire actuellement en cassation.

Malgré le départ en 1995 de Charles Pasqua à l'Intérieur, remplacé par Jean-Louis Debré, le brigadier Daniel Léandri est resté chargé Place Beauvau du dossier des casinos et de la Corse. Il a été écarté du ministère en 1996. Affecté au SCTIP avec mise à disposition de deux bureaux et d'une secrétaire, le brigadier a très peu mis les pieds dans le service avant son départ à la retraite en 1998. Léandri est également mis en examen dans deux autres dossiers. On raconte qu'entre lui et Charles Pasqua, l'idylle serait terminée. Pierre-Philippe Pasqua rendrait l'homme de confiance de son père responsable de ses ennuis judiciaires.

Deux mandats d'arrêt internationaux visent le fils de l'ancien ministre, réfugié en Tunisie. Pierre-Philippe Pasqua est soupçonné d'avoir détourné 1,9 million de dollars de la Sofremi[1]. De plus, il aurait bénéficié, en échange d'une autorisation ministérielle pour le déménagement du siège de la société, d'une commission de 701 510 dollars versés par GEC-Alsthom à un autre intermédiaire, Étienne Léandri, aujourd'hui décédé[2].

Pasqua père et fils se retrouvent en première ligne face aux juges. Pour ne rien arranger, Charles perd en juillet 2004 son immunité parlementaire européenne. Tout comme Jean-Charles Marchiani. Le RPF ne réalise aux élections que 1,7 % des suffrages. Une déroute... Relégué politiquement et encerclé par la justice, l'ancien ministre de l'Intérieur appelle à la rescousse Jacques Chirac. Dans une lettre adressée au chef de l'État qui est aussi président du Conseil supérieur de la magistrature,

1. Deux ans de prison ferme ont été requis le 12 janvier 2006 contre Pierre-Philippe Pasqua, par la deuxième chambre du tribunal correctionnel de Paris. Le jugement est attendu le 2 mars 2006.

2. Un vieil ami de Charles Pasqua qui, malgré son patronyme, n'a rien à voir avec Daniel Léandri.

Charles Pasqua dénonce les « graves anomalies et dysfonctionnements dont il est victime de la part de l'institution judiciaire ».

Désormais sans mandat, l'ex-premier flic de France n'est pas à l'abri d'une détention provisoire. D'où son insistance pour se présenter fin septembre aux élections sénatoriales comme représentant des Hauts-de-Seine. Le temps presse. Depuis le mois de juin, trois enquêtes relatives à des faits commis lorsqu'il était ministre de l'Intérieur ont été transmises à la Cour de justice de la République, seule juridiction à pouvoir poursuivre un ministre pour des délits survenus dans l'exercice de ses fonctions. Au mois d'août 2004, Jean-Charles Marchiani est incarcéré par le juge Courroye. Maigre compensation : en prison, il redevient préfet hors cadre par décret signé du président de la République.

Le 8 septembre 2004, le domicile de Charles Pasqua à Neuilly-sur-Seine est perquisitionné par la brigade financière. La faculté Léonard-de-Vinci, fleuron de son ancien fief des Hauts-de-Seine, est soumise au même régime. « Les flics de la financière, je les retiens. Ils ont intérêt à ce que je ne revienne pas Place Beauvau », menace l'ex-baron du RPR. Il précise : « Le directeur n'est pas en cause. La dernière fois que j'ai été entendu, il a assisté à l'audition. Il voulait s'assurer que la procédure était conduite correctement. »

Le lendemain de la perquisition de l'université, l'ancien ministre contre-attaque avec virulence. Dans un petit amphithéâtre de Léonard-de-Vinci[1], l'ancien baron du RPR tente une nouvelle fois de convaincre que ses ennuis ne sont que « le fruit d'un règlement de comptes politique ». « À chaque fois que je suis candidat à une élection, je suis la cible du juge Courroye ! » lance Charles Pasqua, excédé. Et de distribuer aux journalistes des chemises de couleur remplies de courriers éculés sur « le dysfonctionnement de la justice », « les violations de secret de l'instruction » et sa plainte pour « faux » contre le juge Courroye. Toujours la même rengaine...

L'ex-ministre ne décolère pas non plus contre Jacques Chirac.

1. Conférence de presse du 17 septembre 2004.

« Que je sache, le parquet est aux ordres du gouvernement et je ne comprends pas que ce parquet ait requis l'incarcération de Jean-Charles Marchiani avec tous les services que celui-ci a rendus », lance Charles Pasqua comme une flèche en direction du président.

Dix jours plus tard, il fait une entrée triomphale au Sénat où il retrouve une immunité parlementaire. Il a joué sur le vote affectif de ses amis et sur la popularité de Nicolas Sarkozy qui a fait campagne pour lui. Un juste retour d'ascenseur. Charles Pasqua lui avait laissé en 2002 la présidence du conseil général des Hauts-de-Seine. Jacques Chirac n'est pas non plus étranger au retour au Sénat de son ancien ministre de l'Intérieur. « Il a téléphoné personnellement à une trentaine de grands électeurs pour leur demander de voter pour Charles », nous confie Jean-François Probst. Et ce, précise-t-il, « au nom de leurs quarante ans de compagnonnage mais aussi des intérêts communs de chacun ». Revigoré par son élection, Charles Pasqua ne manque pas d'égratigner au passage son ennemi numéro 1. « Le juge Courroye a été mon meilleur grand électeur », ironise-t-il à l'occasion de sa rentrée parlementaire.

Le lendemain, il se retrouve sous le coup d'une triple mise en examen par la Cour supérieure de justice. L'une porte sur le déménagement du siège d'Alstom, l'autre sur des commissions de la Sofremi et la troisième sur l'exploitation du casino d'Annemasse. La justice soupçonne que des pots-de-vin auraient été versés en marge d'autorisations dépendant du ministère de l'Intérieur entre 1993 et 1995.

Les casinos

L'affaire du casino d'Annemasse est emblématique du passage de Charles Pasqua Place Beauvau. En matière de jeux, le ministre de l'Intérieur a tout pouvoir. Mais la justice le soupçonne de s'être servi de ses prérogatives pour favoriser ses amis en échange du financement de ses activités politiques. « Les casinos, c'est le seul dossier auquel je n'avais pas le droit de toucher », nous affirme Robert Pandraud. Place Beauvau, le dossier était suivi, on l'a vu, par Daniel Léandri.

Retour en arrière. En 1987, Charles Pasqua fait voter une loi autorisant les machines à sous. Aucun ministre de l'Intérieur avant lui n'avait osé.

Le 5 mai 1988, avant de quitter la Place Beauvau, entre les deux tours des présidentielles, le ministre distribue les autorisations. « Tout le monde me bassinait : "Les casinos sont en train de mourir !" explique Charles Pasqua. J'ai demandé des rapports à la Commission supérieure des jeux. Ils étaient tous favorables à l'arrivée des machines à sous. J'ai donné le feu vert. On me le reproche aujourd'hui, mais Joxe, tout rigoriste et protestant qu'il est, n'est pas revenu dessus. »

Immédiatement, le chiffre d'affaires des casinos double pour atteindre les 2 milliards de francs annuels. Une manne inespérée pour les seize villes concernées. Et pour quelques chefs d'entreprise. Notamment le député RPR Georges Tranchant. Ce businessman, que l'on dit proche de Charles Pasqua, est à la tête d'une dizaine de casinos. Sa société, Techni Import Professionnel, est l'une des trois entreprises autorisées par Pasqua à importer et à vendre des bandits manchots en France. Avec au passage une entorse à la législation, puisqu'il a parmi ses clients l'un de ses propres établissements, le casino de Malo-les-Bains, dans le Nord, celui-là même auquel le ministre de l'Intérieur a accordé soixante-dix machines à sous. « Je n'étais pas très chaud pour donner l'autorisation d'importation à Georges Tranchant qui était député RPR, affirme Charles Pasqua. Contrairement à ce que l'on a dit, ce n'est pas mon ami mais celui de Jacques Chirac[1]. » Le message a le mérite d'être clair.

En 1997, le casinotier Georges Tranchant sera mis en examen et placé en détention provisoire dans le cadre de l'enquête sur le rachat par son groupe du casino de Néris-les-Bains, dans l'Allier. Un juge de Montluçon, Étienne Fradin, le soupçonne

1. Entretien de juillet 2005.

d'avoir versé 2 millions de francs au maire de la ville en contrepartie de l'aval de la municipalité. Mais le député RPR sera finalement blanchi par la justice.

En 1993, lors du retour de Charles Pasqua aux affaires, ce sont les casinotiers corses qui tirent leur épingle du jeu. Les mêmes noms reviennent dans de nombreux projets d'extension ou de reprise de casinos. Tous appartiennent à la fratrie de Robert Feliciaggi. Cet homme d'affaires, proche du brigadier Daniel Léandri, doit sa fortune aux salles de jeux qu'il a ouvertes au Cameroun et au Congo. Avec son associé Michel Tomi, un ami de Charles Pasqua, il s'implante ensuite au Mali au Tchad et au Gabon. Les deux associés réussissent le tour de force de créer un réseau de PMU en Afrique alors qu'aucune course n'est organisée là-bas.

Dès juillet 1993, ces « Corses d'Afrique » déposent une demande pour exploiter quarante-neuf machines à sous dans la ville de Grasse. Mais la trentaine de hauts fonctionnaires et d'élus qui composent la Commission supérieure des jeux (CSJ) se prononce contre le projet. Une décision motivée par des rapports défavorables de la sous-direction des courses et jeux des renseignements généraux, les RG Jeux, seul service habilité à enquêter sur les casinos. Qu'importe, le clan Feliciaggi retente sa chance pour le rachat d'un autre établissement : le casino d'Annemasse en Haute-Savoie. Et ce, malgré trois avis négatifs émis par la CSJ entre 1991 et 1992. En raison notamment de l'implication de Michel Tomi dans une affaire de détournements de fonds au casino de Bandol en 1989, pour laquelle son frère Jean-Baptiste et lui seront définitivement condamnés, en 2000, à un an de prison ferme.

Pourtant, en janvier 1994, les RG Jeux opèrent un revirement incompréhensible. « Les doutes exprimés par le passé s'avèrent infondés », écrit dans un nouveau rapport le commissaire divisionnaire Bernard Dalle, sous-directeur des courses et jeux. Avant de poursuivre : « Aujourd'hui, rien ne permet de douter de l'honorabilité [des futurs acquéreurs]. » La conclusion du haut fonctionnaire est d'autant plus surprenante qu'elle contredit, sans élément nouveau, les deux rapports précédents de son service. « Il était difficile de dire au ministre que ses amis sont des voyous », expliquera plus tard Bernard Dalle au juge Courroye[1].

La CSJ n'est pas dupe, puisqu'elle émet un avis défavorable, par treize voix contre une. Qu'à cela ne tienne, le 24 avril 1994, le ministre de l'Intérieur accorde à Robert Feliciaggi l'autorisation d'exploiter le casino d'Annemasse. Une première. « Je n'avais qu'une confiance relative en la Commission supérieure des jeux, justifie Charles Pasqua aujourd'hui. Ils avaient des a priori. Je me faisais ma propre opinion. »

Toujours est-il qu'une fois acquis, les casinos sont très vite revendus. Avec au passage une coquette plus-value. En mars 1995, Robert Feliciaggi cède ainsi le casino d'Annemasse au groupe immobilier de Jean-Claude Aaron, déjà propriétaire du premier casino de France à Divonne-les-Bains. Montant de la transaction : 100 millions de francs, soit 15 millions d'euros. « Un achat crucial pour Aaron puisqu'il lui permet de neutraliser un établissement qui aurait pu faire concurrence à son casino voisin de Divonne-les-Bains », confie un ancien policier des RG Jeux[2].

Pour la petite histoire, Jean-Claude Aaron, qui est un ami de François Mitterrand, a connu l'oncle et le père de Charles Pasqua dans la résistance.

Le juge Courroye soupçonne qu'une partie des bénéfices dégagés par la revente du casino d'Annemasse par Robert Feliciaggi a pu financer la liste de Charles Pasqua aux élections européennes de 1999. Robert Feliciaggi et Michel Tomi sont mis en examen le 29 janvier 2002 pour « corruption active aggravée ».

1. « Casino d'Annemasse : jeu trouble autour du ministre Pasqua », Pascal Ceaux et Fabrice Lhomme, *Le Monde*, 5 avril 2002.

2. Entretien du 21 juin 2005.

Jean-Jé Colonna

La justice monégasque, qui a aussi mis en examen, le 22 octobre 2001, Feliciaggi et Tomi, les deux amis de Charles Pasqua, pour « blanchiment » dans un autre volet du même dossier, les soupçonne d'entretenir des « liens » avec Jean-Baptiste Jérôme Colonna, dit « Jean-Jé » : un ancien de la French Connection. Des accusations totalement infondées selon leurs avocats.

À l'époque, Jean-Jé Colonna, cheveux grisonnants et petites lunettes dorées, travaille officiellement pour 1 524 euros par mois dans la superette de son épouse à Olmeto. Mais un rapport de l'Assemblée nationale en 1998 le décrit comme « le seul parrain de la Corse ».

En juin 2001, le juge d'instruction Jean-Michel Gentil ordonne une perquisition à son domicile dans le village de Pila Canale, dont... Robert Feliciaggi est le maire. Une perquisition qui ne permet pas d'arrêter Jean-Jé puisqu'il est en cavale. Une habitude chez lui. Écroué en 1975, le caïd s'était évadé puis réfugié dix ans en Amérique du Sud avant de revenir en Corse.

Cette fois, Jean-Jé se retrouve sous le coup d'un mandat d'arrêt international.

Après une cavale de deux ans, Jean-Jé se présente finalement le 17 juin 2004 devant le tribunal correctionnel d'Ajaccio. Il n'a pas souhaité que son épouse comparaisse seule pour des « abus de biens sociaux ». Discret, peu bavard, il plaide alors d'une voix presque timide qu'il « n'est pas un expert en fiscalité » et qu'« il n'a jamais signé un chèque[1] ». Verdict : six mois fermes pour lui et son épouse. Jean-Jé est condamné pour recel d'abus de biens sociaux pour près de 900 000 euros. La société du Grand Hôtel du Valinco, propriétaire de l'hôtel Miramar à Propriano, aurait ainsi pris en charge les dépenses du mariage de sa fille, Marie-Laure, en août 1997. En particulier

1. *Le Figaro*, 18 juin 2004.

l'achat de cinq cent quatre-vingt-quatre bouteilles de champagne Mumm pour les quelque six cents invités présents, dont le gratin politique local, du maire d'Ajaccio au président de l'assemblée territoriale corse. Charles Pasqua était absent mais Daniel Léandri est là, venu en voisin de Sainte-Lucie-de-Tallano, son village d'enfance dont il est conseiller municipal.

Jean-Jé Colonna explique pourtant à qui veut l'entendre qu'il n'appartient pas aux réseaux Pasqua. Pour une raison simple : ceux-ci n'existent pas. « Les réseaux sont une sorte de serpent de mer qu'on sort du chapeau magique dès que ça va mal. Je pense qu'on a voulu faire croire que Charles Pasqua était un mafieux », peut-on lire dans une interview accordée le 8 août 2002 au magazine *Corsica.* « Le raisonnement est simpliste : Pasqua est l'ami de Feliciaggi, Feliciaggi est mon ami. Je ne connais pas M. Pasqua, mais peu importe, M. Feliciaggi qui me connaît le connaît, donc Charles Pasqua est un mafieux. »

Pas sûr que l'ancien premier flic de France ait forcément apprécié d'être défendu par le parrain corse...

4

Les gros sous de la Place Beauvau

C'est une petite dame âgée, toute menue, visage fermé et cheveux blancs qui, chaque matin à 9 heures, émerge de l'escalator du métro Champs-Élysées-Clemenceau. Il ne faut que quelques dizaines de minutes à Henriette, qui flirte pourtant avec les quatre-vingts ans, pour rejoindre d'un petit pas pressé le ministère de l'Intérieur, Place Beauvau. Son bureau est au troisième étage, tout près de celui du DGPN.

Chaque mois, les patrons des services, qui tous l'appellent par son prénom, défilent chez la vieille dame pour y chercher des liasses de billets. L'expression consacrée, c'est : « On part à la banque. » « Vous frappez à la porte, elle vous ouvre, prend un gros trousseau de clefs sur son bureau et se dirige vers un énorme coffre où sont méticuleusement rangées un tas d'enveloppes. Henriette ne sourit jamais. Parfois, elle vous tend l'enveloppe sans même vous regarder », confie un ponte de la police[1].

Tour à tour, les bénéficiaires signent en face de leur nom sur un grand listing alphabétique, pendant que, sur un petit cahier, Henriette inscrit au centime près la somme qu'elle vient de donner.

Voilà vingt ans qu'Henriette distribue aux patrons de la police l'argent secret du ministère de l'Intérieur. Avant l'arrivée des euros, elle répartissait les tas de billets dans des boîtes à chaussures. Chaque directeur ressortait du bureau avec sa boîte. « La

1. Entretien du 23 juin 2005.

règle est de ne jamais dire aux autres combien Henriette vous a donné. » Tous les ans, des dizaines de millions d'euros en grosses coupures passent entre ses mains. De l'argent qui va servir à monter les opérations de police qui ne doivent pas laisser de traces, mais aussi à récompenser de la main à la main les policiers qui ont fait une belle affaire. Et sans doute à payer Henriette, officiellement partie à la retraite depuis longtemps avec le grade d'attachée de police, l'équivalent de commissaire pour un administratif.

Les fonds secrets n'existent plus ?

Dans la tête de tout le monde, les fonds secrets n'existent plus. En juillet 2001, Lionel Jospin, alors Premier ministre, a annoncé que Matignon ne distribuerait plus de primes aux ministres et à leurs collaborateurs. Mais le ministère de l'Intérieur comme celui de la Défense profitent encore aujourd'hui d'une cagnotte secrète[1]. Si l'essentiel du pactole va dans les poches de la DGSE, les services secrets français, la Place Beauvau récupère encore sa quote-part.

L'argent liquide qui coule à flots au ministère de l'Intérieur ne provient pas uniquement des fonds spéciaux. D'autres robinets fonctionnent discrètement qui permettent chaque année au ministère de récolter environ 40 millions d'euros. C'est du moins le chiffre avancé par les différents interlocuteurs qui ont bien voulu évoquer avec nous ce sujet tabou. « Seule une poignée d'initiés connaissent le cheminement exact de cet argent. Les circuits d'approvisionnement et de redistribution sont très morcelés avec un système de vases communicants, ce qui permet d'entretenir le flou et de réabonder quand on le souhaite, ni vu ni connu[2] », nous explique un haut fonctionnaire

1. Selon le rapport du député Jean-Pierre Brard sur le projet de loi de finances pour 2006, les fonds spéciaux inscrits au budget des services généraux du Premier ministre ont représenté en 2005 un montant de 47,8 millions d'euros.

2. Entretien du 28 novembre 2005.

du ministère de l'Intérieur tout en nous demandant de préserver son anonymat.

Les curieux, même dans l'entourage du ministre, sont vite repérés. Ainsi, cette conseillère du président de l'UMP qui voulait en savoir plus sur la façon dont étaient rémunérés les informateurs de la police, a illico fait l'objet d'une note au ministre. Quand on interroge les parlementaires pour savoir où se cache précisément cet argent liquide dans la loi de finances, tous jurent ne rien savoir. La seule trace identifiée remonte à 1998 dans un rapport de la Cour des comptes[1]. En l'occurrence, 12,6 millions d'euros cachés dans une ligne du bleu budgétaire intitulée « Frais d'enquête et de surveillance ». C'est le directeur de cabinet du ministre de l'Intérieur qui décide de la répartition entre les patrons des grands services, comme le contre-espionnage, les renseignements généraux ou la police judiciaire. Depuis le 11 septembre 2001, les Stups qui avaient le vent en poupe dans les années 1990, sont délaissés au profit de l'anti-terrorisme qui accapare désormais près de 70 % du gâteau. « Cet argent est indispensable au fonctionnement de la machine Police parce qu'il permet de financer des opérations discrètes et de rémunérer les indics », souligne un policier. Dans le maquis corse par exemple, un bon tuyau ne se monnaie pas à moins de 500 euros. Sauf que la façon même dont sont redistribuées ces liasses d'euros facilite l'évaporation.

Les « frais d'enquête et de surveillance »

Tous les mois, les patrons des différents services de police toquent à la porte des directeurs pour venir chercher une enveloppe plus ou moins épaisse. Une redistribution à la tête du client qui descend en cascade. Un chef de groupe en police judiciaire peut ainsi toucher 1 500 euros, un enquêteur de base dix fois moins. « Vous êtes convoqué dans le bureau par le

1. « La Fonction publique de l'État », décembre 1999.

commissaire qui vous tend une enveloppe que vous glissez dans la poche, et en sortant vous ne dites évidemment rien aux collègues des autres groupes pour ne pas pourrir l'ambiance. Vous leur expliquez simplement que le taulier vous a félicité pour l'affaire que vous venez de faire », raconte un chef de groupe en PJ.

Au final, c'est un vaste système de clientélisme qui fonctionne avec la bénédiction de l'administration. « La hiérarchie policière détient là un formidable instrument de pouvoir. Beaucoup de commissaires à la DST, aux renseignements généraux et en police judiciaire tiennent leurs hommes en les arrosant[1] », avoue un vieux briscard de la Place Beauvau. D'après nos informations, le patron des RG recevrait chaque mois pour son service un million d'euros. Pourtant, lorsque vous interrogez un directeur sur la somme qu'il détient dans le coffre de son bureau, la réponse fuse : « Beaucoup moins qu'avant. »

Le mot d'ordre reste : « Touchez pas au grisbi ! » Quand Pierre Joxe débarque à l'Intérieur, il découvre les enveloppes et décide de les supprimer. « J'y ai remis de l'ordre mais cela m'a pris dix ans et il a fallu que je passe par la Cour des comptes pour y parvenir[2] », explique l'ancien ministre. C'est en effet en tant que président de la Cour des comptes que Joxe oblige ses successeurs Place Beauvau à transformer une partie de l'argent liquide perçu par les policiers en primes dûment inscrites sur le bulletin de salaire. Un des conseillers qui a porté cette réforme se souvient avec amusement de tous les coups tentés pour faire capoter le projet. « Les grands patrons défilaient dans mon bureau pour m'expliquer que beaucoup de flics avaient une double vie et que supprimer l'argent liquide allait les mettre dans l'embarras[3]. » Pour garder ses enveloppes garnies, la maison Poulaga va tout de suite sortir du chapeau les fameux « frais d'enquête et de surveillance ».

Il y a dix ans, certains grands flics touchaient l'équivalent

1. Entretien du 14 février 2005.
2. Entretien du 18 juillet 2005.
3. Entretien du 2 juin 2005.

d'un quart de leur salaire en argent liquide. L'un des conseillers de Lionel Jospin à Matignon se souvient de cette tradition qui voulait qu'à son départ un directeur de service reçoive une enveloppe de 9 000 euros. Des patrons dont certains prélevaient une grosse dîme sur la cagnotte à redistribuer à leurs troupes. « Entre un quart et la moitié, soit plusieurs dizaines de milliers d'euros[1] », avance un fonctionnaire bien placé dans l'organigramme policier pour avoir vu le manège.

Quand on l'interroge sur le sujet, Claude Guéant, le directeur de cabinet de Nicolas Sarkozy, fait la moue. Il assure ne connaître ni le montant des frais d'enquête et de surveillance ni la dotation du Premier ministre, mais affirme avoir assaini la situation : « Depuis 2003, on a progressivement supprimé tout ce qui était devenu de fait un complément de rémunération pour ne garder que l'indispensable, c'est-à-dire les frais réellement dévolus aux enquêtes et aux surveillances[2]. » En fait, pour l'administration, verser des primes et gratifications non fiscalisées coûte moins cher que d'augmenter les salaires. Un moyen d'acheter la paix sociale à moindre prix.

Quoi qu'il en soit, ce système peu transparent alimente tous les fantasmes, et beaucoup de policiers de terrain se plaignent de ne voir qu'une infime partie de cet argent liquide. Surtout quand il s'agit des récompenses pour une belle affaire dont les sommes en jeu ne sont pas négligeables. Après l'identification du commando Érignac, les renseignements généraux auraient reçu l'équivalent en liquide de 15 000 euros et la division nationale antiterroriste, près de 23 000 euros. Dans les affaires sensibles, la promesse d'une récompense peut motiver les troupes mais aussi les aider à tenir leur langue. « Si, du jour au lendemain, l'enveloppe que l'on vous donne pour votre service fond de moitié, vous allez éventuellement rentrer moins d'argent dans le ménage, mais surtout vous retrouver tricard vis-à-vis de vos hommes, qui vont croire que vous avez décidé de tout vous mettre dans la poche », explique un commissaire

1. Entretien du 18 novembre 2005.
2. Entretien du 1er août 2005.

en poste à Paris. En clair, c'est pour l'administration un moyen de tirer le tapis sous les pieds du gêneur.

Primes et vacations

Une chose est sûre, c'est grâce aux primes en tous genres – qu'elles soient payées en liquide ou inscrites noir sur blanc sur le bulletin de salaire – que les commissaires ont longtemps gonflé leurs revenus. La Cour des comptes était ainsi arrivée au chiffre de 69 % d'augmentation de salaire pour les commissaires de police affectés en région parisienne ! Des primes qui, comme le soulignaient alors les Sages, étaient versées « sans exigence de la justification du service fait[1] ».

Jusqu'en 1996, les commissaires se faisaient officiellement rétribuer pour apposer un scellé sur un cercueil, qu'il s'agisse d'une mort suspecte ou d'une personne décédée en dehors de sa commune. Une pratique qui n'a plus cours aujourd'hui. « Beaucoup de mes collègues arrivaient à doubler leur salaire en consacrant trois à quatre demi-journées par semaine aux vacations funéraires, confie cet ancien commissaire, la cinquantaine sportive, qui a fait toute sa carrière en sécurité publique. Les postes les plus demandés étaient ceux situés dans les villes dotées d'un gros centre hospitalier ou à forte population âgée[2]. » Le plus couru étant celui de Villejuif en région parisienne qui, avec l'important centre anti-cancéreux Gustave Roussy, faisait de son patron le mieux loti en vacations funéraires.

Autre critère surprenant qui pesait dans le choix des affectations : le nombre de pauvres dans la commune. La présence du commissaire au moment des injonctions d'expulsions était en effet elle aussi rétribuée. « À la sortie de l'école, on savait quelles étaient les communes qui additionnaient les assistances huissiers. » Pour remplacer ces vacations qui faisaient mauvais

1. « La Fonction publique de l'État », décembre 1999.
2. Entretien du 27 mai 2005.

genre, le ministère de l'Intérieur a créé une « allocation de service » qui a fait faire un bond aux salaires des commissaires. Ladite allocation pouvait atteindre 1 000 euros par mois pour un divisionnaire[1].

Certains fonctionnaires de police profitent aussi de la générosité des sociétés d'assurances. C'est le cas avec la « prime Argos », comme l'appellent les policiers en référence à la cellule d'investigation montée en 1984 par les assureurs français, pour récupérer les voitures volées avant le délai de trente jours – au-delà duquel ils sont tenus d'indemniser leurs clients. Depuis 1990, Argos bénéficie d'ailleurs des services d'un commissaire divisionnaire détaché.

Tous les ans, pour récompenser les fonctionnaires qui retrouvent les véhicules volés, les assureurs versent un million d'euros dans un fonds de concours géré par le ministère des Finances[2]. L'argent est ensuite réparti entre la Fondation Jean-Moulin de la police et son homologue de la Gendarmerie nationale. À charge pour ces dernières d'en redistribuer une partie aux enquêteurs qui ont remis la main sur les véhicules volés. Les services comme la brigade de répression du banditisme, qui dispose d'un groupe spécialisé dans la lutte contre le vol de voitures, sont bien sûr les premiers à engranger la « prime Argos ».

Dans la police, certaines unités sont de véritables « fromages ». C'est le cas du SPHP, le service de protection des hautes personnalités. Pour accompagner 24 heures sur 24 le gotha politique, ces gardes du corps de luxe peuvent récolter, à coups d'indemnités de déplacements et de frais de représentation, jusqu'à 1 200 euros par mois en plus de leur salaire.

Aux RG, les policiers de la sous-direction des courses et jeux qui veillent sur les casinos, champs de courses et cercles de jeux, sont eux aussi gâtés. « Quand on est malin, on arrive à se garder l'essentiel des primes. Ce qui peut représenter un millier

1. Toujours d'après le rapport de la Cour des comptes.
2. Dûment inscrit dans la loi de finances.

d'euros par mois », confie un ancien de ce service[1]. Il est vrai que les RG Courses et Jeux ont l'œil sur une tirelire qui fait tomber chaque année plus d'un milliard d'euros dans les caisses de l'État, et travaillent souvent, on l'a vu, sur des affaires politiquement sensibles.

Dans les services de renseignements, l'argent avec lequel on rémunère les informateurs peut être source de tentations. « Parfois, il y a une différence entre ce qui est budgété pour les indics et ce qu'ils touchent réellement. Quand l'argent descend de la direction, il arrive que certains prélèvent leur quote-part au passage, reconnaît un officier de la DST. Un jour, j'ai découvert qu'une source qui empochait officiellement 4 500 euros par mois, n'en percevait que 1 500. J'ai fini par demander où allaient les 3 000 restants, et on m'a répondu : "T'occupes pas, ça lui suffit bien comme ça." » Et d'expliquer : « C'est vécu comme une compensation. À la DST, tu mets treize à quatorze ans pour passer capitaine, deux fois plus qu'en sécurité publique[2]. »

Les dérives

Et puis il y a les dérives. Ceux qui trichent en s'inventant des sources. Une petite minorité. Récemment, un agent de la DST, en poste près de la frontière suisse, serait passé en conseil de discipline pour ce motif. Pendant sept ans, il a fait croire à sa hiérarchie qu'il était en contact avec des informateurs asiatiques qui, moyennant 700 à 1 500 euros par mois, le renseignaient sur les services secrets chinois. C'est parce qu'il dépensait une partie de l'argent de ses indics fictifs dans un salon de massage à Genève qu'il se serait fait pincer. Les Suisses surveillaient ledit salon, spécialisé dans les pratiques sado-maso, parce que l'un de ses actionnaires était proche des services secrets marocains. La DST a été prévenue par son

1. Entretien du 1er juillet 2005.
2. Entretien du 1er juillet 2005.

homologue helvétique que l'un de ses agents était un habitué des lieux...

L'argent liquide qui a longtemps coulé à robinets ouverts dans la police a contribué à brouiller la ligne rouge dans les esprits. « À force de toucher du fric en liquide, on vit comme les voyous, on passe rarement à la banque et on paye en cash [1] », plaisante un commandant de PJ. Il y a quelques années, à la Préfecture de police de Paris, des fonctionnaires indélicats avaient carrément institué un système de « bakchich » dans la distribution des missions à l'étranger. Le policier qui récupérait une « bonne » destination – c'est-à-dire avec une grosse enveloppe de frais, comme le Japon, à 300 euros par jour – devait reverser une commission de 10 %.

Pour mettre du beurre dans les épinards, certains gardiens de la paix n'ont pas hésité à mettre à contribution les dépanneurs. Une pratique qui a éclaté au grand jour, en novembre 1995, quand trente-six policiers des brigades de nuit de la Préfecture de police se sont retrouvés devant la 17e chambre du tribunal correctionnel de Paris. La combine était simple. Le chauffeur du camion de dépannage qui était appelé par la police pour dégager un véhicule après un accident tendait au policier présent sur les lieux sa carte professionnelle pliée en deux, avec, à l'intérieur, l'équivalent de 15 à 30 euros aujourd'hui, en guise de remerciement. L'argent servait à alimenter la caisse « casse-croûte » des policiers.

Le petit manège a duré des années, jusqu'à ce qu'un dépanneur « jeté du quartier » dénonce cette concurrence déloyale à l'IGS, la police des polices, compétente sur Paris. Lors du procès, les accusés se sont décrits comme des « boucs émissaires » payant pour un système généralisé dans toute la France.

1. Entretien du 9 décembre 2004.

La « tricoche »

Les extras, c'est une vieille tradition dans la maison Poulaga. Additionner les petits boulots a longtemps été la spécialité de toute une génération de gardiens de la paix qui, avant d'entrer dans la police, avaient été maçons, peintres en bâtiment, chauffeurs de car ou mécaniciens... On se tricotait un bas de laine avec une maille à l'endroit pour l'ordre public et une maille à l'envers pour arrondir ses fins de mois.

Les conseils de discipline voient encore passer ces tricheurs à la petite semaine. Tel ce brigadier chef qui avait eu le temps de réaliser vingt-cinq chantiers de maçonnerie, tous payés en liquide, sur lesquels il faisait travailler des sans-papiers, et qui a usé de sa qualité de policier pour envoyer à la fourrière le véhicule d'un client mauvais payeur. La « tricoche », comme l'appellent les policiers, c'est aussi « filtrer » pour 100 euros les entrées d'une boîte de nuit ou jouer les gorilles à 450 euros la journée pour le compte d'une société privée de sécurité.

Si des flics s'adonnent à la tricoche, c'est aussi parce que certains d'entre eux travaillent moins de 35 heures par semaine. La Cour des comptes a ainsi calculé dans un rapport qui lui a valu une volée de bois vert que 55 % des fonctionnaires de police oscillaient entre 27 et 29 heures de travail effectives[1]. Les magistrats de la rue Cambon ont également relevé certains régimes horaires tellement avantageux qu'ils permettaient aux policiers de cumuler deux emplois. Une situation d'autant plus anormale que dans d'autres services comme la police judiciaire, les brigades anti-criminalité ou les compagnies de sécurisation, les troupes sont assises sur des montagnes d'heures « sup » impayées.

1. Déduction faite des récupérations, selon le rapport « La Fonction publique de l'État », décembre 1999.

Le renseignement commercial

Si la tricoche de grand-papa est en perte de vitesse, la vente d'informations puisées dans les fichiers de police est, elle, un marché en forte croissance. Il faut dire que l'activité est lucrative. En 1999, un policier de la DST en poste à Lyon a été poursuivi pour avoir communiqué des renseignements confidentiels à une société de recouvrement de dettes contre la bagatelle de 76 000 euros ! Certaines officines spécialisées dans le renseignement commercial ou dans la traque aux mauvais payeurs sont de véritables machines à aspirer les informations obtenues par des flics en activité, qui fouillent dans les fichiers « maison » en prenant soin de laisser le moins de traces possible. Outre les fichiers des RG avec leurs huit cent mille personnes, le STIC[1] est particulièrement convoité, tout comme le fichier des cartes grises qui permet, moyennant 150 euros, d'identifier une plaque minéralogique.

En 1999, le Centre d'études et de prospectives du ministère de l'Intérieur tire la sonnette d'alarme sur la revente des informations émanant des fichiers de police. Attirés par l'Eldorado de l'intelligence économique, les grands flics sont par ailleurs de plus en plus nombreux à se reconvertir dans le privé, avec la tentation pour certains d'entre eux de solliciter leurs anciens collègues restés dans la « maison ». Un ancien patron de l'OCRTIS s'est ainsi retrouvé en mars 2004, avec dix autres ex-flics des RG, de la DST et de la PJ, sur les bancs des prévenus au tribunal correctionnel de Créteil pour avoir alimenté en renseignements provenant de la police une société d'audit de sécurité créée par un ancien inspecteur de la DST.

Les flics qui tricochent ne se contentent pas de pêcher des infos dans les fichiers de police. Ils récupèrent aussi auprès des banques les relevés des comptes qu'ils revendent en moyenne 600 euros. Et, surtout, ils vont faire leurs courses auprès des

1. Système de traitement des infractions constatées, qui répertorie toutes les procédures de police judiciaire avec les noms des suspects, des victimes et même des témoins.

opérateurs de téléphonie mobile. L'année dernière, un commandant du SCTIP s'est fait pincer. Yannick C. aurait récupéré auprès d'un ancien flic en poste à France Telecom la « fadet » de Bruno Gaccio, des Guignols de l'Info : un relevé de soixante-six pages contenant tous les appels reçus ou composés entre mai et juillet 2002 sur le téléphone portable du père des marionnettes. L'affaire ne se serait jamais ébruitée si Pierre Martinet, ex-agent de la DGSE passé par le service de sécurité de Canal +, n'avait affirmé dans un livre être allé lui-même chercher la fadet, à Nanterre, devant le QG de la police judiciaire. Et ce, à la demande du numéro 2 de la sécurité interne de la chaîne cryptée, en l'occurrence Gilbert Borelli, un ancien commandant de police, lui-même passé par le SCTIP.

Lors de son audition à l'IGPN[1], Yannick C. a expliqué qu'il connaissait Borelli, et que ce dernier l'avait appelé pour le prévenir qu'il allait recevoir de France Telecom une fadet par e-mail. Une manœuvre visant à faire croire que la requête officielle provenait bien d'un service de police. Habituellement, une fadet se revend 150 euros, et il faut compter 500 euros pour la « filoche » électronique d'un portable, c'est-à-dire son parcours retracé grâce aux bornes téléphoniques qu'il a activées sur son passage.

En janvier 2006, c'est un commissaire de la sécurité publique de l'Essonne qui a été incarcéré et mis en examen pour « recel de violation du secret professionnel », après une enquête de la police des polices sur un détective privé qui achetait à des policiers et des gendarmes des informations sensibles extraites de leurs fichiers.

Quelques policiers ripoux se font même de l'argent en détournant des écoutes téléphoniques[2]. Cette fois, le service est payé 1 000 euros. Et c'est un jeu d'enfant puisque les vingt-sept mille écoutes ordonnées chaque année par la justice ne sont quasiment pas contrôlées. Il suffit par exemple à l'officier de

1. « Affaire Gaccio, une taupe chez France Telecom », *Le Parisien*, 9 septembre 2005.
2. « Le scandale des écoutes », *Le Point*, 28 avril 2005.

police judiciaire indélicat de glisser dans le dossier du juge d'instruction un numéro de téléphone qui n'a rien à voir avec l'affaire. C'est ce que les flics appellent une « écoute taxi ». Le juge va signer la commission rogatoire autorisant l'écoute que le policier va s'empresser d'envoyer par télécopie à l'opérateur de téléphonie. Ce dernier pianote alors sur un ordinateur pour dériver automatiquement la ligne ciblée, depuis le central téléphonique vers le système d'écoute situé dans les locaux du service de police à l'origine de la demande. Comme c'est l'OPJ qui retranscrit lui-même les conversations stockées sur CD-Rom, le juge n'aura jamais en main la retranscription de cette écoute. On lui dira qu'elle n'a rien donné.

Dans la panoplie des tricocheurs, on trouve aussi la « réquisition bidon ». Le policier faxe à l'opérateur une fausse demande de branchement sur laquelle il inscrit un vrai numéro de commission rogatoire. Une tricherie difficile à repérer.

Mais comment s'étonner que les policiers cèdent à la tricoche, quand on découvre qu'un service comme la DST se fait officiellement « sponsoriser » par un grand industriel[1] ? En octobre 1994, Raymond Nart, le patron du contre-espionnage, rencontre Jean-Louis Gergorin, alors directeur de la stratégie du géant français de l'armement, Matra. Objectif : l'informer qu'une opération de déstabilisation se prépare contre son groupe. La DST propose alors son aide à l'industriel moyennant la prise en charge des frais d'enquête. Une note de la DST classée secret défense déclassifiée en mai 2003, à la demande de la justice, révèle que l'équivalent à l'époque de 45 500 euros en liquide auraient été versés le 14 octobre 1994 à 13 h 30.

À ceux qui s'étonnent que la Place Beauvau continue d'actionner, sans réel contrôle, la pompe à argent liquide, des esprits mal intentionnés pourraient répondre que c'est un moyen efficace de tenir les troupes. L'assurance pour le politique de garder le manche sur la maison Police.

1. Lecture de trois notes déclassifiées de la DST à l'audience du 30 novembre 2005 dans l'affaire Matra-Thomson devant le tribunal correctionnel de Paris.

5

La mafia des syndicats

Avant de quitter la Place Beauvau, Dominique de Villepin lui a offert l'un des plus beaux fromages de la République. À cinquante-trois ans, Joaquin Masanet, figure haute en couleurs du syndicalisme policier, perçoit 3 628 euros pour siéger cinq jours par mois au Conseil économique et social[1]. Un « cadeau » que Joaquin doit, d'après les mauvaises langues, au soutien apporté par son syndicat de gauche, l'UNSA-Police, au rival de Nicolas Sarkozy. Ce dernier l'a d'ailleurs convoqué illico à son retour au ministère de l'Intérieur pour lui souffler dans les bronches et lui reprocher d'avoir profité de son absence pour lui tirer dessus à boulets rouges dans des tracts syndicaux. Oublié le temps où ce même « Jo », comme on l'appelle chez les flics, se démenait pour le compte de Sarkozy. Détail aggravant aux yeux de l'actuel locataire de la Place Beauvau : Joaquin Masanet est assis au Conseil économique et social à côté de l'homme de l'Élysée, l'ancien préfet de police de Paris, Philippe Massoni. « Un ami[2] », se félicite Joaquin Masanet qui voit aussi une fois par mois l'ancien ministre de l'Intérieur Pierre Joxe.

Si les locataires de la Place Beauvau se soucient autant du brigadier Jo Masanet, c'est parce qu'il dirige avec son frère Francis l'UNSA-Police, le syndicat majoritaire chez les gradés

1. Section cadre de vie.
2. Entretien du 16 décembre 2005.

et gardiens de la paix, et que Jo tient également le SNIP[1], le puissant syndicat des CRS. « Sur un claquement de doigts, Masanet peut tous les mettre dans la rue, précise avec une moue d'effroi le directeur de cabinet d'un ancien ministre socialiste de l'Intérieur. Pour avoir la paix, et qu'il puisse tenir ses mecs, il fallait lui donner de l'argent et du matériel[2]. » Car le pire cauchemar pour un gouvernement est de voir ses propres troupes de maintien de l'ordre manifester contre soi. C'est une des raisons pour lesquelles le pouvoir politique, de droite comme de gauche, a toujours chouchouté Jo.

La famille des CRS

Les compagnies républicaines de sécurité profitent de la bienveillance du politique. Quand ils voyagent, les CRS ont souvent droit à des croissants et logent dans des hôtels deux étoiles au minimum. Si l'hébergement ne convient pas, il arrive qu'ils refusent de descendre des cars jusqu'à ce qu'on leur trouve un cantonnement de meilleur standing. En fait, dans une compagnie de CRS, les vrais patrons sont le commandant et le délégué syndical. Il suffit pour s'en convaincre d'avoir vu Jo Masanet au café Marco Polo, où il a ses habitudes, avenue du Trône à Paris, ses trois téléphones portables posés sur la table qui lui est réservée, et donnant ses ordres : « Il faut faire nommer Untel à la CRS numéro tant... »

De plus, chez les compagnies républicaines de sécurité, les déplacements nombreux – cent cinquante à deux cents jours par an en moyenne – sont généreusement indemnisés. Jusqu'à ce que leur direction resserre les boulons, les treize mille quatre cents CRS se sont partagé en 2004, grâce aux « indemnités journalières d'absence temporaire », une cagnotte d'environ 30 millions d'euros en plus de leur salaire.

Des critiques qui ont le don d'agacer Joaquin Masanet : « Les

1. Aujourd'hui UNSA-Police, secteur CRS.
2. Entretien du 31 mai 2005.

soi-disant privilèges des CRS, ce sont des fantasmes. Moi par exemple, après trente-cinq ans de service, je gagne 2 100 euros par mois. »

Quoi qu'il en soit, les avantages des compagnies républicaines de sécurité sont rarement déballés sur la place publique. Sauf à l'occasion de conflits personnels. En mars 2003, dans une affaire de divorce, le commissaire de police Antoine Bonillo, ex-commandant d'une CRS, certifiait sur papier à en-tête du ministère de l'Intérieur que chaque CRS percevait en moyenne en heures supplémentaires et indemnités journalières entre 300 et 500 euros par mois[1]. La Cour des comptes avait pris sa calculette et estimé que les CRS étaient « en proportion le service spécialisé le plus coûteux » de la Police nationale[2]. Au cabinet de Nicolas Sarkozy, on avait d'ailleurs bien l'intention de les faire disparaître à moyen terme. La sécurité publique se voyait déjà avaler en douceur un quart des CRS dans ses commissariats avant de digérer la totalité des effectifs. Signe que tout allait mal, les CRS avaient même perdu la responsabilité de l'escorte de Miss France au profit des gendarmes...

C'était avant l'automne 2005 et les émeutes en banlieue. Après sept cent quatre-vingt-seize grenades dégoupillées et neuf cent cinquante-huit interpellations, il n'est plus question aujourd'hui de passer les CRS à la trappe. Joaquin Masanet peut relever la tête : « Nous avons une fois de plus démontré que nous sommes les derniers remparts de la République », clame le syndicaliste qui nous reçoit cette fois avec une partie de son staff au siège de l'UNSA-Police à Bagnolet. Désormais, le nouveau patron des CRS, Christian Lambert, un fidèle de Sarkozy, les trouve indispensables à la paix dans les banlieues. En guise de récompense, les CRS ont trouvé au pied de l'arbre de Noël un cadeau de 300 euros. Une prime « violences urbaines » également versée, pour ne pas faire de jaloux, aux

1. Document du 7 août 2003.
2. Rapport de la Cour des comptes sur l'exécution de la loi de finances, 2000.

autres policiers ayant participé au maintien de l'ordre pendant ces quatre semaines.

Incontournables syndicats

Dans la police, 70 % des troupes sont syndiquées. De quoi faire rêver même à l'Éducation nationale ! Pour diriger la police, le ministre de l'Intérieur, qu'il le veuille ou non, doit donc composer avec les syndicats.

Ce jour-là, dans la grande brasserie parisienne où nous avons rendez-vous, Jean-Luc Garnier a « tombé la veste » pour être plus à l'aise. Un réflexe de militant. Avec trente-cinq ans de syndicalisme derrière lui, celui qui vient de quitter la tête d'Alliance, l'un des principaux syndicats de gardiens et gradés avec vingt-cinq mille adhérents, a vu se succéder les locataires de la Place Beauvau. « Quand ils arrivent, ils disent tous : "La cogestion, je suis contre, c'est moi qui décide." Sarkozy m'a refait le coup lorsqu'il m'a reçu la première fois. Je lui ai répondu ce que je dis toujours : "Vous finirez par passer par les fourches caudines car, sans les syndicats, vous vous casserez les dents[1]." »

Effectivement, Sarkozy a joué à fond la carte Alliance étiquetée à droite, pour faire avaler aux troupes sa grande loi sur la sécurité intérieure qui redistribue les rôles entre la police et la gendarmerie. « Pendant deux ans, nous avons bâti ensemble la réforme. On se voyait deux à trois fois par mois, raconte ce Lorrain, fils et petit-fils de mineurs, qui a « le syndicalisme dans la peau » selon sa propre expression. C'est son grand-père qui, dans les années 1920, a fondé à la mine l'une des premières sections CGT. Les rencontres avec le ministre tournent parfois aux discussions de marchands de tapis. « Sarkozy me disait : "Si je te donne ça, tu me vends ça à tes adhérents" », se souvient Jean-Luc Garnier.

Quand Dominique de Villepin arrive Place Beauvau, il tente de débaucher celui qui a donné un coup de main décisif à son

1. Entretien du 11 juillet 2005

prédécesseur. Mais Jean-Luc Garnier refuse de changer de monture. Déjà décoré de l'ordre national du mérite en mai 2003, le militant syndical, séduit par Sarkozy, comme il nous l'a confié, se verrait bien dans le cabinet du futur ministre de l'Intérieur du président Sarkozy...

Entre les syndicats policiers et Villepin, le courant n'est jamais vraiment passé. Au Syndicat national des officiers de police (SNOP), on n'a pas oublié cette réunion début mai 2005, dans le bureau du ministre, entre les masques africains et le tableau abstrait de Zao Wou Ki. Villepin visiblement ennuyé par ce qu'il considère comme des problèmes d'intendance lâche soudain à ses interlocuteurs : « Je serais mieux en train de regarder le match de foot à la télé. » Une fausse proximité moyennement appréciée par l'ex-numéro un du syndicat, Jean-Pierre Raynaud, qui prévient à la sortie le directeur de cabinet du ministre : « On va finir par se fâcher. »

Très vite, il s'est rendu compte que quelque chose coinçait avec les syndicats. Sans doute à la recherche d'une recette magique, il a même commandé à ses services un rapport sur les relations entre Nicolas Sarkozy et les syndicats policiers.

L'art de se mettre les syndicats dans la poche

Pendant son absence Place Beauvau, Nicolas Sarkozy n'a jamais perdu le contact avec les syndicalistes policiers. Super-Sarko a continué de les voir assez régulièrement lors de déjeuners ou de dîners. Moins de deux mois après s'être installé à Bercy, le nouveau ministre des Finances convoque pendant le week-end de la Pentecôte les responsables des trois principaux syndicats[1] de police pour leur annoncer qu'en dépit de la rigueur budgétaire, les promesses financières qu'il leur a faites quand il était Place Beauvau seront tenues, et qu'il a passé un accord en ce sens avec son successeur Dominique de Villepin.

1. L'UNSA-Police, Alliance et le SNOP.

Informé par ses services, celui-ci, pour ne pas donner l'impression d'être en reste, appelle un à un les leaders syndicaux et, feignant de croire qu'ils ont attendu son feu vert pour rencontrer Nicolas Sarkozy, les autorise à se rendre à Bercy.

Si, pour les négociations d'arrière-cuisine, Nicolas Sarkozy excelle dans l'art et la manière d'accommoder les syndicats, c'est grâce à un maître saucier hors pair, Claude Guéant. Le directeur de cabinet avait déjà œuvré pour Charles Pasqua, en lui préparant un plat réputé impossible à faire avaler aux policiers : lancée en janvier 1995, la réforme des corps et carrières avait mis fin au clivage historique entre les flics en civil et ceux en tenue. Exit les « inspecteurs », transformés en « lieutenants », « capitaines » ou « commandants ». Autant dire qu'il s'agissait d'une révolution dans la police.

« Les négociations, je savais comment ça marchait[1], vous lance d'un air entendu l'ancien ministre de l'Intérieur, calé dans son fauteuil de président du RPF. Je laissais l'administration dans son face à face avec les syndicats et quand cela tanguait un bon coup, j'arrivais, je les écoutais puis je disais : on va suspendre deux minutes. Je faisais apporter du rosé et du saucisson corse, cela détendait l'atmosphère et on prenait le temps de discuter. L'essentiel est de ne jamais se crisper en se disant : je ne peux pas laisser passer ça, parce que sinon je perds la face. » Mais tous les ministres n'ont pas eu la chance, comme Charles Pasqua, d'avoir un père à la fois brigadier de police et militant syndical.

Face aux syndicats policiers, Nicolas Sarkozy a adopté la méthode Pasqua : nouer des relations personnelles et donner le sentiment de jouer cartes sur table. Avec une ligne rouge : pas question de toucher à son image.

En janvier 2003, alors que le SNOP prépare pour sa manifestation une banderole qui brocarde les promesses non tenues de Sarkozy, ses responsables sont convoqués Place Beauvau. « Il a commencé par nous engueuler parce qu'il ne supporte pas que l'on attaque son image puis il nous a proposé un *deal* : si

1. Entretiens du 6 et du 13 juillet 2005.

vous retirez votre banderole, je vous recevrai et je vous ferai des propositions quel que soit le nombre de flics que vous mettez dans la rue[1] », se remémore l'un des membres du bureau national.

Et pour faire plier les leaders syndicaux récalcitrants, les ministres de l'Intérieur n'hésitent pas à ouvrir la boîte à cadeaux. En novembre 2001, la mort de deux gardiens de la paix lors d'un hold-up sanglant en région parisienne[2] met les policiers dans la rue sur fond de ras-le-bol général. Soucieux de faire rentrer les troupes au bercail, l'entourage de Daniel Vaillant fait une proposition au responsable de l'un des syndicats à la tête du mouvement : « Pour que je signe un protocole d'accord, on m'a proposé le poste d'attaché de police à l'ambassade de France à Rome... », se rappelle en souriant le président de Synergie Officiers, Bruno Beschizza, qui a repoussé l'offre.

Mais beaucoup sont sensibles au coup du parachute tendu pour faciliter leur atterrissage à la fin du mandat syndical. Tout comme ils apprécient quand l'administration règle sans ciller les notes de téléphone des locaux syndicaux, ferme les yeux sur le surplus de permanents ou même sur les anomalies de gestion.

Les mœurs comptables des syndicats de police sont en effet parfois surprenantes. Au SNIP, le syndicat des CRS, quelques-uns avaient ainsi pris l'habitude de retoucher le libellé des chèques versés par les entreprises pour l'achat d'espaces publicitaires. Le « C » de « CRS » transformé en « O » permettait d'encaisser une partie de l'argent sur le compte d'« ORS », une société spécialement créée à cet effet. Un tour de passe-passe qui a valu à ses auteurs d'être condamnés par le tribunal correctionnel de Marseille en 2003, pour « recel d'abus de biens sociaux » et « usage de faux en écriture »[3]. Parmi les prévenus,

1. Entretien du 29 avril 2005.

2. C'était le 21 octobre 2001 au Plessis-Trévise dans le Val-de-Marne. L'un des suspects, Jean-Claude Bonnal, dit le « Chinois », avait été libéré quelques mois plus tôt par la chambre d'accusation de Paris.

3. L'affaire remonte aux années 1990. Le jugement a été rendu le 15 janvier 2003 et n'a pas donné lieu à un appel.

se trouvait aussi Joaquin Masanet qui a écopé, lui, d'une amende pour un voyage offert à La Réunion. « Je ne suis en rien mêlé à cette histoire de chèques falsifiés qui relevait de l'escroquerie, précise tout de suite le patron de l'UNSA-Police. La preuve que je ne me suis pas enrichi, j'habite toujours en HLM. Quant au billet d'avion, on me l'a payé alors que je n'avais rien demandé. J'ai voulu rembourser mais le chèque n'a pas été encaissé, je n'ai eu aucun moyen de prouver ma bonne foi. Pasqua, qui trouvait cette affaire ridicule, a appelé le juge pendant l'enquête, ce qui m'a desservi. Depuis, la condamnation a été amnistiée. » Heureusement, puisqu'un policier condamné en correctionnelle doit automatiquement passer devant le conseil de discipline qui peut décider de le radier.

Sarkozy, ministre généreux

En débarquant la première fois Place Beauvau, Nicolas Sarkozy a dans sa hotte six mille cinq cents emplois et 950 millions d'euros pour moderniser le parc automobile. Avec un budget en hausse de 6 milliards d'euros, il peut tout se permettre, y compris d'araser la montagne des RTT accumulées depuis la mise en place des 35 heures en proposant aux gardiens de la paix de leur racheter 85 euros chaque jour de RTT. « Ils sont tous allés à la gamelle », s'amuse un ponte de la police[1]. Avec Sarkozy, c'est Noël aussi chez les commissaires qui voient leur salaire rejoindre celui des hauts fonctionnaires. Le SCHFPN, leur syndicat au nom imprononçable que tout le monde a pris l'habitude d'appeler le « Schtroumpf », se mettra en quatre pour le nouveau ministre de l'Intérieur.

Ce 26 juin 2002, ils sont deux mille commissaires au Carrousel du Louvre venus écouter Nicolas Sarkozy leur présenter sa loi sur la sécurité intérieure. L'auditoire est impressionné par la parfaite connaissance que le ministre a déjà de tous les dossiers. Quand ce commissaire du Cantal part dans une longue

1. Entretien du 2 juin 2005.

tirade sur les contraintes de procédure, le ministre de l'Intérieur l'interrompt d'un geste de la main : « Ce que vous voulez dire, monsieur, c'est : "À quoi ça sert d'arrêter les malfaiteurs s'il n'y a pas de suivi derrière ?" » Sarkozy joue sur du velours. Et pour cause, les questions qui fusent dans la salle ont été minutieusement préparées entre le cabinet du ministre et les directions centrales à la tête desquelles on trouve des commissaires. Cela n'a bien sûr rien à voir, mais un an plus tard, le secrétaire général du Schtroumpf, aujourd'hui à la police aux frontières, est décoré de la légion d'honneur par Nicolas Sarkozy.

La FASP

Le symbole du mélange des genres, c'est la Fédération autonome des syndicats de police. Dans les années 1980, la FASP, qui regroupe plus de 60 % des troupes en tenue, était le bras armé du PS dans la police. Son secrétaire général, le charismatique Bernard Deleplace, faisait carrément office de « ministre de l'Intérieur bis[1] ». Il est vrai que cet ancien mineur du Pas-de-Calais entré dans la police en 1964, avait, comme il le confie lui-même dans ses mémoires, l'oreille du président[2]. Deleplace connaissait Mitterrand bien avant que celui-ci ne s'installe à l'Élysée ; un gardien de la paix en poste dans la Nièvre, la terre d'élection de François Mitterrand, les avait présentés.

« Lorsque ça bloquait avec le ministre de l'Intérieur, Deleplace allait voir le président[3], explique de sa voix de ténor Georges Landurain, ancien secrétaire général de la FASP en Seine-Saint-Denis. Bernard Deleplace a fait ce qu'il fallait auprès de Mitterrand pour décrocher ce que l'on réclamait

1. « Police nationale, syndicalisme et alternances politiques », *Les Cahiers de la sécurité intérieure*, n° 37, 1999.
2. Bernard Deleplace, *Une vie de flic*, Paris, Gallimard, 1987.
3. Entretien du 9 avril 2005.

depuis vingt-cinq ans : la prise en compte dans le calcul des retraites de la sujétion spéciale, une prime qui représentait jusqu'à un tiers du salaire. Les retraités de la police ont pu partir avec 1 500 francs par mois en plus. »

La FASP met en place une hiérarchie parallèle qui a traumatisé plus d'un directeur. Comme cet ancien patron, alors en poste à la Préfecture de police : « Les délégués syndicaux passaient dans les services en disant aux gardiens de la paix qu'ils avaient fait leurs heures et qu'ils pouvaient partir, sans se soucier de l'enquête judiciaire en cours. Des rapports circulaient sur des commissaires qui avaient déplu à tel responsable syndical...[1] »

Reste que pour les policiers, privés du droit de grève, coincés dans des rapports qui restent très hiérarchisés, les syndicats font office de soupape. « Récemment, dans mon unité, raconte un lieutenant de la Préfecture de police, j'ai été confronté à un chef de service irascible qui passait son temps à harceler un commandant. Quand nos délégués lui ont demandé un entretien, il les a envoyés balader. Ils ont alors appelé le secrétaire général qui a passé un coup de fil au préfet. Quarante-cinq minutes plus tard, le chef de service, doux comme un agneau, descendait voir les délégués : "On s'est mal compris, on pourrait discuter...". Ce pouvoir fascine les policiers de base. Dans la police, tu n'es respecté que par ta capacité de nuisance, et te syndiquer permet de l'augmenter[2]. »

Jean-Marc Erbès, ancien haut fonctionnaire du ministère de l'Intérieur, n'a pas la tête de l'emploi. Au milieu de ses bouquins et souvenirs de voyages qui encombrent son petit appartement parisien, on l'imaginerait plutôt anthropologue ou historien. Aujourd'hui à la retraite, il se souvient de l'influence de la FASP lorsqu'il était à la tête de la direction de la formation sous Gaston Defferre. « À Belfort, un matin, deux policiers en patrouille se font un peu bousculer en arrivant sur un lieu d'intervention. Le lendemain, les syndicats montent chez le directeur

1. Entretien du 12 juillet 2005.
2. Entretien du 1er juillet 2005.

général. Le soir même, une circulaire tombe selon laquelle les flics seront désormais à trois dans une voiture[1]. »

Petites lunettes impersonnelles, lèvres minces, un costume sévère sur lequel détonne une cravate rouge à gros motifs, Yves Bonnet, l'ancien patron de la DST, n'a carrément pas supporté le pouvoir de Bernard Deleplace. « J'étais préfet et directeur, lui gardien de la paix et syndicaliste, je ne suis jamais allé le saluer, alors que les autres directeurs se précipitaient pour lui serrer la main[2]. » Et Yves Bonnet, drapé dans son statut de haut fonctionnaire, de narrer un incident qui l'a particulièrement agacé : « On avait mis sous surveillance un journaliste de *Libération* soupçonné de frayer avec le groupe terroriste Action directe. Des syndicalistes de la FASP ont repéré la voiture qui planquait en bas de l'appartement du journaliste et commencé à faire du chahut autour. Les policiers de la DST se sont identifiés, mais les autres ont continué de plus belle, ce qui a fini par alerter la cible. »

Furieux, le responsable du contre-espionnage se rend chez le directeur de cabinet de Gaston Defferre. « Après m'avoir écouté, il m'a dit : "Vous avez raison de ne pas être content, mais rassurez-vous, je vais dire à Deleplace que vos gars ne voulaient pas de mal à ses syndicalistes..." », s'indigne Yves Bonnet.

Lorsque Defferre se lance dans une chasse aux sorcières au sommet de la police, le Schtroumpf croit voir la main du ministre en son conseiller police, qui n'est autre que l'ancien patron de la FASP, Gérard Monate. Plus tard, c'est ce même Monate, devenu PDG d'une holding qui regroupe plusieurs bureaux d'études, que le PS chargera de trouver les 28 millions de francs (environ 4,2 millions d'euros) qui financeront la campagne de François Mitterrand en 1988. Ce qui débouchera sur « l'affaire Urba-Gracco[3] ».

1. Entretien du 23 février 2005.
2. Entretien du 17 mai 2005.
3. Le 7 avril 1991, Thierry Jean-Pierre, aujourd'hui décédé, perquisitionne au siège d'Urba-Gracco, le bureau d'études du PS soupçonné d'alimenter les finances du parti via des commissions sur les travaux publics. Le juge sera dessaisi mais l'ensemble de sa procédure sera par la suite validé par la justice.

C'est à la FASP que se décident la plupart des réformes de la police. Tout ce qui n'est pas estampillé « FASP » est jeté aux oubliettes. C'est ce qui arrive quand la commission mise en place par Defferre pour moderniser la police rend sa copie. Le syndicat écarte le rapport Belorgey au profit de son projet « maison » qui est aussitôt mis en musique par le ministère de l'Intérieur[1].

La FASP se mêle de tout, jusqu'à mettre son grain de sel dans le choix du nouvel uniforme. À la demande de Bernard Deleplace, la traditionnelle chemise bleue des gardiens de la paix sera remplacée par une blanche, parce que l'ancien mineur y voit un symbole d'ascension sociale.

Pierre Joxe, qui reste le ministre de l'Intérieur de gauche le plus populaire chez les flics, va se servir de la FASP pour dépoussiérer la maison Poulaga, longtemps cantonnée au « tape-cul » dans les cars de police, au maintien de l'ordre et à la chasse aux gauchistes. Avec ses armes inutilisables, ses voitures hors d'âge, ses systèmes radio obsolètes et ses fichiers manuels, la police de Bertillon fait sourire nos voisins européens. Les 15 milliards de francs que Joxe décroche en 1985 sont utilisés pour appliquer à la lettre le programme de la FASP dont l'objectif est de mieux s'attaquer à la petite et moyenne délinquance[2].

« J'ai eu la chance d'avoir un syndicat majoritaire dont le programme était inspiré de principes démocratiques, avec un rassembleur à sa tête : Deleplace », justifie Pierre Joxe quand on lui reproche d'avoir porté la cogestion à son apogée[3]. Le même Joxe reconnaît avoir essayé d'encourager au sein de la FASP la création d'un pendant du Schtroumpf « qui aurait été orienté à gauche ». Sans succès.

Sous Joxe, c'est aussi l'âge d'or des GSE Police, groupes socialistes d'entreprise, dans lesquels les policiers encartés

1. « Police nationale, syndicalisme et alternances politiques », *Les Cahiers de la sécurité intérieure*, n° 37, 1999.
2. Loi 85-835, *J.O.* du 8 août 1985.
3. Entretien du 21 juin 2005.

discutent boutique, faisant ainsi remonter des dossiers au cabinet du ministre par l'intermédiaire de députés socialistes. Il s'agit encore une fois de faire contrepoids au Schtroumpf que la gauche considère noyauté par le RPR. Puisque les généraux et les colonels lui sont hostiles, le ministre de l'Intérieur mise sur la piétaille rassemblée sous la bannière de la FASP. Ce qui lui permet de faire d'une pierre deux coups en contrant aussi l'influence des rivaux communistes à l'origine du syndicalisme policier. Une pratique qui a la vie dure puisque, aujourd'hui encore, certains responsables syndicaux rendent service au ministre en faisant passer à son cabinet des informations « sensibles » qu'ils récupèrent grâce à leur réseau d'adhérents.

Mais pour Joxe, qui aime décider par lui-même, « l'allié » Deleplace finit par devenir encombrant. Le patron de la FASP joue de sa proximité avec l'Élysée pour peser sur des nominations : Jean-Marc Erbès se voit ainsi recalé au poste de directeur du personnel de la Police nationale parce qu'il ne convient pas à Bernard Deleplace. Discrètement, les RG constituent sur ce dernier un dossier qui finira sur le bureau du ministre.

Afin de contrebalancer l'influence de Deleplace, Pierre Joxe s'appuie sur un jeune commandant de CRS, membre actif de la FASP, dont il fait son conseiller police lorsqu'il arrive la première fois Place Beauvau : Patrice Bergougnoux. Une recrue qui va permettre au ministre de profiter des réseaux du syndicat au nez et à la barbe de Deleplace, d'autant que Bergougnoux, surnommé par ses ennemis « le Taiseux », appartient à un clan rival du secrétaire général.

Dans le sillage de Joxe, ce commandant de CRS qui peut aussi compter sur ses réseaux francs-maçons, va connaître une ascension fulgurante : préfet, directeur adjoint de cabinet puis directeur général de la Police nationale sous Chevènement et Daniel Vaillant. Aujourd'hui, à cinquante-six ans, Patrice Bergougnoux qui vient d'être nommé délégué interministériel à la Coupe du monde de rugby de 2007, prête main forte au projet sécurité du candidat socialiste aux prochaines élections. Si la gauche revient au pouvoir, ce proche de François Hollande se verrait bien préfet de police de Paris.

Plus dure sera la chute

À force de voler trop près du pouvoir, la FASP s'est brûlé les ailes, ses effectifs ont commencé à fondre comme neige au soleil. Bernard Deleplace, accusé d'avoir fait perdre à son syndicat son indépendance vis-à-vis du pouvoir politique, a été poussé vers la sortie. Après avoir démissionné en septembre 1990, il s'est trouvé récompensé pour ses bons et loyaux services par Mitterrand qui lui a trouvé une place au Conseil économique et social. Aujourd'hui encore lorsque ce dinosaure du syndicalisme quitte le village corse où il s'est retiré pour une visite éclair à Paris, le directeur de cabinet du ministre de l'Intérieur prend soin de le recevoir, comme en décembre dernier.

Richard Gerbaudi, le successeur de Deleplace, a tenté en vain de redresser la barre en faisant défiler dans la rue en 1991 vingt mille policiers contre le nouveau ministre de l'Intérieur, Philippe Marchand, puis en offrant à ses troupes la tête du DGPN François Roussely, ce magistrat à la Cour des comptes fidèle de Joxe, qui avait osé « pactiser » avec le Schtroumpf.

C'est en réalité Pierre Joxe qui a planté les premières banderilles dans le dos de la FASP. Lorsqu'il accorde à tous les délégués syndicaux une heure par mois sur leur temps de travail pour se consacrer à leur mandat, tout le monde applaudit, mais le geste du ministre n'est pas sans arrière-pensée. « C'était malin de la part de Joxe. Permettre aux syndicalistes de tenir des réunions leur ôtait l'envie de défiler dans la rue. Une façon de lâcher un peu de pression dans la cocotte-minute », analyse, en vétéran du syndicalisme policier, Georges Landurain qui, après une heure de discussion, a déjà vidé un paquet de Gauloises. De plus, en dotant le ministère de l'Intérieur d'un laboratoire d'idées, l'Inhesi, Joxe coupe l'herbe sous les pieds de la FASP qui perd son statut de conseiller unique du Prince.

Mais le coup fatal pour la fédération syndicale, c'est Charles Pasqua qui l'assène lors de son deuxième passage Place Beauvau. Afin de se débarrasser d'un syndicat qui peut être utilisé à tout moment par la gauche pour mettre les policiers dans la rue, Pasqua adopte la tactique du cheval de Troie. « Il a infiltré la FASP en faisant adhérer massivement de faux sympathisants qui ont attisé la guerre des chefs provoquée par le départ de Deleplace. La machine s'est fissurée de l'intérieur et a fini par éclater », assure, admiratif, l'ancien responsable d'un syndicat concurrent qui a su tirer parti de l'aubaine[1]. Un résultat dont Pasqua ne profitera pas. Jacques Chirac ayant ratatiné Édouard Balladur aux élections de 1995, c'est Jean-Louis Debré, soutien sans faille de la candidature chiraquienne, qui récupère la Place Beauvau et tire les marrons du feu.

La fin de la FASP est précipitée par le départ en octobre 1996 des dix mille adhérents du Syndicat général de la police (SGP), sa colonne vertébrale sur Paris et la petite couronne. Et ce, peu de temps après l'élection à la tête de la FASP d'un nouveau secrétaire général, Jean-Louis Arajol. Cet ancien gardien de la paix, petit-fils d'anarchiste espagnol, qui a mis la main quelques mois plus tôt sur le SGP et dans la foulée sur la FASP, est soupçonné par beaucoup de militants d'avoir été « l'envoyé de Pasqua » pour liquider la fédération. Un rôle qu'il nie farouchement, même si en octobre 1999 Jean-Louis Arajol portait les couleurs de la liste RPF de Pasqua-Villiers aux élections législatives partielles à Paris.

Attablé dans un grand restaurant au pied des Invalides, chemise et cravate à carreaux, celui qui est désormais conseiller technique au cabinet de Jean-Louis Borloo, le ministre de l'Emploi et de la Cohésion sociale, raconte avec une faconde toute méridionale sa première rencontre avec Pasqua. « C'était en 1994, à l'Élysée, autour d'un buffet corse. Le ministre m'a pris à part : "Vous ne me connaissez pas, mais moi je vous connais, ce n'est pas un casier que vous avez aux RG, c'est un immeuble !" Je me suis dit : "Voilà un homme qui connaît la police[2]." »

Aux commandes du SGP et de la FASP, Jean-Louis Arajol aurait mené grand train, racontent ceux qui l'ont connu à cette

1. Entretien du 30 juin 2005.
2. Entretien du 22 mars 2005.

époque. « Il fréquentait les bonnes tables et organisait des congrès pharaoniques où il faisait son apparition devant huit cents adhérents sur la musique des Pink Floyd avec son image projetée sur des écrans géants[1] », affirme, amer, un ancien membre de l'état-major du SGP qui a fini par claquer la porte.

Quand Jean-Louis Arajol abandonne son mandat syndical en 1999 pour faire campagne avec Pasqua, les caisses sont vides. Selon lui, les finances du SGP battaient déjà de l'aile lorsqu'il a pris les commandes du syndicat. Pour éponger ses dettes, le SGP finit par rejoindre le giron Force ouvrière. « La chaîne syndicale a cédé au niveau de son maillon faible : nos chefs. Nombre de nos responsables issus de milieux populaires se sont mis à côtoyer de hauts fonctionnaires, à fréquenter de grands restaurants, à traiter d'égal à égal avec le préfet, à se flatter que le ministre de l'Intérieur vienne les saluer, et la plupart ont perdu pied[2] », commente encore l'ex-militant qui est retourné finir sa carrière chez lui, dans le Sud de la France.

Jean-Louis Debré va achever le travail de sape de Pasqua contre la FASP et le SGP. Pour ce faire, il profite de la bombe à retardement déposée en partant par son prédécesseur : la réforme des corps et carrières, qui a rebattu les cartes du jeu syndical en disloquant le clivage entre « la tenue » et les policiers en civil. Pendant que de chaque côté de nouveaux syndicats s'affrontent afin de faire le plein en officiers ou en gardiens, le ministre chamboule, au grand dam du SGP et de la FASP, les sacro-saints cycles horaires des policiers – comme le réclamait le Schtroumpf. Un nouveau coup dur pour la FASP qui, percluse de dettes, agonise.

Le 2 mai 1997, c'est le dépôt de bilan. Debré l'a débranchée, sans état d'âme, en tardant à lui verser ses subventions. « La gauche a tué le principal syndicat policier, la FASP. On a siphonné toute leur réflexion sur la police, reconnaît aujourd'hui François Roussely qui, directeur de cabinet sous Pierre Joxe par deux fois, puis DGPN pendant deux ans, a été un témoin

1. Entretien du 6 mai 2005.
2. Entretien du 14 mai 2005.

privilégié des relations ambiguës entre les syndicats policiers et le pouvoir politique. Le PS a vécu sur le dos de la FASP comme il l'a fait avec la Fédération de l'Éducation nationale, qui a également explosé en vol du fait de sa trop grande proximité avec le pouvoir[1]. »

La presse, le ministre et ses syndicats

Le canal syndical est aussi la voie choisie par le ministère de l'Intérieur pour faire sortir des infos dans la presse tout en restant caché derrière le rideau – qu'il s'agisse de dégommer un gêneur ou de taper sur une autre administration. « On demande discrètement à un syndicat partisan – celui qui ne vous embête pas et vous donne un coup de main à l'occasion, chaque gouvernement en a au moins un dans sa poche – de se fendre d'un virulent communiqué », explique ce haut fonctionnaire de la Préfecture de police de Paris[2]. Et de citer l'affaire Alex Ursulet. Cet avocat d'origine martiniquaise a porté plainte en janvier 2005 contre la police parisienne pour « arrestation et séquestration arbitraire, violences, discrimination et injures ». Cette vedette du barreau de Paris s'était retrouvé au commissariat après avoir été contrôlé sur son scooter[3]. « À la demande du préfet, deux syndicats policiers ont, dès le lendemain du dépôt de plainte, bombardé les rédactions de communiqués pour démentir la bavure en reprenant mot pour mot la version de la préfecture. »

Monter au créneau pour le compte de l'administration, cet ancien responsable du syndicat des commissaires n'y voit rien de choquant. « On le fait volontiers quand, par exemple, un syndicat de magistrats remet en cause l'efficacité des services de police et que le ministre de l'Intérieur ou le DGPN, qui ne

1. Entretien du 17 février 2005.
2. Entretien du 12 mai 2005.
3. Une enquête est en cours à l'IGS, la police des polices.

peuvent pas se permettre de polémiquer avec la justice, nous appelle à la rescousse[1]. »

De là à imaginer que le ministre de l'Intérieur compte aussi sur les syndicats pour informer l'opinion publique lorsque le rejeton du Premier ministre a maille à partie avec la police, c'est ce que certains conseillers pensent à Matignon. Quoi qu'il en soit, Dominique de Villepin aurait bien aimé que la mésaventure arrivée à son fils, un samedi soir de septembre 2005, ne s'ébruite pas. Mais pour le plus grand bonheur de Nicolas Sarkozy, *Le Canard enchaîné* s'est empressé de la rapporter. Le fils de Villepin et ses copains font un tel tapage au sortir d'une soirée arrosée que les voisins doivent appeler la police. Arrivée sur les lieux, la patrouille décide d'embarquer les fêtards au poste. C'est alors qu'Arthur Galouzeau de Villepin aurait sorti son portable pour appeler son père et passé le téléphone au brigadier. L'affaire se serait arrêtée net. Pour la garder secrète, Matignon aurait fait récupérer dès le lendemain matin la seule trace écrite de l'altercation, le rapport d'intervention. En vain.

Appelé à la rescousse, le préfet de police de Paris, réputé proche de l'Élysée, se fend quelques jours plus tard d'un communiqué qui minimise l'incident et contredit la version du *Canard.* Reste un mauvais point en terme d'image pour le dauphin du Château qui se dit animé du seul intérêt de l'État.

En laissant les syndicats fricoter avec la presse pour pouvoir communiquer en sous-main quand il le souhaite, le ministère de l'Intérieur leur a donné une arme qui peut se retourner contre lui. « Une partie de la puissance des syndicats provient de leur capacité à alimenter les journalistes en informations. La menace de soulever le tapis pèse dans les négociations avec l'administration[2] », reconnaît Bruno Beschizza, le patron de Synergie Officiers, dont le bureau est installé dans un immeuble biscornu à deux pas du Châtelet.

C'est en 1995 que Beschizza et une partie de son état-major ont fait leurs armes dans le syndicalisme, en prenant la tête

1. Entretien du 30 juin 2005.
2. Entretien du 16 juin 2005.

d'une fronde contre l'administration qui voulait « sucrer » aux flics de terrain une partie de leurs frais d'enquête. Un mouvement de révolte baptisé « L'Union » qui a donné naissance à Synergie Officiers. Afin de se faire une place dans le Landernau syndical, le jeune syndicat, aujourd'hui majoritaire chez les officiers de la police judiciaire parisienne, joue à fond la carte médiatique. Une visibilité qui agace les autres syndicats. « On court derrière sans jamais les rattraper. Lorsqu'on passe au JT de 13 heures sur France 2 ou France 3, on les voit au JT de 20 heures sur TF1 », s'énerve l'un des membres du bureau du SNOP.

La communication du ministère

Mais Nicolas Sarkozy s'est mis en tête de dégonfler le pouvoir médiatique des syndicats. En dehors du service de communication de la Place Beauvau – que les journalistes fuient à cause de sa langue de bois –, personne jusqu'à présent n'avait le droit de s'exprimer au nom du ministère. Désormais, les directeurs départementaux de sécurité publique peuvent parler aux médias, à condition d'avoir obtenu le feu vert de la Place Beauvau. Sarkozy envisage de nommer des « correspondants presse » dans les différents services de police afin que les syndicats ne soient plus les seuls à battre tambour quand il faut commenter une saisie de drogue, un fait divers dans une banlieue, une arrestation retentissante ou un nouveau phénomène de délinquance. « Sarkozy a compris qu'il fallait casser le monopole syndical de la parole policière, il est le premier à l'avoir fait, se réjouit Franck Louvrier, l'homme de communication du ministre, lors du rendez-vous qu'il nous a donné autour d'un petit déjeuner, Place Beauvau[1]. C'est parce que l'Intérieur ne communique pas que les syndicats le font à tout va. » Et son conseiller presse d'annoncer la création d'un poste

1. Entretien du 16 novembre 2005.

de « porte-parole du ministère de l'Intérieur ». « Une mauvaise nouvelle pour les syndicats », commente-t-il en mordant avec appétit dans sa tartine de miel. Reste à trouver l'homme idéal...

Des oreilles qui traînent...

En attendant, si les infos qui paraissent dans la presse déplaisent trop au ministre de l'Intérieur, il peut toujours lâcher l'IGPN, la police des polices, ou sa « filiale » parisienne, l'IGS. Les « bœufs-carottes », officiellement mandatés pour trouver l'origine de la fuite, convoquent alors les délégués syndicaux pour les « cuisiner ». Pendant que Dominique de Villepin était Place Beauvau, Synergie Officiers, étiqueté pro-Sarkozy, s'est ainsi retrouvé dans le collimateur de l'IGS, compétente sur Paris, pour plusieurs affaires qui ont donné lieu à des écoutes. Des écoutes téléphoniques, toutes cibles confondues, l'IGS reconnaît en faire tourner une dizaine par mois.

À l'inverse, quand Nicolas Sarkozy est revenu à l'Intérieur en mai 2005, les responsables d'un autre syndicat qui avait pactisé avec Villepin se sont tout de suite montrés moins causants au téléphone. « Quelques jours après l'arrivée de Sarkozy, un ami haut placé et bien informé, nous a dit : “Soyez très prudents avec vos téléphones portables” », confie l'un des membres du bureau de l'UNSA-Police[1].

Un ancien responsable syndical raconte : « Dans les jours qui ont suivi mon départ du syndicat, j'ai reçu un coup de fil du ministre de l'Intérieur avec lequel j'avais eu plusieurs bras de fer : “Vous n'êtes plus couvert par le mandat syndical.” Le soir même, je faisais “dépoussiérer” mon bureau par une de mes connaissances à la DST. On a trouvé un fil dont le micro venait visiblement d'être retiré en urgence...[2] » Les oreilles indiscrètes peuvent aussi être celles de syndicats rivaux. Régulièrement, les principales organisations « dépoussièrent » leurs locaux pour

1. Entretien du 18 février 2005.
2. Entretien du 17 juin 2005.

s'assurer qu'aucun micro espion ne se dissimule dans le faux plafond, la lampe de bureau ou la prise électrique. Et ce, en profitant d'une main-d'œuvre spécialisée puisée parmi leurs adhérents à la DST ou aux RG.

Dans la guerre à couteaux tirés entre syndicats, il est arrivé que le matériel de l'administration soit « réquisitionné ». Le secrétaire général d'un syndicat de gardiens de la paix s'est ainsi vu remettre sur son bureau les photos de la rencontre dans un restaurant parisien entre un membre de son staff et le dirigeant d'une centrale concurrente. Pour immortaliser la scène, ses hommes de main avaient emprunté un « soum », comme on appelle dans le jargon policier ces camions banalisés aux vitres teintées équipés pour les surveillances discrètes.

Aux yeux des policiers, le syndicat le plus puissant reste celui qui est capable de leur décrocher le poste qu'ils convoitent et de les faire monter en grade le plus vite possible. Comme ils le disent eux-mêmes, « on adhère à un syndicat pour la gamelle, le bidon, le galon ». Ce qui n'est sans doute pas étranger au fait que l'on trouve près de cent mille syndiqués dans la police.

La CAP

Le mot magique, c'est la « CAP ». Chaque année, au début de l'été, délégués syndicaux et représentants de l'administration se réunissent en « commissions administratives paritaires » pour décider à huis clos des avancements et des mutations. Ce que nous ont raconté lors de notre enquête plusieurs participants, issus du monde syndical policier ou de l'administration. Les discussions ont lieu rue Nélaton dans le 15e arrondissement de Paris au sixième étage de l'immeuble qui abrite la DST. Ils sont une soixantaine autour de la grande table en amande, d'un côté les directeurs de l'administration et leurs conseillers, de l'autre les représentants des syndicats. « Théoriquement, on est censé étudier chaque cas. En fait, à 90 %, les jeux sont déjà faits[1] »,

1. Entretien du 1er juillet 2005.

révèle ce jeune délégué syndical, qui lors d'une dernière CAP a vu défiler huit cents dossiers en trois jours. Tout se joue au printemps. Les délégués qui connaissent les postes à pourvoir et les candidats de l'administration font le tour des directeurs pour placer leurs poulains. « C'est du marchandage. Quand tu sais que ton adhérent va se faire recaler, tu fais semblant de le pousser puis tu demandes un autre poste en contrepartie », continue le délégué syndical. Pour les places les plus prisées, c'est la foire d'empoigne. « Obtenir par exemple une mutation au soleil permet de récompenser un adhérent qui nous a rendu service. » Manifestement, tous les délégués ne sont pas traités de la même façon par l'administration. « Si ton syndicat représente 60 à 70 % de l'effectif d'un service, tu négocies plus facilement que lorsque tu plafonnes à 30 % et que le directeur te reçoit en catimini au café d'en face pour ne pas être vu en ta compagnie et risquer de se griller avec le syndicat majoritaire. » Quand arrive la CAP, « c'est du théâtre, ironise notre interlocuteur. Les cas qui n'ont pas été tranchés et pour lesquels il faut voter sont rares ». Sans compter les possibles interventions politiques. « L'an dernier, à la CAP capitaines, il y en a eu huit. En général, le président annonce : "On a un doublement de poste pour M. Untel à la demande du DGPN", avec derrière un directeur qui se croit obligé d'ajouter que c'est un très beau dossier. »

Lors des CAP où se décident les mutations, ce serait le même scénario. Comme le souligne Bruno Beschizza : « Dans la police, tout fonctionne par le syndicat. Le dossier du collègue fait 70 % du chemin, la carte syndicale les 30 % restants. Afin d'être mieux servis, certains adhèrent à deux syndicats à la fois. » Au moment des conseils de discipline – « le tourniquet », comme on dit dans la police –, les syndicats et l'administration se mettent d'accord sur les sanctions à infliger aux brebis galeuses. « Prendre sa carte syndicale, c'est souscrire une assurance tous risques, explique un capitaine de la PJ parisienne. Quand tu as un problème, sans syndicat tu es mal barré. Si une interpellation tourne mal, tu te retrouves seul, ton taulier te laisse tomber et l'administration te charge. Dans le doute, tu préfères payer ta cotisation. Mais comme c'est minimum, 70 euros par an, tu attends des résultats concrets et rapides[1]. » Pour tuer un syndicat, le meilleur moyen est donc de viser cette pompe à adhésions en lui savonnant la planche lors des commissions d'avancement ou de mutation. Le Syndicat national des policiers en tenue (SNPT) en a fait l'amère l'expérience. Étiqueté à gauche, il s'est pris de plein fouet Nicolas Sarkozy, en disant niet à sa première grande réforme : le rapprochement police-gendarmerie. À peine le ministre annonce-t-il son projet que le secrétaire général du SNPT, Gérard Noulé, se fend le 28 mai 2002 d'un communiqué pour dénoncer une « militarisation de la police ». Ce à quoi Sarkozy réplique qu'il s'attachera à « pulvériser le premier qui s'oppose au rapprochement avec les gendarmes ». Le 7 octobre, lors d'une rencontre avec les syndicats, le ministre prend à partie Gérald Noulé : « Le patron, c'est moi. » Pendant deux ans, le SNPT n'obtiendra plus qu'une portion congrue des mutations et des avancements. Résultat : ses adhérents quittent le navire pour embarquer sur d'autres bateaux qui ont le vent en poupe. Et c'est Joaquin Masanet qui récupère à son bord le SNPT naufragé.

Le rêve de Jo

Désormais, Joaquin Masanet est capitaine d'un nouveau bâtiment de guerre, l'UNSA-SNPT, qui embarque quarante-deux mille policiers dont cent soixante-quinze commissaires. Jo a même ouvert sa porte à la FLAG, la discrète mais influente association des policiers gays et lesbiens. Son rêve, c'est de refaire la FASP des années 1980. D'être le nouveau Deleplace. Et pourquoi pas, même s'il s'en défend, de canonner Sarkozy pour le compte du PS, sous le regard bienveillant de Dominique de Villepin. « J'entends peser sur les élections de 2007 dans l'intérêt des policiers », avertit Jo qui se dit « proche » du tandem François Hollande-Ségolène Royal.

1. Entretien du 7 juillet 2005.

Conscient de la menace, l'actuel ministre de l'Intérieur a confié à un homme à poigne la mission de tenir les CRS. Christian Lambert, ex-préfet délégué à la sécurité en Corse et tombeur du nationaliste Yvan Colonna, est capable de « neutraliser » Jo Masanet. Quant à l'ancien patron des CRS, Jacques Lamotte, Sarkozy l'a nommé patron des « bœufs-carottes ». Le voilà avec deux cents officiers de police judiciaire sous ses ordres, chargés d'enquêter sur leurs collègues. De quoi dissuader ceux qui seraient tentés de faire descendre les policiers dans la rue avant 2007.

6

Tous frères ?

C'est l'histoire d'un préfet de police qui appelle le patron des RG parisiens pour lui demander de bien vouloir transmettre une étude de la section en charge des violences urbaines au responsable d'un cabinet d'audits de sécurité. Une requête inattendue mais qui n'a pas surpris les RG, puisque ledit préfet occupe le plus haut grade de la franc-maçonnerie, trente-troisième à la Grande Loge, et que le responsable du cabinet d'audit est lui aussi franc-maçon et même futur Grand Maître du Grand Orient de France. Interrogé sur cet épisode, Alain Bauer affirme n'avoir jamais rien demandé. Quant à Philippe Massoni, il n'a pas souhaité répondre à nos questions.

Quoi qu'il en soit, Philippe Massoni et Alain Bauer symbolisent pour beaucoup la puissance des réseaux francs-maçons dans la police. Au siège de la société AB Associates, pour « Alain Bauer Associates », boulevard de Sébastopol à Paris, on croise tellement de policiers que l'on pourrait se croire dans un commissariat. Partout des bouquins sur la criminalité que le maître des lieux a préfacés, signés ou co-écrits avec des commissaires. Sur le bureau, ses deux téléphones qui n'arrêtent pas de sonner. Au bout du fil, encore des policiers et souvent le ministre de l'Intérieur, celui-là même qui l'a nommé président de l'Observatoire national de la délinquance, un fauteuil d'où l'on peut aisément donner un coup de pouce ou mettre des bâtons dans les roues au locataire de la Place Beauvau. « Le visage de la police aujourd'hui, c'est la franc-maçonnerie qui l'a dessiné, essentiellement le Grand Orient[1] », affirme d'emblée Alain Bauer. Et le criminologue invité deux fois en guest star au congrès des commissaires de police, de préciser : « Ce sont les francs-maçons de la FASP, l'ancienne fédération syndicale policière de gauche dont la moitié de la direction était composée de frères qui, dès 1971, ont piloté le travail de la commission police du PS. » L'ex-Grand Maître s'applique à choisir ses mots comme s'il s'agissait de bonbons. L'homme a le verbe gourmand et la silhouette ronde. Il est vrai que le patron d'AB Associates apprécie les agapes.

Quant à son goût pour la chose policière, il remonte aux manifestations étudiantes de 1986. À l'époque, Bauer, est un actif militant rocardien, et surtout l'un des dirigeants de l'Unef-Id, le principal syndicat étudiant, que le parti socialiste utilise pour souffler sur les braises et déstabiliser Jacques Chirac, Premier ministre de François Mitterrand. C'est tout de suite à Alain Bauer que le ministre de l'Intérieur, Charles Pasqua, pense pour établir discrètement le contact avec les étudiants en guerre contre le secrétaire d'État aux Universités, Alain Devaquet, le franc-maçon du gouvernement que connaît Bauer[2]. Place Beauvau, officie également le « frère » Massoni, alors directeur adjoint de cabinet et patron des RG. Lorsque, en 1988, Rocard prend la place de Chirac à Matignon, il apporte naturellement dans ses bagages Alain Bauer qui se retrouve conseiller en charge des « affaires réservées » et à ce titre commence à fréquenter beaucoup de policiers.

Combien y a-t-il de policiers francs-maçons ? « Personne ne vous livrera de chiffres précis[3] », prévient Roger Dachez, le dynamique président de l'Institut maçonnique de France qui regroupe les neuf obédiences, avant de se lancer : « 20 % à 25 % des mille neuf cents commissaires et 20 % des quinze mille officiers. » Ce qui fait de la police le secteur professionnel le plus représenté dans la franc-maçonnerie, avec l'Éducation

1. Entretien du 27 juin 2005.
2. Guy Benhamou, *Le Pacte*, Paris, Privé, 2005.
3. Entretien du 6 juillet 2005.

nationale et la magistrature. Le sociologue Frédéric Ocqueteau a réalisé pour le compte de l'Inhesi, une radioscopie du corps des commissaires de police. « Tous ceux à qui j'ai posé la question m'ont répondu qu'ils n'étaient pas francs-maçons, mais bizarrement, dans le même temps, tous m'ont dit avoir été approchés par des collègues qui l'étaient. Preuve que la franc-maçonnerie dans la police reste un sujet tabou[1]... », indique en souriant le chercheur. De son côté, Alain Bauer a compté cent cinquante commissaires rien que dans le fichier du Grand Orient (GO), la première obédience maçonnique française. Une chose est sûre : plus on monte en grade et plus la marque des « trois points », le signe de reconnaissance des maçons, est fréquente. Avec une prédilection des frères pour la sécurité publique, les RG, la DST et les CRS. Pas étonnant dès lors qu'au sein des loges maçonniques, les discussions aient souvent permis d'ébaucher des projets de réforme pour les différents ministres de l'Intérieur.

Le talisman franc-maçon

Pour un ministre de l'Intérieur, avoir un conseiller franc-maçon dans son cabinet revient à porter un talisman autour du cou. Cela vous protège des mauvais sorts jetés par vos adversaires. Ce 22 janvier 2000, dans l'immeuble façon forteresse grise du Grand Orient rue Cadet à Paris, se tient une étrange réunion. Trois francs-maçons dont le délégué national du PS et quatre nationalistes corses parmi lesquels le chef présumé du FLNC, discutent des conditions du retour de la paix civile sur l'île, à l'abri des regards indiscrets dans le bureau du Grand Maître.

Ce ne sont pas les RG – malgré la présence d'un des leurs, membre du GO – qui informent le ministre de l'Intérieur, Jean-Pierre Chevènement, mais son conseiller pour les affaires réservées, le préfet et maçon Gérard Cureau. Alors que Jospin

1. Entretien du 14 décembre 2004.

prépare des négociations au grand jour avec les nationalistes corses, Chevènement se garde d'avertir son Premier ministre de l'initiative parallèle du Grand Maître du GO. Celui-ci s'est mis en tête de rejouer les accords de Nouvelle-Calédonie en 1988 où l'obédience avait, à la demande du gouvernement Rocard, mené avec succès une mission de réconciliation. Grâce à Gérard Cureau, Jean-Pierre Chevènement tire son épingle du jeu : une fuite opportune dans la presse torpille le « processus de Matignon », auquel est allergique le ministre de l'Intérieur.

Avec son conseiller maçon, Jean-Louis Debré, le ministre de l'Intérieur de Chirac entre 1995 et 1997, aura lui aussi la main heureuse puisqu'il choisira un membre de la Grande Loge nationale française (GLNF) qui deviendra le président de la fraternelle des policiers. « Le ministre de l'Intérieur est responsable des cultes, il est normal qu'il ait un conseiller en charge de la franc-maçonnerie, en général maçon lui-même », remarque sobrement Alain Bauer. Effectivement, depuis la IVe République, pas un seul ministre de l'Intérieur, à l'exception de Paul Quilès, n'a dérogé à la règle. Tout en s'entourant de quelques précautions. « Un ministre de l'Intérieur a intérêt à ne pas mettre trop de maçons dans son cabinet pour éviter qu'ils se concurrencent entre eux », souligne un ancien conseiller de Jean-Pierre Chevènement[1].

Si les ministres socialistes piochent volontiers au Grand Orient, la principale obédience de gauche, ceux de droite préfèrent puiser du côté de la GLNF. Gaston Defferre avait fait de son cabinet une loge bis du GO. Charles Pasqua, lui, s'était entouré de frères de la GLNF, hormis un ex-Grand Maître du Grand Orient, le capitaine Philippe Guglielmi, promu par la suite Vénérable d'honneur de la loge Pasquale-Paoli qui regroupe une partie de la diaspora corse à Paris.

Pour ne pas s'attirer les foudres du Grand Architecte, Nicolas Sarkozy a, quant à lui, pris soin de nommer dans son cabinet quelques frères rapportés de son fief des Hauts-de-Seine et de

1. Entretien du 8 juillet 2005.

multiplier les petits gestes à l'égard des francs-maçons. Lorsqu'il était à Bercy, son directeur de cabinet, Claude Guéant, ne s'est-il pas fendu d'une lettre au GO expliquant la marche à suivre pour payer le minimum d'impôts dans une histoire immobilière[1] ? Depuis son retour Place Beauvau, Sarkozy chouchoute Alain Bauer. Le ministre de l'Intérieur pense peut-être qu'il est plus facile de s'assurer de la neutralité du Grand Orient que de la Grande Loge où règne le trente-troisième degré Philippe Massoni...

L'inénarrable Philippe Massoni

L'actuel conseiller pour la sécurité de Jacques Chirac affiche un parcours fulgurant aussi bien dans la franc-maçonnerie que dans la police. C'est en 1997, quand il est préfet de police, que Massoni, alias « Bouddha », décroche le grade le plus élevé de la franc-maçonnerie, celui de Grand Inspecteur général du Suprême Conseil de France, le marchepied avant de passer Souverain grand commandeur. Son « parrain » n'est autre que Raymond Sasia, l'ancien garde du corps du général de Gaulle. Sasia, le grand manitou des réseaux gaullistes dans la police, dirige le club de l'Étoile, l'école de tir de la Police nationale. Un lieu d'influence où se côtoient beaucoup de hauts gradés de la maison Poulaga.

Philippe Massoni a su utiliser la franc-maçonnerie pour tirer son épingle du jeu en des moments particulièrement compliqués de la vie politique. Ainsi, entre 1986 et 1988, Bouddha, qui est à la fois directeur adjoint de cabinet à l'Intérieur et patron des RG, se retrouve en première ligne dans le combat féroce qui oppose le Premier ministre Chirac au président Mitterrand. Quand celui-ci re-signe pour sept ans à l'Élysée, Massoni ne tombe pas en disgrâce : il est élevé au rang de préfet. À un journaliste qui lui demande si cela ne l'embête pas, en tant que

1. « Quand la maçonnerie s'effondre », *Libération*, 22 septembre 2005.

« fils de la lumière », d'avoir été nommé préfet de l'Aube, Massoni aura cette formule délicieuse qui est restée dans les annales de la préfectorale : « Mieux vaut être préfet de l'aube que préfet du crépuscule »...

Bouddha sortira également sans égratignures de la deuxième cohabitation. En pleine guerre Balladur-Chirac, après avoir été pendant quelques semaines le directeur de cabinet de Pasqua, il décroche la timbale de la Préfecture de police de Paris où il va rester huit ans – un record. Une nomination avalisée par François Mitterrand. Il est vrai que Massoni a les faveurs du frère Michel Charasse. Le conseiller du président, qui a la haute main sur les nominations des hauts fonctionnaires, l'avait déjà fait préfet du Puy-de-Dôme, sa région d'élection.

Est-ce à l'ombre des temples maçonniques que Philippe Massoni a peaufiné son génie de l'intrigue ? Jusqu'au départ de Mitterrand, le chemin de l'Élysée est aussi familier à Bouddha que celui de la Place Beauvau. Tout comme il le restera avec un Lionel Jospin Premier ministre du président Chirac. Sans la franc-maçonnerie, la graine Massoni n'aurait peut-être pas poussé aussi haut. Même si ce jeune commissaire entré aux RG de la Préfecture de police de Paris en 1962, s'est fait très vite remarquer pour son efficacité dans la chasse aux gauchistes. Au point d'avoir été nommé en 1978 le plus jeune contrôleur général de France, à quarante-deux ans.

Les maçons de la Préfecture de police

La seule fois où Massoni s'est fait blackbouler, c'était en mai 2005, lorsque Dominique de Villepin a quitté la Place Beauvau pour Matignon. Poussé par Chirac, Bouddha se serait alors bien vu secrétaire d'État délégué à la Sécurité aux côtés de Nicolas Sarkozy. Mais il était hors de question pour Sarkozy de se retrouver dans la situation d'un Pasqua en 1986 à qui Chirac, Premier ministre, avait collé Robert Pandraud afin de le surveiller.

La Préfecture de police est une pépinière pour les francs-maçons. « Jusque dans les années 1970, deux préfets de police sur trois sont maçons », indique Roger Dachez, qui a publié un ouvrage sur l'histoire de la maçonnerie[1]. Ce qui peut aider dans les relations avec la mairie de Paris, elle-même bastion de la franc-maçonnerie. « Chez les commissaires et les officiers de la préfecture, le poids de la franc-maçonnerie est énorme, reconnaît cet ancien patron de la PJ parisienne. Un commissaire sur trois est maçon[2]. » Au 36, quai des Orfèvres, le siège de la PJ parisienne, il est fréquent que les patrons portent le tablier, avec un faible pour la GLNF, qu'ils appellent aussi loge « Bineau » pour bien marquer la différence avec sa cousine, la Grande Loge de France ou GL, moins marquée à droite. La plupart des grands flics qui ont gouverné le 36 ont les « trois points » en commun. L'autre fief de la franc-maçonnerie à la préfecture, c'est la police urbaine de proximité, la PUP, qui a la main sur tous les commissariats de quartier. Une direction créée par deux maçons, Philippe Massoni, alors préfet de police, et Éric Le Douaron, aujourd'hui numéro 1 de la police aux frontières.

La franc-maçonnerie, une tradition au ministère

Si la franc-maçonnerie a fait son nid Place Beauvau, c'est parce que la République a fermé les yeux, voire encouragé « l'infiltration ». La IIIe République donne le la, les rouages clefs de l'appareil d'État doivent être confiés à des mains sûres attachées aux valeurs républicaines. Les candidats sont tout trouvés : les francs-maçons. Un signe qui ne trompe pas : sous la IIIe, un ministre de l'Intérieur ne peut être que franc-maçon. « Dans la police, la maçonnisation a commencé pendant l'affaire Dreyfus dans la crainte d'un complot militaire contre la

1. Roger Dachez, *Histoire de la franc-maçonnerie française*, Paris, PUF, coll. Que sais-je ?, 2003.
2. Entretien du 23 juin 2005.

République », rappelle Roger Dachez. Par la suite, la franc-maçonnerie va insuffler des valeurs démocratiques dans une institution qui n'en raffole pas.

Le code de déontologie de la Police nationale sorti en mars 1986 du ministère de l'Intérieur a quasiment été dicté par les frères de la FASP, tout comme la décision prise par Pierre Joxe d'afficher dans les commissariats la Déclaration des droits de l'homme. « En mai 1968, si on a pu éviter les débordements et faire du zéro mort, c'est notamment parce que les officiers maçons qui encadraient les CRS faisaient le tour des compagnies pour calmer les esprits », assure Roger Dachez.

Rue Nélaton, au siège parisien du contre-espionnage, les frères sont nombreux, et ce n'est pas uniquement par goût du secret. Au sortir de la guerre, la DST a été créée avec les francs-maçons de la Résistance. Une marque originelle encore ultra-visible. De son côté, la franc-maçonnerie a laissé entrer dans ses loges des policiers dont elle savait pertinemment que certains venaient pour jouer les indics. « Entre 1968 et 1980, l'infiltration des obédiences maçonniques par la police a été très importante », souligne Alain Bauer. Traumatisé par la poussée de fièvre contestataire qu'il n'avait pas vue venir, le pouvoir, devenu un brin paranoïaque, a remis le paquet sur la surveillance politique et donc cherché à savoir ce qui se disait dans les loges.

L'infiltration la plus réussie reste celle de Michel Baroin. Grand Maître du GO en 1977, il a poussé la porte de l'obédience dix-huit ans plus tôt, comme jeune commissaire des RG envoyé en service commandé[1]. Une ascension fulgurante qui, avant d'être brisée net par un accident d'avion, l'a conduit à la tête de la GMF, la puissante mutuelle des fonctionnaires.

Entre Michel Baroin et Philippe Massoni, les relations n'ont jamais été fraternelles. Au point qu'aujourd'hui encore, le fils Baroin, actuel ministre de l'Outre-Mer et protégé de Chirac, évite quand il se rend à l'Élysée de croiser l'ex-rival de son

1. Jean-Émile Vié, *Mémoires d'un directeur des Renseignements généraux*, Paris, Albin Michel, 1988.

père, actuel conseiller pour la sécurité du président de la République. Si vous interrogez le responsable de l'Institut maçonnique de France sur la « taupe » Baroin, il vous répondra : « Nous ne redoutons plus d'être infiltrés par la police, puisqu'elle est chez nous. »

L'entraide franc-maçonne

Les francs-maçons de la police se font-ils la courte échelle pour autant ? Clotilde Valter, qui planche au PS sur les questions de police, en est convaincue. Il suffit de l'écouter raconter son expérience de conseillère à Matignon pour les affaires de sécurité : « Le poids de la franc-maçonnerie est écrasant, je n'ai jamais vu ça. Nulle part ailleurs. Jamais à un tel niveau[1]. » Une opinion partagée par un ancien de l'équipe de Daniel Vaillant. « La franc-maçonnerie est partout au ministère de l'Intérieur, à tous les étages et dans tous les bureaux. Son influence est réelle sur les carrières. On le sent dans les coups de fil au cabinet du ministre pour les nominations[2]. » Et ce même conseiller politique de décrire la manière dont il a vu fonctionner l'ascenseur maçonnique : « On me disait : "Untel a de bonnes relations, il sera respecté, reconnu..." Je ne comprenais pas toujours pourquoi, et j'apprenais plus tard que le type en question était franc-maçon. Mais tout se passe en douceur. On ne se heurte jamais aux frères, on fonctionne avec. »

Un policier franc-maçon qui a fait partie du cabinet d'un récent ministre de l'Intérieur se souvient lui aussi avoir reçu, à peine arrivé, des dizaines de demandes d'intervention de la part de « frangins ». Au cabinet de Charles Pasqua, les choses étaient très claires. C'était le frère Daniel Léandri, brigadier de son état et main gauche du patron, qui s'occupait à la fois des affaires sensibles et des avancements. Depuis son bureau Place Beauvau Claude Guéant, l'actuel directeur de cabinet de

1. Entretien du 9 février 2005.
2. Entretien du 31 mai 2005.

Nicolas Sarkozy, observe, imperturbable, l'activité des frères. « L'appartenance à la franc-maçonnerie se manifeste dans le soutien apporté ou dans les nominations, mais ce n'est pas un problème si vous avez au final la personne compétente au bon poste[1]. »

Face aux accusations de copinage, les francs-maçons évoquent la rancœur des « retoqués ». « Quand un poste vous passe sous le nez parce qu'il y a plus compétent que vous, le dernier argument qui vous reste pour sauver la face est l'appartenance maçonnique », explique un commissaire de la préfecture, membre de la Grande Loge depuis plus de vingt ans. Comme le souligne Alain Bauer, « si un franc-maçon a le choix entre deux personnes aussi compétentes, il choisira le franc-maçon, mais c'est valable pour tous les réseaux, qu'il s'agisse des anciens de l'ENA ou de Polytechnique. »

Les fraternelles

Tirer les ficelles en coulisses pour les promotions est justement le principal reproche fait aux fraternelles, ces associations loi 1901 qui regroupent par profession des francs-maçons appartenant à toutes les obédiences. Place Beauvau, c'est le Club La Reynie qui alimente les fantasmes. Cette fraternelle, baptisée du nom du premier lieutenant général de police de Paris sous Louis XIV annonce la couleur dans ses statuts : le Club La Reynie « a pour but l'entraide de ses membres, l'établissement et le maintien de liens professionnels et sociaux entre eux ».

Le Groupement fraternel du ministère de l'Intérieur, comme on l'appelle aussi, a comme il se doit son clone à la Préfecture de police de Paris. « Beaucoup de policiers fréquentent les fraternelles pour la gamelle », accuse Alain Bauer, qui rêve de faire disparaître ce qu'il considère comme des lieux de perdition

1. Entretien du 1er août 2005.

de la franc-maçonnerie. Et le grand maître des questions policières d'assener : « Il s'agit plus d'endroits de connivence et d'intervention sur les carrières que d'espaces de débats sur le rôle de la police républicaine. »

Une chose est sûre, les anciens présidents des fraternelles de la police – qui acceptent de vous parler à la condition expresse de taire leur nom – vous jurent n'avoir jamais eu le pouvoir qu'on leur prête. Tel cet ancien patron du Club La Reynie, quand celui-ci comptait un millier de membres. « On m'imaginait très puissant, on m'a accusé de tirer les ficelles et de posséder des documents auxquels j'aurais eu accès grâce à mes contacts maçons. Cela a mystifié un temps certains ministres de l'Intérieur qui m'ont invité à déjeuner jusqu'à ce qu'ils se rendent compte que ma fraternelle ne pesait pas vraiment, les directeurs maçons n'en faisant pas partie afin de ne pas se dévoiler aux yeux de leurs troupes. On m'a mis des bâtons dans les roues car il existe aussi un sentiment anti-franc-maçon. Quand j'ai voulu devenir préfet, mon nom disparaissait chaque fois de la liste. » Et de conclure : « L'appartenance maçonnique est souvent utilisée dans les luttes de pouvoir. Dans un tract, on épingle la "philosophie" d'Untel, pour faire comprendre que c'est un "franc-mac"[1]. »

Ce qui n'a pas empêché l'ancien président du Club La Reynie de faire une brillante carrière dans des cabinets ministériels. Un de ses successeurs à la tête du Club a lui aussi transformé l'essai en passant de la sphère des commissaires à la stratosphère des préfets. Bien plus que les fraternelles, certaines loges qui tapent dans le haut du panier de la hiérarchie policière peuvent vite devenir des lieux d'intrigues. C'est par exemple le cas de la loge Atlas à la GLNF ou des loges Spinoza et Silence à la GL qui sont peuplées de contrôleurs et d'inspecteurs généraux de la police.

1. Entretien du 27 mai 2005.

Le syndrome des Envahisseurs

Dans la police, dès que l'on occupe une position d'influence, on est forcément franc-maçon aux yeux des collègues. C'est le syndrome des *Envahisseurs*, du nom de cette série télé américaine des années 1960, dont le héros David Vincent est le seul à pouvoir repérer des extra-terrestres qui, dissimulés sous une forme humaine, complotent pour prendre le pouvoir sur la planète. « Bruno Beschizza, c'est obligé qu'il soit franc-maçon. » C'est ce que vous répond la plupart des adhérents de Synergie Officiers quand vous abordez le sujet. « Depuis que je suis à la tête de Synergie, je reçois beaucoup de lettres marquées des trois points ou qui se terminent par "fraternellement" et certains me serrent bizarrement la main lorsqu'ils me disent bonjour[1] », raconte en souriant l'intéressé, jeune patron de l'un des principaux syndicats d'officiers, qui pourtant n'a jamais mis un pied dans une loge. Bruno Beschizza dénote en effet dans le paysage syndical policier farci de maçons. Lors des congrès des grands syndicats de gardiens et gradés, il n'est pas rare de voir les frères converger vers une salle à part pour discuter entre eux des motions ou du choix du futur secrétaire général. « Pratiquement tous les leaders syndicaux sont francs-maçons, reconnaît Roger Dachez, tout en expliquant qu'en mettant de côté les clivages politiques, l'appartenance maçonnique permet d'aboutir plus facilement à un accord. Une situation qui accrédite l'idée chez les profanes d'un réseau de décisions occulte. »

Un pont entre deux rives

Dans la police, le lien maçonnique est aussi un pont solide jeté entre deux pouvoirs parallèles, celui de l'administration et celui des syndicats. « J'ai vu lors de discussions des rapprochements

1. Entretien du 16 juin 2005.

s'opérer par ce seul lien entre des gens que tout opposait et qui finissaient par conclure des accords au-delà de ce qui était possible politiquement. Des copains francs-maçons prendre des engagements qui faisaient voler en éclats des amitiés syndicales ou politiques[1] », témoigne un officier, non frère, membre du bureau national d'un syndicat étiqueté à gauche. Au quotidien aussi, la franc-maçonnerie met de l'huile dans les rouages. Un officier des RG, délégué syndical en province, explique : « Si tu es responsable syndical maçon et que le commissaire divisionnaire avec qui tu dois négocier est aussi frangin, les choses ne se passent pas de la même façon que si tu as un profane en face de toi. »

Affaires et franc-maçonnerie

Si les policiers sont attirés par les lumières des temples comme les lucioles par les lanternes, ce n'est pas toujours pour le seul idéal maçonnique. L'épidémie des affaires qui a contaminé les années 1990 a drainé son lot de flics maçons. C'est avec un ex-brigadier maçon qui a gardé le contact avec son ancienne maison, Francis Poullain, que démarre le scandale du financement des HLM des Hauts-de-Seine. Et lorsque des scellés de la fameuse affaire Elf se volatilisent rue du Château-des-Rentiers, au siège de la Direction des affaires économiques et financières, les regards se tournent aussitôt vers un policier maçon, sans que rien puisse au final être prouvé contre lui. Toujours dans l'affaire Elf, la justice soupçonne le maçon du GO, Alfred Sirven, d'avoir bénéficié de complicités au sein de la police pour protéger sa fuite à l'étranger. Un commandant de police, lui aussi franc-maçon, se retrouve dans le collimateur. Ce policier chargé des relations internationales, notamment avec les Philippines où Sirven sera arrêté en février 2001, fréquente la loge Spinoza de la GL qui, malheureuse coïncidence, est également celle de l'avocat d'Alfred Sirven. Entendu à sa

1. Entretien du 9 avril 2005.

demande par le directeur général de la Police nationale, le flic « frangin », par ailleurs président du Club La Reynie, sera blanchi.

C'est encore par l'intermédiaire d'un commissaire franc-maçon que le ministre de l'Intérieur Charles Pasqua fait remettre en 1986 un vrai-faux passeport au frère Yves Chalier, en échange de ses confessions sur l'ancien ministre socialiste de la Coopération Christian Nucci, maçon appartenant à la même loge que lui et dont Chalier était chef de cabinet.

Plus récemment à Lille, en 2000, c'est le frère « Roger la Banane » qui a causé des ennuis au patron du service régional de police judiciaire, lui-même maçon. Le commissaire a été entendu par la police des polices qui voulait connaître la nature de ses relations avec cet entrepreneur immobilier, Roger Dupré de son vrai nom, impliqué dans une affaire de corruption. Mais aucune preuve concernant un coup de main fraternel du patron du SRPJ envers Roger la Banane n'a jamais été apportée. Quant au jeune commissaire qui avait pris à cœur l'enquête, il a été muté sans préavis à Limoges[1].

Quand on l'interroge sur les francs-maçons de la police qui apparaissent dans des « affaires », Alain Bauer, qui a sorti l'année dernière un livre au vitriol intitulé *Le Crépuscule des frères*[2], répond sans hésiter : « Dans la demi-douzaine d'affaires que je connais où sont mêlés des policiers maçons, je n'ai pas trouvé de réseaux structurés, mais des individus qui rendent service, sont récompensés en échange et, à force, finissent corrompus. Dans un seul cas le policier a agi dans le cadre de sa fonction au sein de la franc-maçonnerie. »

En l'occurrence, il s'agit d'un grand porte-glaive de la GLNF, sorte de procureur de la franc-maçonnerie. Ce gardien de la paix de la PAF s'est fait épingler par le tonitruant magistrat Éric de Montgolfier parti en croisade contre les filières maçonniques niçoises, au motif qu'il avait interrogé six cents fois en 1999 les fichiers de police pour sélectionner les candidats maçons

1. Sophie Coignard, *La Vendetta française*, Paris, Albin Michel, 2003.
2. Paris, La Table ronde, 2005.

de son obédience[1]. « Le lien de fraternité peut déraper si l'on considère que l'on entre en franc-maçonnerie non pas pour des valeurs, mais pour se partager le gâteau, reconnaît Rogez Dachez. Dans les années 1980, celles des années fric, beaucoup d'affairistes se sont dit : "La franc-maçonnerie va nous permettre de doper nos réseaux." C'est le moment qu'a choisi la Grande Loge de France – qui voulait se faire aussi grosse que le GO – pour ouvrir toutes grandes ses portes. »

En vingt ans, vingt mille nouveaux frères arrivent dans les temples de la GL. Aujourd'hui, l'obédience affiche trente mille adhérents contre quarante-sept mille chez sa rivale. « Pour arriver à ses fins, la Grande Loge a baissé la qualité du recrutement en favorisant des critères économiques tels que le compte en banque et le carnet d'adresses, regrette le président de l'institut maçonnique. Les cotisations y sont ainsi deux fois plus élevées que dans les autres loges. » Résultat : dans les temples de la GL, les hauts fonctionnaires de la police surreprésentés fréquentent banquiers, entrepreneurs, avocats... Un cocktail explosif, particulièrement dans les loges du Sud-Est de la France qui, comme le souligne Alain Bauer, « pèsent 10 % des effectifs pour 90 % des affaires. »

Pour chasser du Temple les brebis galeuses, la franc-maçonnerie a enclenché la machine à radier. Soixante-quinze frères ont été bannis du Grand Orient, et près de cinq cents, selon Roger Dachez, de la Grande Loge de France. Comme certains exclus avaient retrouvé un tablier en allant toquer chez le voisin, les neuf obédiences ont décidé de mettre leurs radiés dans un fichier commun. Loin des regards indiscrets, la justice maçonnique fonctionne à plein régime. Il faut dire que lorsque ça tourne au poulet au vinaigre entre frères, on préfère généralement régler l'affaire en famille. « On statue chaque année sur des histoires que ne voit pas passer la justice », indique l'ancien Grand Maître du GO. Mais quand on est un haut grade de la maçonnerie et qu'on veut régler ses comptes, on n'a pas forcément besoin de saisir la justice des frères.

1. « Francs-maçons, les nouveaux réseaux », *Le Point*, 12 décembre 2001.

Accointances maçonniques

Le frère et commissaire divisionnaire Philippe Venere, aujourd'hui à la retraite, se rappelle la façon dont il a soudain vu la porte de la GLNF lui claquer au nez. « Un jour, mon Vénérable, un jeune sous-préfet énarque, m'a demandé les larmes aux yeux de ne plus mettre les pieds dans le Temple. Il avait reçu instruction de ne plus m'accueillir. En fait, continue Philippe Venere, qui nous reçoit dans la pizzeria de sa femme boulevard des Batignolles, les hautes instances maçonniques de la PP avaient fait passer le message à un haut gradé de la loge[1]. » Le motif invoqué par celui qui est alors préfet de police est la suspension du commissaire Philippe Venere. En janvier 1994, Philippe Venere est en effet victime d'un « chantier », un coup monté dans le jargon policier : il se retrouve accusé de « complicité de vol à main armée ». Mis à l'index pendant deux ans et demi, il sera finalement blanchi et réhabilité en mai 1996. Pour le commissaire maçon, ses ennuis remontent au début des années 1990 lorsqu'il s'est entêté sur une enquête mettant en cause la régie immobilière de la Ville de Paris...

D'habitude, les francs-maçons policiers sont plutôt prompts à réagir lorsqu'ils entendent l'un des leurs lancer le SOS maçonnique : « À moi les fils de la veuve. » Confronté à des ennuis professionnels, le flic maçon trouvera plus facilement dans la hiérarchie policière un « avocat » pour plaider sa cause et des juges pour l'examiner avec bienveillance. En créant une relation de proximité immédiate, la franc-maçonnerie dynamite les barrières hiérarchiques particulièrement hautes dans l'institution policière. « Imaginez la stupéfaction du gardien de la paix qui arrive pour la première fois dans une loge dans laquelle se trouve un commissaire de police, et qui voit celui-ci l'accueillir d'un chaleureux . je suis très heureux que tu sois parmi nous », s'amuse Roger Dachez.

Chez les policiers, la franc-maçonnerie peut aussi faire office

1. Entretien du 15 novembre 2005.

de soupape pour baisser la pression dans la cocotte minute. « Je suis devenu maçon comme beaucoup de flics parce que j'avais besoin d'évacuer mon mal-être, de m'extraire du quotidien des malfrats et des victimes », confie un officier de la police judiciaire parisienne. En franc-maçonnerie, les grades sont abolis au profit des « degrés maçonniques » que le frère ne gravit qu'après un long cheminement initiatique.

Quelle est l'influence réelle de la franc-maçonnerie dans la police ? Quand vous abordez le sujet avec des policiers, il y a ceux qui vous racontent l'organisation de comploteurs en cagoule qui tirent les ficelles à la façon de *Tintin et les Cigares du Pharaon*, et ceux qui vous parlent d'un club de joueur de boules. En fait, dans la maison Poulaga, archi-cloisonnée, l'appartenance maçonnique est comme la crème pâtissière qui lie les couches de pâte feuilletée dans un millefeuille. Vous appartenez à la PP ou au ministère, au 36 ou à la PUP, à la DST ou aux RG, là-dessus vous rajoutez le clan des gardiens de la paix, des officiers, la caste des commissaires, contrôleurs et inspecteurs généraux, celle plus select des directeurs, ceux qui ont gagné la casquette de préfet, sans oublier les clivages droite-gauche... La franc-maçonnerie permet d'interconnecter tous ces réseaux qui se superposent sans jamais vraiment se mélanger. « Dans la police, le pouvoir c'est l'information. Grâce à la franc-maçonnerie, vous abattez les murs pour la faire circuler[1] », résume un commissaire de la Préfecture de police de Paris.

D'où la tentation pour certains de transformer l'appartenance maçonnique en machine de guerre politique. Afin de constituer ses propres réseaux, le maçon en « sommeil » Pierre Joxe a massivement recruté parmi les frères. Qu'il s'agisse de son directeur de cabinet puis DGPN François Roussely ou de Patrice Bergougnoux. Cet ex-capitaine de CRS, et ex-DGPN devenu préfet après avoir dirigé la police, mobilise aujourd'hui, en vue de la bataille des présidentielles, les policiers du Grand Orient pour le compte du frère François Rebsamen, l'un des

1. Entretien du 23 août 2005.

lieutenants de François Hollande au PS. Comme « coupe-jarret », Bergougnoux peut compter sur le frère Joaquin Masanet. En face, le Souverain grand inspecteur général du trente-troisième degré, Philippe Massoni, a quant à lui rallié sous la bannière de Dominique de Villepin les policiers de la Grande Loge qui n'ont pas fait allégeance à Sarkozy...

7

Comment on manipule les journalistes

Cela fait seize ans qu'il vient travailler tous les matins au ministère de l'Intérieur. Charles Sicurani n'est pas policier mais journaliste. Dans son bureau situé salle Telmon, tout près de celui du ministre, le correspondant permanent de l'Agence France-Presse (AFP) Place Beauvau travaille en compagnie de six policiers, chargés de la revue de presse du ministre. Mais attention, pas de méprise : il ne faut voir là, selon l'intéressé, aucune espèce de surveillance. Bien au contraire, « Sinécurani », comme on l'appelle Place Beauvau, vit sa promiscuité avec les policiers comme un avantage. « Cela me permet de glaner parfois des infos grâce aux discussions que j'ai avec eux et puis, en cas d'absence, ils peuvent répondre à mon téléphone[1] », explique Charles Sicurani, qui nous a donné rendez-vous dans un café à deux pas de la Place Beauvau.

Le journaliste, la cinquantaine grisonnante, ne compte plus les scoops glanés en déambulant dans les couloirs du ministère. Il suffit parfois qu'il se rende à la machine à café pour que « l'info tombe ». C'est ainsi qu'il a croisé le préfet de Corse Yves Bonnet, convoqué chez le ministre Jean-Pierre Chevènement, après l'incendie par des gendarmes de la paillote Chez Francis[2]. « Tous les journalistes l'attendaient devant la grille

1. Entretien du 24 juin 2005.
2. Lire à ce sujet le chapitre « Le roi Roger ».

principale, il est passé par-derrière. J'ai tout balancé sur le fil de l'AFP », précise-t-il.

Que la principale agence de presse du pays, celle qui donne le la à toutes les rédactions, ait un correspondant à demeure Place Beauvau, à côté du bureau du ministre de l'Intérieur, est une situation sans équivalent en démocratie. Le correspondant de l'AFP, lui, assure que cela ne menace pas sa liberté d'informer : « J'ai l'habitude de dire que je travaille à côté du pouvoir, mais pour autant je ne bosse pas avec le pouvoir. Il m'arrive même de travailler contre. » Et de donner un exemple : « J'ai écrit que le Groupe islamiste algérien avait menacé par courrier le président Jacques Chirac d'un bain de sang s'il ne se convertissait pas à l'islam. » Pour sortir cette information, le correspondant de l'AFP n'a pas rédigé sa dépêche Place Beauvau. « J'ai pris un bus, je me suis rendu à l'AFP et j'ai écrit le papier sans mes initiales. »

Mais le journaliste reconnaît aussi avoir dû parfois donner des gages de loyauté à l'institution policière. Le 13 mai 1993, Human Bomb prend en otages les enfants de l'école maternelle de Neuilly-sur-Seine. Parmi eux, le fils de l'attaché de presse de la Place Beauvau. Sicurani l'apprend, mais s'engage à garder le silence. « Comment le preneur d'otages aurait-il réagi s'il l'avait su ? » explique-t-il. Certes. Mais le journaliste de l'AFP va beaucoup plus loin. Lorsque ses confrères l'appellent pour avoir confirmation de la rumeur qui s'est répandue dans les salles de rédaction, il les désinforme : « J'ai vérifié, c'est faux. » Après l'intervention du RAID, Sicurani reçoit un coup de téléphone de l'attaché de presse, qui le remercie. « Cela a par la suite favorisé mon travail », reconnaît-il.

Parmi tous les journalistes qui traitent des affaires de police, Charles Sicurani est celui qui rencontre le plus souvent le ministre de l'Intérieur. En moyenne trois fois par semaine. « Forcément, cela crée des liens avec le ministre et son cabinet », commente-t-il. Lorsque par exemple Charles Pasqua, de retour Place Beauvau, invite ses homologues de l'Union européenne pour discuter de la coopération policière, Sicurani qui assiste à la conférence de presse veut en savoir plus à propos de l'accord qui a été trouvé sur Europol, l'embryon de police européenne. Pasqua répond à côté. Par trois fois le journaliste revient à la charge, sans succès. Le ministre feint de se vexer et clôt la conférence de presse. Le journaliste de l'AFP n'est pas dans son bureau depuis cinq minutes que le téléphone sonne. C'est Charles Pasqua qui le convoque. Charles Sicurani s'attend au pire. « Quand j'arrive, Pasqua, très décontracté, me dit : "Vous êtes devenu idiot ou quoi ? Vous n'avez pas compris que je vous réservais l'exclusivité de l'information ?" »

Une autre fois, c'est Jean-Pierre Chevènement qui souhaite lui renvoyer l'ascenseur. En août 2000, il a décidé de remettre sa démission au Premier ministre, Lionel Jospin, avec lequel il s'écharpe depuis des mois sur la question corse. C'est jour de repos pour Charles Sicurani. Il est chez lui, à Corbeil-Essonne, près de Paris, quand le cabinet du ministre l'appelle de toute urgence : « Jean-Pierre Chevènement a quelque chose d'important à vous déclarer. » Le journaliste rentre en quatrième vitesse Place Beauvau.

Chevènement va lui faire cadeau de son testament politique : une heure et demie d'interview pendant laquelle il explique avec force détails les raisons de son départ. Le ministre pose une seule condition au journaliste de l'AFP : « Ne rien sortir avant qu'il ait apporté sa démission au Premier ministre. » Quarante-huit heures plus tard, quand Jean-Pierre Chevènement claque officiellement la porte du ministère de l'Intérieur, l'interview tombe sur les télescripteurs.

Quoi qu'il en soit, Sicurani se sent libre. « Jamais un flic n'est venu me demander de relire mes articles avant leur sortie. » Mais à rebours, comment les policiers pourraient-ils imaginer que le correspondant de l'AFP puisse « se griller » auprès de ses contacts ? La Place Beauvau a une confiance absolue en son hôte. « Bien qu'il soit au courant de tout, Charles a toujours attendu le feu vert de l'Intérieur pour sortir une info », explique un haut responsable policier toujours en activité Place Beauvau[1].

1. Entretien du 12 juillet 2005.

Sicurani espère pouvoir rester Place Beauvau jusqu'à la présidentielle de 2007, même s'il a conscience d'être l'un des derniers représentants d'une catégorie de journalistes qui a presque disparu.

Jusqu'à la fin des années 1960, tous les grands journaux – *L'Aurore*, *France-Soir*, *Le Figaro*, *Le Parisien libéré* – avaient leur correspondant Place Beauvau. L'AFP, à elle seule, en comptait trois : deux journalistes pour les affaires de police et un troisième pour les questions de politique.

La Préfecture de police de Paris a longtemps fonctionné de façon identique. Deux ou trois journalistes étaient « domiciliés » au mythique 36 quai des Orfèvres, fief de la police judiciaire parisienne. « Ils étaient extrêmement gentils mais tout aussi inopérants, se souvient un grand reporter. Ils vivaient en osmose avec les flics, mangeaient et sortaient avec eux. »

Aujourd'hui, contrairement à son homologue de la Place Beauvau, le journaliste de l'AFP accrédité à la PP ne dispose plus de bureau au « 36 ». Il s'est fait renvoyer en 1983 suite à une « trahison » : il a sorti une information sans y être autorisé...

Presse-police : une relation donnant-donnant

La présence de ces journalistes au cœur de l'appareil policier, avec les risques d'instrumentalisation, traduit toute l'ambiguïté des relations entre médias et police. La Place Beauvau distille les nouvelles à une petite cour de journalistes triés sur le volet, qui en retour font plus de la communication que de l'information. Paradoxalement, plus le journaliste spécialisé police a accès à des informations, plus il a du mal à les sortir. « Je tais 50 % des infos », reconnaît Sicurani. Difficile en effet de se fâcher avec l'institution ou de se couper de ses sources. « Chaque fois que tu décides de balancer une info brûlante, tu te grilles avec une partie de tes interlocuteurs, explique Thierry Oberlé, longtemps chargé de la rubrique police au *Figaro*[1]. Et

1. Entretien du 21 mars 2005.

d'ajouter : « À la fin, il ne m'en restait plus que deux ou trois. » Dans tous les cas, le rapport entre la police et la presse repose sur l'intérêt mutuel. « Tu es en permanence dans le donnant-donnant, voire la manipulation réciproque. »

Le cas Plenel

Le cas d'Edwy Plenel, l'ancien directeur de la rédaction du *Monde*, illustre toute l'ambiguïté des relations entre l'institution policière et les médias. Affecté à la rubrique police au début des années 1980, Plenel se lie d'amitié avec Bernard Deleplace, patron du puissant syndicat policier de gauche, la FASP, qui est à l'époque tellement influent Place Beauvau qu'on le surnomme le « ministre de l'Intérieur bis ». Dans ses pages, Edwy Plenel publie de longues interviews de Deleplace, rédige ses discours et co-écrit même ses mémoires.

Cette proximité lui ouvre des portes dans l'institution. Claude Allègre, l'ancien ministre de l'Éducation nationale sous Jospin, va jusqu'à affirmer que le journaliste aurait pesé sur la nomination du DGPN : « Edwy Plenel m'a appelé un jour au téléphone pour me dire sur un ton menaçant que si Jospin ne nommait pas Patrice Bergougnoux directeur de la Police nationale, ce serait coûteux pour lui[1]. » Ce que réfutent vigoureusement les deux intéressés[2].

L'affaire AZF

« Les rapports qu'entretient le ministère de l'Intérieur avec la presse n'ont pas d'équivalent dans le monde[3] », constate Philippe Barret, l'ancien conseiller police de Jean-Pierre Chevènement.

1. Pierre Péan et Philippe Cohen, *La Face cachée du Monde*, Paris, Mille et Une Nuits, 2003.
2. Entretiens du 11 et du 26 janvier 2006.
3. Entretien du 15 février 2005.

Fin février 2002, une information circule dans les rédactions : un groupe terroriste baptisé « AZF » a placé des bombes sur le réseau ferré français, qu'il menace de faire exploser si une rançon ne lui est pas remise dans les plus brefs délais. *Le Parisien*, *Paris-Match* et *RTL* sont sur le point de sortir l'info. C'est alors que les journalistes reçoivent un coup de fil du directeur de cabinet de Nicolas Sarkozy. Claude Guéant en appelle à leur sens civique, et, surtout, propose à chacun contre son silence l'exclusivité de l'arrestation des terroristes[1]. Comme malgré tout de plus en plus de journaux sont sur les rangs, notamment *La Dépêche du Midi*, le ministère de l'Intérieur rédige à l'intention des principaux médias un communiqué expliquant que la police « tente d'établir des contacts avec le groupe AZF » tout en demandant à la presse d'être discrète afin de ne pas gêner ces contacts. Une première dans l'histoire de la presse française puisque l'on peut y lire : « Il serait préférable qu'aucune information ne soit rendue publique avant le dénouement de l'affaire[2]. »

L'Intérieur aurait souhaité, plutôt que de faxer le communiqué depuis sa salle de presse, pouvoir le mettre sur le fil de l'AFP. Mais l'agence a refusé de jouer les auxiliaires de police.

Un seul journal désobéit : *La Dépêche du Midi*, et ce, malgré les pressions de la Place Beauvau. Ayant appris que le quotidien régional s'apprête à sortir l'info, le directeur de cabinet de Nicolas Sarkozy téléphone tour à tour, dans la nuit du 2 au 3 mars, au rédacteur en chef du journal, Jean-Christophe Giesbert, et à son P-DG, Jean-Michel Baylet. « On ne prend pas d'ordres de la Place Beauvau », rétorque ce dernier. Le matin, *La Dépêche* titre en une : « Menace sur toute la ligne ». L'information est désormais publique. Mais, quinze jours durant, le ministère de l'Intérieur aura réussi à rendre silencieuse la presse.

1. Élise Galland et Romain Icard, *Suzy contre mon gros loup*, Paris, Privé, 2005.
2. « Note aux rédactions », 2 mars 2004.

Manipulations

Le 10 mars 1994, une manifestation à Paris dégénère. Des commerces sont saccagés. Le préfet de police Philippe Massoni veut retrouver et arrêter les fauteurs de troubles au plus vite. Quelques jours plus tard, tous les commissariats d'Île-de-France reçoivent des photos des « casseurs ». Au total, seize clichés, avec zoom sur les visages, sont placardés dans les commissariats pour « identification ». Mais, stupéfaction, il apparaît que deux des photos qui figurent sur ces avis de recherche appartiennent à l'agence Gamma. Ce qui suscite immédiatement la colère de nombreux photographes et le lancement d'une pétition : « Journalistes, nous refusons d'être des auxiliaires de police. L'information, pas la délation. » Le rédacteur en chef de Gamma, Didier Constant, se fend d'une lettre à Philippe Massoni, dans laquelle il proteste « contre l'utilisation non autorisée des photos de cette manifestation ».

Comment des photos de presse, avant même d'être publiées dans les journaux, se sont retrouvées affichées dans tous les commissariats de Paris et sa banlieue ? Pour Gamma, la préfecture de police a détourné des photos qui étaient destinées à *Liaisons*, le journal interne de la PP, avec lequel l'agence collabore régulièrement. La version de l'institution policière est tout autre. Une enquête interne conclut qu'un « correspondant de Gamma » aurait transmis sous le manteau, mais à titre gracieux, « cinq ou six clichés » à la section presse des RG de la Préfecture de police de Paris. Officiellement, « pour déterminer leur profil sociologique ». Deux des photos de Gamma « auraient ensuite glissé par maladresse dans le paquet remis au cabinet du préfet », qui contenait l'ensemble des clichés réalisés par la police elle-même pendant la manifestation.

Onze ans plus tard, le sous-préfet Gérard Dubois, en charge de la communication à la Préfecture de police de Paris, jusqu'à ce qu'il soit débarqué par Nicolas Sarkozy, nous explique qu'il ne s'agissait pas d'une maladresse mais bien d'une

« manipulation » des RG. Selon lui[1], le préfet de police, Philippe Massoni, aurait demandé au directeur des RG de la préfecture, Claude Bardon à l'époque, des « photos de casseurs en action ». Ce dont la police ne disposait pas. « Claude Bardon ne se démonte pas. Il fait le tour des agences photo et récupère des clichés. Quand il les apporte au préfet, celui-ci le félicite pour son travail. »

Sauf que le jour où les photos sont distribuées dans tous les commissariats, un grand magazine publie les mêmes dans un reportage. Pris la main dans le sac, le patron des renseignements généraux de la Préfecture de police (RGPP) aurait joué, selon Gérard Dubois, l'image de son service contre la Préfecture de police. « Quelques jours auparavant, j'avais demandé à Gamma une sélection de photos pour notre magazine *Liaisons*. Bardon s'est servi de ça pour faire croire que c'était le service presse de la PP qui avait fourni les clichés. »

La section communication des RG

La France est l'un des rares pays à posséder un service de renseignements dont l'une des branches traite spécialement des médias. Officiellement, la section presse des RG n'existe plus depuis dix ans. Suite aux révélations en 1995 du *Canard enchaîné* sur l'espionnage par les RGPP d'une réunion des éléphants du PS[2], elle a été rebaptisée « section communication » puis récemment « cellule communication », mais elle œuvre toujours au quatrième étage de l'immeuble réservé aux RG Place Beauvau. C'est ici, dans une aile sombre du bâtiment au parquet grinçant et aux tapisseries surannées, que la cellule communication s'efforce de connaître avant tout le monde ce que les journaux vont imprimer, ce qui va se dire à la radio ou à la télé et les livres à paraître. En tout, treize fonctionnaires qui reçoivent leurs ordres directement du cabinet du directeur

1. Entretien du 28 mai 2005.
2. Voir le chapitre « Les RG : une police politique ».

central des RG. D'un côté, il y a la « cellule lecture », chargée d'éplucher la presse et les livres récupérés directement via des contacts dans les imprimeries. Elle tourne avec quatre fonctionnaires, qui se relaient en binôme sept jours sur sept. C'est elle qui se met à la tâche dès 4 heures du matin pour fabriquer la revue de presse du directeur. Dès qu'une nouvelle signature apparaît au bas d'un article « gênant », la « section analyses » prend le relais et fait une fiche sur le papier et sur le journaliste. Ses cinq policiers qui travaillent chacun sur un secteur se sont tous constitué un réseau d'informateurs. Le RG en charge de l'édition ne manque ni le Salon du Livre ni les remises de prix littéraires. De même, il prend soin de faxer aux attachées de presse des maisons d'édition, avant même qu'ils soient en kiosque, les articles de journaux consacrés aux livres dont elles ont la charge, et de s'enquérir en retour du calendrier ou du contenu des livres sensibles à paraître.

Comme le souligne l'ancien conseiller police de Chevènement, « aucun parlementaire n'a jamais posé la moindre question sur le fonctionnement de la section communication des RG. Sa raison d'être officielle est de fournir au ministre une revue de presse des journaux du lendemain. Sa véritable vocation est de contrôler les médias », assure Philippe Barret. Quitte, une fois les épreuves de tel livre « sensible » récupérées à l'imprimerie, à organiser dans la presse des fuites savamment dosées pour désamorcer l'impact de certaines informations. Une mésaventure arrivée au juge d'instruction Éric Halphen, à la sortie, en 2002, de son livre *Sept ans de solitude*.

« Yves », c'est ainsi qu'il nous a demandé de le nommer, a travaillé près de dix ans à la section presse des RG. Ce policier d'une quarantaine d'années, à l'allure sportive, raconte[1] : « Au début des années 1990, on avait environ cinquante mille fiches pour l'édition et les médias dont une grosse partie concernait les journalistes travaillant pour la presse étrangère. Rien que pour *Le Figaro* et ses magazines, on en comptait trois cents »,

1. Entretien du 27 mai 2005.

précise l'ancien policier, rencontré un matin au bar d'un hôtel du 9e arrondissement de Paris.

Et Yves d'expliquer comment fonctionnait la cellule enquêtes, à laquelle il a appartenu plusieurs années. Une petite quinzaine de journalistes considérés comme « sources à problèmes » étaient surveillés en permanence par ladite cellule composée de cinq fonctionnaires, dont l'un spécifiquement chargé de la presse internationale. La section effectuait en moyenne deux enquêtes par semaine, sur ordre du patron. Avec à chaque fois la même consigne : « Démerdez-vous, je ne veux rien savoir. » « On ne nous donnait jamais la raison de l'enquête, mais au fil du temps on arrivait à décrypter : un article qui n'a pas plu à tel ministre, une nouvelle signature qui inquiète, un pigiste qui s'est mis sur un sujet sensible... »

Les policiers de la cellule enquête fonctionnent alors en binôme. « Notre travail consistait à fouiller le passé du journaliste, à éplucher son patrimoine, sa vie privée... » Pourquoi une telle dépense d'énergie ? « Il s'agissait le plus souvent de trouver des moyens de pression, pour empêcher le cas échéant la sortie d'un article, explique Philippe Barret. Savoir que tel journaliste est homosexuel a longtemps été considéré comme un atout. Aujourd'hui, on le tient si on apprend qu'il s'est fait prendre avec de la cocaïne sur lui. » Pour moissonner les infos, tout est permis ou presque. « On faisait des écoutes sauvages, on volait du courrier, on pénétrait dans les domiciles, on faisait de faux cambriolages... », détaille l'ancien RG.

« Chez Basile de Koch, le frère de Karl Zéro, nous avons récupéré les clefs qu'il avait laissées à la concierge durant son absence et nous avons monté une fontaine. » En clair, une visite discrète du domicile. « Les rapports les plus sensibles finissaient dans le coffre du directeur », explique encore le policier. Quand un propriétaire de journal gênait, les RG mettaient le paquet. « Le groupe Hersant a eu droit dans les années 1980 à une enquête approfondie qui a généré trois pavés de documents détaillant ses sources de financement, ses réseaux... »

Aujourd'hui, le groupe enquêtes de la Direction centrale des renseignements généraux (DCRG) aligne encore une quinzaine de fonctionnaires. Ces vieux de la vieille, qui ont bourlingué dans tous les services de « la Centrale », travaillent à la demande pour le cabinet du directeur ou les différentes sections des RG, essentiellement en écumant les fichiers des administrations.

DCRG contre RGPP

« Dès que l'on apprenait par une indiscrétion que les RGPP travaillaient sur un journaliste, on s'y intéressait aussi », confie encore Yves qui a pris part des années durant à cette course aux renseignements sur fond de « concurrence féroce » entre la section presse de la DCRG et son alter ego à la Préfecture de police.

Dans le camp d'en face justement, un commissaire des RGPP se souvient de ce journaliste du *Monde*, en poste à la rubrique étranger, qui trois mois durant a mobilisé deux fonctionnaires du service. Une surveillance déclenchée par un article trop bien informé sur la diplomatie arabe. À sa lecture, le président François Mitterrand pique une colère. Une fonctionnaire du secrétariat général de l'Élysée est aussitôt soupçonnée d'avoir transmis les informations et les RG ont pour mission de découvrir si elle connaît le journaliste du *Monde*. Celui-ci est « filoché » 24 heures sur 24. D'abord sans résultat. Enfin, un soir, l'un des fonctionnaires appelle son chef de service : « Patron, on a gagné. » Lors d'un cocktail à deux pas du quai de l'Horloge, les deux policiers ont vu le journaliste embrasser la fonctionnaire. Ils ont fait immortaliser la scène par un photographe de presse auprès duquel ils ont ensuite récupéré le cliché. « J'ai ramené la photo au préfet de police qui m'a félicité[1] », nous explique, plutôt content de ce fait d'armes, le commissaire qui, depuis, a quitté les RGPP.

1. Entretien du 15 juillet 2005.

Yves Bertrand et les journalistes

Pour tenir les médias, le plus efficace est encore de les alimenter en informations. L'une des activités des RG est d'instaurer avec quelques journalistes bien ciblés une relation suffisamment cordiale pour qu'elle débouche naturellement sur un échange mutuel de renseignements. Quel journaliste repéré parce qu'il traite d'affaires sensibles n'a pas reçu un jour le coup de fil d'un fonctionnaire des RG presse qui se proposait de le rencontrer ? Si le journaliste coopère, il augmente ses chances de pouvoir « balancer » des scoops avant ses confrères. Le RG, lui, en profite pour butiner, mine de rien, des renseignements sur la vie du journal et les sujets à paraître. De retour à son QG, il va consigner dans une note tout ce qu'il a appris.

Pour tous les patrons des renseignements généraux, la section qui s'occupe des journalistes est une mine d'or parce qu'elle les approvisionne en pépites, dont on raffole au cabinet du ministre. Celui qui a le mieux exploité le filon c'est Yves Bertrand. Le directeur central des RG de 1992 à 2004 ne s'est pas contenté de surveiller les médias, il a aussi été le principal informateur de nombreux journalistes d'investigation.

C'était soit vers midi soit vers 19 heures, dans son grand bureau, qu'Yves Bertrand les recevait pour converser autour d'un verre de whisky. « Il commençait par te demander des détails sur des affaires parues dans la presse. Ensuite, c'était à ton tour de l'interroger[1] », raconte un journaliste qui a tenu pendant une dizaine d'années la rubrique police d'un grand quotidien. « Parfois, il me parlait de dossiers dans lesquels je ne connaissais pas la moitié des noms cités. Pour ne pas avoir l'air idiot, je faisais semblant d'être au parfum. » Les conversations se poursuivaient le plus souvent autour d'un déjeuner au restaurant Le Berkeley, au rond-point des Champs-Élysées. « Là, il te passait au crible, notait tout sur la nappe en papier du resto qu'il arrachait en partant. Tu finissais pressé comme un citron »,

1. Entretien du 21 mars 2005.

raconte un autre journaliste, passé par le service investigation d'un grand hebdomadaire.

« Pressé comme un citron », mais jamais bredouille. Presque à chaque fois, le journaliste repart avec la matière pour un article détaillé sur telle affaire, voire un scoop. « Quand je venais, raconte-t-il, Bertrand m'installait dans une pièce fermée avec les dossiers et m'autorisait à prendre les notes que je voulais. Si, par la suite, le journal était attaqué, Bertrand me fournissait la photocopie des documents. Petit à petit, Yves Bertrand était pratiquement devenu mon seul contact dans la police. » Le directeur des RG se prenait aussi pour un rédacteur en chef. « Parfois Bertrand te disait de travailler sur tel ou tel sujet et il te donnait les PV pour démarrer. Il allait aussi jusqu'à mettre en concurrence les titres en donnant son scoop à celui qui accordait le plus de place à son info », affirme le même journaliste.

Quand on demande à Yves Bertrand s'il a instrumentalisé des journalistes au cours de sa carrière, l'ancien patron des RG, qui nous a reçus dans son bureau à l'Inspection générale de l'administration Place Beauvau, jure qu'il n'a « jamais manipulé un seul d'entre eux ». Selon lui, il s'agissait plutôt d'un échange d'informations. « J'ai toujours eu de bonnes relations avec les journalistes. Je n'ai rien inventé. Mes prédécesseurs Jacques Fournet et Philippe Massoni travaillaient déjà avec eux. Il faut bien, de temps en temps, échanger des infos. »

Alors, exagéré, le rôle d'Yves Bertrand ? « Tout ce que l'on dit sur Yves Bertrand est vrai », affirme l'ex-conseiller police Philippe Barret. Recevoir les journalistes, les mettre dans sa poche, c'était sa vie. « J'ai vu un grand reporter devenir en quelques mois son obligé. Il s'est quasiment mis à écrire sous sa dictée[1]. » C'est grâce à ce savoir-faire que Bertrand s'est rendu indispensable auprès des sept ministres de l'Intérieur qu'il a servis. L'un de ses anciens adjoints se souvient, admiratif, l'avoir vu, le même jour, « bloquer dans un hebdomadaire un article ennuyeux pour l'un de ses amis politiques, et faire la

1. Entretien du 15 février 2005.

une d'un quotidien avec une affaire qui embarrassait le clan politique adverse ».

L'ancien patron des RG s'est servi de ses relations privilégiées avec certains journalistes pour abattre en plein vol le commissaire principal Patrick Rougelet. En 1995, ce dernier décide avec trois autres policiers d'avertir Matignon de ce qu'il considère être des dérives du service. Le dossier destiné au Premier ministre d'alors, Alain Juppé, est intercepté suite à un « malentendu » par le préfet Jean-Michel Roulet, chargé des affaires de police à Matignon. Et surtout ami d'Yves Bertrand depuis vingt ans. Au lieu d'atterrir sur le bureau du Premier ministre, le rapport se retrouve sur celui du patron des RG.

La riposte est fulgurante. Une semaine plus tard, la police des polices perquisitionne le bureau du commissaire Rougelet. Les bœufs-carottes y découvrent un dossier sur Yves Bertrand, avec notamment son patrimoine immobilier. « En fait, des relevés d'hypothèques, c'est-à-dire des documents publics[1] », précise Patrick Rougelet que nous avons rencontré au café Le Sarah Bernhardt, l'un des QG des RG, à deux pas de la préfecture de police de Paris.

Aussitôt suspendus de leurs fonctions, Rougelet et les deux autres fonctionnaires voient se déclencher contre eux une violente campagne de presse. On les accuse d'avoir monté des dossiers contre leur hiérarchie pour tenter de les monnayer à la presse. Patrick Rougelet est carrément présenté comme un trafiquant de voitures avec les pays de l'Est, également mêlé à des « barbouzeries » sanglantes en Afrique. *Le Figaro* du 25 octobre 1995 titre : « La brigade des coups bas » puis, le 27, « La valse des Ripoux ». Le 26 octobre, *Paris Match* annonce : « Des drôles de flics montaient des dossiers contre leurs chefs ».

En juin 1996, Patrick Rougelet a gagné les dix procès qu'il avait intentés contre les auteurs des articles de l'époque. Aux audiences, les journalistes ont déclaré que les informations qui figuraient dans leurs papiers leur avaient été données par des

1. Entretiens du 9 avril et du 26 mai 2005.

fonctionnaires des RG évoluant « dans l'entourage d'Yves Bertrand ».

L'un de ces journalistes nous a raconté comment précisément les choses s'étaient passées. « J'ai enfoncé Patrick Rougelet et les deux autres policiers pratiquement sous la dictée de Bertrand. En échange, j'ai obtenu plus tard un énorme scoop. C'était du non-dit. Avec Bertrand, c'était toujours comme ça[1]. » Le scoop en question ? « L'affaire Mouillot ». En juillet 1996, le maire de Cannes, Michel Mouillot, est soupçonné d'avoir perçu des pots-de-vin de la part de dirigeants de deux casinos. « J'ai eu accès à tout le dossier. Et j'ai sorti mon article qui a fait la une du journal, le matin même où Mouillot était arrêté. C'était environ un mois après que Rougelet a gagné tous ses procès contre les médias. Après tout ça, j'ai décidé de ne plus suivre les affaires de police. Ça me dégoûtait. »

Après avoir été révoqué le 28 février 1996, Patrick Rougelet s'est vengé en publiant *RG : la machine à scandales*[2], où il relate par le menu le fonctionnement des RG sous Bertrand. L'ex-commissaire à la silhouette balzacienne et au verbe truculent nous a aussi avoué avoir largement contribué en tant que conseiller à *Bertrand Story*, un feuilleton au vitriol qu'on a pu lire des années durant sur le site Internet « L'Investigateur ». « Bertrand avait fait interdire la lecture de *Bertrand Story* aux membres de son service, mais ils se sont bien gardés de lui obéir. Ils se sont mis à le lire comme on le fait d'un samizdat. Pour moi, c'est une belle revanche. » Le visage d'Yves Bertrand se ferme dès que l'on évoque le nom de l'ancien commissaire des RG. « Rougelet était coupable, il a été condamné », coupe-t-il, sèchement. *Bertrand Story* ? « C'est un tissu de mensonges. Si je n'ai pas porté plainte, c'est pour éviter de lui faire de la publicité. »

Un autre journaliste police au *Canard enchaîné*, André Rougeot, fréquentait lui aussi assidûment Yves Bertrand, qu'il tutoyait. Sa carrière s'est arrêtée net en 1997 quand il a publié

1. Entretien du 21 mars 2005.
2. Paris, Albin Michel, 1997.

un livre intitulé *L'Affaire Yann Piat, des assassins au cœur du pouvoir.* Il accusait, sans la moindre preuve, deux hommes politiques cachés sous les pseudonymes de l'Encornet et de Trottinette, d'avoir commandité l'assassinat de la députée du Var Yann Piat. François Léotard, l'un des deux hommes politiques visés – l'autre est Jean-Claude Gaudin –, publie dans *Le Monde*, le 8 octobre 1997, une tribune intitulée « Le ministère de la boue » dans laquelle il pointe du doigt les « officines spécialisées » et un « service administratif », en l'occurrence les RG, dont il avait demandé la suppression.

Lourdement condamné, André Rougeot a quitté *Le Canard enchaîné* pour se retirer à la campagne. Devant le tribunal, il a sollicité en vain le témoignage d'Yves Bertrand. « Rougeot n'a pas été instrumentalisé, son histoire était rocambolesque », nous a affirmé Yves Bertrand, qui dit n'avoir jamais été consulté sur cette enquête par le journaliste. L'ancien DCRG aurait découvert la « théorie » d'André Rougeot « à la télévision ». Et Bertrand de préciser d'un air entendu : « Il faudrait changer de service les flics et les journalistes qui font de l'investigation trop longtemps pour éviter que cela ne leur monte à la tête. » En 2004, Yves Bertrand a été prié de laisser la place. Son remplaçant, le préfet Pascal Mailhos, ne fréquente pas beaucoup les journalistes. La fin d'une époque ? Pas vraiment. La cellule communication des RG garde un œil attentif sur le travail des médias.

Les syndicats, l'autre source d'information

Le journaliste spécialisé police qui ne veut pas d'informations estampillées RG peut toujours frapper à la porte des syndicats de police[1]. Ces derniers ont compris qu'en nourrissant les journalistes, ils pouvaient se les mettre dans la poche et augmenter d'autant leur puissance de feu vis-à-vis de l'administration.

1. Voir aussi le chapitre « La mafia des syndicats ».

Aujourd'hui tous les syndicats de police, à l'exception de celui des commissaires, ont des « communicants » qui distillent des informations. Il est vrai qu'avec leur réseau d'adhérents, les syndicats brassent quantités de renseignements sur les enquêtes en cours et les petites histoires de la police. En retour, les syndicats policiers espèrent disposer de relais médiatiques bienveillants pour faire passer leurs messages. Afin de conserver leur crédit aux yeux des journalistes, il est arrivé que les « communicants » des syndicats en rajoutent. L'un d'entre eux nous a ainsi raconté comment, un soir, alors qu'il sirote une anisette à la terrasse d'un café, il reçoit un coup de téléphone d'un journaliste l'informant qu'un braqueur vient d'être interpellé. Le policier n'est pas au courant mais feint de l'être. Impossible de perdre la face, d'autant qu'il connaît par cœur le pedigree du truand. Le syndicaliste soutire habilement à son interlocuteur le maximum de détails sur les circonstances de l'arrestation. Des informations « inédites » qu'il va s'empresser de répercuter à d'autres journalistes depuis sa terrasse de café...

Cette surenchère à vouloir informer coûte que coûte le journaliste pour qu'il n'aille pas faire ses courses dans la crèmerie d'en face conduit parfois à des dérapages. Le vendredi 9 juillet 2004, Marie L. porte plainte au commissariat d'Aubervilliers, en région parisienne. La jeune femme affirme avoir été victime d'une agression antisémite dans un compartiment du RER D. Elle aurait été injuriée, battue, et ses vêtements lacérés, dans l'indifférence générale. L'AFP révèle l'affaire dès le lendemain et tous les médias embrayent. Mais, trois jours plus tard, on découvre que Marie L. a tout inventé. Gros malaise du monde politique et associatif qui était monté au créneau et nouveau coup porté à la crédibilité des médias.

Si la presse est tombée dans le panneau, c'est en partie parce que des syndicats ont confirmé la nouvelle de l'agression en y apportant force détails. Un journaliste se serait vu répondre par son interlocuteur au sein d'un syndicat de police : « La fille est béton, l'agression est confirmée par son petit copain. » Pourtant déjà, des incohérences et des invraisemblances dans les dépositions de Marie L. sautent aux yeux. Dans une dépêche AFP datée du mardi 13 juillet, le Syndicat national des officiers de police dénonce les déclarations de certains responsables syndicaux qui veulent se faire de la publicité et finissent par dire n'importe quoi. Le SNOP aurait pu tout aussi bien étriller le ministre de l'Intérieur, Dominique de Villepin, qui a réagi au quart de tour sur la seule foi du témoignage non recoupé de la victime qui remonte de la direction de la Police nationale. Du côté de l'institution policière, on est plutôt enclin à laisser faire parce que certains syndicats ont manifestement permis de faire sortir des infos qu'on ne peut pas balancer soi-même. Par exemple pour taper sur un autre ministère ou clouer le bec à une association dont les prises de position déplaisent. Si l'information sort par les syndicats, elle peut être tolérée.

Mais il est fortement déconseillé aux soutiers d'entrer eux-mêmes en contact avec les journalistes. Quand la maison Poulaga communique, c'est parce qu'elle l'a décidé. La direction de la PJ peut autoriser tel reportage sur ses coulisses pour contrer sur le front médiatique la sécurité publique qui vient lui tailler des croupières. Et le directeur général de la police peut avoir intérêt à vendre le travail de ses troupes afin de rendre moins visible celui de la gendarmerie. Pour médiatiser son action, le ministre de l'Intérieur, lui, va opportunément autoriser, en fonction de l'actualité politique, telle équipe de télé à suivre en direct une descente des Stups chez un dealer ou une intervention musclée de la brigade anti-criminalité dans une cité. Des scènes chocs filmées au plus près, caméra à l'épaule.

La police mise en scène

Un intérêt commun lie le ministère de l'Intérieur et certains programmes du petit écran. Place Beauvau, il s'agit de mettre en scène l'efficacité de la police. Pour les chaînes, c'est l'assurance d'engranger du spectaculaire pour faire grimper l'audience à moindre coût. Le problème, c'est que l'autorisation de filmer est la plupart du temps conditionnée par un droit de regard avant diffusion. Pour ne pas tarir le filon, les maisons de production qui font dans la « télé gyrophare » diffusent des programmes à la gloire de la police que ne renierait pas le service communication du ministère de l'Intérieur.

Des émissions comme « Appels d'urgence » sur TF1 sont spécialisées dans le reportage policier *in vivo*. Le 19 novembre 2002, à 6 heures du matin, l'appartement parisien du scénariste et réalisateur Philippe Barassat est perquisitionné par la police régionale des transports. Les fonctionnaires recherchent son compagnon, Jimmy F., soupçonné d'appartenir à un groupe de taggers, baptisé UV TPK, auquel la police reproche des dégradations, des vols et même une défenestration qui aurait été filmée sur une cassette vidéo.

Philippe Barassat, qui n'a rien à voir avec l'affaire, est tiré du lit dévêtu, sous l'œil d'une caméra. Le scénariste proteste contre la présence du caméraman, dont on lui dit qu'il est policier en lui précisant que les images sont destinées à un usage interne. Dans l'appartement, les policiers saisissent entre autres soixante-quatre cassettes vidéo non étiquetées parmi quelques centaines d'autres. Le couple est ensuite conduit dans les locaux de la police régionale des transports, située à la gare du Nord, où Jimmy F. est mis en garde à vue pendant que Philippe Barassat est interrogé en tant que témoin puis libéré. De retour chez lui, Barassat retrouve son appartement dévasté après la perquisition : papier peint arraché, livres détruits, matelas et oreillers éventrés... Finalement, Jimmy F. est libéré au bout de quarante-huit heures.

« Pendant la garde à vue, ils ont révélé à certains des taggers que mon ami Jimmy était homosexuel », explique Philippe Barassat[1]. Les cassettes saisies dans son appartement lui sont rendues dans la foulée.

Puis, au début de l'année 2003, les policiers chargés de l'enquête convoquent un ami tagger de Jimmy et lui font visionner, selon le témoin, des extraits des cassettes vidéo saisies dans l'appartement qui montrent des « images pornographiques de Jimmy F. habillé en femme avec d'autres personnes ».

1. Entretien du 26 novembre 2005.

En juin 2003, Philippe Barassat est appelé par une amie qui vient de le voir à la télévision, dans un reportage d'« Appels d'urgence » consacré à la traque d'un gang de tagueurs[1]. Non seulement l'immeuble et le domicile de Philippe Barassat sont parfaitement reconnaissables à l'écran, mais les images ne sont pas assez « floutées » pour empêcher qu'on le reconnaisse. Quant à son compagnon, Jimmy F., filmé de dos, son nom d'artiste, Dollar, est clairement prononcé à l'antenne. Pis, le reportage précise que les personnes interpellées sont passibles de vingt ans de prison. Par ailleurs, les cassettes vidéo du couple sont présentées comme des *snuff movies*, des vidéos montrant des scènes réelles de violences extrêmes. Le reportage est signé Gaël Leiblang, celui-là même qui a filmé la perquisition et qui, selon Philippe Barassat, lui a été présenté comme étant policier.

Choqué par de tels procédés, Philippe Barassat décide de réaliser un film pour raconter son histoire. « Plutôt que de porter plainte, je voulais faire un documentaire pour montrer les dérives médiatiques que peuvent entraîner les relations télé-police[2] », explique le réalisateur. Un projet qui va lui attirer de nouveaux ennuis. Il découvre ainsi que son assistante, par ailleurs élève à l'Institut de formation et d'enseignement des métiers de l'image et du son (Fémis), lui a subtilisé tous les rushes.

Le réalisateur porte plainte auprès du procureur de la République. Auditionnée par la police, l'assistante avoue sur procès-verbal avoir détruit les bandes d'enregistrement à la demande du directeur de la Fémis. Ce qui n'empêche pas la plainte d'être classée par le parquet de Paris. Obstiné, le réalisateur contacte alors Arnaud Montebourg. Le remuant député de Saône-et-Loire et ancien avocat saisit, le 25 mars 2004, la Commission nationale de déontologie de la sécurité. « Quels sont les textes réglementaires ou législatifs permettant à la Police nationale d'accepter de se prêter à une telle mise en scène ? » interroge

1. Reportage diffusé le 3 juin 2003 sur TF1.
2. Entretien du 22 novembre 2005.

le député socialiste dans son courrier à propos de la perquisition filmée dans l'appartement de Philippe Barassat.

Six mois plus tard, le président de la commission, Pierre Truche, se fend d'un courrier au député pour expliquer que « le traitement du dossier prend plus de temps que prévu ». Il évoque « plusieurs causes indépendantes de sa volonté » et « des informations imprécises transmises par Philippe Barassat ».

Le 17 novembre 2005, Philippe Barassat porte plainte contre X avec constitution de partie civile via son avocat Emmanuel Moyne pour « complicité de violation de domicile, violation du secret de l'instruction, complicité d'atteinte à la vie privée et dégradation de biens appartenant à autrui ». Son compagnon, Jimmy F., a porté plainte contre X pour « violation de domicile et complicité, violation du secret de l'instruction, atteinte à la vie privée ». Dans le dossier d'instruction sur le groupe de taggers UV-TPK figure un PV d'une page qui tient lieu d'autorisation pour la présence des caméras de télévision lors de la perquisition chez Philippe Barassat. On peut y lire : « En présence de M. Leiblang, cameraman dûment autorisé »...

8

La caste des commissaires

Ce mardi 4 mai 2004, le 36 s'est mis sur son trente et un. Le nouveau ministre de l'Intérieur, Dominique de Villepin, visite le 36 quai des Orfèvres, siège de la PJ parisienne. L'un des hiérarques de la Brigade des stupéfiants en profite pour présenter avec force détails au ministre et à sa suite la dernière saisie spectaculaire de ses services : 1,6 kilo d'« ice ». C'est la première fois que l'on découvre en France cette cocaïne du pauvre appelée aussi « crystal », qui fait des ravages aux États-Unis. Une information aussitôt reprise par les journalistes qui accompagnent Dominique de Villepin.

En découvrant ces images au journal télévisé de 20 heures, le directeur du laboratoire qui a reçu pour analyse des échantillons de la fameuse drogue tombe de sa chaise. Et pour cause : ce qui a été « vendu » au ministre comme une première n'en est pas une. Le prétendu crystal n'est ni plus ni moins que de la cocaïne. Une saisie banale pour un service comme la brigade des Stups.

Lorsque le cabinet de Dominique de Villepin apprend que le ministre s'est fait « rouler dans la farine », la réaction est immédiate : on exige la tête du commissaire. L'inverse du résultat escompté par celui qui pensait tenir la belle affaire. Celle qui vous donne un petit coup de pouce dans une carrière. La veille, ce dernier avait soigneusement préparé son discours au ministre, sans s'assurer auprès de ses troupes que la drogue saisie était bien de l'ice, comme il l'avait entendu dire. Au 36, la consigne est de refermer au plus vite le couvercle médiatique pour que la vérité ne s'ébruite pas. Et, comme il vaut mieux laver son linge sale en famille, la patronne de la PJ parisienne sauve la tête de ce commissaire des Stups. L'anecdote est révélatrice du malaise des mille neuf cents commissaires du pays qui, au fil des ans, se sont éloignés de leurs hommes et déconnectés du terrain.

La réforme du statut des commissaires

Les « tauliers », comme les policiers appellent les commissaires, n'ont plus rien à voir avec les grands flics des polars ou des séries télé. Navarro et Julie Lescaut sont devenus des « administrateurs publics », des gestionnaires qui pour la plupart ne mènent pas d'enquête.

La transformation remonte au 17 juin 2004. Date à laquelle la réforme dite des corps et carrières a enterré le commissaire d'antan en l'éloignant du terrain. Les commissaires appartiennent désormais au corps de « conception et de direction » avec un joli label en guise de faire-part de décès. Une réforme préparée de longue date[1] par un préfet, Claude Guéant, l'actuel directeur de cabinet de Nicolas Sarkozy, mais signée par Dominique de Villepin un mois après son arrivée Place Beauvau.

En préambule à notre entretien dans une grande brasserie, le commissaire divisionnaire Claude Guérin, tout en rondeurs, cheveux blancs et veste vert olive, a prévenu : « C'est la première fois que j'accepte de parler à des journalistes. Mais l'heure est grave. Le corps des commissaires vacille[2]. » Pour le secrétaire général du cercle des commissaires de police, sorte de Rotary Club de la profession, la réforme de 2004 a été un coup de poignard dans le dos.

« Nicolas Sarkozy n'avait pas voulu la signer car des commissaires des Hauts-de-Seine qu'il connaissait lui avaient fait

1. Voir à ce sujet le chapitre « La mafia des syndicats ».
2. Entretien du 1er mars 2005.

passer des notes, par-dessus la tête de Claude Guéant et du directeur général de la police Michel Gaudin. Mais lorsque Villepin est arrivé, l'administration lui a servi tout de suite la réforme en lui disant que les syndicats étaient d'accord. Ils ont été séduits par les avantages financiers qui allaient avec. » En clair, une revalorisation générale des salaires. Et Claude Guérin d'ajouter dans un soupir : « Les commissaires sont comme des enfants devant le sapin de Noël, ils ne voient que les cadeaux au pied de l'arbre. »

Résultat : le taulier d'aujourd'hui ressemble plus à un patron de PME qu'à un Rouletabille. C'est lui qui gère le budget de la boutique, le planning de travail, collecte les résultats d'enquêtes, rend compte à la hiérarchie, discute avec les magistrats, reçoit les syndicats policiers... Un agenda d'administratif qui laisse peu de temps pour « filocher » des dealers ou jouer au fin limier dans une enquête criminelle.

« Le métier de commissaire a changé », confirme Jean-Marie Salanova, l'actuel secrétaire général du SCHFPN, le syndicat des commissaires de police[1]. Et d'ajouter avec un léger accent toulousain : « Ça sert à quoi de fabriquer un patron si on ne lui confie pas le travail d'un patron ? » Aussitôt, il sort de sa poche une feuille et un stylo pour nous expliquer, schéma à l'appui : « Il ne s'agit plus de faire du saute dessus mais de diriger des services. Nous tenons la maison, nous n'avons pas à être sur le terrain, et les officiers eux-mêmes le seront de moins de moins au profit des gardiens de la paix. » Ces derniers sont d'ailleurs de plus en plus nombreux à intégrer les groupes d'enquête, au point que leurs syndicats imaginent déjà troquer le nom de gardiens de la paix pour celui d'« officiers de police judiciaire adjoints ».

1. Entretiens du 24 janvier et du 28 novembre 2005.

La nostalgie du terrain

Toujours est-il que cette évolution est mal vécue par les commissaires de PJ qui la ressentent comme un reniement. « La plupart des tauliers restent enfermés dans leur bureau. On les voit débarquer le jour de l'arrestation quand la prise est suffisamment grosse pour intéresser les médias. La seule chose qu'ils risquent, c'est une entorse au poignet à force de rédiger des rapports[1] ! » s'énerve Patrick Mauduit, cinquante-quatre ans, ancien chef de groupe à la PJ, aujourd'hui conseiller technique au syndicat Synergie Officiers.

Pour coller malgré tout à l'image d'Épinal du commissaire, certains en rajoutent lorsqu'ils descendent sur le terrain. « On a de plus en plus de problèmes avec les tauliers qui s'immiscent dans les opérations aux côtés de leurs commandants pour frimer. » Tel ce jeune commissaire du 36 qui, se croyant sans doute dans la série « Starsky & Hutch », a, lors d'une course poursuite, ouvert le feu de la main gauche tout en conduisant de la droite, à cent quarante kilomètres-heure... Dans un autre genre, un capitaine en poste à la PJ de Paris se souvient de ce « coup d'achat » raté à cause d'un commissaire. « Pour ferrer un dealer, on avait obtenu de l'administration 5 000 euros. Le taulier les a remis sans aucune précaution à l'indic qui devait jouer les appâts, et celui-ci en a profité pour filer à l'anglaise. » Résultat : les hommes du groupe ont dû aller voir la famille de l'indic pour faire comprendre qu'il valait mieux rendre l'argent. En décembre 2005, c'est le numéro 2 d'un service départemental de police judiciaire qui a failli compromettre l'arrestation d'un violeur en série, en voulant prendre l'enquête en main. Comme le violeur dérobait les téléphones portables de ses victimes, les policiers avaient demandé à SFR de localiser les puces volées afin de monter une souricière. C'était sans compter avec le commissaire qui a voulu s'occuper lui-même de la « géolocalisation » mais s'est emmêlé les pinceaux en manipulant le

1. Entretien du 21 juillet 2005.

logiciel. Croyant composer le numéro du technicien de SFR, il a contacté le violeur en se présentant. Heureusement, celui-ci n'a pas pensé un seul instant que son téléphone était sous surveillance et qu'il devait s'en débarrasser au plus vite. Il a juste fallu précipiter l'arrestation...

Des histoires sur les commissaires qui se piquent d'opérationnel et provoquent des catastrophes, les officiers de PJ adorent en raconter. Telle encore cette anecdote extravagante qui frôle la caricature. « Pendant une semaine, sept jours sur sept, on s'est relayé pour planquer autour d'une banque à Paris, qui d'après les infos du taulier devait se faire braquer », se rappelle un ancien de la 1re division de police judiciaire. Tout est passé au crible. Le domicile du directeur mis sous surveillance, les habitudes et les relations de chaque employé épluchées, les systèmes de protection de la banque regardés à la loupe... Comme cela ne donnait rien, les flics ont fini par questionner leur commissaire sur l'origine du tuyau. « Il nous a avoué qu'il avait fait un rêve dans lequel il voyait cette banque se faire braquer ! »

Un peu partout, les commissaires cèdent la main aux commandants. Ils sont déjà cent vingt et un commandants à diriger une circonscription de sécurité publique, dix à tenir les rênes d'une direction départementale des RG, et, à la police aux frontières, ce sont encore des commandants que l'on trouve à la tête de onze départements. Une situation qui satisfait pleinement l'artisan de la réforme de 1995, Claude Guéant. « Les commissaires ne sont pas destinés à être des exécutants mais des patrons, assure celui que l'on surnomme « Richelieu » dans les couloirs du ministère de l'Intérieur en raison de son art consommé de la diplomatie. Récemment, je déjeunais avec un ancien grand flic de la PJPP. Nous avons ri en évoquant une photo où on le voit déguisé en égoutier pour les besoins d'une enquête. Est-ce vraiment à un commissaire de faire lui-même les filatures ? D'autant qu'un bon commandant peut exécuter le travail à sa place et qu'il le fait souvent mieux[1]. » Le ministère

1. Entretien du 1er août 2005.

de l'Intérieur a d'ailleurs dans ses cartons un projet qui prévoit de verser automatiquement les commandants arrivés en haut de l'échelle dans le corps des commissaires. Un projet derrière lequel le SCHFPN voit la main des préfets qui, pour affaiblir le corps des commissaires, auraient passé une alliance de circonstance avec les officiers et déjà tracé un plan de bataille.

Ce n'est pas la sortie de Nicolas Sarkozy lors du congrès annuel du syndicat Synergie Officiers en décembre 2005, qui a rassuré les commissaires. À cette occasion, le ministre a annoncé qu'il souhaitait réunir sur un même site l'école des officiers et celle des commissaires. Pour beaucoup, le premier pas vers une fusion des deux corps. « L'enjeu est de calquer l'organisation de la police sur celle de la gendarmerie afin de pouvoir réunir les deux forces[1] », interprète un commissaire divisionnaire.

Préfets contre commissaires

Chahutés à la base par les commandants, les commissaires voient aussi leur pouvoir grignoté par le haut par les administrateurs civils tout droit sortis de l'ENA, et surtout par les préfets qui, dépouillés de leur pouvoir financier au profit des conseillers généraux, et privés d'une partie du manche pour cause de décentralisation, montent à l'assaut de la police.

Au sommet, les préfets tiennent la direction de l'administration de la police, le poste de DGPN et celui de directeur de cabinet du ministre qui, à deux exceptions près, leur est toujours revenu depuis 1981. Un tremplin qui propulse ensuite le plus souvent son titulaire préfet de région. Face au « packman » préfectoral, les commissaires bloquent l'accès aux directions réputées plus techniques, à commencer par celle de la PJ.

« La guerre entre les deux corps est plus forte que jamais[2] », souligne Olivier Renaudie, chercheur au Centre d'études en

1. Entretien du 20 décembre 2005.
2. Entretien du 20 janvier 2005.

sciences administratives (Cersa). L'une des nominations les plus mal vécues par les commissaires est celle de l'actuel patron des RG : l'un des leurs s'est fait souffler la place par un préfet. L'émotion a été telle que le puissant syndicat des commissaires a lancé une sorte de fatwa contre « l'usurpateur ». D'autant que ce dernier a poussé le blasphème jusqu'à nommer comme numéro 2 un sous-préfet. « Les commissaires lorgnent sur la préfectorale, mais un commissaire ne fait pas forcément un bon préfet », assène Claude Guéant.

Une chose est sûre, le corps des commissaires se réduit comme peau de chagrin. Ils ne seront plus que mille six cents en 2012 contre encore mille neuf cent cinquante en 2002[1]. Une fonte des effectifs vécue comme une perte de pouvoir. Du coup, les commissaires s'agrippent à la prestigieuse PJ. À Paris, la police judiciaire et son mythique 36 alignent pas moins de quatre-vingt-quinze commissaires contre quatre-vingts à la PUP dont l'effectif, avec treize mille cinq cents hommes, est près de huit fois supérieur. Les commissaires ont profité de la multiplication des offices. Chaque fois qu'un nouveau phénomène de délinquance apparaît, la direction de la PJ ouvre un office, avec à la clef un poste de patron pour un commissaire. Résultat : jusqu'à ce que la nouvelle directrice de la PJ, Martine Monteil, décide de faire marche arrière en 2005, on comptait une dizaine d'offices parmi lesquels des coquilles vides de moins de dix personnes...

Le Schtroumpf

Malgré la raréfaction des troupes, le « Schtroumpf », comme les commissaires appellent leur hégémonique syndicat, reste l'interlocuteur privilégié de l'administration. Ce qui fait dire aux autres syndicats que « le Schtroumpf est le porte-voix de la

1. Dans le même temps, le nombre d'officiers passera de quinze mille cinq cents à neuf mille, et celui des gardiens de la paix, de quatre-vingt-dix-huit mille à cent six mille

Place Beauvau ». Une accusation qui fait sortir de ses gonds Jean-Marie Salanova. « Quand je négocie avec l'administration, composée de commissaires et donc d'adhérents, cela ne m'empêche pas, en cas de blocage, d'engager un bras de fer. » Et le commissaire à la mise élégante d'admettre : « Notre syndicat est dans une position délicate, parce que nous représentons les patrons de la police. »

Le 21 novembre 2001, lorsque plus de vingt mille policiers descendent dans la rue pour crier leur ras-le-bol après la mort de deux gardiens de la paix lors d'un cambriolage sanglant en région parisienne[1], l'entourage du ministre de l'Intérieur socialiste, Daniel Vaillant, prend contact avec le Schtroumpf pour calmer le jeu. « Il fallait les faire revenir dans les bureaux », explique André-Michel Ventre, qui était alors secrétaire général du syndicat des commissaires. On était d'accord car on trouvait que la manifestation était un signe assez fort vis-à-vis du pouvoir, et surtout l'on craignait que celle prévue le lendemain par les syndicats de gardiens de la paix, ne fasse dans la surenchère. Le plus dur était de siffler la fin de la partie tout en restant crédibles. » Place de la Bastille, lieu d'arrivée de la manifestation, André-Michel Ventre monte à la tribune et lance : « Nous avons reconquis notre fierté. Pour la garder, il faut rentrer et réfléchir. » Mission réussie puisque les manifestants constitués pour l'essentiel de gardiens de la paix et de gradés se dispersent dans le calme. « Les esprits étaient chauffés à blanc. Je n'ai pas reçu d'ordre de Beauvau, mais j'ai senti qu'on ne pouvait pas laisser le mouvement sans pilote. Je ne voulais pas d'une marche policière sur l'Assemblée nationale. »

En 2001, justement, les commissaires voient leur salaire annuel moyen gonflé de 600 euros. Nouveau jackpot un peu moins de trois ans plus tard, cette fois pour les commissaires divisionnaires, contrôleurs et inspecteurs généraux, avec un gain de 1 300 euros. Et l'administration ayant obligeamment scié un barreau de l'échelle hiérarchique, celui de commissaire principal, le grade de divisionnaire et le salaire qui va avec se

1. C'était, on l'a vu, le 16 octobre 2001 au Plessis-Trévise, dans le Val-de-Marne.

font moins attendre. Comme l'indique Jean-Marie Salanova : « Aujourd'hui il faut en moyenne cinq ans, contre huit à douze auparavant. »

Occupé à tricoter le bas de laine de ses adhérents, le Schtroumpf n'a sans doute pas vu que la fonction de commissaire était en train de se dissoudre comme un sucre dans du café chaud. Mais si le pouvoir des commissaires s'effrite, leurs revenus augmentent. Un commissaire divisionnaire en fin de carrière perçoit, en additionnant primes, gratifications et autres indemnités, plus de 5 000 euros net par mois. « Les commissaires sont de moins en moins nombreux pour un budget qui ne bouge pas : ils ont donc un gâteau de plus en plus gros à se partager », persifle un préfet. Les commissaires de police font d'ailleurs partie des fonctionnaires qui ont connu la plus forte progression de leur pouvoir d'achat depuis dix ans.

S'y ajoutent encore pour certains, notamment les directeurs, des avantages en nature tels que la voiture avec chauffeur et parfois l'appartement de fonction. Ou encore, plus anecdotique, lorsque l'on est en poste à Paris, les séances de ciné à l'œil. Ce sont en effet des commissaires qui gèrent les autorisations de tournage dans la capitale, et les productions ont pris l'aimable habitude de leur distribuer des invitations aux avant-premières.

La seconde carrière des commissaires

Sans compter qu'après avoir quitté la police, beaucoup de commissaires entament une seconde carrière dans le privé. Trente ans d'expérience professionnelle, un épais carnet d'adresses et un réseau d'anciens collègues encore en place, sont des atouts qui leur permettent de se faire rapidement embaucher par de grandes entreprises pour s'occuper de sécurité, quand ils ne montent pas leur propre officine de conseil en sécurité ou d'intelligence économique. Des opportunités qui se sont multipliées avec l'explosion du marché de la sécurité privée en France qui compte aujourd'hui cent cinquante mille personnes pour plus de 5 milliards d'euros. Désormais, rares sont les commissaires qui partent tranquillement à la retraite sans faire un peu de « rabe » dans le privé.

Le plus souvent dans l'univers feutré des banques, comme cet ancien responsable de l'Office central de répression de la grande délinquance financière, cet ex-patron de la PAF ou encore cet ancien directeur de la PJ parisienne. Dans la très longue liste des « recasés », on trouve aussi un ex-responsable de la section économique et financière à la direction centrale des RG chez Gaz de France, un ancien directeur central de la sécurité publique passé dans le privé après avoir œuvré pour le Commissariat à l'énergie atomique, l'ex-chef de l'office central pour la répression du banditisme qui a monté une société de conseil en sécurité, tout comme l'ancien patron de la brigade financière qui a crée sa propre entreprise de veille économique. Et l'on ne compte plus les anciens de la DST, le service de contre-espionnage français, qui s'activent dans différents cabinets privés d'intelligence économique. En 2000, Jean-Pierre Chevènement, alors ministre de l'Intérieur, avait présenté un texte pour interdire l'embauche de policiers et de gendarmes par des sociétés privées de recherche et de renseignements moins de cinq ans après qu'ils ont quitté leur fonction. Cinq ans plus tard, le décret d'application n'a toujours pas vu le jour.

Les commissaires ne sont plus ce qu'ils étaient

Les officiers de la police judiciaire considèrent de plus en plus leurs commissaires comme une caste de technocrates qui répugne à mettre les mains dans le cambouis. À l'exception notable des commissaires des RG. « Les tauliers demandent qu'on leur ramène des affaires mais ils ne veulent pas savoir comment cela se passe derrière et ils ne sont jamais là quand il y a un problème[1] », dénonce un chef de groupe qui aligne vingt ans de PJ derrière lui.

Dans son bureau tout neuf du tribunal de grande instance de

1. Entretien du 15 décembre 2004.

Roanne dans le pays de Loire, Yves Dubuy, devenu juge d'application des peines après une carrière de policier notamment comme patron de la brigade d'intervention et de recherche de Marseille, ne mâche pas ses mots. « Je déteste la lâcheté de ces commissaires qui font faire à leurs hommes les sales besognes et les laissent tomber en cas de problème pour ne pas compromettre leur carrière. Le drame de la police, c'est que les commissaires qui connaissent les ficelles du métier sont de moins en moins nombreux[1]. » Lui, qui jure avoir toujours été proche de ses hommes, conclut, pessimiste : « Il existe aujourd'hui une vraie coupure entre les commissaires et les officiers. »

C'est surtout au 36 que le mythe du commissaire en a pris pour son grade. « Des chefs à l'ancienne, on n'en a quasiment plus, regrette un commandant en poste dans l'une des prestigieuses brigades. Avant, nos patrons faisaient leurs armes sur le terrain dès le début de leur carrière, ils partageaient les mêmes risques et ils connaissaient la boutique. Aujourd'hui, ce sont le plus souvent des carriéristes qui ne pensent qu'à remplir leurs grilles statistiques, à faire de la "bâtonnite"[2]. » Et l'officier de dénoncer ces « shootés du 4001 », du nom de la base informatique nationale qui comptabilise les crimes et délits. « Quand on leur apporte une bonne affaire, ils jouent des coudes pour se faire mousser, mais, à la moindre embrouille, c'est courage fuyons. » Les surnoms dont sont affublés certains commissaires en disent long sur l'estime que les troupes leur portent. Au 36, « Louis XIV » côtoie ainsi « Super-Yaca », « Jo la Balise », « le Serpent »...

Tel autre commissaire baptisé « la Fiote » doit ce sobriquet peu flatteur à son attitude lors d'une interpellation mouvementée. Certes, cela se passait il y a une dizaine d'années, mais les policiers ont bonne mémoire. Ce jour-là, des hommes de la PJ montent une opération dans un parking routier de la porte de Bagnolet pour arrêter en flagrant délit un gang de voleurs de voitures de luxe qu'ils surveillent depuis plusieurs semaines.

1 Entretien en juin 2005.
2 Entretien du 2 juin 2005.

Lors de l'intervention, ça « calibre » de partout, l'un des malfaiteurs se prend un coup de crosse qui lui ouvre le cuir chevelu. Le commissaire voit l'homme à terre, menotté, du sang sur le trottoir, il enfourche sa moto et part en trombe. De retour au siège de la PJ parisienne, ses hommes viennent le voir pour lui demander des explications. Il aurait avoué : « J'ai cru que c'était une bavure, j'ai eu peur pour ma carrière. »

Mais quand on évoque avec lui les manquements de certains commissaires, le secrétaire général du Schtroumpf se défend : « C'est toujours haro sur le commissaire car c'est lui qui représente la direction. Il n'a pas droit à l'erreur. Dans la police, la lutte des classes existe toujours[1]. »

Les grands flics

Bien entendu, il y a des grands flics pour lesquels les troupes sont prêtes à se mouiller, comme Frédéric Péchenard. L'actuel patron des Affaires économiques et financières dirigeait la brigade criminelle au moment de la « tuerie de Nanterre ». Le 28 mars 2002, à 10 h 20, Richard Durn, un jeune marginal qui a abattu la veille huit personnes au conseil municipal de Nanterre, se jette par un vasistas laissé ouvert depuis le quatrième étage du Quai des Orfèvres alors qu'il est entendu par deux OPJ. Frédéric Péchenard comprend qu'il ne s'agit pas d'une bavure et va voir ses hommes pour les rassurer. Mais, au journal de 13 heures, Daniel Vaillant promet des sanctions contre les policiers. Abasourdis par les propos du ministre, les officiers déclarent soutenir le chef de la crime qui, en prenant la défense de ses hommes auprès du directeur de la PJ, se retrouve dans le collimateur.

La rumeur selon laquelle Péchenard va sauter se répand dans les couloirs du 36. Le Schtroumpf ne monte pas au créneau. C'est le responsable de Synergie Officiers, Bruno Beschizza, qui appelle le préfet de police Jean-Paul Proust : « Le feu couve,

1. Entretien du 29 novembre 2005.

vous devriez venir. » Lorsque ce dernier sort du bureau du directeur de la PJ, avec lequel il vient de s'entretenir, tout le 36 est dans l'escalier, deux cents policiers l'observent, immobiles, de chaque côté du couloir. Le syndicaliste glisse alors à l'oreille du préfet : « Faites-leur comprendre que vous êtes avec eux. » Jean-Paul Proust s'arrête sur le palier et lance : « Messieurs, je viens de parler à votre directeur, vous avez mon soutien. »

Le soulagement est de courte durée, car il reste la menace brandie par le ministre de l'Intérieur en direct à la télé. Dans la soirée, le secrétaire général de Synergie prévient Jean-Paul Proust de la perspective d'une grève de la PJ si le chef de la brigade criminelle saute, et il en profite pour rappeler l'existence d'un rapport interne à la Préfecture de police que détient son syndicat, et qui met en cause la vétusté des locaux, notamment la sécurité des vasistas. Peu de temps après, le directeur de cabinet de Vaillant contacte le syndicat d'officiers pour indiquer qu'il serait gênant de voir sortir le rapport. La sanction promise ne tombera jamais.

À ceux qui s'étonnent du silence du Schtroumpf pendant cette crise, Jean-Marie Salanova fait valoir que son syndicat « a agi en coulisses. [...] Quand on représente les patrons, il vaut mieux négocier que partir le poing brandi pour régler un problème qui touche l'un de nos adhérents. » En 1987, le Schtroumpf s'était pourtant mobilisé de façon spectaculaire pour l'un des siens. Il s'agissait de « l'affaire Jobic », du nom de ce commissaire mis en examen et écroué pendant dix-sept jours pour proxénétisme aggravé, avant d'être totalement blanchi par la justice. Après la mise en garde à vue de celui qui était alors surnommé « le Petit Prince » pour ses débuts prometteurs dans la police, le Schtroumpf avait organisé une manifestation à laquelle cinq cents commissaires venus de toute la France avaient répondu présents. Un quart du corps. Du jamais vu.

Le recrutement des commissaires

Le désamour d'une partie des troupes pour leurs patrons s'explique entre autres par le mode de recrutement des commissaires. L'accueil des officiers est plus que réservé quand ils voient débarquer des premiers de la classe qui ne connaissent de la maison Poulaga que ce qu'ils ont lu dans leurs manuels de droit et entendu pendant deux ans sur les bancs de l'école de police de Saint-Cyr au Mont-d'Or dans la banlieue de Lyon. En fait, il existe une véritable fracture entre ceux qui sont entrés par la grande porte du concours externe, environ 50 % des troupes, et les autres qui ont passé le concours après avoir usé leurs guêtres comme officiers de police. « Le problème est que les commissaires qui sont passés par le concours externe n'ont pas la vocation police[1] », explique le criminologue et sociologue Frédéric Ocqueteau, chargé de recherches au CNRS. Beaucoup des futurs commissaires ont tenté Mont-d'Or comme plusieurs autres concours administratifs de catégorie A, tels que l'ENA. »

Il est vrai que compte tenu du nombre de candidats à se bousculer au portillon, le concours de commissaire de police est devenu aussi ardu que celui de l'École nationale d'administration. En 2005, ils étaient deux mille candidats commissaires pour seulement soixante-dix places ! La même année, afin de passer devant ses petits camarades, un attaché de police a carrément triché à l'épreuve écrite de culture générale avec la complicité d'un commissaire membre du jury. Le pot aux roses découvert, toutes les épreuves écrites ont été annulées et la police des polices a envoyé devant le conseil de discipline les deux fraudeurs.

« Une fois en poste, ces commissaires entrés par le concours externe se reposent sur les commandants. Ils leur délèguent l'opérationnel afin de se concentrer sur leur rôle de gestionnaires », ajoute Frédéric Ocqueteau, auteur de plusieurs études

1. Entretien du 14 décembre 2004.

de référence sur le monde de la police[1]. Tout l'inverse, selon le chercheur, des commissaires qui faisaient déjà partie de la boutique au moment de passer le concours. « La plupart de ces flics ont été moulés dans l'opérationnel. Ils comprennent leurs subordonnés, restent attentifs à leurs problèmes et ne leur font rien faire qu'ils ne feraient eux-mêmes. Ils ont une vision très anti-technocrate. Très proches du terrain, ils se vivent comme des chefs de meute. »

Et ces tauliers-là peuvent désobéir quand l'intérêt de leurs hommes le commande. « Jeune commissaire, je me suis retrouvé confronté à sept mille manifestants déchaînés qui protestaient contre la vague de licenciements qui venait de frapper leur usine. En face, je n'avais qu'une compagnie de CRS, raconte ce commissaire divisionnaire ancienne école, rencontré discrètement dans un café parisien où son chauffeur l'a déposé le temps de l'entretien. Avec soixante-dix-sept blessés, la situation était critique, il fallait charger pour se mettre à l'abri. J'ai demandé l'autorisation d'utiliser des grenades offensives, ce qui m'a été refusé. Ce jour-là, j'ai tout compris. Ne pas poser les mauvaises questions, agir d'abord. J'ai dit à mes hommes : "On éteint les radios." Si j'avais obéi, on se serait fait massacrer[2]. » Récemment, le sociologue Frédéric Ocqueteau a achevé pour le compte de l'Inhes une radioscopie du corps des commissaires de police[3]. Un travail qui « n'a pas vocation à être diffusé », précise-t-on à l'Inhes...

En 2002, le président des jurys des concours de commissaire de police Gilles Sanson s'est bien inquiété du profil des candidats recrutés. Ils ne sont pas « à la mesure de ce qu'on devrait en attendre », peut-on lire dans la note de dix pages signée par tous les membres du jury, qu'il a adressée au directeur de cabinet de Nicolas Sarkozy. Et l'ancien patron de la sécurité publique d'énumérer une série de faiblesses constatée par les examinateurs chez les futurs commissaires, comme leur origine

1. Notamment *Polices entre État et marché*, Paris, Presses de Sciences-Po, 2004.
2. Entretien du 10 mars 2004.
3. « Les commissaires de police en quête d'identité professionnelle », rapport Inhes-Cersa.

universitaire « de plus en plus fâcheusement stéréotypée », tout en précisant à propos des facultés de droit qu'elles exercent « un monopole dont les effets sont asséchants ». Avec pour conséquence, selon le président des jurys, le fait que « les candidats ont désormais tendance à tout apprécier à travers un unique prisme juridique ». La conclusion est cinglante : « Les commissaires, leur vanité dût-elle en souffrir, doivent accepter une remise en cause de la qualité de leur mode de sélection[1]. »

Mais cette note, qui avait fortement agacé le Schtroumpf, est restée dans les tiroirs de la Place Beauvau. L'administration police a vraisemblablement plus intérêt à favoriser des commissaires clonés à la faculté de droit, susceptibles d'appliquer les consignes, plutôt que des flics proches de leurs hommes qui ne s'en laissent pas conter. Pour contrebalancer cette dérive, le patron de la direction de la formation créée par Pierre Joxe en 1989 décide de frotter les élèves commissaires aux réalités du terrain. « Je les ai obligés à travailler comme gardiens de la paix pendant leur période de stage et le syndicat des commissaires l'a mal vécu[2] », explique Jean-Marc Erbès. Depuis, le Schtroumpf a obtenu que les commissaires portent un insigne qui les distingue des gardiens de la paix. « Cela n'a plus de sens, ils ne jouent pas le jeu », déplore cet ancien haut fonctionnaire qui continue de suivre de près le monde policier. Consciente du problème, l'administration planche sur la suppression à terme du concours externe. Après avoir passé leur grade d'officiers, les futurs commissaires feraient quatre ans sur le terrain avant de disputer en interne le concours de commissaires.

L'allégeance au politique

Si dans les couloirs du 36, on a longtemps donné du « patron » au commissaire, aujourd'hui, la machine à fabriquer des grands flics semble enrayée. « Beaucoup de tauliers ne

1. *Le Monde*, 25 septembre 2002.
2. Entretien du 23 février 2005.

viennent plus en PJ pour se construire une légende, mais pour se faire remarquer par le politique en rendant service sur des affaires sensibles », affirme un OPJ. Dès lors, le commissaire qui veut se faire mousser connaît sa mission : surveiller comme le lait sur le feu les groupes d'enquête les plus susceptibles de ramener dans leurs filets des dossiers chauds et prévenir sa hiérarchie avant que cela ne déborde.

Qu'il s'agisse d'un scandale politico-financier ou d'une affaire de stupéfiants, dès que le nom d'une personnalité apparaît, ce commissaire récupère auprès de ses hommes les PV d'audition pour en faire un double et le faire remonter le plus rapidement possible jusqu'au cabinet du ministre. Ce qui crée des frictions avec les OPJ en charge de l'affaire qui, pour la plupart, n'aiment pas que l'on vienne ensuite leur dire quoi faire dans « leur » dossier.

Et les commissaires qui n'ont pas opté pour la case 36 dans le Jeu de l'oie des carrières – préférant au prestige de la PJ le quotidien ingrat de la sécurité publique – ne sont pas débarrassés du politique pour autant. Depuis que les chiffres de la petite et moyenne délinquance peuvent vous faire trébucher un candidat à la présidentielle, la sécurité publique, fournisseur officiel des statistiques, fait l'objet d'une attention particulière du ministre de l'Intérieur. Avec des commissaires quasiment filoguidés depuis la Place Beauvau. Comme l'explique le commissaire divisionnaire Philippe Venere, ancien grand flic de PJ : « Les policiers recrutés il y a vingt ou vingt-cinq ans, aujourd'hui chefs de service, sous-directeurs, voire directeurs, ont dû mettre en veilleuse leur passé de flic de terrain pour s'adapter aux exigences du politique, d'autant que les jeunes commissaires formés à la nouvelle école ont les dents acérées et des motivations qui n'ont rien à voir avec la tripe policière[1]. »

La police avait ses maréchaux d'Empire, ces flics qui avaient débuté inspecteurs ou même gardiens de la paix, et qui, par leurs seuls faits d'armes, avaient gravi un à un tous les échelons jusqu'au sommet de la hiérarchie. Un ascenseur social qui s'est

1. Entretien du 22 novembre 2005.

grippé. D'abord parce qu'il est de plus en plus difficile d'accéder au monde des commissaires par le concours interne, ensuite parce que les « belles affaires » ne suffisent plus à nourrir une carrière. À partir d'un certain niveau, pour sortir du lot, il faut faire allégeance au politique. Ce qui alarme un policier de la vieille école comme Claude Guérin : « La pire menace aujourd'hui pour le corps des commissaires vient de l'administration qui cherche de plus en plus à instrumentaliser la police. »

À trop côtoyer le politique, certains finissent par se brûler les ailes. C'est le cas de Jacques Franquet, qui a dû démissionner de son poste de directeur central de la police judiciaire en 1995, après avoir été mêlé à une tentative de déstabilisation du juge Éric Halphen alors en pleine enquête sur le financement des HLM des Hauts-de-Seine, le fief du ministre de l'Intérieur de l'époque, Charles Pasqua.

« Beaucoup de grands flics se sont politisés malgré eux, commente l'ancien commissaire de l'antiterrorisme René-Georges Querry, qui nous a accueillis d'une poignée de main énergique dans son bureau de directeur de la prévention des risques du groupe Accor, au vingt-neuvième étage de la tour Montparnasse. « Le mouvement a commencé avec l'arrivée de la gauche au pouvoir en 1981 et s'est accéléré avec le jeu des alternances », analyse l'ex-grand flic à la cinquantaine poivre et sel sur une silhouette de rugbyman. « La PJ est restée longtemps protégée des influences politiciennes. Avant, on ignorait pour qui votaient les patrons. Ceux qui réussissaient dans la police étaient avant tout de grands professionnels. Les avancements se faisaient par cooptation, le directeur choisissait ses adjoints en fonction de leurs compétences parce qu'il voulait des gars qui assurent à ses côtés. La nomination n'était jamais le fait d'un parachutage depuis le cabinet du ministre. »

À l'inverse, aujourd'hui, le tremplin assuré dans la carrière d'un commissaire, c'est le passage par un cabinet ministériel [1] et c'est aussi grâce à son ministre qu'un commissaire peut espérer

1. « Les cabinets ministériels de 1984 à 1986 », *Cahier du CEVIPOF*, nº 17, 1988.

décrocher le Saint-Graal : la casquette de préfet. Beaucoup mieux en tous les cas que de finir parmi la vingtaine d'inspecteurs généraux, qui est certes le plus haut grade de la maison Poulaga, mais dont la moitié s'ennuient sans fonction précise à l'IGPN, judicieusement baptisée « le cimetière des éléphants ».

Quant aux commissaires de province, s'ils sont loin des turbulences politiques de la Place Beauvau, ils doivent éviter à tout prix les coups de tabac avec le pouvoir local, celui du maire et du préfet. Ce qui signifie qu'il faut par exemple se plier aux lubies de tel édile des Vosges, qui à chaque retour de voyage exige que le commissaire en uniforme vienne l'accueillir à l'aéroport...

Si les commissaires « placardisés » sont nettement moins nombreux qu'avant, on en trouve actuellement quand même plus d'une vingtaine qui tournent en rond, privés d'affectation...

Les tauliers ont le blues

En novembre 2004, un parterre de commissaires parmi lesquels Martine Monteil, la patronne de la PJ, assistent dans une grande salle parisienne à l'avant-première du film *36 quai des Orfèvres*. Lorsque les lumières se rallument, l'atmosphère est glaciale. L'assistance n'a pas goûté au portrait peu flatteur du commissaire de la brigade de répression du banditisme incarné par Gérard Depardieu, d'autant que le personnage s'inspire d'un commissaire dont le comportement a suscité en 1986 une fronde sans précédent des officiers de police.

Les commissaires sont de moins en moins nombreux, de moins en moins respectés par leurs officiers, de moins en moins sur le terrain et de moins en moins autonomes par rapport au politique. La coquille est vide, mais il ne faut pas la briser pour autant. L'important est d'entretenir le mythe.

9

Un État dans l'État : la Préfecture de police de Paris

Le ministre de l'Intérieur repousse le téléphone portable que lui tend son garde du corps. Ce samedi 3 septembre 2005, l'appel urgent de la Place Beauvau peut bien attendre. Nicolas Sarkozy savoure son triomphe. Le chapiteau monté pour l'Université d'été de l'UMP à La Baule est plein à craquer, avec une centaine de parlementaires et trois mille jeunes survoltés qui scandent : « Sarkozy président ! »

Il faudra toute l'insistance de ses conseillers pour que Nicolas Sarkozy prenne enfin au bout du fil Claude Guéant. Son directeur de cabinet lui apprend que Jacques Chirac a été admis à l'hôpital militaire du Val-de-Grâce pour un accident vasculaire. Le ministre de l'Intérieur censé être l'homme le mieux informé de France l'a ignoré pendant seize heures. De retour à Paris, Nicolas Sarkozy pique une grosse colère contre le préfet de police Pierre Mutz, qui « était forcément au courant ».

Préfet de police de Paris, un poste convoité

Si le ministre de l'Intérieur a la haute main sur la police, la protection du chef de l'État lui échappe en partie. La soixantaine de policiers et gendarmes du GSPR[1] qui protègent Véga,

1. Le groupe de sécurité de la présidence de la République composé à parts égales de policiers et de gendarmes.

le nom de code du président de la République, n'a aucun compte à rendre à la Place Beauvau, puisqu'ils dépendent directement du Château. En revanche, rien de ce qui se passe dans la capitale ne peut passer inaperçu du préfet de police, surtout pas un cortège présidentiel quittant l'Élysée pour se rendre en urgence au Val-de-Grâce...

Avec Pierre Mutz, l'Élysée a gardé la main sur la Préfecture de police de Paris. Un poste stratégique. Avec ses trente-deux mille fonctionnaires dont sept cents affectés aux RG, le préfet le plus puissant de France peut gâcher la vie d'un ministre de l'Intérieur. N'est-ce pas pour faire contrepoids à son redoutable ministre de la Police, Joseph Fouché, que le Premier Consul Bonaparte a inventé en 1800 cette institution qui n'a pas d'équivalent dans le monde : la Préfecture de police ?

D'où la bataille à couteaux tirés pour savoir qui allait occuper le fauteuil quand la place s'est libérée en novembre 2004 après le départ de Jean-Paul Proust, nommé depuis ministre d'État à Monaco. Nicolas Sarkozy, on l'a vu, avait son champion : Claude Guéant qui, pour sa parfaite connaissance des rouages de la maison Police, faisait l'unanimité au sein du corps préfectoral et parmi les flics. Mais on lui a préféré le challenger Pierre Mutz. Il est vrai qu'à soixante-quatre ans, l'ancien directeur de la Gendarmerie nationale appartient à l'écurie d'un entraîneur de renom : Philippe Massoni, le conseiller pour la sécurité intérieure de Jacques Chirac à l'Élysée.

C'est sur le ring de la première cohabitation, lorsqu'il est numéro 2 du cabinet de Robert Pandraud, ministre délégué à la Sécurité, que Massoni repère son poulain, alors chef de cabinet du préfet de police. En 1993, quand il devient patron de la Préfecture de police à l'occasion de la deuxième cohabitation, il prend Pierre Mutz comme directeur de cabinet. Et c'est lui qui intrigue pour en faire son successeur et souffler la place à Claude Guéant. Un camouflet que ce dernier n'a toujours pas digéré : « Je persiste à considérer qu'il est anormal que je n'ai pas été nommé préfet de police de Paris[1] », s'agace le directeur

1. Entretien du 1er août 2005.

de cabinet de Nicolas Sarkozy, quand on prononce devant lui le nom de Pierre Mutz.

La Préfecture de police de Paris, « PP » pour les intimes, est une raffinerie qui exploite 24 heures sur 24 l'immense gisement d'affaires sensibles que recèle la capitale. Dès qu'une personnalité est impliquée dans une histoire de mœurs, de stupéfiants ou un scandale politico-financier, l'information est mise en baril et réexpédiée par le préfet de police à l'Élysée, Matignon ou Place Beauvau. « S'ensuit alors un subtil jeu de coups de fil, confie un baron de la préfecture. Selon les affaires, ce ne sont pas les mêmes personnes qui sont appelées ou en tout cas pas aux mêmes heures[1]. »

Quand une perquisition se prépare, le préfet de police est au courant avant tout le monde et peut prévenir les uns ou les autres. Ce fut le cas de Massoni avec le trop curieux juge Halphen en pleine guerre balladuro-chiraquienne. Plus récemment en juin 2005, quand les policiers de la brigade financière ont débarqué dans le bureau du ministre de l'Économie, Thierry Breton, alors en déplacement à l'étranger, le préfet de police avait déjà l'info.

Depuis l'arrivée de Mutz, un pipeline relie la Préfecture de police au Château où Philippe Massoni – qui dispose de deux secrétaires et d'un bureau installé dans une aile excentrée – se vante de savoir tout avant tout le monde. « Massoni est encore puissant. Avec les infos qui lui remontent de la PP, s'il veut tirer un tapis sous les pieds de quelqu'un, il peut le faire[2] », prévient le conseiller d'un ancien ministre de l'Intérieur. Il est vrai que les mauvaises langues prêtent à Massoni, alias Bouddha, l'expérience du détournement d'infos puisqu'il est soupçonné d'avoir alimenté l'Élysée quand il était préfet de police durant le gouvernement Jospin.

1. Entretien du 16 février 2005.
2. Entretien du 31 mai 2005.

La concurrence entre la préfecture et l'Intérieur

La PP est une citadelle en lutte permanente avec la Place Beauvau. Sur le papier, ses neuf directions obéissent chacune à leur direction centrale au ministère de l'Intérieur. Sauf qu'elles ne rendent compte qu'au préfet qui, lui-même officiellement sous tutelle du directeur général de la Police nationale, snobe les réunions du DGPN pour leur préférer celles du ministre ou de son cabinet.

Histoire de bien signifier son rang aux autres directeurs, le préfet Massoni avait, dit-on, l'habitude à la fin des réunions d'emboîter le pas au ministre de l'Intérieur. Quant à Pierre Verbrugghe, imposé par Mitterrand en 1988 pour remplacer l'ancien préfet nommé par Chirac, il aura été sous trois ministres socialistes « l'homme du président ». Aux directeurs généraux de la police exaspérés par son autonomie, Verbrugghe, qui avait lui-même été DGPN, rappelait avec un malin plaisir que son seul patron était François Mitterrand.

Philippe Massoni, préfet de police

Quand les rapports de force se compliquent, le préfet de police peut jouer sa propre carte, comme l'a fait Philippe Massoni, qui a vu défiler en huit ans quatre ministres, deux de gauche et deux de droite.

Il faut dire que son baptême du feu en tant que préfet de police a été périlleux. Nommé par un président de gauche, Massoni se retrouve en porte-à-faux lorsque le ministre de l'Intérieur, Charles Pasqua, dont il est pendant quelques mois le directeur de cabinet, se met à rouler à l'approche des présidentielles pour le Premier ministre Édouard Balladur, contre Jacques Chirac alors maire de Paris. Pour réussir ce billard à trois bandes, Bouddha applique alors sa méthode favorite : se rendre utile à tout le monde. « Il faisait partir à droite les infos qui intéressaient la droite, idem pour la gauche, décrypte un de ses proches. Massoni n'est pas un joueur d'échecs car il ne calcule pas à long terme, mais un malin qui sait se saisir des bonnes cartes et les abattre en fonction de ses intérêts[1]. »

Bouddha a l'allure enrobée et zen de ces gros chats en porcelaine blanche que l'on voit à l'entrée des restaurants asiatiques. Mais lui ne porte pas bonheur. Du moins pas à tout le monde. Les anciens conseillers de Jospin n'ont d'ailleurs pas de mots assez durs pour l'épingler. « Il a joué contre nous de façon très hypocrite »[2], s'emporte l'un d'eux, avant d'évoquer cette note de la DST sur le détournement supposé d'une partie de la rançon versée par le gouvernement Chirac pour la libération des otages français au Liban.

En janvier 2001, le patron de la DST transmet cette note au directeur de la police judiciaire de la PP qui la remet aussitôt à Massoni. Celui-ci se serait empressé de l'envoyer au procureur de Paris, puis serait allé voir Chirac pour lui dire que Matignon venait de communiquer l'information en douce à la justice. Ulcéré Chirac a écrit à Jospin : "Je n'admets pas que vos fonctionnaires jouent un rôle politique" », continue le conseiller de Jospin.

Quoi qu'il en soit, ceux qui connaissent l'ancien préfet de police ont appris à se méfier du style onctueux avec lequel il emballe parfois ses compliments. « Philippe Massoni est un grand flatteur doublé d'un homme de réseaux qui se fait peu d'illusions sur la nature humaine, raconte un ancien conseiller de Lionel Jospin qui a gardé en mémoire une anecdote révélatrice. J'accompagnais le Premier ministre aux obsèques de policiers de la PP. À la fin de la cérémonie, Massoni me prend par le bras : "Excellent discours, je reconnais bien là votre style, vous avez su toucher le cœur des policiers." Quand Jospin sort à son tour, je le vois se précipiter : "Très bon discours, monsieur le Premier ministre", recommence-t-il. Jospin lui répond : "J'y ai mis ma patte." Et Massoni d'ajouter : "Je m'en doutais."

1. Entretien du 24 février 2005.
2. Entretien du 8 juillet 2005.

Avec ses manières de jésuite, il excellait dans son rôle de préfet de police. »

Le Vatican

« Ici, vous êtes au Vatican », lance en préambule à notre entretien informel ce haut fonctionnaire de la Préfecture de police, dont l'entrée principale fait face à Notre-Dame. Même goût pour les intrigues, même ambiance feutrée, même lumière tamisée dans les couloirs où l'on se surprend à parler bas. « Chacun se surveille, tout le monde sait tout sur tout. Et les chausse-trapes sont nombreux », continue le fonctionnaire sur le ton de la confidence. Derrière les portes capitonnées, on imagine aisément se tramer les complots. Les directeurs des services actifs, tels les cardinaux du Vatican, ont leur appartement dans la cité mais ils ont peu de chance de devenir pape. Un seul d'entre eux a réussi jusqu'ici : Philippe Massoni, entré en 1962 à la Préfecture de police comme simple commissaire.

Pour accéder au quartier du préfet à l'étage, il faut d'abord franchir un sas en vitre fumée puis se laisser guider par les appariteurs jusqu'à une grande porte à double battant et là marquer une ultime pause, le temps qu'un feu bicolore passe au vert et vous autorise à entrer. L'actuel occupant du vaste bureau n'a rien d'un vieux pontife. Petit, sec, Pierre Mutz a gardé l'allure sportive de ses années passées comme nageur de combat. Cet ex-saint-cyrien s'adonne d'ailleurs régulièrement à une séance de jogging dans les allées du jardin du Luxembourg. Mutz est proche de ses troupes. Il l'a prouvé alors qu'il occupait le poste de cabinet du préfet de police, en rendant visite en prison au commissaire Jobic, injustement écroué dans une affaire montée de toutes pièces[1].

Des qualités qui n'empêchent pas le ministre de l'Intérieur de prêter les pires intentions à son préfet de police. Ainsi, le

1. Voir le chapitre « La caste des commissaires ».

samedi 12 novembre 2005, alors que la rumeur annonce l'arrivée de bandes des cités sur Paris, Nicolas Sarkozy décide de faire une sortie médiatique sur les Champs-Élysées où il se retrouve pris à partie par des jeunes devant des dizaines de photographes. « Sarkozy n'a pas été suffisamment protégé par la Préfecture de police », s'agace son conseiller en communication, Franck Louvrier, quand on l'interroge sur l'incident[1]. Ce qui donne en décrypté : Pierre Mutz a été dépassé par les événements. Et certains autres dans l'entourage du ministre vont jusqu'à parler d'un « dispositif de sécurité volontairement sous-évalué et inadapté ».

Le préfet règne sur un territoire qui englobe Paris et les trois départements de la petite couronne, avec comme vigie son directeur de cabinet. L'un d'entre eux se souvient : « Vous avez la télé branchée sur la séance en cours au Conseil de Paris où les élus posent des questions au préfet comme les députés à l'Assemblée nationale, en même temps vous gardez un œil sur la moindre manifestation en province au cas où elle monterait à Paris. » L'ex-directeur de cabinet se rappelle avoir déjà passé trois semaines d'affilée enfermé dans la citadelle de la PP tellement le nombre de casseroles sur le feu à surveiller est important. « Vous ne pouvez pas vous permettre de rater une info. Et tous les deux jours, vous réunissez les directeurs de la PP pour faire le point sur ce qui pourrait vous tomber encore dessus[2]. »

Cela sans compter avec les politiques de tous bords qui appellent le cabinet du préfet comme on frotte la lampe d'Aladin. « Vous avez un ancien ministre au bout du fil qui vous dit : “Je suis dans ma voiture, il y a un type devant moi qui est mal garé et qui bloque la circulation, vous pouvez dire à la police d'intervenir...” » S'y ajoute la panoplie de hochets à distribuer pour le compte du préfet de police. La « carte de circulation » est sans doute l'un des plus prisés. Une centaine de privilégiés se voient chaque année offrir ce coupe-file qui

1. Entretien du 16 novembre 2005.
2. Entretien du 24 février 2005.

permet de fendre n'importe quel cordon de police. Ce qui fait actuellement huit cents obligés du préfet, parmi lesquels on trouve des élus, des patrons de presse, des syndicalistes policiers et bon nombre de célébrités.

Le préfet de police est aussi celui qui rend les petits services. Quand François de Grossouvre, le conseiller occulte de François Mitterrand, est retrouvé mort en avril 1994 dans son bureau à l'Élysée, Philippe Massoni, aussitôt prévenu, avertit : « J'arrive, ne touchez à rien. » Il prend les choses en main pour que l'affaire ne vire pas au scandale, s'attirant définitivement les bonnes grâces de Mitterrand. Un « préfet en or », comme on le qualifiait Place Beauvau lorsque Jean-Pierre Chevènement était aux commandes. Un ex-grand flic de PJ, passé par un cabinet ministériel précise : « Ce qui pollue le quotidien d'un ministre, c'est le fils pris dans une affaire de drogue ou le beau-frère testé positif lors d'un contrôle routier, toutes ces personnes proches de vous qui pensent qu'à votre poste vous allez pouvoir résoudre leurs ennuis. Et vous découvrez qu'il y a des gens redoutablement efficaces que vous pouvez appeler et qui vous disent : "Je m'en occupe." Massoni savait rendre ce genre de services[1]. »

Les dossiers sensibles de la préfecture

Bouddha avait aussi la réputation de détenir des dossiers sur tout le monde. Et pour cause : à Paris, toutes les affaires judiciaires mouillant une personnalité ou susceptibles d'avoir des implications politiques font un détour par le bureau du préfet, avant même que les juges d'instruction les aient lues. « Tu comprends tout la première fois où tu bosses sur un dossier sensible et que tu vois ton chef faire la navette entre ton bureau et celui du directeur[2], explique un officier de police judiciaire des affaires financières, qui a roulé sa bosse dans plusieurs grands

1. Entretien du 21 février 2005.
2. Entretien du 23 avril 2005.

services de la PP. Plus tard, chaque fois que tu balances un PV d'audition sur une "affaire réservée", tu prends l'habitude de faire un double qui passe par le directeur de la PJ puis par le préfet qui peut apporter l'information toute chaude au ministre de l'Intérieur le soir même. Le secret de l'instruction, à ce niveau-là, tout le monde s'en fout[1]. »

Les flics de la police judiciaire parisienne ont gardé en mémoire l'histoire de ce commissaire parti déjeuner en oubliant de signaler à son directeur un PV « potentiellement gênant » et qui a payé son étourderie en se faisant débarquer un peu plus tard. Une autre ficelle consiste à coller un jeune flic débutant sur une affaire qu'il faut faire capoter. Avec un peu de chance, l'enquêteur novice ne s'approchera jamais de la vérité... L'exemple inverse, c'est le dossier « recommandé ». « On te fait comprendre que, pour telle affaire, il va falloir que tu te défonces, explique encore l'OPJ. Quand ton commissaire arrive en te lançant : "J'ai pensé à vous", ça commence mal. En général il enchaîne par : "Il s'agit d'une personnalité", et conclut : "Le directeur suit de très près cette affaire", ce qui signifie que, derrière, le préfet attend des résultats. »

Sur l'échiquier du préfet de police, la sous-direction des affaires économiques et financières occupe une place à part. Ce sont en effet les AEF, comme on les appelle, qui chapeautent la brigade financière et la brigade de répression de la délinquance économique. Des services qui, depuis quinze ans, ont vu passer le plus d'« affaires réservées » et additionné le plus grand nombre de perquisitions chez les chefs d'entreprise et les hommes politiques. Pas étonnant dès lors que Nicolas Sarkozy ait pris soin en arrivant Place Beauvau de mettre à ce poste ultra-sensible l'un de ses fidèles, Frédéric Péchenard.

L'autre matière très chaude à la préfecture, ce sont les stupéfiants. Au gré des affaires, le tout-Paris défile dans les locaux de la brigade des Stups au 36, quai des Orfèvres. Dès qu'un nom connu apparaît dans une enquête, le préfet est mis au courant. Grâce aux Stups, il a accès à une liste secrète, celle des

1. Entretien du 23 avril 2005.

journalistes, chanteurs, hommes politiques, acteurs, avocats... repérés comme consommateurs de cocaïne.

Chaque fois qu'un ministre a voulu faire contre-poids au pouvoir du préfet de police, il s'est attaqué au 36, le siège de la PJ parisienne, la « PJPP » pour les initiés. « Cette direction symbolise la puissance et l'autonomie de la préfecture. Le but du jeu est donc de la truffer d'hommes de confiance, à commencer par le directeur qui voit passer tous les dossiers sensibles », analyse le chercheur Olivier Renaudie, auteur d'une thèse de doctorat consacrée à la Préfecture de police de Paris[1].

Lorsqu'il revient Place Beauvau après l'intermède Pasqua-Pandraud, Pierre Joxe coupe la tête du directeur de la PJPP et de son adjoint. Et c'est au commissaire auteur du rapport atténuant la responsabilité de l'ancien ministre socialiste Christian Nucci dans l'affaire du Carrefour du développement qu'il offre le fauteuil du numéro 2. Quand, pour la deuxième fois sous Mitterrand, la droite reprend le ministère de l'Intérieur, les canons de la PJPP sont dirigés contre Jacques Chirac dans la bataille fratricide qui l'oppose à Édouard Balladur. Puis, pour ne pas déplaire au ministre de l'Intérieur Jean-Louis Debré, le nouveau directeur de la police judiciaire parisienne, Olivier Foll, sympathisant RPR notoire, réoriente les canons sur l'armée en déroute des balladuriens et tâche d'éteindre les incendies précédemment allumés. Ce qui lui vaudra de se faire sanctionner par la justice qui l'accuse d'en avoir trop fait pour protéger le clan Chirac menacé par l'affaire des HLM de Paris[2]. Privé de sa qualité d'officier de police judiciaire, Olivier Foll continuera cependant à diriger la PJPP jusqu'à ce que Chevènement le limoge à son arrivée à l'Intérieur.

---

1. « De quelques aspects de l'organisation de la police à Paris », *Revue française d'administration publique*, Panthéon-Assas.
2. Voir le chapitre « Un tremplin pour les futurs présidents de la République ».

Le royaume de la cooptation

Le premier à avoir envoyé un coup de pied dans la fourmilière de la police judiciaire parisienne, c'est Gaston Defferre. Le ministre de Mitterrand décide d'en finir avec la tradition qui veut qu'à la PP les avancements se fassent par cooptation. Jusqu'en 1981, c'est le directeur qui choisit son sous-directeur, qui lui-même choisit ses chefs de service et ainsi de suite. En désignant personnellement l'adjoint du directeur de la police judiciaire parisienne, Defferre provoque un conflit ouvert entre les commissaires de la Préfecture de police et la Place Beauvau qui se solde par la démission du patron du 36[1]. Un coup de semonce qui n'a toutefois pas bouleversé les mœurs de la PP. Jusqu'au milieu des années 1990, les promotions au sein de la PJPP ont continué à se jouer au Club de la Poularde, du nom de ce restaurant parisien où se réunissaient certains soirs, autour d'un repas arrosé, les barons du 36. Aujourd'hui encore, chaque dernier jeudi du mois, une quinzaine de commissaires se retrouvent à La Closerie des Lilas autour de l'actuel président Frédéric Péchenard, dont le parrain est Claude Cancès, ex-patron de la PJ parisienne. Des dîners où se sont succédé ces derniers temps l'ancien Premier ministre Raymond Barre, l'actuel patron de France Télévisions Patrick de Carolis ou encore le procureur général Yves Bot. « Même si, comme le souligne Olivier Renaudie, le Club de la Poularde a perdu de son influence, les nominations aux postes de direction à la PJPP sont encore le fruit, la plupart du temps, d'une cooptation interne entérinée par la Place Beauvau. Les policiers de la préfecture ne seront jamais des policiers comme les autres[2]... »

À de rares exceptions, la carrière d'un grand flic passe par la Préfecture de police de Paris. « C'est le réseau qui compte. Les commissaires du 36 sont une caste qui se fait la courte échelle. Ils se distribuent les postes entre eux : tu prends Untel dans ta

1. 36, quai des Orfèvres, siège de la PJPP.
2. Entretien du 20 janvier 2005.

brigade, j'envoie ton adjoint dans telle autre... », râle un jeune commissaire en poste depuis cinq ans dans un service de police judiciaire du Sud de la France[1]. Depuis que la Police nationale a vu le jour il y a quarante ans, n'importe quel policier a le droit de poser sa candidature à la PP. « En fait, il existe une règle implicite, explique le sociologue Frédéric Ocqueteau, qui veut que les postes qui se libèrent à la Préfecture de police soient réservés aux flics maison. Afin d'imposer ses candidats, la PP a phagocyté les commissions de recrutement[2]. » Pour le flic de province qui voudrait emprunter l'ascenseur de la PP, c'est quasiment mission impossible.

Si la Préfecture de police de Paris fait la fine bouche sur les policiers qu'elle n'a pas moulés, elle n'hésite pas à propulser les siens aux postes de direction de la Police nationale. C'est la trajectoire suivie par Martine Monteil. À cinquante-quatre ans, l'actuelle patronne de la Direction centrale de la police judiciaire est un pur produit de la PP. Quand cette jeune et jolie commissaire, major de sa promo, débarque en 1979 à la préfecture de police de Paris, elle connaît déjà tous les recoins du 36 où, petite fille, elle jouait dans les couloirs près du bureau de son père inspecteur divisionnaire. Martine Monteil sera la première femme à se faire une place dans ce bastion machiste, dont elle dirigera tour à tour la criminelle, la répression du proxénétisme, le banditisme et la brigade des stupéfiants, avant de prendre la tête du 36.

Faire carrière à la Préfecture de police

Pour casser le mythe du Quai des Orfèvres popularisé par le cinéma et la télévision, Pierre Joxe a redonné un nouveau souffle aux offices centraux qui dépendent du ministère de l'Intérieur. Mais la mayonnaise a moyennement pris. Les rivaux ne sont pas parvenus à tailler des croupières aux brigades de la PP

1. Entretien du 18 mars 2005
2. Entretien du 14 décembre 2004.

et le tout a dégénéré en guerre des polices : on s'espionne, on se pique les indics, les belles affaires... Aujourd'hui, on vous explique qu'un commissaire à la tête d'une brigade parisienne n'échangerait pour rien au monde son poste avec celui d'un directeur régional, même à Marseille ou Lyon. « Un an à la brigade criminelle de la Préfecture de police de Paris équivaut à dix ans en province, confirme l'un des anciens patrons de la criminelle, Jacques Genthial[1]. En terme d'expérience c'est comme pour les chirurgiens, entre celui qui opère à longueur d'année et celui dans une petite ville qui ne traite que quelques cas par an. D'autant qu'à Paris, on se fait la main sur des cas difficiles », précise cet Aveyronnais au verbe chaleureux qui nous reçoit dans un troquet parisien où il a ses habitudes.

Faire partie de la PP signifie être en prise directe avec le pouvoir. La garantie de récupérer des affaires qui intéressent le politique et d'accroître les chances de se faire remarquer. Mais aussi le risque de devoir se mouiller politiquement. « Plus on monte dans la hiérarchie et plus on se politise, souvent malgré soi. Le jour où l'on devient directeur, on est obligé de dire : "Oui, monsieur le préfet", "Oui, monsieur le ministre". On n'a quasiment plus de marge de manœuvre et l'on devient un agent de renseignements », regrette l'ancien commissaire Philippe Venere[2]. Ce grand flic était promis à une brillante carrière jusqu'au jour où il a omis de renseigner sa hiérarchie sur une affaire de corruption qui mettait en cause la Mairie de Paris. « Un commissaire zélé aurait téléphoné à son directeur qui aurait appelé le préfet, qui aurait alerté le ministre de l'Intérieur. Moi je n'ai prévenu personne, j'ai attendu le vendredi soir pour mettre en place un dispositif de surveillance et faire un flagrant délit, raconte, avec un débit de mitraillette, Philippe Venere dont la silhouette enveloppée camoufle un caractère en acier trempé. On ne me l'a jamais reproché explicitement, mais l'affaire a été enterrée et je suis devenue la bête noire. »

Pour neutraliser celui qui est alors patron de la 1re division

1. Entretien du 15 février 2005.
2. Entretien du 12 juillet 2005.

de police judiciaire, et qui vient de refuser le placard doré que lui offrait le préfet de police, sa direction va lui rendre la vie impossible. « Mon service continuait à faire de belles affaires mais on ne recevait plus ni félicitations ni primes. L'enveloppe d'argent liquide dont je disposais chaque mois pour récompenser mes hommes s'était réduite à 600 francs par inspecteur. Le directeur de la PJ espérait soulever les officiers contre moi. Même si j'étais sûr que cela n'arriverait pas, j'ai demandé ma mutation en 1992. Il était injuste que mes hommes subissent l'hostilité que la hiérarchie nourrissait contre moi. » Le commissaire Venere a dû faire une croix sur la prestigieuse brigade de recherche et d'Investigation (BRI) de la PP dont il devait être le patron, pour rejoindre une voie de garage : le tribunal de police de Paris.

La police urbaine de proximité

Si l'un des rôles souterrains de la PJ parisienne est de renseigner le préfet sur les personnes impliquées dans les affaires en cours, une autre grande baronnie de la PP, moins connue, remplit elle aussi cette fonction secrète. La police urbaine de proximité, PUP pour les intimes, qui traque avec ses quatorze mille hommes la petite et moyenne délinquance dans la capitale, est aussi une fantastique machine à remonter l'information. Chaque jour, le QG de la PUP à la Préfecture de police reçoit de ses troupes déployées sur le terrain deux cents à trois cents télégrammes signalant des faits de voie publique « méritant une attention particulière ». Dès que le nom d'une personnalité apparaît dans une plainte ou sur une simple main courante déposée dans l'un des vingt commissariats d'arrondissement, la salle d'information et de commandement de la PUP, qui fonctionne nuit et jour, est avertie. Idem quand un ambassadeur se fait contrôler au bois de Boulogne en galante compagnie, quand un cinéaste appelle la police parce que son appartement a été cambriolé, quand le fils d'un député se fait arrêter sur un scooter volé, quand Police-Secours se déplace pour une violente scène de ménage chez un ancien ministre ou même quand un journaliste brûle un feu rouge. Autant d'incidents dont l'état-major de la PUP fait son miel pour extraire une trentaine de notes quotidiennes qui finiront à 17 heures sur le bureau du préfet de police.

C'est la PUP, plus précisément son unité de soutien aux investigations territoriales (USIT), spécialisée dans la répression de la prostitution, qui ce 20 avril 2004 à 2 heures du matin, intercepte la voiture du conseiller en communication de Matignon Dominique Ambiel avec une prostituée roumaine de dix-sept ans assise à ses côtés. L'information remonte immédiatement à l'état-major de la PUP qui avertit le préfet de police. Le genre d'affaire qui d'habitude est tuée dans l'œuf et gardée secrète comme l'indique un officier de l'USIT avec cette précision : « Il ne se passe pas une semaine sans que l'on tombe sur des personnalités accompagnées de prostituées. » Mais cette fois, le parquet de Paris, mis au courant de l'interpellation, demande un complément d'enquête et l'information sort dans *Le Monde* trois jours plus tard.

La PUP ne se contente pas de récupérer des infos croustillantes, elle tient aussi la courbe de la délinquance sur laquelle le préfet de police joue une partie de sa réputation. Chaque mois, comme le fait le ministère de l'Intérieur, la PP publie ses propres statistiques. Le but du jeu est bien sûr d'annoncer de meilleurs chiffres que ceux du directeur général de la Police nationale. Pour y arriver, celui qui fut patron de la PUP jusqu'en septembre 2005 a pressé ses troupes comme un citron. À cinquante-six ans, Éric Le Douaron, sous la raideur de son uniforme tiré à quatre épingles, dégage l'énergie d'un cyclone. Ce natif des Côtes-d'Armor a la réputation d'être un meneur d'hommes et un bourreau de travail.

Pour les commissaires d'arrondissement et leurs adjoints, la salle 267 est la salle des tourments. C'est ici qu'à tour de rôle, toutes les sept semaines, ils viennent présenter leur bilan devant le préfet de police et le patron de la PUP. Pendant plus de deux heures, ils sont soumis à la question. « On les interroge sur leur taux d'élucidation, leur nombre de gardes à vue et d'interpellations, on consulte leur main courante informatisée et on regarde si leurs résultats sont à la hauteur des moyens qu'on leur avait donnés[1] », se souvient en souriant Éric Le Douaron, qui dirige désormais la police aux frontières, chargée de la lutte contre l'immigration irrégulière. Sont également examinées à la loupe l'ambiance de l'arrondissement, les relations du commissaire avec les élus, les commerçants ou les associations de quartier. La PUP sert aussi de longue-vue au préfet pour repérer avant tout le monde les nouveaux phénomènes de délinquance et conserver une longueur d'avance sur le DGPN.

Pour les autres directions de la PP, la PUP est une sorte d'alien qui ne cesse d'étendre son territoire et grossit sur le dos des autres. À la grande satisfaction du commissaire Le Douaron : « Les hommes n'y manquent de rien, ni en effectifs ni en matériel, et les promotions sont beaucoup plus rapides qu'ailleurs. » Il est vrai que la capitale agit comme un trou noir qui aspire l'essentiel des policiers au sortir des écoles. Résultat : Paris est l'une des villes au monde qui connaît le plus fort taux de policiers par habitant, soit un fonctionnaire de police pour cent dix habitants environ. Et, comme l'appétit vient en mangeant, la direction de la PUP se verrait bien croquer dans la PJ. Elle lui a déjà siphonné un millier d'hommes et vient sans complexes marcher sur ses plates-bandes en lui brandissant sous le nez son taux d'élucidation de 25 %, « quand celui de la PJ plafonne à 9 % ». Éric Le Douaron – qui en privé, lorsqu'il évoquait le patron du 36, parlait de son « sous-directeur de la PJ » – aime à rappeler qu'au Quai des Orfèvres « on ne fait que cinq mille gardes à vue par an, contre vingt mille » chez lui. Mais les affaires que voit passer la police urbaine de proximité n'ont rien à voir avec celles que la police judiciaire est amenée à traiter.

La dernière attaque, la PJ ne l'a même pas vue venir lorsqu'elle a signé en avril 2005 un protocole qui permet à la PUP de garder les affaires de stups jusqu'à vingt grammes de coke

1. Entretien du 23 août 2005.

ou un kilo de cannabis saisi. « C'est grave pour nous, se lamente un officier de la brigade des Stups, parce qu'une partie des petits dealers qu'on utilise comme indics vont tomber entre les mains de la PUP qui va les recruter[1]. »

Dans les couloirs du 36, quai des Orfèvres, les flics, qui lui reprochent de « se laisser bouffer » par la PUP, ont méchamment rebaptisé leur patron « Gaspard le Fantôme », du nom de ce petit fantôme de dessin animé qui ne fait peur à personne. Tout l'inverse d'un Éric Le Douaron qui a laissé un bon souvenir à ses hommes. Pour remplacer le directeur de la PUP en septembre 2005, Sarkozy est allé chercher un fidèle. Alain Guerder est l'ex-directeur de cabinet du patron de la Police nationale. Les deux hommes ont gardé « la boutique » pour Sarko, quand Villepin était à l'Intérieur.

La PUP, c'est l'enfant gâtée de la PP. Il faut dire qu'elle a eu pour bonne fée Philippe Massoni. En 1997, lorsque Jean-Pierre Chevènement sort de son chapeau la « police de proximité », le préfet de police de l'époque saisit l'occasion pour s'attirer les bonnes grâces du ministre de l'Intérieur et confie la mission à Éric Le Douaron. En réussissant à Paris ce qui échoue partout ailleurs, Le Douaron rend un fier service à son préfet mais se retrouve du même coup étiqueté proche du Château. Le « Duguesclin de Massoni » était d'ailleurs promis au poste de directeur central de la sécurité Publique, sous Dominique de Villepin ministre de l'Intérieur. Il s'agissait de remettre au pas les directeurs départementaux qui s'étaient un peu trop affranchis dans leurs fiefs au goût de la Place Beauvau. Mais le retour de Nicolas Sarkozy a tout chamboulé.

Le laboratoire de la Police nationale

Chaque fois qu'un ministre de l'Intérieur lance une idée, le préfet de police est toujours là pour l'attraper au vol. Quand Sarkozy se passionne pour les armes non létales, la PP se

1. Entretien du 16 juin 2005.

dépêche de tester chez elle le Taser, ce pistolet électrique paralysant. Idem pour la vidéo embarquée dans les voitures de la police parisienne dont le ministre veut doter toutes les BAC. C'est d'ailleurs la PP qui a inventé, en 1969, les fameuses « brigades anti-criminalité ».

Avec sa cagnotte annuelle de plus de 1,6 million d'euros, alimentée à la fois par le ministère de l'Intérieur, par Paris et par les départements de la petite couronne, la PP fait rêver tous les flics de France. C'est le DGPN qui est censé distribuer l'argent pour la police, mais, comme le souligne le directeur de cabinet d'un ministre de l'Intérieur, « pour récupérer la part qui revient à ses services le préfet de police traite directement avec le ministre. Cela se passe par-dessus la tête du DGPN qui n'a aucun contrôle sur cet argent qu'on lui retire[1]. »

Les manifestations

Si le préfet est maître chez lui, il a tout de même un talon d'Achille. Il sait qu'il peut sauter sur une manif qui dérape. Le ministre de l'Intérieur se servira de lui comme fusible sans aucun état d'âme. Quand, au printemps 1983, les policiers manifestent sous les fenêtres du garde des Sceaux Robert Badinter, après la mort de deux d'entre eux, le préfet de police de l'époque est éjecté aussi vite qu'un bouchon de champagne. Chaque année, Paris doit encaisser le choc de quelque trois mille quatre cents manifestations. Le pouvoir politique ne peut pas se permettre de voir l'Élysée, le Palais-Bourbon ou tout ministère envahi par les manifestants. C'est donc au préfet de police de se débrouiller pour maintenir l'ordre et surveiller en amont les agitateurs. Pour ce faire, la PP peut compter sur ses propres RG et sur une direction de l'ordre public qui manœuvre au doigt et à l'œil, depuis sa salle de commandement, gendarmes, policiers et CRS. La DOPC a carte blanche pour piquer à droite et à gauche les forces dont elle a besoin, quitte à vider la

1. Entretien du 17 février 2005.

banlieue de toutes ses compagnies de CRS. Soignée aux petits oignons par le préfet, elle s'est même vu prêter un dirigeable de soixante-quinze mètres, la longueur d'un A380, bardé de caméras capables de repérer les fauteurs de troubles dans une foule de manifestants.

Côté RG, le directeur s'éponge le front pour ne pas se tromper sur deux questions : combien les manifestants seront-ils ? Y a-t-il un risque de débordements ? Pour y répondre, tout le monde est sur le pont. C'est le chiffre magique des manifestants pondu par les renseignements généraux qui va permettre de calculer le nombre de policiers à déployer sur le terrain. Mais une fois l'estimation des RG en poche, la DOPC compte toujours en modèle XXL, au nom du sacro-saint principe du « zéro risque ».

Le jour J, grâce aux RG, le préfet prend connaissance du vrai chiffre des manifestants qui n'a rien à voir avec le communiqué officiel de la Préfecture de police. Même si tout s'est bien passé, il sait que ce chiffre risque de contrarier son ministre. En juin 1984, lors de la manifestation monstre pour l'école libre, le communiqué officiel de la préfecture a été carrément raboté de trois cent mille manifestants, sur ordre du ministre. Lorsque le préfet lui a annoncé plus d'un million de personnes, Gaston Defferre s'est mis en colère et a rétorqué : « Il n'y en aura pas plus de sept cent mille ! » La Préfecture de police n'a jamais eu le compas dans l'œil. En 2004, elle a déployé ses troupes face à zéro manifestant dans 38 % des cas, sans compter le maintien de l'ordre lors des voyages officiels[1].

Aux RGPP, le plus souvent, c'est le groupe « Étudiants » qui est en première ligne. Il a l'œil sur quatre facultés considérées comme des foyers de contestation : Tolbiac, Jussieu, la Sorbonne et Censier. Régulièrement, pour prendre la température, les RG viennent y récupérer les tracts des syndicats et se glissent incognito dans les AG.

Le préfet de police vit dans la hantise d'un mouvement comme celui de l'hiver 1986 qui s'était soldé par une nuit

1. Sébastien Roché, *Police de proximité*, Paris, Le Seuil, 2005.

d'émeutes aux Invalides faisant plusieurs blessés graves, puis par la mort d'un étudiant au Quartier latin, Malik Oussekine.

Le mouvement étudiant de l'hiver 1986

Le jour où l'Unef-Id, le premier syndicat étudiant, déterre officiellement la hache de guerre contre la loi Devaquet qui veut instaurer une sélection à l'entrée des universités, les RG sont dans l'amphithéâtre Richelieu de la Sorbonne. À la sortie, ils préviennent tout de suite le préfet. Pour suivre le mouvement de contestation, ils vont pouvoir compter sur un agent de renseignements de premier choix... le président de l'Unef-Id lui-même !

« Philippe Darriulat est devenu mon informateur, nous révèle aujourd'hui un ex-policier des RGPP, qui à l'époque appartenait à la section dite des “mouvements sociaux”[1]. On se retrouvait place de la République, au café Le Thermomètre, situé en face du siège de l'Unef-Id. Il me renseignait sur ce qui était prévu, les dates et lieux des prochaines réunions. » Pendant la crise, Philippe Darriulat rencontre plusieurs fois par semaine son officier traitant des RG qui, parfois, l'amène aux AG à la faculté de Jussieu sur sa moto deux tons équipée d'une fausse plaque d'immatriculation. Le travail se fait en « off », c'est-à-dire sans notes, mais avec un compte rendu oral chaque soir destiné au patron des RGPP.

Au fur et à mesure que le mouvement prend de l'ampleur, le directeur des RGPP multiplie les réunions. « J'accompagnais mon chef pour éviter qu'il sèche sur une question. » Le rituel était toujours le même. « Le directeur, continue notre ex-RGPP, ouvrait le journal et chaque fois qu'il tombait sur un nom, demandait : “Qui c'est, celui-là ?” Et je donnais la réponse. Pour certains, on avait fait entrer les fiches seulement quelques jours plus tôt. Les services de sécurité des différentes facs nous permettaient d'avoir accès aux renseignements qui figurent sur

1. Entretien du 21 avril 2005.

la carte d'étudiant. À Nanterre, j'étais également en contact avec le recteur[1]. »

Chaque fois qu'un nouveau nom émerge, la section le met scrupuleusement en fiche. C'est notamment le cas de Delphine Batho. L'actuelle déléguée nationale chargée de la sécurité au PS et vice-présidente de l'association SOS Racisme, était alors l'un des porte-parole de la fronde anti-Devaquet. « On a travaillé sur elle comme sur les autres, précise l'ancien fonctionnaire des RG. J'ai collecté des informations via les RG de Nanterre où elle était domiciliée. »

Les RG iront jusqu'à jouer les intermédiaires entre le secrétaire d'État en charge des Universités et certains leaders étudiants. Une rencontre secrète avec Alain Devaquet aura ainsi lieu dans un restaurant du 7e arrondissement. La veille de la manifestation qui réunira sur l'esplanade des Invalides plusieurs dizaines de milliers d'étudiants, Philippe Darriulat prévient son contact aux RGPP qu'il risque d'y avoir des débordements. « J'ai tout de suite fait un blanc au préfet », se souvient le RG. Et, comme l'avait prédit le président de l'Unef-Id, des heurts violents se produisent ce soir-là et le lendemain. À tel point que les policiers des RG vont devoir épauler un service d'ordre étudiant débordé par les casseurs. Ce sont eux qui appellent par radio, en renfort, les canons à eau.

« Le 6 décembre, à 6 heures du matin, j'ai appris par l'état-major de la PP qu'il y avait eu un mort, j'ai téléphoné à Darriulat afin de lui communiquer le nom : Malik Oussekine. » Pour décider de la suite à donner au mouvement, la coordination se réunit à huis clos. « Au sortir de la délibération, j'ai retrouvé dans les toilettes Philippe Darriulat qui m'a fait un compte rendu de tout ce qui s'était dit », se rappelle l'officier des RG. De précieux renseignements qui atterrissent naturellement sur le bureau du préfet. « C'était donnant-donnant. Grâce à nous, l'Unef-Id a pu garder la main sur un mouvement qui serait très vite parti en vrille », assure l'ancien RG.

Nous avons interrogé Philippe Darriulat sur ses relations à

1. Entretien du 21 avril 2005.

l'époque avec les renseignements généraux. « Tous les syndicats ont des contacts avec les RG. J'en ai toujours eu, nous a-t-il expliqué. Mon premier contact, c'était à Nanterre avec un RG des Hauts-de-Seine, quand j'ai pris des responsabilités dans le mouvement étudiant. Dès que j'ai été nommé président de l'Unef-Id, l'officier dont vous parlez m'a téléphoné et, pendant la crise, je le voyais plusieurs fois par semaine. » Et l'ancien dirigeant syndical étudiant de préciser : « Je savais qu'il faisait à chaque fois des comptes rendus de nos rencontres, mais cela me permettait de faire passer des messages politiques[1]. »

Pour l'enterrement de Malik Oussekine, le groupe « Étudiants » annonce trois cents personnes, mais la préfecture qui s'attend à un afflux de jeunes met quand même le paquet. Il y aura plus de policiers casqués que d'étudiants !

La citadelle imprenable

Si le pouvoir n'a jamais osé abattre les murs de la citadelle PP, c'est parce qu'il a peur de casser une machine qui lui garantit la tranquillité dans la capitale, foyer des mouvements politiques et sociaux. D'ailleurs tous ceux qui ont tenté de réformer la Préfecture de police se sont cassé les dents. À commencer par de Gaulle après l'affaire Ben Barka, ce leader de l'opposition marocaine enlevé en octobre 1965 par deux policiers de la PP, une maison alors dirigée par un certain Maurice Papon que son passé sous l'Occupation n'avait pas encore rattrapé. Quand la justice essaie d'en savoir plus, la PP fait bloc et couvre ses hommes. Afin d'en finir avec cet « État dans l'État », de Gaulle crée la « Police nationale » qui est censée gober la PP. « Le problème est que la PP a été avalée sans être digérée, analyse le chercheur Olivier Renaudie[2]. En 1966, quand la Police nationale a vu le jour, on a gardé la Préfecture de police telle quelle. »

Lorsque la loi sur la décentralisation est votée en mars 1982,

1. Entretien du 23 novembre 2005.
2. Entretien du 20 janvier 2005.

la PP est la seule institution à passer entre les gouttes. Trente ans après l'élection du premier maire de la capitale, le préfet de police continue de siéger à la droite de Delanoë au conseil de Paris pour en contrôler les délibérations. Tout ce qui concerne la sécurité des Parisiens reste sa chasse gardée alors que, dans la plus petite commune de France, le maire détient les pouvoirs de police. Le maire de Paris a tout juste réussi à décrocher en 1986 le droit de faire la police sur les foires et les marchés, et il a fallu attendre février 2002 pour que Bertrand Delanoë grappille quelques prérogatives en matière de circulation et de stationnement. « Jusqu'alors, pour mettre un sens interdit dans une rue à Paris, c'était le préfet qui commandait, aujourd'hui la décision se prend à deux », indique Olivier Renaudie. Les pouvoirs de la préfecture seront l'un des principaux enjeux des prochaines municipales à Paris.

Non seulement la muraille qui protège la Préfecture de police est suffisamment épaisse pour résister à tous les assauts, mais elle est assez haute pour dissuader les curieux. En 1992, deux ans après le suicide de Daniel Voiry, secrétaire personnel de quatre directeurs successifs de la sécurité publique à la PP, impliqué dans le scandale immobilier de la vente de la Tour BP à la Défense, le préfet de l'époque, Pierre Verbrugghe, aurait refusé aux enquêteurs envoyés par le juge le droit d'interroger les supérieurs hiérarchiques de Voiry.

Il aurait pourtant été intéressant de savoir pourquoi ce brigadier chef disposait d'un secrétariat particulier et partageait à loisir son temps entre la PP, où il était chargé de répartir les frais d'enquête et de surveillance entre la soixantaine de commissaires de la sécurité publique parisienne, et la société dont son épouse était gérante. D'autant que par cette entreprise auraient transité les 6 millions de francs de commission sur la revente dans des conditions troubles de la tour BP[1].

Un signe qui ne trompe pas : alors que le ministère de l'Intérieur est tenu d'envoyer tous ses dossiers aux Archives nationales,

---

1. « Promoteurs et ripoux, l'effarant feuilleton de la revente de la tour BP à la Défense », *Le Monde*, 24 janvier 1991.

la PP bénéficie d'une dérogation qui lui permet de garder ses précieuses archives, stockées dans le 5e arrondissement de Paris. Quand un chercheur toque à la porte, on lui fait comprendre qu'il n'est pas le bienvenu. C'est ce qui est arrivé à Olivier Renaudie lorsqu'il s'est attelé à la première thèse de doctorat jamais réalisée sur la Préfecture de police de Paris : « Aucun entretien ne m'a été accordé et aucun document fourni », regrette le chercheur en sciences administratives.

Même la Cour des comptes, qui en 1998 s'était mis en tête de contrôler ce que la Préfecture de police faisait de ses sous, n'a pas vraiment réussi à y voir clair, au point de se plaindre dans son rapport de l'opacité de la maison. Il faut dire que c'était la première fois depuis deux cents ans que quelqu'un venait fourrer son nez dans les livres de comptes de la PP.

Pour être certaine que les autres ne viennent pas fouiller dans ses affaires, la PP dispose d'ailleurs de sa propre police des polices : l'Inspection générale des services. Même si théoriquement ses « bœufs-carottes » dépendent de la Police nationale, ils n'ont de comptes à rendre qu'au préfet qui les utilise par exemple pour prévenir les rébellions. Quand on veut déstabiliser un directeur, il suffit de commander à l'IGS un audit de son service...

Les barons de la PP se souviennent encore de ce haut fonctionnaire venu dans les bagages du préfet Jean-Paul Proust qui, la première fois qu'il les réunit, leur lance : « Vous êtes la Corée du Nord, maintenant il va falloir devenir la Corée du Sud. » Comme le confie un ancien grand manitou de la Préfecture de police : « Le sommet de la PP ressemble à la carène liquide d'un bateau qui oscille à droite et à gauche mais sans jamais prendre réellement position. Elle ne fait que suivre le mouvement pour garantir la stabilité de l'ensemble, mais peut faire chavirer le capitaine qui la ferait changer de cap trop brutalement[1]. » D'autres y voient plutôt le mur de Berlin. Reste à savoir qui sera le Gorbatchev de la Préfecture de police de Paris.

1. Entretien du 15 février 2005.

10

Les RG : une police politique

« Cela faisait à peine une heure que j'étais installé dans mon bureau, quand mon téléphone s'est mis à sonner[1] », se souvient Philippe Barret, alors conseiller auprès du nouveau ministre de l'Intérieur Jean-Pierre Chevènement. En 1997, ce normalien de gauche fait ses premiers pas Place Beauvau où l'équipe du prédécesseur, Jean-Louis Debré, a pris soin de « faire le ménage ». Dans la pièce ne reste plus un seul dossier, les armoires comme les tiroirs sont vides. Au bout du fil, un membre important du cabinet du ministre de l'Éducation Claude Allègre. « Il me parle du conflit des maîtres auxiliaires et me dit : "Il y a une jeune femme qui a pris la tête du mouvement et entamé une grève de la faim à Toulouse. On voudrait une note des RG sur elle." » Philippe Barret fait part de son étonnement à l'ancien leader étudiant de Mai 68 devenu conseiller rue de Grenelle[2] : « Je vais le faire, mais c'est la dernière fois. »

La demande est aussitôt transmise au directeur des renseignements généraux. Vingt-quatre heures plus tard, Philippe Barret a entre les mains la note des RG. « Elle contenait le pedigree complet de la jeune femme. Y compris ses voyages à l'étranger, avec des conclusions hâtives sur ceux effectués dans les pays de l'Est. Et surtout à la fin de la note, cette remarque :

1. Entretien du 15 février 2005.
2. Le 110 rue de Grenelle dans le 7e arrondissement de Paris est le siège du ministère de l'Éducation nationale.

"Mme Unetelle est atteinte d'un cancer..." » L'ex-conseiller de Claude Allègre, que nous avons interrogé, conteste avoir fait cette demande.

Les RG, arme politique

Les trois mille huit cent cinquante fonctionnaires des renseignements généraux sont chargés de « la recherche et de la centralisation des renseignements destinés à informer le gouvernement ». En clair, ils ne sont pas au service du citoyen mais du politique. D'où la relation ambiguë que les ministres de l'Intérieur ont toujours entretenue avec la créature RG. « Dans l'opposition, ils affirment vouloir réformer, voire carrément dissoudre les RG, mais une fois assis dans le fauteuil Place Beauvau, ils ne peuvent plus s'en passer », analyse ce commissaire des renseignements généraux qui nous a fixé un rendez-vous discret dans un café du sud parisien[1].

Une amnésie teintée de pragmatisme. Pour le politique, les RG sont un fantastique outil de pouvoir. « Les renseignements généraux vous permettent d'être celui qui en sait le plus. Cela vous donne évidemment un avantage sur les autres », reconnaît Philippe Marchand[2], ministre de l'Intérieur météorite sous le gouvernement d'Édith Cresson.

Actuellement, huit cent mille Français sont fichés par les RG. Peut-on pour autant parler d'une police politique, l'équivalent, toutes proportions gardées, de la Stasi qui, en Allemagne de l'Est, avait mis en fiches quasiment tout le pays ? Tout dépend en fait de l'attitude du ministre qui est aux commandes. L'appareil RG peut aussi bien repérer des apprentis terroristes dans une banlieue que ficher les membres d'une ONG parce qu'elle gêne un ministre ou un préfet.

Il est cependant très difficile pour un politique de résister à la tentation de mettre la main dans le pot de confiture. Même

1. Entretien du 8 juin 2005.
2. Entretien du 21 juin 2005.

Jean-Pierre Chevènement[1], qui ne rate jamais une occasion d'afficher ses valeurs républicaines, avoue avoir succombé à la tentation durant ses trois années passées Place Beauvau : « En utilisant prudemment les renseignements généraux, le ministre de l'Intérieur peut informer le gouvernement et lui éviter des coups bas, se justifie-t-il. Bien sûr, j'ai aussi droit aux histoires de coucheries. Ce n'est pas forcément mal venu. Les informations des RG permettent de vérifier que tel parlementaire auquel on compte confier une mission ne traîne pas de casseroles embarrassantes. » Il est vrai que Jean-Pierre Chevènement a eu à son service un orfèvre en la personne d'Yves Bertrand.

Yves Bertrand, la face noire des RG

Tassé dans son fauteuil, celui qui est resté près de douze ans à la tête de la Direction centrale des renseignements généraux – un record de longévité – vous évalue avec l'œil averti du maquignon. « Le ministère de l'Intérieur est comme le lait sur le feu. Il faut quelqu'un qui surveille en permanence pour que cela ne déborde pas. Si le DCRG s'entend avec le ministre de l'Intérieur, tout va bien », constate Yves Bertrand[2]. Petit, trapu, les cheveux poivre et sel tirant sur le blanc, la soixantaine alerte, on le verrait plus sorti d'un thé dansant que d'un épisode de James Bond. Pourtant Yves Bertrand a survécu à sept ministres de l'Intérieur et deux cohabitations. « Avec les ministres de l'Intérieur, cela se passe toujours de la même façon. Ils ont tous un a priori contre moi, et puis ils finissent par m'accepter car je fais mon métier. » Charles Pasqua a gardé en mémoire son premier contact avec Yves Bertrand en 1993. « Bertrand a tout de suite fait allégeance. Dès que je suis arrivé, il m'a dit qu'il était de Grasse comme moi, pensant sans doute que cela allait créer un lien privilégié entre nous[3]. »

1. Entretiens du 14 juin et du 12 juillet 2005.
2. Entretien du 7 juillet 2005.
3. Entretiens du 6 et du 13 juillet 2005.

Yves Bertrand, qui répond par une moue dédaigneuse quand on lui parle des politiques, a su se rendre indispensable dans le rôle du marionnettiste qui, en coulisses, prépare l'entrée en scène du ministre, lui ouvre la porte dérobée pour qu'il s'extirpe d'un mauvais pas ou actionne la trappe où faire disparaître le gêneur. Comment ne pas penser à Edgar Hoover qui a dirigé le FBI pendant près d'un demi-siècle et vu passer dix-huit ministres de la Justice – des ministres qui ont presque tous eu la tentation de s'en débarrasser ?

Mais on ne se sépare pas facilement de quelqu'un qui sait tout sur vous. Le ministre de l'Intérieur vit lui aussi sous l'œil des RG. Pierre Joxe[1] a expérimenté Place Beauvau cette surveillance aussi discrète que redoutable. Au retour d'un déplacement en province, alors qu'il discute tranquillement dans l'avion avec une journaliste qui s'est assise à côté, il voit arriver le fonctionnaire des renseignements généraux qui interrompt leur conversation : « Monsieur le ministre, j'ai quelque chose d'important à vous dire, cela ne peut pas attendre. » Et le RG s'assoit à la place de la journaliste. « Je lui demande quel est le problème et il m'explique : "Vous voyez, cette jeune personne est toujours là quand vous vous déplacez sans votre femme. Vous êtes assis à côté d'elle et vous lui parlez longuement. Je suis venu parce que ça commence à jaser derrière, il vaut mieux que je reste assis à côté de vous jusqu'à la fin du vol." »

Comme Hoover, Bertrand a su devancer les demandes inavouables des politiques. « Il s'est comporté en parfait satrape des ministres de l'Intérieur tout en leur faisant comprendre qu'il pouvait devenir du jour au lendemain leur pire fléau », analyse un ancien officier des RG qui a travaillé sous ses ordres[2].

Le pire fléau, c'est sans doute comme cela que le voit Nicolas Sarkozy lorsqu'il arrive Place Beauvau en 2002. Le ministre de l'Intérieur soupçonne le patron des RG d'être un agent double de l'Élysée, prompt à escamoter un certain nombre d'informations sensibles pour les faire discrètement remonter au Château.

1. Entretien du 21 juin 2005.
2. Entretien du 8 juin 2005.

Sarkozy a déjà eu maille à partir avec Yves Bertrand. À l'époque des règlements de comptes entre Jacques Chirac et Édouard Balladur, au milieu des années 1990, il était ministre du Budget et faisait l'objet d'une attention particulière des RG. Il soupçonne Bertrand d'avoir alors, à l'approche de la présidentielle, fait travailler la section financière des RG sur son patrimoine financier et sur des liens imaginaires avec un banquier suisse à la réputation douteuse. Le tout consigné dans deux « blancs », ces fameuses notes rédigées sur papier sans en-tête ni signature, pour garantir l'anonymat du rédacteur, et qui contiennent des informations sensibles, vraies ou fausses.

Est-ce pour cela que Nicolas Sarkozy a développé une allergie aux blancs des RG ? Peu de temps après son arrivée Place Beauvau en 2002, le ministre pique une grosse colère à la lecture de l'un d'entre eux. Le blanc en question détaille, avec des commentaires scabreux, les mœurs du candidat proposé par le ministre des Sports pour prendre la tête de la Mission interministérielle de lutte contre la drogue et la toxicomanie (Mildt).

Le 4 octobre 2002, Nicolas Sarkozy signe de sa main l'arrêt de mort des notes blanches : « Je souhaite que les notes comportant des informations sensibles soient désormais, comme les autres, identifiées, stipule-t-il dans une missive adressée au directeur général de la Police nationale. Elles devront explicitement porter le timbre de la Direction centrale des renseignements généraux, suivi de la mention "confidentiel", et de la date. »

La suppression des blancs aura au moins permis d'enrayer la machine à ragots que constituaient une partie des RG. Un univers en vase clos avec ses codes pour initiés. « Quand la personne était homosexuelle, on mettait "aime le mobilier anglais", certains directeurs de cabinet ne saisissaient pas. Les notes avaient ainsi plusieurs niveaux de lecture selon que leur destinataire était plus ou moins au parfum[1] », raconte dans un

1. Entretien du 18 novembre 2005.

éclat de rire un vieux routard des RG, qui a tenu les rênes de plusieurs services à la DCRG.

« Les deux à trois notes blanches qui nous arrivaient autrefois étaient souvent utilisées pour balancer n'importe quelle information sans aucune vérification[1] », indique Claude Guéant. Chaque jour, le directeur de cabinet de Nicolas Sarkozy voit passer quinze à vingt notes des renseignements généraux. Pour les remettre au ministre, il lui suffit de pousser la porte blanche à double battant qui sépare leurs deux bureaux.

Afin de se débarrasser d'Yves Bertrand – « Grincheux », comme l'avait baptisé Cécilia –, Sarkozy va tenter de mettre à sa place un homme de confiance, Bernard Squarcini, alors numéro 2 des renseignements généraux.

Fin 2003, la messe est dite pour Yves Bertrand, la presse annonce son remplacement par celui que l'on appelle « Squars ». Au sein des RG, le climat devient étouffant entre le camp des pro-Bertrand et les partisans de Squars. Tout le monde se méfie de tout le monde et surtout du téléphone. « On a tous sorti le stéthoscope pour écouter aux cloisons, comme on dit dans la maison », se rappelle un témoin de cette guerre souterraine[2].

Encouragé par l'Élysée à tenir bon, Yves Bertrand fait de la résistance. D'autant qu'au Château, il peut compter sur le soutien de Philippe Massoni. L'ex-préfet de police de Paris, devenu conseiller pour les questions de sécurité de Jacques Chirac, est lui aussi un pur produit des RG. Les deux « tontons flingueurs » formés à l'école Marcellin – l'indéboulonnable ministre de l'Intérieur sous de Gaulle, obsédé par la menace révolutionnaire – ont partagé des montées d'adrénaline en faisant la chasse aux « gauchistes ». Plus tard, c'est Philippe Massoni, alors directeur de cabinet du très chiraquien Robert Pandraud, qui a repêché Bertrand à la PAF où il s'était mis au vert deux ans après l'arrivée de la gauche, en le nommant chef d'état-major des RG.

1. Entretien du 1er août 2005.
2. Entretien du 20 mai 2005.

Afin d'« éliminer » son rival, Yves Bertrand va faire un de ces coups de Jarnac dont il a le secret. Histoire de faire taire la rumeur sur les batailles rangées qui se déroulent dans les couloirs de la DCRG, Bertrand et Squarcini sont priés par le cabinet de Sarkozy de donner une interview commune au *Journal du dimanche* sur les réformes en cours au sein de leur service. Yves Bertrand saisit la perche qui lui est tendue pour proposer lui-même comme successeur... Squarcini. Un cadeau empoisonné puisque, dans la tradition de la Place Beauvau, c'est aux seuls président et ministre de l'Intérieur qu'il revient de désigner le patron des trois mille fonctionnaires de la Centrale.

L'épisode est vécu comme une offense par Jacques Chirac et la candidature de Squarcini explose en vol. Bertrand obtient un sursis jusqu'à son soixantième anniversaire, l'âge de la retraite dans la police. Quant à Squarcini, il décroche comme lot de consolation le fauteuil de préfet de police de Marseille.

En janvier 2004, l'inoxydable Yves Bertrand, atteint par la limite d'âge, a donc été prié de laisser la place. Il a quitté son grand bureau Empire, au quatrième étage de la cour Pierre Brossolette du ministère de l'Intérieur pour s'exiler à l'Inspection générale de l'administration où il bénéficie d'un « rabe » de cinq ans. Son nouveau bureau, où ne traîne pas le moindre dossier, est niché au sixième étage, coincé au fond d'un véritable labyrinthe. « Comme ça, avant qu'on me trouve... », commente, narquois, l'ancien patron des renseignements généraux qui n'a rien perdu de son mordant. Ni de ses réseaux. Nicolas Sarkozy est persuadé que l'ex-patron des RG a profité de son absence pour participer depuis son placard doré aux opérations de déstabilisation touchant sa vie privée. « Bertrand est actuellement en résidence surveillée », ironise-t-on dans l'entourage du ministre de l'Intérieur.

Les nouvelles méthodes

À l'ère du politiquement correct, l'ancien patron des renseignements généraux, qui symbolise les méthodes à l'ancienne, est devenu infréquentable. À lui seul, Bertrand incarne pour beaucoup la face noire des RG, celle des manipulations, des coups tordus et du renseignement d'alcôves. « L'époque d'Yves Bertrand est révolue, assène Claude Guéant. C'est une conception des renseignements généraux qui ne correspond plus aux nécessités actuelles[1]. » L'opinion publique ne tolère plus que l'État mette entre les mains des politiques un outil de police à leur seul profit.

Dans le rôle du chevalier blanc, le préfet Pascal Mailhos a pris la relève de Bertrand. L'ex-préfet délégué pour la sécurité et la défense à Rennes s'est imposé comme une solution de compromis pour l'Élysée et le ministère de l'Intérieur. À quarante-cinq ans, ce pur produit de la préfectorale qui, en arrivant, a accroché dans son bureau une photo de Jean Moulin, a une réputation d'homme intègre hostile aux coups tordus. Pour Chirac comme pour Sarkozy, Mailhos est la garantie, à l'approche de l'élection présidentielle, que la machine RG ne sera pas mobilisée tout entière au profit d'un camp ou d'un autre.

Le préfet a un ordre de mission clair : recentrer les RG sur des domaines plus légitimes aux yeux de l'opinion publique comme le terrorisme islamiste, les mouvements extrémistes, l'économie souterraine et les violences urbaines. Un virage qui n'avait été que timidement amorcé au milieu des années 1990.

Dès son arrivée, ce haut fonctionnaire, quasi inconnu des policiers, a dû essuyer les tirs des hommes de Bertrand embusqués à tous les étages de la Centrale, le siège de la DCRG. Au nom d'une nouvelle règle – pas plus de cinq ans au même poste –, la vieille garde qui squattait les fonctions stratégiques, est déboulonnée. À peine a-t-il mis un bâton dans

1. Entretien du 1er août 2005.

le nid de guêpes que Pascal Mailhos est attaqué dans la presse par des fonctionnaires anonymes de son service qui l'accusent d'avoir démotivé les troupes... Comme d'habitude, les regards se tournent vers Yves Bertrand qui nie toute implication. « Tout ça, c'est des fantasmes, c'est la théorie du complot », balaie d'un revers de main l'ex-patron des RG, avant de glisser un peu plus loin dans la conversation : « Quand j'ai commencé dans ce métier, un vieux RG m'a dit : “Il faut toujours jouer l'idiot[1].” »

Quoi qu'il en soit, Pascal Mailhos veut tourner la page Bertrand. Le rêve du nouveau patron est de faire des RG un service dépolitisé, animé par des techniciens du renseignement. C'est promis-juré, les RG ne se mêleront plus de politique. Une vieille antienne...

La section politique des RG

Les renseignements généraux ont officiellement laissé tomber les sondages depuis 1997. C'est Chevènement qui a demandé que l'Office central de sondages et de statistiques (OCSS) mette la clef sous la porte. Créé en 1964, bien avant les instituts privés comme Ifop ou Ipsos, l'OCSS aura déposé sur les bureaux des ministres de l'Intérieur successifs six cents soixante et onze sondages. Une suppression que Bertrand n'a toujours pas avalée. « J'en ai vu des politiques se tromper. Mais là, c'était une grosse erreur. On travaillait sur des échantillons de quatre mille personnes, c'était performant. Si Jospin avait gardé l'Office, il aurait pu voir venir sa défaite au premier tour des élections présidentielles. »

Et Yves Bertrand de décocher au passage une flèche rancunière à l'ancien Premier ministre à propos de la phrase assassine sur l'âge de Chirac, lâchée devant des journalistes à quelques jours du scrutin. « La remarque sur l'âge du capitaine a compté. Il avait bu trois punchs à La Réunion. Il n'est pas habitué. Dans

1. Entretien du 7 juillet 2005.

l'avion du retour, il a sorti cette connerie... », persifle celui que ses troupes ont baptisé « Trambert », Bertrand en verlan.

Exit les sondages donc, remplacés par les « prévisions électorales ». Les RG ont œuvré lors des européennes, des dernières législatives partielles à Paris ou encore pour le référendum sur la Constitution européenne. « On ne fait plus de sondages, mais on doit quand même s'occuper de politique[1], souligne un directeur départemental des renseignements généraux. Lors du référendum, le préfet de région a exigé qu'on lui fournisse des pronostics. J'ai discrètement détaché deux RG auprès de lui. »

Pour prendre la température de l'opinion publique, la DCRG a mis au point, début 2005, un nouveau thermomètre baptisé Mercure pour « Méthode d'Évaluation et de Recherche Concourant à une Réaction de l'État... ». Chaque trimestre, les directions départementales des renseignements généraux envoient à la Centrale, sous forme de tableaux remplis d'indicateurs, un bilan détaillé du climat social. Sont ainsi passés au crible les réunions publiques, les courriers des lecteurs et les éditoriaux dans la presse locale pour compter, par exemple, le nombre de fois où tel sujet a été abordé et sous quel angle... « Chaque éditorial quel que soit le sujet, fera l'objet d'un classement dans les colonnes + et – selon qu'il apparaîtra plus ou moins favorable à la politique gouvernementale », peut-on lire dans le mode d'emploi de Mercure. De même est quantifié le degré d'enthousiasme déclenché par la venue de tel ou tel ministre. Un outil d'analyse de l'opinion décliné en douze indicateurs, dont Nicolas Sarkozy a dit tout le bien qu'il pensait lors de son intervention au séminaire national des RG en octobre 2005, en précisant : « J'en prends toujours connaissance avec intérêt. »

Jusqu'en 1994, la section politique des renseignements généraux employait une vingtaine de fonctionnaires. Attablé dans un troquet à deux pas de la Place Beauvau, ce commissaire divisionnaire se remémore les dix ans passés dans cette section : « On collectait les informations, notamment financières, sur tel

1. Entretien du 15 juillet 2005.

élu de l'opposition ou tels membres de la majorité. J'ai comme cela travaillé sur l'ancien ministre Michel Jobert dont l'influence grandissante inquiétait Paris. Ou encore sur un député qui s'entêtait à vouloir se présenter contre l'avis de son parti. J'ai consulté nos fichiers et synthétisé les informations recueillies par la section locale des RG. Une fois le dossier en main, il a été facile de lui faire comprendre qu'il valait mieux qu'il se retire[1]. » Et l'ex-fonctionnaire de la section politique de poursuivre : « On nous a même demandé de travailler sur le commandant Cousteau, Coluche et l'abbé Pierre qui inquiétaient en raison de leur cote de popularité et de la possibilité qu'ils se présentent à la présidentielle ! »

Intarissable, le commissaire divisionnaire enchaîne les anecdotes. « 1981, c'est la panique au sein du service. On avait espionné toute la gauche et on savait que Mitterrand allait l'emporter. Quelques semaines avant l'élection présidentielle, notre chef nous a convoqués : “N'ayez crainte, si nous avons un ministre socialiste, il va appuyer sur tous les boutons de son bureau et les seuls à répondre, ce sera nous.” Il avait raison. La dissolution des RG figurait dans le programme du PS, mais, une fois aux commandes, ils se sont appuyés sur nous comme jamais... »

En 1982, le nouveau patron des RG, le socialiste Paul Roux, demande de fouiller sur le SAC, le service d'ordre gaulliste, et notamment sur ses membres infiltrés au ministère de l'Intérieur. L'objectif est de purger la police des réseaux gaullistes. Près d'un millier de lettres de dénonciation arrivent aux RG, certaines par l'intermédiaire de députés socialistes. « On vérifiait chaque nom. Je me souviens d'un inspecteur d'un commissariat de quartier qui dénonçait toute une section de CRS, raconte un des fonctionnaires des RG alors missionné pour cette chasse aux réseaux gaullistes. En fait, on n'a identifié que des résidus du SAC incapables de constituer une menace[2]. » Deux mois après que les communistes ont claqué la porte du gouvernement

1. Entretien du 26 mai 2005.
2. Entretien du 18 juin 2005.

en 1984, les RG sont mobilisés sur une nouvelle mission : dresser, pour la passer au crible, la liste de tous les fonctionnaires promus par les ministres communistes.

Les RG dévoyés

Charles Pasqua est en poste Place Beauvau depuis un an et demi lorsque *Le Canard enchaîné* révèle le 6 juillet 1994 que les RGPP ont espionné les débats du conseil national du PS. Le 17 juin, tous les éléphants du Parti socialiste réunis à la Cité des sciences de La Villette, débattent à huis clos de la succession de François Mitterrand. Installé à quelques mètres dans un local technique, un fonctionnaire de la section politique des RGPP ne perd pas une miette de ce qui se dit grâce à un interphone branché sur la salle de réunion. La synthèse de cette « écoute » atterrit aussitôt sur le bureau de Charles Pasqua qui prépare la campagne pour la présidentielle de son Premier ministre Édouard Balladur.

L'affaire provoque un tel tollé médiatique que Pasqua demande à Bertrand un grand nettoyage. La section politique est dissoute. Les policiers qui se consacraient à la « Vie des partis » migrent pour la plupart vers la section « Villes et banlieues » qui sert de vitrine à la DCRG en luttant contre les violences urbaines. Aujourd'hui quand des RG en province collectent un potin sur un député ou un sénateur, ils le font remonter à Paris, à la section « Vie locale » qui en fait son miel. « On avait fini par tourner en rond, avoue un RG témoin des grandes heures de la section politique lorsqu'elle infiltrait les partis considérés comme extrémistes. Lors d'une réunion d'un parti, sur les cinq responsables à la tribune, trois dont le président étaient des RG infiltrés pour obtenir du renseignement de rue, c'est-à-dire être informés des prochaines manifestations[1]. »

Avant de supprimer la section politique, Charles Pasqua avait su profiter de ses compétences. Lors de son premier passage

1. Entretien du 18 novembre 2005.

Place Beauvau, le ministre de l'Intérieur avait reçu une note blanche des RG selon laquelle un des hauts cadres du PC était mouillé dans une affaire de corruption. « J'ai su par la suite que Pasqua n'avait pas attendu quinze jours avant de se servir de ma note comme moyen de pression, en évoquant son contenu avec le principal intéressé, confie l'auteur du blanc qui sera d'ailleurs récompensé pour ce fait d'arme. Trois mois après, Pandraud, ministre délégué à la Sécurité, m'a demandé quelle affectation je désirais[1]. »

De retour au pouvoir, la gauche a retenu la leçon. C'est l'époque où les RG vont jouer la carte des affaires politico-financières. Le sexe, hormis la pédophilie, n'est plus un moyen de chantage efficace. En 1988, Mitterrand nomme à la tête de la DCRG un militant socialiste, ex-inspecteur des impôts originaire de la Nièvre, son département fétiche, qui va réorienter le travail des renseignements généraux.

Nouvelle orientation : les affaires financières

Petit, le visage rond et jovial, veste vert pomme et cravate bleue, Jacques Fournet nous a donné rendez-vous dans un hôtel parisien. « Quand j'ai pris mes fonctions, il y avait trois fonctionnaires détachés au Palais Brongniart qui, tous les jours à 13 heures, me rapportaient les cotations alors qu'il suffisait de taper sur le Minitel pour avoir la bourse du jour[2] », ironise l'ancien DCRG. Pour relever le niveau, Jacques Fournet va envoyer ses équipes se former à l'université Paris-Dauphine et ouvrir une antenne dans le quartier d'affaires de La Défense, où il nomme la commissaire Brigitte Henri.

La cinquantaine, cheveux roux taillés en brosse, Brigitte Henri ne passe pas inaperçue au Bistrot romain des Champs-Élysées. Pendant le déjeuner, elle nous confie être entrée dans

1. Entretien du 20 mai 2005.
2. Entretien du 12 juillet 2005.

le renseignement « comme on entre en religion »[1]. Officiellement, elle est chargée par Fournet d'enquêter sur les milieux économiques. Par ce biais, il s'agit de fouiller les circuits financiers du RPR, pour faire contre-feu aux scandales de financements occultes qui éclaboussent le PS.

Quand Yves Bertrand succède à Jacques Fournet en 1992 à la tête de la DCRG, il met la main sur Brigitte Henri. C'est grâce à elle qu'il va se faire bien voir de Charles Pasqua revenu en 1993 Place Beauvau, en faisant remonter à son cabinet des notes sur les HLM de la Ville de Paris. Une affaire de financement occulte qui déstabilise le maire de la capitale, Jacques Chirac, adversaire déclaré du candidat Édouard Balladur pour lequel roule Pasqua.

Sans doute satisfait de la moisson d'infos, ce dernier décide de garder Yves Bertrand qu'il a pourtant du mal à supporter. À la veille de l'élection présidentielle de 1995, un corbeau très bien informé envoie au juge Éric Halphen, chargé de l'enquête sur les HLM, les notes de Brigitte Henri mettant en cause des proches de Jacques Chirac. Des courriers anonymes qui vaudront au commissaire de voir débarquer le juge Halphen chez elle, un matin d'octobre 1996, à la recherche de l'intégralité de ses fameuses notes blanches, dont les RG jurent qu'elles ont été détruites[2]. Avec cette précision qui fait rire à l'époque toute la Centrale : les blancs ne sont jamais archivés. « Un jour, j'ai demandé à Bertrand le nom du corbeau qui avait écrit les lettres au juge Halphen. Il m'a répondu : “Il vaut mieux que vous ne sachiez pas, vous risqueriez de vous faire tuer” », nous raconte Brigitte Henri avec un faux air de naïve à qui l'on ne confierait pas son poisson rouge.

Pendant près de quinze ans, après que Pasqua a ouvert la boîte de Pandore en 1986, les affaires politico-financières qui se sont nourries des années fric vont sortir du chaudron les unes après les autres : Boucheron, Noir, Carignon, Médecin, Botton... Jusqu'à la fin des années 1990, quand les politiques, conscients

1. Entretien du 11 février 2005.
2. Brigitte Henri, *Au cœur de la corruption*, Paris, Édition n° 1, 2000.

des effets désastreux sur leur image, décident tacitement de remettre le couvercle. Chaque cohabitation a agi comme un soufflet sur le feu de la marmite. Avec les RG en cuisine pour avertir le pouvoir avant que cela ne sente trop le roussi ou pour faire monter la sauce quand le plat est destiné à la table adverse.

Au final, les alternances ont renforcé la puissance des renseignements généraux. Et de leur patron Yves Bertrand. Comme l'indique un ancien grand flic de la police judiciaire passé par plusieurs cabinets de ministres de l'Intérieur, « en se mettant au service des uns puis des autres, Bertrand a fini par tout savoir sur chaque camp ». Sous son règne, les RG sont même soupçonnés de participer à des opérations de déstabilisation contre des juges. En juillet 1997, plusieurs cassettes vidéo circulent, notamment à la Chancellerie. On y voit un juge en caleçon danser sur une table au milieu de convives lors d'une soirée arrosée. La vedette involontaire de ce film amateur, qui n'a pourtant rien d'un joyeux drille, s'appelle Étienne Fradin, juge d'instruction à Montluçon dans l'Allier. À l'époque, il enquête sur le rachat du casino de Néris-les-Bains dans l'Allier par l'homme d'affaires Georges Tranchant, un proche de Pasqua – un dossier dans lequel, on l'a vu, la section des Courses et Jeux de la DCRG chargée de surveiller les cent quatre-vingt-dix casinos et les champs de courses, pourrait avoir joué un rôle trouble[1].

Convaincu de faire l'objet d'une tentative de manipulation de la part des renseignements généraux, Étienne Fradin porte plainte. Deux antennes des RG, l'une dans l'Allier et l'autre dans l'Isère, sont perquisitionnées par les gendarmes. Une première dans les annales judiciaires. Brigitte Henri, qui a pris la tête des renseignements généraux du département depuis juillet 1998, a encore droit à une perquisition, cette fois dans la maison de ses parents où elle s'est aménagé une chambre au grenier.

1. Cette section à part dans la maison RG, possède même son propre casino. Installé dans une salle voûtée au sous-sol de la Place Beauvau, « le tripot des RG » permet aux enquêteurs de s'entraîner sur deux roulettes, une table de black jack et deux bandits manchots.

Alors que les gendarmes investissent la demeure, accompagnés de Brigitte Henri qu'ils viennent d'intercepter sur la route, ils surprennent sa mère, dans la cuisine, en train d'appeler Yves Bertrand.

« Cette histoire de cassette, je n'y suis pour rien[1] », jure Brigitte Henri tout en entamant le « café gourmand » qu'elle a commandé en guise de dessert. Et la commissaire des RG d'affirmer que la perquisition visait en fait à la freiner dans son enquête sur la MNEF, la mutuelle étudiante mêlée à une affaire d'emplois fictifs pour le compte du Parti socialiste. Mise sur la touche depuis le départ de Bertrand, Brigitte Henri vient d'obtenir une mise en disponibilité pour rejoindre le privé.

Quoi qu'il en soit, le juge Charpier, qui a ordonné les perquisitions pour retrouver les auteurs du « chantier » monté contre Fradin, connaît bien les RG et le monde des casinos. Depuis plusieurs mois déjà, il enquête sur les lettres de menaces de mort reçues à son domicile par l'avocat parisien d'un ancien indicateur des renseignements généraux qui a travaillé sur le dossier de Néris-les-Bains. Persuadé que les RG ne sont pas étrangers à ces pressions, Jean-Marie Charpier auditionne Yves Bertrand ainsi qu'une partie de l'état-major de la section Courses et Jeux – rebaptisée « Corses et Jeux » par les RG. Afin de vérifier que leurs empreintes génétiques ne figurent pas sur les lettres agrémentées d'un cercueil reçues par l'avocat, il soumet tout le monde à un test ADN. Une humiliation qui reste en travers de la gorge d'Yves Bertrand : « J'ai passé six heures chez le juge Charpier alors que je n'y suis pour rien. C'est Fradin qui aurait dû terminer avec une plainte pour exhibitionnisme, il y avait des enfants dans la salle... »

Les RG sont-ils désormais assainis ? Claude Guéant se montre très prudent : « Les choses vont dans le bon sens, mais je ne suis pas le mieux placé pour repérer les dysfonctionnements. Le directeur de cabinet du ministre de l'Intérieur a l'information que l'on veut bien lui donner ou qu'il peut aller chercher. » Une habile façon de reconnaître que, malgré la

1. Entretien du 11 février 2005.

volonté d'un ministre de l'Intérieur de contrôler ce qui se trame derrière la porte, il restera toujours au sein des renseignements généraux des recoins obscurs où peuvent se monter des coups tordus, du fait de la nature même d'une structure vouée au renseignement et ultra-cloisonnée.

Les RG de la Préfecture de police de Paris

À la Préfecture de police où les six cent soixante fonctionnaires des RG sont constitués en groupes d'enquête ultraspécialisés, le risque de dérapage est particulièrement élevé. Le préfet de police, le directeur des RG ou son état-major peut à tout moment commander un travail sensible à tel chef de groupe ou directement à un enquêteur sans passer par les patrons de service. L'entretien se passe en tête à tête, porte fermée. Dans ce cas, le responsable du service se retrouve avec l'un ou plusieurs de ses fonctionnaires travaillant dans son dos pour le compte de ses supérieurs.

« Il m'est souvent arrivé d'apprendre l'existence d'une enquête faite par mon service en découvrant aux archives que tel ou tel dossier avait été sorti par l'un de mes hommes, précise cet ancien chef de section aux RGPP dans les années 1990. Quand le directeur demande, par exemple, une enquête sur tel leader émergent dans l'appareil d'Attac, sa vie familiale, professionnelle, son profil, ses relations..., il le fait auprès du groupe spécialisé sur les mouvements altermondialistes, sans que personne d'autre soit au courant[1]. » Pour casser les mauvaises habitudes, Claude Guéant mise sur la personnalité du nouveau patron. « Les RGPP ont beaucoup évolué. Ils ne sont plus les colporteurs de ragots qu'ils ont été dans le passé. Leur actuel directeur, Bruno Lafargue, s'attache à orienter l'action de son service contre l'islamisme radical ou l'immigration irrégulière. »

1. Entretien du 17 juin 2005.

Les dérapages

Ils ne sont chaque fois le fait que d'une poignée de fonctionnaires. La majorité des policiers des renseignements généraux sont chargés d'un travail d'analyse qui nécessite rarement d'aller sur le terrain. Les RG qui font de l'opérationnel, essentiellement pour les affaires de terrorisme, l'islamisme radical ou les violences urbaines, sont une minorité.

Le problème vient des groupes dits d'« enquêtes réservées » qui, à la DCRG, ont aligné jusqu'à une quinzaine de fonctionnaires prenant leurs ordres au cabinet du directeur. Ce dernier pouvant, en plus, entretenir son propre groupe de quatre à cinq « électrons libres ». Ce système garantit la discrétion et a souvent permis, sous François Mitterrand, de faire travailler les RG pour le compte du Château, à l'insu même du ministre de l'Intérieur. Avec parfois de gros ratages. Comme cette opération de déstabilisation d'un dirigeant africain qui aurait été menée à la fin des années 1980 par la DCRG, et se serait soldée en rétorsion par la liquidation du représentant des services secrets français sur place.

Quand elle arrive aux commandes en 1981, la gauche souffre du « syndrome Allende », l'idée que l'extrême droite peut renverser le gouvernement, comme au Chili en 1973. Gaston Defferre, dont le premier réflexe a été de demander sa fiche au nouveau patron des RG, veut un groupe pour travailler sur une hypothétique cinquième colonne qui chercherait à prendre le pouvoir par la force. En juillet 1982 est créé au sein des RGPP le Groupe études et réflexion (GER). Derrière cet intitulé digne d'un département du CNRS se cache une troupe de choc de seize fonctionnaires recrutés parmi les meilleurs de chaque section. Sans compter les « tontons macoutes », comme on appelait ceux qui, avant 1981, menaient les « enquêtes réservées » à la demande du préfet de police ou du ministre.

Très vite, le GER va élargir ses missions, au-delà de l'extrême droite. « On est devenu un groupe d'investigations approfondies, tous azimuts, ne prenant ses ordres qu'auprès du directeur ou du préfet de police[1] », se rappelle l'un des anciens membres du GER aujourd'hui affecté dans un service en province. « Tout savoir sur quelqu'un, ça prend vingt-quatre heures. Il est arrivé que l'on nous demande de faire le travail en une heure. Dans ce cas, on mobilisait tout le monde et on pondait une note de dix à vingt pages. » Pour collecter l'info sur la « cible », outre les écoutes téléphoniques et les filatures, les RG épluchent leurs fichiers maison et ceux des autres : banques, impôts, dossiers scolaires et militaires... « Parfois, ajoute le fonctionnaire, on découvrait après coup que l'enquête avait été demandée par une personnalité qui voulait en savoir plus sur le petit ami de sa fille. »

En 1989, le nouveau directeur des RGPP, Claude Bardon, un ancien de la DCRG, la maison rivale, va faire du GER une véritable machine de guerre. Du jour au lendemain, les effectifs du groupe, rebaptisé entre-temps « enquêtes et recherche », vont plus que doubler pour totaliser trente-sept fonctionnaires. « Avec Bardon, c'était la culture du résultat à tout prix, la fin justifie les moyens. Dès qu'il est arrivé, il a fallu recruter nos informateurs parmi les prostituées et les homosexuels », affirme encore l'ancien membre du GER. Une vision que conteste Claude Bardon : « J'ai réactivé une stratégie de recrutement d'informateurs mais sans me focaliser sur le monde de la nuit[2]. »

Les RGPP comptent à cette époque autour de deux mille indics et une vingtaine d'écoutes téléphoniques tournent en permanence. L'obsession du nouveau patron, c'est l'infiltration. « C'est parce que j'avais le profil que je suis entré dans la police », précise Claude Bardon, qui a monté depuis, avec un ex-directeur de la PJ, sa propre boîte d'audit de sécurité.

Recruté dans la police au sortir de l'armée, l'ancien officier para pendant la guerre d'Algérie se retrouve très vite chargé d'infiltrer le grand banditisme. « Dans le milieu, on m'appelait le Petit Claude, j'avais de faux papiers d'identité. Quand on me

1. Entretien du 15 juillet 2005.
2. Entretiens du 24 juin et du 2 décembre 2005.

proposait de monter sur un braquage, je prenais des airs mystérieux pour dire que je ne travaillais qu'à l'international. Je me mettais au vert et quand je réapparaissais, les types étaient sûrs que j'étais allé me remplir les poches à l'étranger. »

Claude Bardon enchaîne une carrière de grand flic à la PJ jusqu'à ce que Pierre Joxe le téléporte aux RG. « Il souhaitait que les renseignements généraux se mettent au service de la police judiciaire en lui fournissant du renseignement exploitable. » Sauf que la culture PJ importée aux RG produit parfois un cocktail détonant.

L'affaire Doucé

Le soir du 19 juillet 1990, le pasteur Joseph Doucé, militant de la cause homosexuelle, est enlevé à son domicile parisien par deux hommes munis de cartes de police. On retrouve son cadavre trois mois plus tard en forêt de Rambouillet. Très vite, l'enquête s'oriente vers le GER qui a « branché » avec une écoute sauvage le téléphone du pasteur et planqué devant sa librairie au motif qu'elle pourrait abriter des activités pédophiles.

Dans les jours qui suivent la disparition de Doucé, le patron du GER et trois de ses hommes sont mis en garde à vue par la brigade criminelle. Les soupçons se concentrent sur l'un d'entre eux, l'inspecteur Dufourg. Cet ancien de la DGSE, aux méthodes musclées, se serait déjà fait remarquer lorsqu'il était à la DCRG, au cours d'une mission *undercover.* Plutôt que de décliner son identité, il aurait forcé un barrage de gendarmerie, obligeant les pandores à répliquer au pistolet-mitrailleur.

En 1990, devant le commissaire de la crime qui l'interroge sur le pasteur Doucé, Jean-Marc Dufourg aurait lâché : « Aujourd'hui, vous m'entendez sur procès-verbal, comme témoin, sous la foi du serment. Je vous fais trois révélations. La semaine prochaine, si vous me reconvoquez, je vous ferai trois autres révélations. La semaine suivante, si je suis reconvoqué, je pense que vous ne serez plus à ce poste pour m'accueillir. » Et

Dufourg aurait accusé sa hiérarchie d'avoir monté des opérations de déstabilisation contre plusieurs personnalités, dont un ministre[1]. Aucune preuve n'ayant été trouvée contre lui, il ne sera pas mis en examen mais révoqué de la police le 24 novembre 1990.

Plus de quinze ans après, l'instruction de l'affaire Doucé n'est pas encore terminée. S'agit-il d'une bavure de policiers qui travaillent en roue libre sur des milieux sexuels extrêmes ? Ou d'une opération consistant à récupérer des documents compromettants sur des personnalités politiques afin de les protéger ou de les faire chanter ? Cette seconde hypothèse supposant la présence d'une deuxième équipe[2].

À l'époque Yves Bertrand, numéro 2 de la DCRG, assure l'intérim pendant les vacances d'été du patron : « Les RGPP ont voulu nous coller l'affaire sur le dos avec l'histoire de la deuxième équipe. D'autant que le préfet de police, Pierre Verbrugghe, imposé à ce poste par François Mitterrand, recevait une partie de ses ordres directement de l'Élysée, sans en rendre compte Place Beauvau. » Et Yves Bertrand de s'emporter soudain : « L'affaire du pasteur serait arrivée aujourd'hui, après le scandale Dutroux en Belgique et le procès des pédophiles d'Angers, ce serait Doucé qui serait parti en tôle ! »

La bavure, c'est aussi l'hypothèse pour laquelle penche Pierre Joxe, qui était ministre de l'Intérieur au moment de la disparition du pasteur. « Bardon est venu me voir avant que l'affaire n'éclate et m'a tout de suite parlé d'un dysfonctionnement grave dans son service, explique l'ancien ministre. Lorsque l'on touche à la sécurité nationale, on ne peut éviter que des policiers mordent sur les règles du droit et de la déontologie. Mais Doucé, jusqu'à preuve du contraire, n'était pas un dangereux délinquant, il ne faisait que tenir une librairie homosexuelle...[3] »

1. *Libération*, 27-28 octobre 1990.
2. Bernard Violet, *Mort d'un pasteur*, Paris, Fayard, 1994.
3. Entretien du 18 juillet 2005.

Les groupes d'« enquêtes réservées »

Lors des manifestations d'infirmières en 1991, Claude Bardon demande à ses hommes de recruter des « taupes » à l'intérieur du mouvement pour avoir, comme il le dit, « du renseignement utile à la République ». Il arrive que certaines opérations d'infiltration réussissent au-delà des espérances. « Un jour, raconte-t-il, l'un de mes adjoints m'appelle : "Comment fait-on pour la négociation avec le ministre ?" Notre agent avait pris la tête de l'association autonomiste qu'il était chargé d'infiltrer et, lors d'un déplacement du ministre, il allait devoir discuter avec lui de partenariats culturels », continue en riant Claude Bardon. « On a organisé un putsch pour le faire descendre d'un cran dans l'organigramme. Le ministre n'en a jamais rien su[1]. »

Pour obtenir des résultats, les RG, sous la pression du politique, ont souvent franchi la ligne rouge. L'affaire Doucé n'est que la pointe émergée de l'iceberg. Quand éclate le scandale, d'autres pratiques inavouables remontent à la surface. On découvre ainsi que quatre ans plus tôt, sous Pasqua, les renseignements généraux ont commandité le cambriolage du siège de SOS Racisme pour y récupérer des documents. Du moins, selon la déposition faite à la police des polices par le commissaire principal Roger Duran. Ce commissaire, un temps en charge du traitement des indics au sein de la section « manipulation » de la Direction centrale des renseignements généraux, affirme même avoir commandité le casse à un indic de Dufourg, et ce, sur ordre de Claude Bardon. Ce que réfute catégoriquement ce dernier : « Cette manipulation datait de bien avant mon arrivée à la DCRG. Duran a sans doute dit ça pour couvrir quelqu'un d'autre dans la hiérarchie, il savait que je n'avais rien à voir dans l'histoire, que l'on pouvait me charger parce que j'avais les épaules solides. » Et de préciser : « Je n'ai d'ailleurs découvert l'existence de son groupe, qui était clandestin, qu'un

1. Entretiens du 24 juin et du 2 décembre 2005.

mois après mon arrivée. » Toujours est-il qu'à la demande de Pierre Joxe, les RG ont remis au président de SOS Racisme deux sacs contenant une partie des documents qui lui avaient été volés.

Le temps n'est pas si éloigné où les RGPP disposaient d'une section informelle baptisée « cambriolages » chargée de visiter en douce les domiciles.

Aujourd'hui, même si les méthodes se sont normalisées, il existe encore aux RG des groupes d'« enquêtes réservées ». Celui des RGPP, avec huit fonctionnaires, travaille discrètement au sein de la 8e Section. À la DCRG, le groupe enquêtes, constitué d'une quinzaine de policiers, se contente de quelques filoches et de faire le tour des fichiers des administrations.

Mais que penser de ce groupe spécial baptisé « les Enterrés », qu'a pris sous son aile l'actuel patron de la sous-direction de la recherche de la DCRG, un ancien militaire passé par la DGSE ? Ce commando de cinq fonctionnaires a été équipé, sans que l'on en saisisse l'utilité, de fusils dernier cri à très longue portée, avec viseurs infrarouge.

Une chose est sûre : dans ces groupes exotiques, le politique peut trouver des hommes prêts à répondre à n'importe quelle demande. « Si on encourage la formation de ces équipes spéciales, elles se multiplient. Si on la décourage, elles existent quand même car les flics le font dans votre dos, constate Pierre Joxe. Il y a toujours des gens qui, pour plaire au chef, finissent par faire du zèle et par s'affranchir d'un certain nombre de règles. » Ainsi, lorsque Dominique de Villepin prend ses fonctions Place Beauvau, les blancs que Nicolas Sarkozy avait fait supprimer réapparaissent comme par enchantement. Des notes anonymes nourries par une « task force » informelle d'une dizaine de personnes.

À se demander si les politiques ne s'accommodent pas finalement de la face noire des RG. Quitte à prendre le risque un jour que Frankenstein échappe à son créateur. « On a des biscuits sur tout ce qui ressemble de près ou de loin à un contre-pouvoir », indique un fonctionnaire de la DCRG en poste dans l'Est de la France. Le 9e collectif des sans-papier ou l'association Droit au logement (DAL) et son président Albert Jacquard font ainsi l'objet d'une attention particulière. Tout comme les altermondialistes. La DCGR dispose même au sein d'Attac d'un informateur dûment rémunéré, qui fait partie du STR, son service de traitement du renseignement, chargé de gérer les indics.

Tous fichés ?

Si les RG n'ont plus le droit de coucher sur leurs notes les opinions politiques des citoyens ni de surveiller les partis, un décret de 1991 les autorise toujours à ficher les « activités » des personnages publics qui « exercent » ou « jouent un rôle politique, social, syndical ou religieux ».

Pour nourrir leurs fiches, les RG ont parfois recours à des auxiliaires. En 2000, une grande chaîne de fast-food, empêtrée dans une grève déclenchée par des employés mécontents, fait appel à une société privée de sécurité qui infiltre le mouvement pour tout savoir sur les meneurs. Les informations récoltées sont illico envoyées aux RG qui, en échange, complètent les pedigrees des syndicalistes.

Depuis 1978, la Commission nationale informatique et libertés (CNIL) a le droit de fourrer son nez dans les fichiers des RG pour éviter tout dérapage. Un ancien commissaire des renseignements généraux de la Préfecture de police s'égaye au seul souvenir des descentes de la CNIL dans les années 1990 : « On leur montrait nos fichiers informatisés en expliquant que l'on n'utilisait que tels critères de recherche, que seuls certains croisements étaient possibles et bien sûr que l'on effaçait au bout de six mois. Ils nous croyaient sur parole. On leur ouvrait aussi nos armoires, mais on ne les emmenait pas au sous-sol où étaient planquées les archives. Les inspecteurs repartaient soulagés. Je n'ai jamais su si c'était de la naïveté...[1] » Tout

1. Entretien du 17 juin 2005.

récemment, à la fin de l'année 2005, l'un des pontes de la DCRG a annoncé, lors de la réunion hebdomadaire des chefs de section, qu'il ne fallait plus fournir à la CNIL que les « notices officielles ». En clair, à peine plus que l'état civil. Tout le reste, les comptes rendus d'écoutes, de filatures, les notes de contacts..., étant désormais considéré comme des documents de travail.

Dans un département comme le Morbihan, les RG locaux alignent quinze mille fiches pour six cent mille habitants. En Gironde, ils ont à leur disposition près de cinquante mille « noms renseignés ». Officiellement, les préférences sexuelles, les convictions religieuses ou philosophiques ne figurent plus dans les dossiers ; dans la réalité, c'est le chef de service qui décide du contenu. Et tout est bon pour alimenter le Moloch. Comme par exemple puiser dans les archives de la Gestapo que conservent en toute illégalité certaines directions départementales des RG. « Quand quelqu'un demande une Légion d'honneur, il est parfois instructif de regarder les liens qu'il entretenait avec les Allemands. On dispose ainsi d'informations explosives sur les grandes familles locales, que le préfet peut utiliser s'il le souhaite comme moyen de pression[1] », indique un fonctionnaire des renseignements généraux. Avec le risque que certains préfets se servent des RG comme d'une garde prétorienne. Dans un département de l'Ouest de la France, un directeur des renseignements généraux fraîchement arrivé, a reçu le coup de fil d'un conseiller du préfet qui lui réclamait de mettre sur écoute un syndicaliste. « J'ai refusé, précise l'intéressé, mais si on me l'a demandé, cela veut dire que ça se faisait avant moi[2]. »

Le premier bénéficiaire du travail des RG reste le locataire de la Place Beauvau. Chaque jour, le double de l'agenda du ministre est envoyé à la DCRG pour qu'elle passe au tamis tous les interlocuteurs qu'il va rencontrer. Ce qui donne parfois des situations cocasses. Un jour, Pierre Joxe sursaute à la lecture

1. Entretien du 6 mai 2005.
2. Entretien du 28 avril 2005.

du dossier RG d'un visiteur qu'il s'apprête à recevoir Place Beauvau. Est mentionné, comme élément négatif important, qu'il dirige une revue d'extrême gauche, celle-là même à laquelle le ministre de l'Intérieur collaborait dans sa jeunesse... À la Centrale, on se souvient avoir dû exfiltrer en toute hâte, le jour où ils sont devenus ministres, les dossiers de trois hommes politiques fichés à la section extrême droite pour avoir dans leur jeunesse milité au groupe Occident.

L'un des plus gros fichiers de la DCRG reste celui des sympathisants communistes, fort de trois cent soixante-dix mille noms, qui sera fermé à la fin des années 1980 faute de combattants. Dans ces fichiers figure le nom de Chirac – il n'a jamais été membre du PC mais sa fiche mentionne qu'il « vend l'*Humanité* » sur un marché parisien. Des fiches plus ou moins compromettantes qui, de temps en temps, ressortent du placard.

Lionel alias Michel

C'est ce qui est arrivé à Lionel Jospin quand son passé trotskiste a soudain ressurgi en mai 2001. Son nom figurait dans le fichier « M.R. » pour « Mouvements révolutionnaires », constitué après les événements de Mai 68 à la section extrême gauche de la DCRG, celle-là même où a longtemps travaillé Yves Bertrand, en charge de la cellule « trotskistes lambertistes, maoïstes et autonomes ». Normalement, la fiche de « Michel », autrement dit Jospin, aurait dû être détruite en 1974, en même temps que l'ensemble du fichier, comme l'avait ordonné le ministre de l'Intérieur de l'époque, Michel Poniatowski. « Jospin est persuadé que j'ai sorti l'info. C'est entièrement faux. Ce sont ses anciens copains trotskistes qui l'ont balancé. Et puis, il n'aurait pas dû nier si longtemps [1] », s'emporte Yves Bertrand attablé à la terrasse d'un café près du parc Monceau où il nous a fixé un nouveau rendez-vous.

Quoi qu'il en soit, peu de temps avant le premier tour des

1. Entretien du 19 juillet 2005

présidentielles, un journaliste free lance, proche d'Yves Bertrand, s'attelle à un projet de livre sur le passé trotskiste du Premier ministre. Épais d'une cinquantaine de pages et intitulé *Les Cauchemars en rose et brun qui hantent Lionel Jospin*, le manuscrit, dont nous avons eu copie, est annoté par un proche collaborateur du directeur des RG de l'époque. Et c'est un commissaire de police, ancien des renseignements généraux, qui est envoyé pour démarcher les éditions Carnot. L'éditeur refusera le document en ces termes : « Je ne fais pas ce type de livres qui s'en prennent à un individu. »

Dans le même temps, un rapport de la DCRG, qui embarrasse au plus haut point le Premier ministre, « fuite » dans la presse. Sous l'intitulé « Extrême gauche 2000 », ce pavé recense deux cent cinquante-sept groupes, associations ou partis politiques liés à cette mouvance et cent cinquante-quatre personnalités « fichées à l'extrême gauche ». Parmi elles, le réalisateur Bertrand Tavernier, l'universitaire Albert Jacquard, José Bové ou l'ancien évêque d'Évreux Jacques Gaillot. Un fourre-tout dans lequel figurent plusieurs noms de la « majorité plurielle » dont l'ancien candidat vert à la présidentielle Alain Lipietz.

Le Premier ministre Lionel Jospin se retrouve en porte-à-faux. Au pis, il a fait travailler les RG sur une partie de son électorat. Au mieux, il ne contrôle rien au ministère de l'Intérieur. Saisie de l'affaire, la Commission nationale de déontologie de la sécurité (CNDS), une instance indépendante qui a un droit de regard sur la police, convoque Yves Bertrand pour lui souffler dans les bronches. Pendant deux heures et demie, le patron de la DCRG est soumis à la question. Dans son avis remis au Premier ministre, la CNDS épingle plusieurs « manquements graves à la déontologie policière » et propose que les rapports des RG ne soient rédigés que « s'ils ont une réelle utilité pour la recherche et la prévention des menaces à l'ordre public ».

Ce qui depuis n'a pas empêché la DCRG de se remettre à l'ouvrage, cette fois sur la contestation écologiste. Avec comme résultat un rapport dans lequel sont scannées aussi bien la Ligue de protection des oiseaux que l'association Robin des Bois qui se bat pour la défense des baleines et traque les sites pollués en tous genres.

En janvier 2002, une rumeur malveillante se propage sur Lionel Jospin : le Premier ministre aurait acheté avec une partie des fonds secrets de Matignon sa résidence secondaire d'Ars-en-Ré. La manipulation aboutit à un dépôt de plainte avec l'ouverture d'une enquête préliminaire. Le couple Jospin n'aura pas de mal à prouver sa bonne foi. Dans le même temps, l'un des proches conseillers du Premier ministre est victime d'une tentative de déstabilisation qui vise à faire de cet homosexuel discret un pédophile.

Rue de Varenne, on soupçonne Yves Bertrand d'être à l'origine de tous les malheurs qui s'abattent en cascade sur la maison Jospin. « De toute façon, Lionel Jospin avait des idées préconçues sur les RG, ses conseillers essayaient de me vider à chaque conseil des ministres, mais comme il fallait la signature du président..., ironise Yves Bertrand. L'un d'eux a même écrit dans un bouquin que son seul échec pendant la cohabitation avait été de ne pas réussir à faire tomber Bertrand[1] ! »

Ce que les RG cachent au ministre

Le fait d'être voué aux gémonies par le cabinet de Lionel Jospin va rapprocher « Trambert » de son ministre Jean-Pierre Chevènement, lui-même en conflit ouvert avec Matignon. Quand ce dernier arrive Place Beauvau, personne ne donne cher de la peau d'Yves Bertrand. Le ministre, qui voit d'abord en lui un homme de Chirac, le met en quarantaine. « Chevènement ne pouvait pas le sentir. À tel point que Bertrand n'assistait même plus aux réunions des directeurs de cabinet », précise-t-on dans l'entourage de Jean-Pierre Chevènement.

1. Il s'agit de *Matignon rive gauche* (Paris, Le Seuil, 2001) écrit par Olivier Schrameck qui fut directeur de cabinet de Lionel Jospin, et qui est aujourd'hui conseiller d'État.

Le patron des RG va sauver sa tête en se mettant au service de l'ambition politique du « Che ». Arrivé au ministère de l'Intérieur sans programme, Jean-Pierre Chevènement se saisit du thème des violences urbaines que la DCRG lui offre sur un plateau. Il devient le ministre qui va régler le problème des « sauvageons ». « C'est grâce à mon travail que Bertrand a gagné la confiance de Chevènement », confie Lucienne Bui Trong[1]. Cette normalienne, agrégée de philo, devenue commissaire de police sur le tard, dirigeait à l'époque la section violences urbaines de la DCRG. Jean-Pierre Chevènement qui décidera de garder Yves Bertrand, explique aujourd'hui : « Remplacer Bertrand aurait eu beaucoup d'inconvénients. Je ne l'ai jamais pris pour un homme de gauche, j'ai joué la carte de l'efficacité[2]. »

Afin de rester dans les petits papiers du ministre, Yves Bertrand se met en quatre, allant jusqu'à édulcorer les notes qui lui remontent. « Bertrand avait l'habitude de dire : "Quand le ministre est content, je suis content." Il préférait entretenir une erreur plutôt que de dire des vérités qui fâchent. » Lucienne Bui Trong se rappelle ces notes qui ne remontaient plus alors que vont bientôt éclater les émeutes du Mirail en décembre 1999. Toulouse était la vitrine de la police de proximité mise en place par Jean-Pierre Chevènement, il ne pouvait donc pas y avoir de violences urbaines.

À l'automne 2005, pendant les quatre semaines d'émeutes qui ont embrasé les banlieues, les RG ont été montrés du doigt pour ne pas avoir prévu la poussée de fièvre. En fait, dès l'été, des fonctionnaires des renseignements généraux, déployés en banlieue, avaient souligné dans leurs notes l'ampleur inquiétante des incendies de voitures et de feux de poubelles la nuit du 13 juillet en Seine-Saint-Denis et dans les Yvelines. Des notes qui n'ont semble-t-il jamais remonté jusqu'au cabinet du ministre...

Il y a des informations que l'on cache au ministre et d'autres

1. Entretiens du 16 décembre 2004 et du 17 février 2005.
2. Entretiens du 14 juin et du 12 juillet 2005.

que l'on gonfle comme des baudruches. C'est le cas du rapport des RG sur la mainmise de la mafia russe en France, distribué au printemps 1998 à toutes les rédactions, après que Chevènement eut fait de ce sujet la priorité numéro 2 de son action.

En octobre 2001, un fonctionnaire des renseignements généraux « vend » la thèse de l'attentat dans l'explosion de l'usine AZF à Toulouse, avec une note qui fait le lien entre des militants islamistes et un intérimaire d'AZF mort dans l'explosion[1]. Un pur « fantasme » selon la police judiciaire. Mais le plus loufoque, ce sont sans doute ces deux rapports remis début 2001 à Yves Bertrand, qui accréditent la thèse de l'assassinat de Pierre Bérégovoy, Premier ministre de François Mitterrand.

Paul Quilès[2], qui était justement le ministre de l'Intérieur de Pierre Bérégovoy, en a vu passer des tuyaux percés. « Dans les notes des RG que je recevais, il y avait autant de vrai que de faux. Il leur arrivait de se faire eux-mêmes intoxiquer. »

Le règlement de comptes Jospin-Chirac par espions interposés

Malgré tout, les RG restent l'arme favorite des politiques. Quand il décide d'allumer un contre-feu aux attaques sur le passé du Premier ministre, le clan Jospin pense tout de suite à eux pour fouiller dans la vie privée du candidat Chirac. Mais les fonctionnaires des RG sollicités déclinent prudemment, conscients que leur patron, Yves Bertrand, est proche du Château et que Jacques Chirac est en bonne voie pour emporter les élections. Mais très vite, l'Élysée est mis au courant que la DGSE (les espions français) et la DST (le contre-espionnage) se sont attelées à la tâche.

1. Intitulé « Explosion industrielle de l'usine AZF de Toulouse » et daté du 3 octobre 2001, le document, qui évoque le « réseau relationnel » de l'une des victimes, a été utilisé par certains journaux pour accréditer la thèse d'une piste islamiste.

2. Entretien du 18 mai 2005.

Les espions français mènent l'enquête au Japon. Officiellement, il s'agit de compléter un rapport de 1999 sur un banquier nippon responsable d'une faillite retentissante, et qui par ailleurs se prévaut de relations personnelles avec Chirac. En fait, le « groupe des affaires protégées » de la DGSE travaille sur la rumeur d'un fils caché du président au Japon. Parmi ces envoyés très spéciaux, un juge d'instruction détaché à la DGSE en tant que spécialiste de la criminalité financière, qui a fait partie du cabinet du ministre socialiste des Transports George Sarre, et dont l'épouse est une élue PS de la Mairie de Paris.

De son côté, la DST enquête au Liban sur d'hypothétiques versements à des partis politiques français effectués par le Premier ministre de l'époque, Rafic Hariri, un ami notoire de Jacques Chirac, tué depuis dans un attentat. Le service du contre-espionnage va aussi transmettre à la justice, en janvier 2001, une note qui réactive une vieille rumeur sur le détournement d'une partie de la rançon qui aurait été versée par le gouvernement Chirac pour la libération des otages français au Liban. Ce qui donne lieu à l'ouverture d'une information judiciaire le mois même où Lionel Jospin est mis en difficulté sur son passé trotskiste.

À l'automne 2001, le président de la République a une discussion orageuse avec son Premier ministre au cours de laquelle il lui reproche d'avoir dévoyé les services de l'État. À peine réélu, il règle ses comptes en débarquant le patron de la DGSE et celui de la DST, Jean-Jacques Pascal, qui avait été nommé par Jospin dès son arrivée.

DST-RG : le mariage forcé

L'appareil de renseignements a souvent fait l'objet de sourdes rivalités au sein du pouvoir. C'est le cas plus que jamais entre Nicolas Sarkozy et Dominique de Villepin. Depuis son retour Place Beauvau, Sarkozy ne cache pas qu'il veut marier la DST aux renseignements généraux. Un mariage forcé, car les deux parties ne s'apprécient guère. Avec, dans le rôle du marieur,

Bernard Squarcini. L'ex-numéro 2 des RG, fidèle parmi les fidèles, planche actuellement sur la fusion des deux services dont il prendrait alors la tête. Un costume que l'actuel patron des RG, le préfet Mailhos, se verrait bien, lui aussi, enfiler.

Signe avant-coureur, la « ST » comme on la nomme entre initiés, va quitter à regret à la fin de l'année 2006 son QG de la rue Nélaton, dans le 15e arrondissement de Paris, pour un immeuble à Levallois-Perret dans les Hauts-de-Seine, qu'elle devra partager avec les RG. Face à ces derniers, la DST et ses mille quatre cent cinquante et un fonctionnaires joue dans la catégorie poids plume. En cas de fusion, elle sait qu'elle se fera phagocyter. Pour prendre le dessus sur leur adversaire, les RG comptent sur leur « maillage territorial », comprenez leur éparpillement sur l'ensemble du territoire. Du coup, la DST s'est mise à multiplier, comme des petits pains, ses antennes régionales.

Plus que jamais, depuis les attentats du 11 septembre 2001, les deux services se battent pour récupérer le gâteau de la lutte antiterroriste. Chaque fois qu'un nouveau ministre de l'Intérieur est nommé, le DCRG se précipite pour lui servir le coup de filet médiatique qu'il avait pris soin de garder au chaud. Lundi 26 septembre 2005, Nicolas Sarkozy explique sur France 3 qu'il faut muscler l'arsenal antiterroriste. Le matin même, une cellule islamique de neuf personnes soupçonnées de préparer des attentats sur le sol français est démantelée dans deux cités de la région parisienne. L'opération fait suite à une enquête de la DCRG et de la DST. Coïncidence ? En avril 2004, Villepin a droit, lui aussi, à son cadeau de bienvenue. La DCRG découvre, un mois après l'arrivée du nouveau ministre, un immense atelier de fabrication d'armes dans une ferme du pays basque français, près de Saint-Jean-Pied-de-Port. Le préfet Mailhos organise même une conférence de presse Place Beauvau.

En coulisses, la guerre est sans pitié. Ce commissaire de la DST qui a dirigé l'une des trente-sept antennes régionales se souvient du coup de fil d'un responsable d'une brigade de gendarmerie : « Il m'a dit qu'il avait en face de lui, dans son bureau, deux personnes disant appartenir à la ST. Il m'a donné les noms qui figuraient sur leurs cartes de police pour que je confirme qu'ils faisaient bien partie de mon service. Ce n'était pas le cas. Je lui ai dit de les garder au chaud[1]. » Les deux imposteurs se seraient retrouvés menottés au radiateur. « Vérification faite, il s'agissait de fonctionnaires des RG qui tentaient d'extorquer aux gendarmes des infos dans un dossier "terro" traité par la ST. » Et quand une opération est décidée, c'est à celui qui brandit la plus grande liste de suspects. « Pour impressionner le ministre, les RG dressent parfois des listes de cinquante à soixante objectifs à taper. Quand on fait les interpellations, on se rend compte que les trois quarts des adresses sont fausses et que les suspects n'y habitent plus depuis longtemps », s'énerve un commissaire de la PJ.

L'autre terrain sur lequel les RG et la DST s'affrontent, c'est l'intelligence économique, furieusement à la mode chez le politique. Comme dans une partie de soule, il faut par tous les moyens ramener la balle dans son propre village. Avec parfois un joyeux mélange entre intérêts privés et intérêt de l'État. À l'automne 2002, une association de consommateurs musulmans s'insurge contre la présence de gélatine de porc dans certains yaourts, dont elle fait circuler la liste sur Internet et dans les mosquées : le président de l'association, qui a eu le tort de montrer du doigt un grand groupe laitier français, écope aussitôt d'une enquête de la part des RGPP. Et lorsque l'ancien adjoint de la section contestations et violences de la DCRG, celle-là même qui est chargée entre autres de surveiller Greenpeace, propose ses services au groupe français Areva, leader mondial de l'énergie nucléaire, on a du mal à voir la main du hasard[2].

Jusqu'à la chute du mur, les renseignements généraux n'avaient pas trop à se soucier de la DST, omnubilée par la lutte contre les agents soviétiques. Lors du putsch raté contre Eltsine en août 1991, le directeur de la DST de l'époque raconte avoir vu certains de ses fonctionnaires sauter de joie dans les couloirs à la seule perspective du retour de leurs anciens ennemis. Mais,

1. Entretien du 18 mars 2005.
2. *Le Canard enchaîné*, 11 mai 2005.

à force de travailler sur le KGB, la DST a fini par lui ressembler dans sa manière de fonctionner. Même cloisonnement et même opacité.

Les préfets qui se succèdent à tour de rôle à sa tête sont traités comme des corps étrangers qu'il faut neutraliser. Quand un préfet est nommé, les barons de la maison viennent se présenter et le questionnent sur la constitution de son futur cabinet. Chaque nom proposé fait alors l'objet d'une enquête d'habilitation et, comme on est dans le « secret diamant », le plus haut niveau sur l'échelle de la paranoïa, l'enquête dure plusieurs mois sans aucune limite aux investigations. Ainsi, lorsque le DCRG Jacques Fournet devient patron de la DST, celle-ci n'accepte que trois candidats sur les dix qu'il présente. Une situation qu'a résumée ainsi l'ancien directeur général de la police, le truculent Pierre Verbrugghe[1] : « Il faut seulement quinze jours à un directeur de la ST pour devenir dingo. Et s'il ne l'est pas en entrant, il l'est en sortant. »

Les écoutes téléphoniques

Sur le papier, le champ d'action de la DST est parfaitement cadré, mais il suffit que le pouvoir lui demande de faire un coup tordu pour que la machine devienne totalement incontrôlable. Plus encore que les RG. Même le ministre de l'Intérieur peut se faire enfumer. C'est ce qui est arrivé à Pierre Joxe qui n'a pourtant pas une réputation de pied tendre. Un jour que le directeur adjoint de la DST lui apporte pour signature une liasse d'écoutes à renouveler, Pierre Joxe en prend une au hasard et demande : « Pourquoi est-ce que l'on écoute cette femme ? » Mine déconfite du fonctionnaire. Le ministre insiste et réclame les comptes rendus d'écoutes. S'ensuit un dialogue surréaliste avec le directeur adjoint de la DST, qui se tient debout pétrifié, devant le bureau de son ministre :

1. Pierre Verbrugghe a été directeur général de la Police nationale entre 1983 et 1987, avant d'être préfet de police jusqu'en 1993.

« — Vous me cachez quelque chose, dites-moi qui est cette femme !

Il s'est mis à bredouiller, j'ai compris que ce n'était pas elle qu'on écoutait. Il a fini par avouer qu'il s'agissait de la maîtresse d'un avocat. J'étais fou de rage, livide de colère :

— Vous m'avez menti ?

— Oui, monsieur le ministre.

— Et votre directeur aussi ?

Et là, il n'a plus dit un mot, se souvient l'ancien ministre de l'Intérieur dont le visage s'est soudain durci. Ils savaient qu'écouter un avocat était illégal, alors ils faisaient de l'écoute indirecte chez sa maîtresse. C'était d'autant plus grave qu'il n'y avait rien contre cet avocat. Comme souvent, la DST travaillait à l'intuition[1]... »

La DST ou les RG ont toujours été friands d'écoutes. Grâce au GIC, le groupement interministériel de contrôle installé dans les sous-sols de l'hôtel des Invalides à Paris, les renseignements généraux et la Direction de la surveillance du territoire branchent chaque année des milliers de téléphones, sans être obligés de passer par un juge d'instruction, car ces écoutes dites de « sécurité » ou « administratives » sont autorisées par le seul politique, c'est-à-dire le Premier ministre. Depuis 1991, chacune de ces interceptions doit normalement recevoir le coup de tampon de la Commission nationale de contrôle des interceptions de sécurité. Mais quand la demande est refusée, on s'arrange.

Philippe Barret, l'ancien conseiller de Jean-Pierre Chevènement, se rappelle une scène édifiante Place Beauvau. Ce jour-là, outre Barret, sont réunis autour de la table le ministre, son directeur de cabinet, sa conseillère chargée des affaires juridiques et Patrice Bergougnoux, le directeur adjoint du cabinet et futur directeur général de la police. « Tout le monde est ennuyé parce que Matignon vient de refuser à l'Intérieur une demande d'écoute, explique Philippe Barret[2]. C'est alors que

1. Entretien du 18 juillet 2005.
2. Entretien du 15 février 2005.

Bergougnoux lance : “Ce n’est pas un problème, on n’est pas obligé de passer par là, on écoute qui on veut comme on veut.” Chevènement est resté impassible, personne n’a tiqué[1]. »

En fait, comme l’indique un grand flic, contourner la loi est un jeu d’enfant. « Il suffit par exemple de faire croire que la personne que l’on veut brancher a été en contact avec un suspect dans une affaire de terrorisme. La matière est tellement sensible que personne ne va vérifier, même pas la CNCIS[2]. » Ou encore de détourner une écoute judiciaire. Et ce, d’autant plus facilement que les vingt-sept mille écoutes ordonnées chaque année par la justice ne font quasiment l’objet d’aucun contrôle d’un bout à l’autre de la chaîne.

Sans oublier les mallettes d’interception qui se dissimulent dans un coffre de voiture. Ces valises spéciales, qui équipent les services de renseignements, sont capables en se substituant à une antenne relais d’avaler toutes les conversations de téléphones portables dans un rayon de plusieurs centaines de mètres. L’avantage est qu’en branchant ainsi les portables directement à la source, il n’y a pas besoin d’autorisation, puisque la loi du 10 juillet 1991 sur les écoutes téléphoniques n’a pas prévu les interceptions hertziennes. Nettement plus pratique que le système d’écoute des téléphones fixes mis en place par les Allemands pendant l’Occupation, et que se sont approprié après-guerre les renseignements généraux de la Préfecture de police de Paris pour effectuer des écoutes sauvages jusqu’à la fin des années 1970 au moins.

Inutile de compter sur les parlementaires pour empêcher les coups tordus. Contrairement à ce qui se passe dans les autres démocraties, les députés et les sénateurs n’ont pas le droit de fourrer leur nez dans les affaires de la DST et des RG. Claude Guéant, le directeur de cabinet du ministre de l’Intérieur, qui a peu goûté au rôle trouble joué par la DST dans « l’affaire Clearstream » et les prétendus comptes secrets à l’étranger

1. Interrogé à ce sujet le 11 janvier 2006, Patrice Bergougnoux réfute en bloc et affirme n’avoir jamais demandé d’écoutes illégales.
2. Entretien d’avril 2005.

détenus par Sarkozy et Squarcini, reconnaît « ne plus être hostile à un projet de contrôle parlementaire ».

D'ici là, l'écran de fumée qui protège l'activité des services de renseignements mais qui permet aussi d'en dissimuler les dérives, risque de s'épaissir. En contrepartie de la disparition des notes blanches, l'actuel patron des RG a décroché le droit d'utiliser le cachet rouge « secret défense ». Un privilège dont disposait la DST depuis longtemps et qui aura sur les juges d'instruction le même effet que la gousse d'ail contre les vampires. Sur les cinq cents notes que produisent chaque jour les renseignements généraux, 4 % sont désormais estampillées « secret défense ». Pour les autres, c'est le tampon « confidentiel ». Plus rien de ce qui se passe dans la boutique RG ne doit transpirer. Début 2005, une note de service mettait en garde les bavards : « La moindre information communiquée à l'extérieur sur le fonctionnement de la structure sera considérée comme un manquement grave au devoir de réserve du fonctionnaire de police et passible de poursuites pénales »...

11

Le roi Roger

Juillet 2002. Nicolas Sarkozy vient de poser ses cartons dans la « grande maison ». Après cinq ans de purgatoire, la droite reprend les manettes Place Beauvau. C'est l'effervescence. Plus que jamais les couloirs du ministère bruissent de rumeurs sur les départs et les arrivées des uns et des autres. Des stratégies se jouent et se déjouent, des complots se fomentent, les coups bas pleuvent. Le très controversé Roger Marion, cinquante-quatre ans, numéro 2 de la police judiciaire et ex-grand manitou de l'antiterrorisme durant neuf longues années, est déclaré partant. Voilà plus d'une dizaine d'années que ses nombreux ennemis attendent sa chute. Ce séducteur à l'accent rocailleux du Sud-Ouest collectionne les surnoms : « Eagle 4 » (prononcer « Y gueule fort ») ou encore « le Coucou », du nom de l'oiseau qui fait ses œufs dans le nid des autres.

Roger Marion est sans doute le flic le plus politique de France. « Les ministres passent, moi je reste », a-t-il l'habitude de dire. Pour Marion, la raison d'État, c'est d'abord la raison du ministre en place. Depuis le début de sa carrière, il joue ses dossiers sensibles comme des jokers : l'affaire Luong, les attentats islamistes à Paris, l'assassinat du préfet Claude Érignac en Corse... Des dossiers qui lui ont valu une carrière fulgurante mais aussi de solides inimitiés.

La disgrâce

Le 3 juillet, Nicolas Sarkozy et son directeur de cabinet Claude Guéant lui ont préféré à la tête de la police judiciaire le chevronné policier Gérard Girel, ancien patron du 36 quai des Orfèvres. Mais Marion espère encore pouvoir sauver sa place de numéro 2. En coulisse, il active ses réseaux – c'est-à-dire ceux de Pasqua, ou plutôt ce qu'il en reste.

C'est ainsi que, fidèle parmi les fidèles de l'ex-ministre, le brigadier-chef Daniel Léandri rencontre ou fait croire qu'il rencontre Claude Guéant et Nicolas Sarkozy pour évoquer l'avenir de son ami Marion. Un simple brigadier-chef qui intercède auprès du ministre pour sauver la peau du numéro 2 de la PJ en France : on croit rêver. D'autant que Daniel Léandri est à la retraite depuis 1998 et dans le collimateur de la justice pour un emploi fictif chez Elf[1]. Ses démarches auraient dû rester secrètes, mais la malchance a voulu que le portable de l'homme de confiance de Pasqua soit mis sur écoute en juin et juillet 2002 dans le cadre d'une procédure judiciaire ouverte au tribunal de grande instance de Marseille. Finalement, le brigadier-chef Léandri n'a pas été inquiété dans cette affaire. En revanche, plusieurs de ses conversations ont fait le tour des commissariats. Extraits :

Daniel Léandri : Allô. Comment ça va ?

Roger Marion : Hé... hé... hé ! Tu vas bien ? Je fais mes valises !

DL : Est-ce que tu as vu numéro 1 et numéro 2 ? [Nicolas Sarkozy et Claude Guéant].

RM : Non, j'ai vu personne [...] Il t'a dit, Pierre [Pierre-Philippe Pasqua], ce qu'il lui a dit, Charles [Pasqua] ?

DL : Non. Il y avait quelqu'un. On n'a pas pu se parler. Il lui a dit quoi ?

1. Daniel Léandri a été condamné le 13 novembre 2003 par le tribunal correctionnel de Paris à dix mois de prison ferme et 200 000 euros d'amende. Sa peine a été confirmée en 2004 par la cour d'appel de Paris. L'affaire est en cassation (voir le chapitre « Les réseaux Pasqua »).

RM : Il lui a dit que j'avais du monde contre moi. Et qu'il fallait que je cherche autre chose.

DL : Non, c'est pas ça.

RM : Écoute, appelle-le [Pasqua]. Demande-lui. Toi, tu peux te le permettre, de l'appeler, pas moi. [...] Il y a eu un tête-à-tête entre Charles [Pasqua] et Pierre [Pasqua]. Moi j'ai pris ma décision à partir de ce moment-là.

DL : Numéro 1 et numéro 2, ils ont besoin de gens qui travaillent, de résultats. Demain matin, on s'appelle.

RM : Demain matin, à 9 heures, j'ai rendez-vous avec Pierre [...] Il aura vu tout le monde. Il aura vu Michel [Tomi, un ami de longue date de Pasqua], il aura vu Charles, il t'aura vu toi. Et moi j'ai le déjeuner à 13 h 15 [un rendez-vous pour une proposition de travail dans le privé].

Le 9 octobre 2002, Roger Marion devient préfet délégué à la sécurité et la défense à Marseille. Une sortie par le haut, qui n'est pas pour autant un cadeau. Pour la première fois, le grand flic se retrouve éloigné des sphères du pouvoir. « Sarko a eu sa peau », entend-on partout. Charles Pasqua nous confirme avoir intercédé auprès de Nicolas Sarkozy[1]. « J'ai évité à Marion d'être mis sur une voie de garage... » Pourquoi ce coup de pouce ? « Marion, je l'aime bien, répond Pasqua avec son accent inimitable. Il est tenace, malin. Il a un côté un peu filou, mais il est terriblement efficace. Il est contesté comme tous ceux qui ont réalisé un certain nombre de choses. » À l'accusation que certains font à Marion de se servir de la police à des fins personnelles, Pasqua se fait son avocat : « Il a marché sur pas mal de gens, c'est vrai. Mais quand vous êtes à la tête d'un service comme le sien, tous les autres sont contre vous. Et comme il était très copain avec les juges de l'antiterrorisme... »

1. Entretiens du 30 juin et du 6 juillet 2005.

Un personnage haut en couleur

Frondeur, Marion est susceptible à tout moment de débarquer dans le bureau du ministre pour déclencher la guerre des polices. Mais il est également à l'image des flics des romans noirs de James Ellroy qui montent des coups tordus pour servir le pouvoir en place. Son parcours est jalonné de lauriers, de médailles, de relations sulfureuses et de manipulations. Plus qu'aucune autre, sa carrière est emblématique des rapports ambigus qui existent entre la police et le pouvoir, sans que l'on sache au final qui instrumentalise l'autre. Sollicité à plusieurs reprises, Marion n'a pas souhaité nous rencontrer.

Fils d'une famille très modeste – son père est cheminot, sa mère employée de commerce –, Roger Marion a grandi à Albi dans le Tarn. Une terre à laquelle il demeure aujourd'hui encore très attaché : l'homme passe une semaine par an dans la ferme de sa mère octogénaire. Il coupe du bois pour l'hiver, en pull, bottes et jean. Là, il n'est plus le même. Dans sa vieille BMW de trente ans d'âge, il rend visite à ses amis de jeunesse dont certains ont aussi connu une brillante réussite comme Pierre Fabre, le patron des laboratoires pharmaceutiques, ou plus inattendu, Philippe Douste-Blazy, l'actuel ministre des Affaires étrangères.

Roger Marion s'est fait à la force du poignet. Dès l'âge de quatorze ans, il travaille dans une usine de fromage. Depuis, le grand flic est « allergique » au fromage. Mais c'est grâce à ce petit boulot qu'il peut poursuivre sa scolarité, passer son baccalauréat et financer les études de sa sœur, aujourd'hui commissaire divisionnaire. C'est aussi grâce à ce travail qu'il offre à ses parents leur premier poste de radio. Un luxe pour la famille Marion. Jeune licencié en droit, il entre dans la police à la fin des années 1960 comme agent administratif. À vingt-trois ans, il passe le concours interne d'inspecteur. Il se marie trois ans plus tard avec Sylvie qui lui donne deux garçons.

Comme pour beaucoup d'autres flics de sa génération, la police représente pour lui un ascenseur social. Roger Marion décroche le grade de commissaire, toujours grâce au concours interne. À l'école de Saint-Cyr-au-Mont-d'Or, ses potes de promotion se souviennent d'un type « discret, timide même, et extrêmement bosseur ». Il aime le rugby, pratique le ski, la course à pied et ne crache pas sur les grands crus. Bref, c'est un bon camarade. Brillant, intelligent, le commissaire Marion finit parmi les premiers de sa promo. Et choisit Toulouse, ville où il a déjà travaillé comme inspecteur. Le 6 septembre 1978, il devient chef du groupe des affaires générales. Il y fait merveille grâce à son flair et à sa force de travail hors du commun. Homme de terrain et d'action, Marion est aussi fin procédurier.

L'affaire Luong

À Toulouse, Marion est rapidement confronté à une sale affaire : l'assassinat de Robert Luong. Le 27 octobre 1979, ce peintre en bâtiment, né à Cayenne et ancien d'Indochine, est abattu de deux coups de feu devant chez lui à Villeneuve-sur-Lot. Dans la nuit, le parquet d'Agen ouvre une information contre X. Le lendemain matin, le juge d'instruction Jean-François Daniau délivre une commission rogatoire au SRPJ de Toulouse. Son plus fin limier, le commissaire Roger Marion, est déjà sur place. Il est vrai que le dossier est sensible...

Robert Luong est en fait l'amant de Marie-Joséphine Bongo, l'épouse du président du Gabon, si chéri par la France de Giscard. Le peintre en bâtiment et la première dame du Gabon se sont rencontrés en mai 1978 à Libreville où Luong s'était expatrié pour profiter du boom économique. Très vite, une idylle se serait nouée entre eux. En janvier 1979, Robert Luong est interpellé par la police gabonaise. On l'accuse officiellement « d'infraction à la législation sur le séjour des étrangers, attentat à la pudeur, fraude fiscale et trafic de drogue ». Le 16 janvier 1979, le peintre est expulsé vers Marseille dans l'avion personnel d'Omar Bongo, un Mystère 20. Avant même que Luong quitte le sol gabonais, toute la hiérarchie policière française est déjà au courant de l'affaire.

Jusqu'au 26 octobre, jour de sa mort, Robert Luong va être étroitement surveillé par le contre-espionnage français et par Horus, la société de surveillance du mercenaire Bob Denard. Une officine qui a pour unique client le président Bongo. Le peintre arrive à fausser compagnie à ses poursuivants pour des rendez-vous discrets avec la femme du président dans des palaces parisiens.

La suite, c'est l'enquête de Roger Marion. Pierre Péan l'évoque en détail dans *Affaires africaines*[1]. Une enquête en demi teinte. Quelques personnages clefs et certains des policiers qui ont suivi le dossier depuis l'arrivée de Luong en France ne sont pas entendus. La société de surveillance Horus passe également à travers les mailles du filet.

Le 2 juillet 1980, il boucle son enquête. Son rapport est un travail d'orfèvre, aussi bien ciselé que le seront quinze ans plus tard ses procédures sur les réseaux islamistes ou sur la fameuse « piste agricole » dans l'enquête sur le meurtre du préfet Érignac. Le moindre mot, la moindre virgule sont pesés. Marion y désigne clairement le mobile et les commanditaires de l'assassinat de Robert Luong. Mais les noms des assassins présumés du peintre ne figurent pas. Son « enquête n'a pas permis de les identifier », explique-t-il. En dehors de l'audition des deux témoins dont le retour en France paraît hypothétique dans l'avenir immédiat, aucune autre investigation sur le territoire national n'apparaît actuellement envisageable ». Il renvoie la balle dans le camp du juge Jean-François Daniau qui subit, dit-on, une forte pression de l'Élysée. Le 15 juillet, une ordonnance de non-lieu est délivrée par le magistrat.

C'est un jeune avocat, proche du RPR local, qui va venir relancer l'affaire. Michel Gonelle, le conseil de la veuve de Luong, fait appel et bénéficie au passage d'un petit coup de pouce des enquêteurs : « À l'époque, des policiers ayant participé à l'enquête sont venus me voir pour me livrer les noms, adresses et dates de naissance des deux assassins supposés de Luong : Christian L. et Daniel C. », raconte, imperturbable,

1. Paris, Fayard, 1983.

Michel Gonelle[1]. Des renseignements que l'avocat se fait un plaisir de communiquer le 8 octobre suivant devant la chambre d'accusation abasourdie. Lors de la séance, le procureur général Claude Jorda y fait des réquisitions inverses à ses écrits initiaux. Et un supplément d'information est ordonné.

Roger Marion aurait-il joué double jeu ? C'est la conviction de Michel Gonelle. « Je pense que ceux qui sont venus me voir ne l'ont pas fait sans l'aval de Marion », affirme-t-il. D'un côté le commissaire aurait réalisé le rapport que la hiérarchie policière et le gouvernement attendaient, de l'autre il aurait manœuvré en coulisses pour obtenir des investigations supplémentaires.

L'enquête de Marion dort cependant jusqu'à l'arrivée de la gauche au pouvoir. Le 29 juillet 1981, une fuite dans *Le Canard enchaîné* relance les investigations. Le journal satirique publie les demandes de renseignements policiers sur Robert Luong, et les rapports de surveillance des RG sur la première dame du Gabon. Un scandale diplomatique. Tous les patrons de la police sont entendus.

Mais, en secret, des arrangements financiers sont négociés pour dédommager la veuve de Luong. Un chèque de un million de francs est versé par l'Association des amis du Gabon sur le compte de la Caisse de règlements pécuniaires des avocats de Paris, la Carpa. En contrepartie, l'association obtient une lettre de désistement de la partie civile, en l'occurrence de Mme Luong. « Au départ, l'association voulait payer en liquide. J'ai refusé ce règlement occulte », déclare l'avocat de la veuve. L'autre partie civile, constituée par la sœur de Luong qui a pour avocat Gérard Gouzes, l'actuel maire socialiste de Marmande, touche la même somme, cette fois en espèces, selon Me Gonelle. Le non-lieu sera prononcé un an plus tard. Au grand soulagement du gouvernement socialiste et particulièrement de Roland Dumas, chargé par François Mitterrand de jouer l'émissaire dans ce délicat dossier. Quelques semaines

1. Entretien en juillet 2005.

plus tard, Roland Dumas sera nommé ministre des Affaires étrangères.

Christian L., l'un des deux assassins présumés, responsable de l'une des plus grosses entreprises de sécurité et de gardiennage du Sud-Ouest, a été abattu en décembre 2004 devant chez lui alors qu'il descendait de voiture. Un homicide qui ressemble à celui de Robert Luong.

Au contact de la pègre

Dans la ville rose, Roger Marion réussit un parcours sans faute. Il fait ses classes dans le milieu toulousain, sorte de succursale de la pègre marseillaise. Il va au contact de la voyoucratie et collectionne les informateurs. Bref, il se forge l'image d'un flic de terrain et d'action, exigeant avec ses hommes tout comme il l'est envers lui-même. Un comportement qui lui vaut la reconnaissance de son patron toulousain, Bernard Ques, un ancien CRS à la réputation de dur à cuire.

En 1986, celui-ci lui propose de le suivre à Marseille où il vient d'être nommé à la tête de la police judiciaire. Le commissaire Marion accepte et récupère la direction de la crime et de la brigade de répression du banditisme. Une sacrée promotion. Avec cent cinquante flics sous ses ordres, Roger Marion se révèle être un meneur d'hommes, n'hésitant pas à participer aux opérations, fusil à pompe dans les mains.

Sur le modèle des clans mafieux qu'il combat, il constitue autour de lui une garde rapprochée de jeunes commissaires. On remarque ainsi Hervé Lafranque, le chef de la brigade de répression et d'intervention (BRI), Jean-Michel Mimran, Francis Choukroune et Frédéric Veaux, patron de la BRI de Nice. Des policiers qui verront tous leur carrière s'accélérer grâce à leur mentor. Une équipe de choc pour lutter contre le « milieu ». Certains des informateurs toulousains de Roger Marion l'ont suivi jusqu'à Marseille.

Par ailleurs, Marion a déjà des entrées dans la pègre marseillaise. À cette époque, la capitale phocéenne voit s'affronter sans merci le clan de Gaëtan Zampa et une association de cinq beaux voyous dont Francis le Belge. Celle-ci prend rapidement le dessus sur la famille Zampa fragilisée par le suicide de Gaëtan. Le truand s'est pendu le 16 août 1984 dans sa cellule de la maison d'arrêt des Baumettes à Marseille.

Marion sait comment obtenir des informations du milieu. Tous les moyens sont utilisés, au risque de se brûler les ailes. En 1989, les RG marseillais enquêtent sur le journaliste du *Provençal* Christian Rodat. Ce spécialiste des faits divers est en effet soupçonné de tuyauter la pègre marseillaise.

Un soir d'été, les policiers planquent au Roucas blanc, un quartier chic qui surplombe Marseille, devant la villa du journaliste qui a rendez-vous avec le caïd Jacky le Mat. Les RG sont soudain intrigués par un véhicule qui passe doucement sans s'arrêter, tous feux éteints. Alors qu'ils relèvent le numéro d'immatriculation, le conducteur descend de la voiture et se dirige droit sur le « soum », la camionnette de surveillance banalisée. Les policiers démarrent aussitôt mais s'aperçoivent qu'ils sont suivis jusqu'à la porte du garage de la Préfecture de police. Persuadés qu'il s'agit d'une provocation de la part de Jacky le Mat, ils font à tout hasard des recherches dans leurs fichiers, pour identifier le numéro d'immatriculation. Stupéfaction : le véhicule appartient à la police, il s'agit même de la voiture de service d'un commissaire. Son nom ? Roger Marion, le numéro 3 de la police judiciaire de Marseille. C'est l'ébullition chez les RG.

Leur patron, Jean-Paul Musy, un flic au visage émacié, d'une grande intégrité, mécontent de cette intrusion, décide d'en référer à la justice, en l'occurrence au premier juge d'instruction de Marseille, Jean-François Sampieri. « Je disposais déjà d'un témoignage affirmant que Roger Marion avait rencontré à deux reprises Francis le Belge dans un bar de Marseille. Pourtant le commissaire ne m'avait pas prévenu comme la procédure l'y obligeait », nous a expliqué Sampieri, quelques mois avant l'accident de voiture qui lui a coûté la vie[1]. Furieux, Jean-François

1. Entretien du 18 mars 2005.

Sampieri, réputé pour son caractère peu commode, demande au patron des RG de l'informer au cas où Marion ferait à nouveau cavalier seul.

Cela ne tarde pas. Un soir de virée, l'un des indics de Jean-Paul Musy, spécialisé dans la fabrication frauduleuse de pastis, a recueilli les confidences du « mac » Ange Pinelli. Ce proxénète au casier long comme le bras est le lieutenant du voyou toulousain Jacques Cassendri, lui-même proche d'André Cermolacce, dit « Gros Dédé », le nouveau parrain du quartier de l'Opéra.

Dans une discothèque marseillaise, Ange Pinelli, passablement éméché, s'est vanté devant l'indic des RG d'être protégé par un commissaire de police. Il a même cité un nom. Mais l'indic ne s'en souvient plus, hormis un détail : c'était « un nom de gonzesse ». Les RG ont alors soumis à leur informateur la liste des femmes flics travaillant sur Marseille. En vain. Les policiers sont persuadés que leur indic les « balade », mais par acquit de conscience, ils lui présentent la liste de tous les commissaires en poste à Marseille. Cette fois, l'indic s'arrête sur le nom de Marion.

En 1988 déjà, le commissaire de la Crime fait l'objet de deux notes blanches. Après être remontées à Paris, au patron des RG, Jacques Fournet, celles-ci finissent sur le bureau du directeur central de la police judiciaire, Jacques Genthial. Celui-ci apprécie Marion qu'il a accueilli comme commissaire stagiaire à Toulouse en 1976. Lorsqu'il prend en main les notes non signées des RG, le patron de la PJ joint aussitôt Bernard Ques, le supérieur hiérarchique de Roger Marion, qu'il connaît bien. Ques explique que Marion est son meilleur flic. Genthial classe l'affaire. Une pratique courante.

En fait, dans l'ombre, Roger Marion contribue à l'anéantissement du clan Zampa. En juin 1990, il lui porte un coup fatal : Il arrête à Roquebrune-sur-Argens, dans le Var, Jean Toci, dit « Jeannot », qui a tenté de prendre la succession de son demi-frère Gaëtan. Pour cette arrestation, Marion, très bien renseigné, équipe ses hommes de détecteurs de métaux afin qu'ils évitent les mines qui entourent le pavillon du voyou.

Dans la maison, ils découvrent 5 millions de francs en billets dans des boîtes en plastique. Et aussi une valise. « À l'intérieur, on a trouvé trois pistolets-mitrailleurs prêts à l'emploi et des photos. L'une d'elles représentait Jacky le Mat », raconte Roger Marion dans le livre du journaliste Bruno Aubry *Les Parrains de la côte*[1]. Proche de Francis le Belge, Jacky le Mat est l'ennemi juré de Jean Toci. Au total, vingt-cinq voyous dont tous les lieutenants de Toci sont écroués.

C'est la fin du clan Zampa. Mais en aucun cas celle de la pègre.

En novembre 1992, alors que Roger Marion n'est plus en poste à Marseille, il est à nouveau question de ses relations avec le milieu. Son nom ressort lors de l'audition d'une prostituée auditionnée dans une affaire de « proxénétisme aggravé et d'association de malfaiteurs ».

Brigitte Vittiglio a comme particularité d'entretenir une relation amoureuse avec un flic de la BRB de Marseille, Patrick L., dont elle est aussi l'indic, selon ce dernier. À l'occasion, elle surveille les « filles » sur la route de Calas entre Aix et Marseille pour le compte du caïd Jacques Cassendri. Sur procès-verbal, Brigitte Vittiglio cite quatre noms de commissaires qui seraient corrompus, dont celui de Roger Marion. Elle affirme que les quatre policiers en question auraient reçu des enveloppes de la part du caïd dans sa villa située à Allauch, près de Marseille. Selon elle, Marion se serait aussi vu offrir des cartons de vins et un manteau de vison noir d'un grand couturier français.

Des accusations graves auxquelles le juge d'instruction Marie-Claude Pena accorde un certain crédit. La magistrate, dont le caractère de fer tranche avec la silhouette menue, pense depuis longtemps que le meilleur allié du clan de Francis le Belge se trouve dans la police. À l'Évêché comme au palais de justice, on évoque à demi-mot le nom de Roger Marion.

Ce n'est qu'en juin 1993, après un imbroglio judiciaire de plus de six mois, que Jacques Cassendri et Brigitte Vittiglio

1. Bruno Aubry, *Les Parrains de la côte*, Marseille, L'Écailler du sud, 2005.

seront entendus séparément par le parquet de Marseille, qui ne juge cependant pas utile de demander une confrontation. Le souteneur dément alors catégoriquement les accusations de la prostituée qui, elle-même, se rétracte. L'affaire est classée. Brigitte Vittiglio a menti.

En mai 1998, les relations ambiguës entre la police et le milieu se retrouvent de nouveau sur la sellette. Mais le nom de Roger Marion n'est pas cité. Un enquêteur de la brigade de répression du banditisme de Marseille, le policier Alex Grot, informe sa hiérarchie qu'il fait l'objet d'une tentative de corruption. Le journaliste Christian Rodat lui aurait proposé de l'argent contre des renseignements susceptibles d'« assurer la tranquillité » du caïd André Cermolacce, alias Gros Dédé. Une proposition confirmée par le truand lui-même. « Gros Dédé m'a dit : "On a déjà un indic chez les commissaires, on en veut un autre chez les flics de base" », se souvient le policier blond au physique taillé dans le roc[1].

Axel Grot accepte de servir de « chèvre » pour tendre un piège au journaliste et au caïd. Son téléphone portable est équipé d'un système d'enregistrement. Le piège se referme rapidement. Une première fois, Christian Rodat remet 1 500 francs au policier, dans un bar du quartier de l'Opéra. Puis une autre fois, 5 000 francs dans un restaurant. Lors de la perquisition chez lui, les policiers saisissent de nombreuses photos où on le voit en compagnie d'élus, de policiers et même de magistrats, mais aussi un scanner, une sortie papier du fichier informatique de la police sur le grand banditisme, une carte *Exclusive* Sofitel au nom d'André Cermolacce, des copies de procès-verbaux et des faux billets...

Aujourd'hui, Axel Grot a un seul regret : ne pas avoir réussi à obtenir sur enregistrement le nom du commissaire qui aurait servi d'informateur au caïd. « Une fois, j'ai carrément demandé à Gros Dédé son identité. Il m'a répondu d'un ton glacial : "Est-ce que cela te ferait plaisir que je balance ton nom ?" » se souvient-il.

1. Entretien en juin 2005.

En mai 2000, Christian Rodat et André Cermolacce seront condamnés respectivement à cinq et six ans de prison ferme. À aucun moment au cours du procès il ne sera fait allusion à la présence d'un indic parmi les commissaires... Celui-ci a-t-il existé ? On ne le sait.

Selon Thierry Colombié, chercheur associé au CNRS et spécialiste de la criminalité organisée[1], « le milieu marseillais a toujours utilisé des individus à des fins de protection et de renseignements ». L'expert précise : « Policiers, journalistes ou juges sont autant de cibles potentielles permettant aux équipes structurées du grand banditisme d'obtenir des informations de premier choix. Les beaux voyous français sont de véritables stratèges et possèdent un excellent savoir-faire. Au fil du temps, la confiance entre les corrupteurs et les corrompus fait place à l'association d'intérêts. Le système devient dès lors mafieux, notamment s'il couvre des liens d'affaires avec des hommes politiques[2]. »

Quoi qu'il en soit, lorsque Marion quitte Marseille en octobre 1990, il a perdu la confiance du parquet et des juges d'instruction de la ville. « Je n'ai jamais eu les éléments pour ouvrir une information judiciaire contre lui, nous a expliqué Jean-François Sampieri. Un jour, j'ai reçu un coup de fil de la chancellerie qui me demandait d'arrêter de chercher des poux sur la tête de Roger Marion[3]. »

La 6e division antiterroriste

Le commissaire quitte Marseille avec une promotion en poche. Il prend la tête de la 6e division antiterroriste, à Paris. À l'époque, le directeur central de la police judiciaire, Jacques Genthial, cherche un flic énergique, capable de « transformer ce service

1. Thierry Colombié, *Le Belge*, Paris, Stock, 2002.
2. Entretien du 1er décembre 2005.
3. Entretien du 18 mars 2005.

de documentation ronronnant en une unité opérationnelle », selon son expression. Marion va dépasser ses espérances.

Force est de reconnaître que Roger Marion transforme très vite la « 6 » en un service d'élite, qui mêle à la fois des flics d'expérience, de jeunes officiers et des policiers traînant quelques « casseroles » – l'un a volé une perceuse au BHV, l'autre a eu une histoire de mœurs avec une prostituée... –, bref des hommes qui lui seront reconnaissants et donc dévoués.

Le patron de la 6 s'investit alors dans la lutte contre l'ETA. Pour cela, il s'appuie sur le service le plus efficace à l'époque, la PAF de Bayonne, dirigée alors par le commissaire Joël Cathala qu'il a connu à Toulouse : c'est Cathala qui l'a initié à la guerre contre les séparatistes basques.

Rapidement, il fait l'admiration de la galerie Saint-Éloi, du nom de l'aile du Palais de justice de Paris qui abrite les juges antiterroristes. Son doyen, le juge Jean-Louis Bruguière, surnommé « le Cow-Boy » en raison du large ceinturon et des bottes qu'il a coutume de porter, ne tarit pas d'éloges sur ce « flic tenace et rigoureux ».

Parallèlement, Roger Marion entretient avec la juge Laurence Le Vert des relations privilégiées. La magistrate, à l'allure assez masculine, est fascinée par ce flic venu du Sud qui n'a peur de rien ni de personne. « Il travaille encore plus que moi », confie-t-elle, admirative, à son entourage. La magistrate et le policier se ressemblent : même rigueur, même soif de pouvoir et même sens très particulier de l'État. Pour tous les deux, la fin peut justifier les moyens.

Marion est charmeur et beau parleur. Il apprécie particulièrement la compagnie des femmes qui gravitent dans le monde journalistique ou judiciaire. Charismatique, il aime raconter jusqu'à épuisement des histoires drôles et effrayantes de voyous et de flics devant un parterre ébahi. « Lorsqu'il rentre dans un restaurant, il faut qu'on le remarque. Il parle fort, gesticule[1]... », explique l'ancienne rédactrice en chef de Canal +, Isabelle

1. Entretien du 2 décembre 2005.

Horlans qui elle aussi succombe en 1999 au grand séducteur Roger Marion.

En 1995, Roger Marion et Laurence Le Vert forment un couple de choc qui, en quelques mois, réalise plusieurs dizaines d'interpellations dans le milieu séparatiste basque. L'arrestation le 17 novembre 1994 de « Mobutu », bras droit présumé des commandos armés d'ETA, et surtout la découverte, le 14 septembre, d'une fabrique d'explosifs à Mouguerre dans les Pyrénées-Atlantiques figurent parmi leurs plus beaux faits d'armes. Un ancien flic de la PAF, Jean Fontagné, se souvient avec admiration de l'opération de Mouguerre. « Le chien anti-explosif ne voulait pas descendre dans la cache. Alors Marion a fait venir un bulldozer. Au premier coup de pelleteuse, deux types sont sortis du trou avec des masques à gaz. C'est Roger lui-même qui a dicté sur place le PV de perquisition. Cela lui a pris trois jours. Il n'y avait pas une virgule à déplacer[1]. »

Mais Roger Marion commet un impair. Le 11 janvier 1993, le commissaire dîne au George V avec rien de moins que le secrétaire d'État à la Sécurité espagnole, Rafael Vera, et son conseiller Jacinto Angel Guerreros Lucas. La juge Laurence Le Vert et la substitut Irène Stoler soupent à la même table. Mais Marion n'en a prévenu ni son patron, Jacques Genthial, ni le cabinet du ministre. Au sein de l'institution policière, il est inadmissible qu'un simple commissaire puisse rencontrer un ministre étranger sans en référer à sa hiérarchie. D'autant que le lendemain, Rafael Vera doit s'entretenir avec le ministre de l'Intérieur Paul Quilès. Roger Marion se moque du protocole. Jacques Genthial va être mis au courant et s'estimant trahi par son protégé, le convoque le lendemain dans son bureau.

— Avec qui avez-vous dîné hier soir ? interroge Genthial.

— Personne, répond Marion avec culot.

— Vous mentez ! s'emporte Genthial en lançant sur son bureau les photos du dîner.

Marion s'excuse. Imperturbable, Jacques Genthial informe le fautif qu'il va réfléchir sur son maintien à la tête de la 6 et lui

1. Entretien du 5 juillet 2005.

demande de rester chez lui en attendant. Roger Marion va passer quinze jours à se morfondre. Soutenu par plusieurs collègues qui plaident sa cause auprès du directeur de la police judiciaire, il sauve sa peau in extremis.

Roger Marion a la baraka et des soutiens. À son arrivée Place Beauvau au printemps 1993, Charles Pasqua envisage son remplacement. Mais les magistrats de la galerie Saint-Éloi intercèdent en sa faveur. « Marion était le bras séculier des juges. Je l'ai gardé », nous confie le ministre de l'Intérieur.

Il n'a pas à le regretter. Très vite, Marion devient un proche de son cabinet. Introduit Place Beauvau par la conseillère juridique du ministre, Annie Grenier, ancienne juge d'instruction et amie intime de Laurence Le Vert et Irène Stoler – les trois magistrates qui se sont connues au tribunal de grande instance de Cergy-Pontoise sont surnommées par certains « la bande de Cergy ».

Roger Marion noue des relations avec le conseiller diplomatique de Charles Pasqua, Bernard Guillet. Mais surtout il se lie d'amitié avec Daniel Léandri, le fidèle conseiller du ministre. Le brigadier-chef a l'habitude de passer le soir au siège de la 6, rue des Saussaies, tout comme Marion est souvent dans le petit bureau de Daniel Léandri. Et ce, au grand dam de Jacques Franquet, le nouveau directeur de la police judicaire, qui accepte mal que l'un de ses subordonnés traite directement avec le cabinet du ministre.

On raconte que Jacques Franquet demandera la tête de Roger Marion à Charles Pasqua qui la lui refusera sous la pression de la « bande de Cergy ». Quel intérêt aurait eu le ministre à se débarrasser d'un flic aussi efficace et dévoué ?

Sperone

L'épisode de Sperone illustre à merveille le dévouement de Roger Marion. Le 28 mars 1994, un commando d'une quarantaine de militants nationalistes s'apprête à plastiquer le complexe touristique de Sperone près de Bonifacio. Le RAID les surprend. Soixante bouteilles de gaz de butane, cinquante kilos d'explosifs, dix fusils d'assaut et dix armes de poing sont saisis dans les véhicules des terroristes. L'opération est orchestrée et montée par le préfet chargé de la sécurité en Corse Jean-Pierre Lacave, et son directeur de cabinet le commissaire divisionnaire Dimitrius Dragacci qui est à l'origine de l'information et a fait en sorte que ni Roger Marion ni même le procureur général de Bastia, Christian Raysséguier, ne soient avisés de l'opération. Quatorze nationalistes sont écroués pour « tentatives de destruction de biens immobiliers en bande organisée, tentatives d'homicides volontaires, et reconstitution de ligue dissoute ». Bref, l'un des plus beaux coups de filet jamais réalisés en Corse.

Mais l'affaire est tellement belle qu'elle nuit aux négociations en cours entre le ministre de l'Intérieur Charles Pasqua et le chef du FLNC Canal historique.

La suite de l'histoire est racontée par le nationaliste François Santoni dans son livre *Pour solde de tout compte*[1]. Elle n'a jamais été démentie. « Dès le lendemain, un dévoué "chargé de mission" arrive en Corse et vient me voir directement, sans passer par la préfecture. Il me donne un message à transmettre au FLNC Canal historique, disant en substance que ce qui vient d'arriver est un abominable cafouillage, que cela n'a pas été voulu, qu'il s'agit d'un dérapage imprévu, et transmet l'engagement du gouvernement de libérer tout le monde dans le cours de l'année. » Et de préciser que Charles Pasqua lui-même évoquera l'affaire avec lui, lorsqu'il le verra peu après les arrestations. « Pour négocier les libérations, je rencontre à deux reprises un magistrat et Roger Marion, patron de l'antiterrorisme, dans le bureau de Daniel Léandri au ministère de l'Intérieur. »

Dès lors, l'on s'attelle à dénicher des fautes de procédure. L'avocate nationaliste Marie-Hélène Mattei, compagne de François Santoni, contribue à cette tâche. Une collaboration inattendue mais couronnée de succès. Les « quatorze de

1. Jean-Michel Rossi et François Santoni, entretiens avec Guy Benhamou, *Pour solde de tout compte*, Paris, Denoël, 2000.

Sperone » sont progressivement libérés. Le dernier d'entre eux sort un an et demi plus tard.

Une mascarade dénoncée en 1997 par le journaliste Frédéric Charpier dans son livre *Au cœur de la PJ* qui est immédiatement attaqué pour diffamation[1]. À l'audience, devant le tribunal correctionnel de Paris, Roger Marion et Laurence Le Vert accablent les responsables de la procédure : les commissaires Mireille Ballestrazzi, patron du SRPJ d'Ajaccio, et Ange Mancini, numéro 2 de la PJ. « Le problème, dans cette affaire de Sperone, c'est que la procédure est nulle », affirme, péremptoire, Roger Marion. Les deux policiers montrés du doigt sont absents. Ils ont refusé de témoigner à la barre en faveur du journaliste. Dans la police, on lave son linge en famille. Frédéric Charpier est condamné.

Fort de son succès, Marion insiste auprès d'André-Michel Ventre, alors responsable du syndicat des commissaires, pour qu'il publie le jugement dans le journal du syndicat. Les deux hommes se connaissent bien mais ne s'apprécient guère. André-Michel Ventre refuse la requête du patron de la 6. Pas question pour le syndicat de se ridiculiser en publiant la condamnation du journaliste que beaucoup jugent injuste.

Deux ans plus tard, alors qu'elle revient d'une mission en Argentine, l'épouse d'André-Michel Ventre, également policière, découvre que son nom ne figure plus dans l'organigramme de son service. Elle n'a plus de bureau et ses affaires ont disparu. « Vous êtes mise à l'écart », lui annonce visiblement embarrassé son chef de service. Roger Marion lui fait savoir qu'elle n'a plus rien à espérer de la police judiciaire tant qu'il y sera. Elle finit par rejoindre la direction départementale de la sécurité publique de Versailles grâce à l'intervention du patron des RG, Yves Bertrand. L'ennemi intime de Roger Marion...

Le scandale des libérations de Sperone sera officiellement reconnu en 1999 dans le rapport de la commission parlementaire sur « L'état des forces de sécurité en Corse » : « Cette

1. Frédéric Charpier, *Au cœur de la PJ*, Paris, Flammarion, 1997.

affaire a contribué à démobiliser les services de sécurité sur place et a entraîné la suspicion à l'égard des magistrats parisiens en charge de la lutte antiterroriste, qui sont apparus à cette occasion comme des juges proches du pouvoir politique », note le rapporteur.

L'analyse est cruelle pour Roger Marion et la galerie Saint-Éloi. Charles Pasqua, lui, les yeux malicieux, en sourit. « Les juges avaient le même sens de l'intérêt de l'État que moi. Ils étaient parfaitement conscients que le fait d'arrêter les gens n'était pas forcément la solution du problème[1]. » Qui a transmis la consigne aux juges ? « Il n'y en a pas eu », affirme l'ancien ministre. Quelqu'un la leur aurait-il suggérée ? Léandri ? « Non, Marion aurait été le mieux placé, répond Charles Pasqua. Parmi les libérés, il n'y avait personne qui avait du sang sur les mains, ce n'était pas des assassins. » Certains ont pourtant récidivé, en participant à des règlements de comptes. D'autres ont trouvé la mort, comme Stéphane Gallo, abattu le 29 mai 1995 à Ajaccio.

Pour mémoire, les « quatorze de Sperone » ont finalement été jugés en octobre 2000 devant la 17e chambre du tribunal correctionnel de Paris et dix d'entre eux ont été condamnés à quatre ans d'emprisonnement. Aucun procès-verbal n'est annulé par le tribunal. Certains condamnés ont fait appel et ont été rejugés en 2002, avec à la clef un an ferme comme peine maximale.

L'épisode de Sperone, exemplaire de l'attitude de l'État en Corse, était annonciateur des déconvenues futures...

Les attentats de 1995

Trois jours avant le deuxième tour de la présidentielle de 1995, Roger Marion devient commissaire divisionnaire fonctionnel[2], dernier échelon du grade de commissaire. Il a quarante-huit ans et de plus en plus d'ennemis. En mai, Jean-Louis

1. Entretien en juillet 2005.
2. Patricia Tourancheau, *Libération*, 11 mai 1995.

Debré remplace Charles Pasqua qui a joué avec Édouard Balladur le mauvais cheval. Mais Marion, lui, garde ses entrées Place Beauvau : Debré est un ancien juge antiterroriste, proche de la « bande de Cergy ». Par ailleurs, le brigadier-chef Daniel Léandri reste au cabinet, chargé des affaires corses.

Le 25 juillet, une bombe explose dans le RER à Paris : sept morts. C'est la terreur. La section antiterroriste (SAT) de la brigade criminelle de Paris est saisie. D'autres attentats ont lieu en région lyonnaise. Le service régional de la police judiciaire de Lyon et la 6 sont à leur tour saisis.

C'est le début de la guerre des polices, l'une des plus dures de l'histoire de la grande maison. La 6, dirigée par Marion, épluche toutes les procédures et critique le travail des autres services. En face, le SRPJ de Lyon et la PJ de Paris protègent leur pré-carré en rendant coup pour coup. Pour lutter contre la volonté d'hégémonie de la 6, Ange Mancini, sous-directeur des affaires criminelles, et son ami Claude Cancès, patron du 36 quai des Orfèvres, font bloc. Le premier, robuste comme un roc, paraît sortir d'une bande dessinée de *Blueberry*, le second, svelte et élégant, de la série *Mission impossible*. Les deux amis auraient déjà réussi à virer Marion de la Poularde, un influent club de commissaires.

Mauvaises décisions, pistes foireuses, coups bas... En attendant, l'enquête sur l'attentat du RER de Saint-Michel piétine. À l'Élysée, le président Jacques Chirac s'impatiente. Au cours de l'émission « Sept sur sept » d'Anne Sinclair, il fustige le « désordre », le manque de « cohérence » et d'« harmonie » entre les services de lutte antiterroriste. « J'en tirerai toutes les conséquences, à tous les niveaux, le moment venu. » Au cabinet de Jean-Louis Debré, certains préparent déjà leurs valises.

C'est sans compter une découverte que va exploiter Roger Marion. Une bombe qui n'a pas explosé est retrouvée sur la ligne du TGV Lyon. Aussitôt, le commissaire Bernard Trenque, le patron du SRPJ de Lyon, fait démonter la bombe, comme le prouve la lecture de la procédure, et l'envoie à Paris, à l'identité judiciaire. Là, sur un petit morceau de ruban adhésif scotché un tout jeune gardien de la paix, Martial Couture, révèle une empreinte. Une fois passée au fichier automatisé des empreintes digitales, elle fait ressortir un nom : Khaled Kelkal. L'enquête est sauvée.

Les démineurs ont une fois de plus fait preuve de courage. Le jeune gardien de la paix a eu un sacré coup de patte, mais sa découverte sera attribuée à l'expert judiciaire. Mince compensation : il recevra une médaille des mains du ministre[1].

Mince récompense car celui qui tire le mieux les marrons du feu, c'est Marion. Aux yeux du public, il devient celui qui a donné l'ordre de ne pas détruire la bombe et par là même celui qui a permis d'identifier Khaled Kelkal. Ce qui aujourd'hui encore fait bondir les pontes de la PJ de l'époque.

À Paris, une fois le nom de Khaled Kelkal identifié, l'information n'a pas été immédiatement diffusée à tous les services de police pour que le poseur de bombe soit arrêté le plus vite possible. Seule la 6, co-saisie de l'enquête sur l'attentat manqué du TGV de Lyon, aurait été avertie. La juge Laurence Le Vert se justifie ainsi : « Il était nécessaire, pour diffuser un avis de recherche à l'échelon national, d'avoir un document tangible, c'est-à-dire le rapport écrit du fichier automatisé des empreintes digitales[2]. »

L'information sera quand même transmise à la police judiciaire de Paris par le numéro 2 de la DCPJ, Ange Mancini, aujourd'hui préfet de région en Guyane. Il nous explique : « Dès que Kelkal a été identifié, l'information est remontée à la DCPJ, et il y a eu débat pour savoir s'il fallait la transmettre à tous les services. Finalement il a été décidé que dans un premier temps, seule la 6 aurait l'info. Je n'étais pas d'accord, le directeur central de la PJ non plus. Aussi, j'ai demandé à mon ami Claude Cancès de regarder s'il n'avait pas un certain Kelkal dans ses fichiers. C'était une course contre la montre, il fallait

1. Devenu inspecteur de police par le concours interne, Martial Couture se suicidera quelques années plus tard à cause de problèmes personnels.

2. Extrait du jugement 27 janvier 1988 de la 17e chambre du TGI de Paris dans l'affaire opposant Mme Le Vert à la société Flammarion et à Frédéric Charpier qui a finalement été condamné au franc symbolique pour diffamation.

se donner tous les moyens de l'arrêter avant qu'il ne commette un autre attentat. » Mais Claude Cancès, directeur de la PJ parisienne, met dans la confidence un haut fonctionnaire qui vend la mèche au directeur général de la Police nationale Claude Guéant, l'actuel directeur de cabinet de Nicolas Sarkozy.

Trois mois plus tard, Claude Cancès et Ange Mancini se retrouvent tous les deux chargés de mission. On les soupçonne d'être les auteurs d'un article polémique sur l'antiterrorisme, publié dans *Le Monde*, sous le pseudo Cicéron. Avant de partir, Ange Mancini prendra soin d'égratigner Roger Marion dans son appréciation annuelle, « l'annotation » comme on l'appelle dans le jargon policier : « Je redoute néanmoins que sa grande rigueur, tant avec son propre personnel qu'avec les autres services de la police Nationale, ne le conduise parfois à des attitudes excessives qui créent des difficultés inutiles dans un domaine aussi délicat. » Une notation qui reste en travers de la gorge de Roger Marion.

Le 7 septembre, une bombe explose dans une école juive à Villeurbanne. Par miracle, il n'y a aucun mort. « S'il y avait eu un bain de sang, l'opinion publique n'aurait pas compris pourquoi on n'avait pas diffusé l'information à tous les services », insiste Ange Mancini. Consciente d'avoir frôlé la catastrophe, la Place Beauvau se dépêche d'imprimer cent soixante-dix mille avis de recherche de Khaled Kelkal dans toute la France. C'est la fin de l'islamiste. Et le début de la gloire de Marion.

Le 27 septembre 1995, les gendarmes lyonnais tombent par hasard, au col de Malval, sur un SDF assoupi dans son duvet. Une fusillade éclate. Karim Koussa tire trois fois pour couvrir la fuite de son « frère » Kelkal. Il est blessé de dix balles. Sur place, on retrouve un dispositif de mise à feu, un réveil avec une seule aiguille entourée d'un fil de cuivre et un fusil à pompe Winchester. Très vite, une expertise balistique montre que l'arme a été utilisée pour tirer sur des policiers à Bron et assassiner l'imam Sahraoui, le 11 juillet 1995 à Paris. Le lien est établi entre les attentats de Lyon et Paris. Le 29 septembre,

Khaled Kelkal est abattu par des hommes de l'escadron parachutiste d'intervention de la gendarmerie au hameau de Maison-Blanche à Vaugneray, près de Lyon. Sa mort est filmée en direct par les caméras de M6. « Finis-le, finis-le ! » hurle un gendarme dans le reportage de la journaliste Michèle Fines.

Rapidement, le démantèlement de la branche lyonnaise permet de remonter aux activistes qui sévissent à Paris et à Lille. Une surveillance assidue des cabines téléphoniques de l'avenue d'Italie dans le 13e arrondissement de Paris permet d'identifier le terroriste Boualem Bensaïd alors qu'il appelle un « artificier » à Lille[1]. La menace d'un attentat sur le marché de Lille précipite les arrestations. Voilà pour la version officielle.

Beaucoup de zones d'ombre demeurent cependant, comme souvent dans les affaires de terrorisme. Le principal coordonnateur de la campagne des attentats, Sid Ali Touchent alias Tarek, n'a jamais été arrêté. Il est pourtant le premier à avoir été identifié, dès 1993. Certains avancent aujourd'hui qu'il aurait pu manipuler Khaled Kelkal et sa bande pour le compte de la Sécurité algérienne qui, en butte au Front islamique du salut, avait intérêt à braquer la France contre l'islam radical. Les services algériens annonceront la mort de Sid Ali Touchent en 1998 dans des conditions qui ont éveillé la suspicion de la Place Beauvau.

En novembre 2000, au cours du procès des islamistes devant la cour d'assises spéciale, Roger Marion est interrogé et se retranche derrière la raison d'État. « Pourquoi l'a-t-on fait venir, puisqu'il n'est pas en mesure de répondre ? s'indigne Jacques Debré, le tenace avocat lyonnais de Karim Koussa. Il nous a fait une synthèse avec explication politique. C'est un numéro qui n'a rien à voir avec la déposition d'un témoin. »

Roger Marion explose à la barre : « En 1995, personne ne prenait le métro ou le RER, les poubelles de Paris étaient obturées, les sanisettes explosaient. La véritable mission de la police judiciaire, c'est d'identifier les auteurs de ces actes,

1. Stéphane Berthomet et Guillaume Bigot, *Quand la France tremblera*, Paris, Ramsay, 2005.

d'administrer la preuve et de les déférer à la justice. Notre mission a été remplie : l'ensemble du réseau a été neutralisé et nous avons démantelé ses ramifications à l'étranger[1]. » Le grand flic n'en dira pas davantage.

Deux ans plus tard, le 4 octobre 2002 au cours du procès en appel, Roger Marion devenu numéro 2 de la PJ, ne sera guère plus disert.

« Qu'est-il donc advenu des documents d'identité de Tarek ? interroge l'avocat Benoît Dietsch, le nouvel avocat de Boualem Bensaïd[2].

Il esquive la question.

— Nous sommes en 2002, je ne me souviens plus. Depuis trois ans, j'ai des responsabilités supérieures. Je ne vois pas l'intérêt de la question, dit-il au nez de la présidente.

— Ce n'est pas vous qui en appréciez l'intérêt, réplique sèchement la magistrate, irritée par l'attitude du policier.

Le numéro 2 de la PJ se défausse alors sur les autres services.

— Demandez à la DST. Interrogez les responsables de la brigade criminelle, répète-t-il inlassablement.

— Vous avez expliqué qu'il y avait des réunions entre les différents services de police, fait remarquer la présidente.

— Je ne suis pas là pour dévoiler la confidentialité de ces réunions, répond Roger Marion. »

La justice n'en saura pas plus...

Les caprices du « grand flic »

Quoi qu'il en soit en 1995, le démantèlement des réseaux islamistes fait de Roger Marion le flic le plus puissant de la PJ. Intouchable, indéboulonnable, il peut tout se permettre. Et ne s'en prive pas, selon certains. Obsédé par le temps et en permanence stressé, le patron de la 6 exige, nous dit-on, que la porte de l'ascenseur de son service soit ouverte lorsqu'il se présente

1. Article de Patricia Tourancheau, *Libération*, novembre 2000.
2. Article de Patricia Tourancheau, *Libération*, 5 octobre 2002.

devant. On raconte aussi qu'il traverse systématiquement la ville au « gyrophare deux tons » dans sa Safrane ou son Opel. Une fois, il aurait même oublié de s'arrêter aux barrières de péage de l'autoroute.

« L'idée de ne pouvoir être joint lui est insupportable, même s'il se trouve dans un avion », explique Isabelle Horlans qui est partie à maintes reprises en escapade avec lui. « En Corse, il se baladait sans arrêt avec son téléphone satellite. » À l'époque, raconte-t-elle, Roger Marion a sa place de parking réservée devant la porte du hall de sortie de l'aéroport d'Orly. Mais cela ne règle pas toutes les difficultés. « En retard, il est arrivé une fois qu'il fasse joindre par son secrétariat la tour de contrôle de l'aéroport pour que l'avion nous attende. Nous partions à Ajaccio. » Un privilège de ministre. Autre petite manie du grand flic : « Il exige souvent le premier rang dans l'avion, les places 1A et 1B » et « à l'arrivée, il emprunte le temps du week-end la voiture de fonction du patron du SRPJ local »[1].

La 6, rebaptisée DNAT pour Division nationale antiterroriste, toujours avec Roger Marion à sa tête, reste au ministère de l'Intérieur, rue des Saussaies. Lorsque le nouveau directeur central de la police judiciaire, Bernard Gravet, flic affable et tout en rondeur, annonce en réunion qu'il veut que tous les services de la PJ soient réunis à Nanterre, Marion refuse. Et Bernard Gravet cède.

Roger Marion arrive toujours le premier au bureau, sur les coups de 7 h 30 et repart souvent le dernier vers 22-23 heures. « Mes hommes n'auront jamais ma peau car je travaille plus qu'eux », aime-t-il à répéter.

Il n'occupe pas son temps qu'à la grande police. Comme d'autres flics, il rend aussi de menus services aux élus, conseillers ministériels et amis de toute sorte, mais aussi aux petits flics. Roger Marion a des hommes à lui partout, susceptibles de lui rendre ce type de petits services. « Il bosse quatorze heures par jour, sept pour le boulot, sept pour ses relations

1. Entretien du 2 décembre 2005.

publiques », affirme, mauvaise langue, un de ses anciens officiers. Sans oublier son heure de jogging quotidien. Marion est un coureur de fond hors pair. Il court tous les matins très tôt. Son titre de gloire est d'avoir participé au marathon de New York.

À midi, il s'accorde, selon ses anciens collaborateurs, de larges pauses déjeuner. On croise régulièrement Roger Marion à la table du Carré des Feuillants en compagnie du juge d'instruction Jean-Louis Bruguière ou du brigadier-chef Daniel Léandri. Il fréquente avec assiduité les restaurants des hôtels Astor ou Bristol où il partage parfois la table de Claude Guéant, alors directeur général de la Police nationale. Il lui arrive aussi, dit-on, de déjeuner sur le pouce à La Maison du Danemark avec des gens de la finance. Roger Marion affectionne les plats diététiques.

La hantise du complot

Méfiant, voire paranoïaque, le « grand flic » ne laisse, selon ses ex-officiers, jamais rien traîner sur son bureau. Le moindre papier est mis sous clef ou détruit dans la petite broyeuse qui se trouve près de lui. Impossible de le prendre en faute. En fin de journée, il déchire et jette systématiquement la feuille de son agenda de la veille. Par ailleurs, il n'utilise jamais l'informatique. « Le jour où tu te feras pirater ton disque dur, tu verras », déclare-t-il un jour à Isabelle Horlans qui se moque de le voir raturer indéfiniment sur le papier.

Roger Marion vit dans la hantise de la fuite. Rien ne sort de son service sans son autorisation. Tous les fax doivent porter sa signature. « À mon arrivée à la 6, il m'a montré le télécopieur et m'a dit : “Surtout, tu n'envoies rien sans m'en parler avant” », confie Charles Diaz, l'un de ses anciens adjoints[1]. Ce grand flic de gauche, à l'œil malicieux, croit d'abord à une blague. « Oui, mais quand tu n'es pas là, c'est moi le chef », plaisante-t-il. Marion se crispe : « Non, je reste le chef, même

1. Entretien du 13 juin 2005.

quand je ne suis pas là. » Entre les deux hommes, les choses finiront mal. L'adjoint collera son chef contre le mur avant de se chercher un nouveau poste.

Roger Marion se méfie du téléphone plus que tout. Le placer sur écoute coûterait une fortune : il collectionne un téléphone satellite, trois ou quatre portables et cinq lignes directes dont un numéro vert sur lequel son épouse le joint. Pourtant, pour téléphoner, il se rend parfois dans un autre service ou se sert du poste de ses hommes. À voir leur chef prendre autant de précautions, certains se disent convaincus qu'eux-mêmes sont écoutés par ses soins.

Un chef tyrannique et perfectionniste

Au 11 rue des Saussaies, l'ambiance est délétère. Le patron de la DNAT est accusé par ses hommes de faire sauter jours de congé et récupérations comme bon lui semble. Une fois, il aurait même interdit à l'un d'entre eux d'assister à l'accouchement de sa femme. Avec lui, une mission n'attend jamais. « Tu pars immédiatement, couilles rasant le sol ! » hurle-t-il à ses officiers dans les couloirs.

Peu importe les risques. Le 1er octobre 1999, les hommes de la DNAT vont jouer eux-mêmes les démineurs en transportant et déchargeant une tonne et demie d'explosifs après la découverte à Pontivy (Morbihan) d'un camion qui a servi deux jours plus tôt au transport d'une partie des huit tonnes de dynamite dérobées par l'ETA à la société Titanite à Plévin (Côtes-d'Armor).

Malgré le caractère ultrasensible de leurs missions, les policiers de la DNAT ne bénéficient d'aucun soutien psychologique. Pourtant, au sein du service, certains hommes ne parviennent plus à se nourrir ou dormir normalement à cause du stress.

Marion a l'obsession de la perfection. Son stylo Mont Blanc à la main, il lit, corrige, relit, recorrige tous les PV. Pour une majuscule, une virgule mal placée ou une expression inadéquate, il exige de ses hommes qu'ils revoient toute leur copie.

Et pour ne rien arranger, la « jurisprudence grammaticale », selon l'expression d'un ex-officier, varie en fonction de ses humeurs. « On demandait aux secrétaires : "Le nom du juge d'instruction, aujourd'hui, c'est en minuscules ou en majuscules ?" » raconte un policier[1]. Durant quelques mois, le juge Jean-Louis Bruguière, avec qui Marion a eu des mots, aurait ainsi hérité d'un « b » minuscule à son nom. Le chef de la DNAT se serait même attaqué aux commissions rogatoires de la juge Laurence Le Vert alors que la magistrate est reconnue par tous pour son extrême rigueur.

Roger Marion ne permettrait à personne de démissionner de son service sans son aval, quitte à intervenir au plus haut niveau pour annuler l'affectation d'une secrétaire ou d'un officier. En outre, comme beaucoup de grands chefs, le patron de la 6 divise pour mieux régner, en particulier à travers l'arbitrage des primes. « Il nous remettait en mains propres à chacun une enveloppe, mais au moment de la signature du registre, il faisait en sorte que l'on sache ce que l'un ou l'autre avait reçu[2]. » Et les pestiférés parfois de se retrouver avec une enveloppe vide.

L'affaire Mancuso

En décembre 1996, un vent de révolte souffle sur la 6. À l'origine : François Mancuso. Ce jeune lieutenant s'est vu coller par le patron de la 6 un rapport d'insubordination, transmis à la police des polices et au parquet général de Paris. Une sanction jugée démesurée pour une broutille. Aussitôt, quarante-trois flics, soit l'essentiel de la 6, signent une pétition dénonçant les méthodes autocrates de Roger Marion. Les pétitionnaires demandent à être « remis à disposition » de la Direction centrale de la PJ. Une première dans les annales de la police ! Un sit-in devant le bureau du directeur central Bernard Gravet est fixé au lundi suivant.

1. Entretien du 23 juin 2005.
2. Entretien du 4 juillet 2005.

L'affaire est d'autant plus embarrassante pour la hiérarchie policière que le ministre de l'Intérieur Jean-Louis Debré s'est fendu quelques jours plus tôt d'une visite aux hommes de la 6 pour les féliciter du travail accompli en Corse sous la coordination de François Mancuso. Mais dans les couloirs de la PJ, les ennemis de Marion se frottent déjà les mains. La consigne de Bernard Gravet est claire : « Surtout pas de vagues. Calmons les esprits. » Le Syndicat national des officiers de police (SNOP) intervient comme médiateur. « Un de ses représentants nous a assuré du départ de Marion. Il disait que la direction le lui avait promis », nous confie François Mancuso[1]. Les policiers de la 6 annulent donc leur sit-in du lundi.

C'était bien mal connaître les arcanes de la police. Une semaine plus tard, François Mancuso, s'est retrouvé muté à sa demande à l'office central de répression du banditisme avec l'aide et la compréhension de Bernard Gravet. Triomphe de Roger Marion.

Mais l'affaire rebondit les jours suivants. Le chef de la 6 reçoit en effet un coup de téléphone très désagréable du parquet général de Paris. Le magistrat au bout du fil l'avertit que le parquet ne peut retirer à François Mancuso sa qualité d'officier de police judiciaire (OPJ), comme il le lui a réclamé.

« En fait, Marion en tant que chef de la DNAT avait oublié de demander l'habilitation d'OPJ pour six de ses hommes, explique François Mancuso. En théorie toutes les procédures que j'avais faites étaient caduques car il faut la qualité d'OPJ pour rédiger et signer un procès-verbal. » Les procès-verbaux de certains islamistes impliqués dans la vague d'attentats de 1995 ou de nationalistes corses auraient pu être annulés. Une grosse boulette.

Black-out total de la hiérarchie policière. Les hommes de la 6 ont pour consigne de ne rien dire à la presse. La rumeur parvient toutefois aux rédactions. Les juges de la galerie Saint-Éloi redoutent que les avocats profitent de la situation et

1 Entretien du 24 novembre 2005.

demandent l'annulation des procédures. Les requêtes en annulation que dépose Laurence Le Vert seront examinées, heureux hasard, par la deuxième section de la chambre d'accusation où l'avocat général est à l'époque Annie Grenier, amie intime de Laurence Le Vert et ancienne conseillère du ministre de l'Intérieur Charles Pasqua. Un seul détenu, le nationaliste Dominique Rossi dit « Nicou », sera libéré le 28 mars 1997 pour vice de procédure. L'honneur de Roger Marion et de la 6 est sauf.

En février 1997, soit à peine deux mois plus tard, le ministre de l'Intérieur Jean-Louis Debré le nomme contrôleur général. Roger Marion devient le plus jeune contrôleur général de France. Il n'a pas encore cinquante ans.

Certains des pétitionnaires qui avaient soutenu François Mancuso connaîtront un sort peu enviable. Les plus fragiles ont plongé dans la dépression, comme le lieutenant Pees Lalane ou le capitaine Didier Bilger. Changé de poste par Marion, l'officier qui a derrière lui douze ans à la 6, demande sa mutation puis se suicide en pleine rue avec son arme de service, peu de temps après sa nouvelle affectation.

Pour la petite histoire, François Mancuso, écœuré par la hiérarchie policière, a quitté la police pour écrire des scénarios. Il est le co-auteur du long métrage *36 quai des Orfèvres*.

La révolte contre l'autocrate

Pour finir, une petite poignée d'officiers vont tout de même se battre bec et ongles contre les injustices dont ils estiment être victimes. Le 20 juillet 1998, le capitaine Jean-François Battin, le meilleur spécialiste de l'islam radical en France, se retrouve en garde à vue. Il est poursuivi administrativement et pénalement pour une fuite dans le journal *Libération* car son nom et son numéro de téléphone ont été retrouvés dans l'agenda de son ami journaliste Gilles Millet. La justice ne retient finalement aucune charge contre le policier qui écope malgré tout d'un blâme administratif. Jean-François Battin qui est le premier flic à avoir évoqué le nom de Ben Laden dans une procédure judiciaire a aussi réussi à casser la grille de codage des numéros de téléphone du calepin de Boualem Bensaïd. Il travaille désormais à la Direction centrale des renseignements généraux.

Le lieutenant Yves Dujardin a dû résister lui aussi. Début janvier 1997, peu de temps après l'épisode Mancuso, cet officier, ingénieur de formation et fraîchement décoré par Jean-Louis Debré pour acte de bravoure, prend la défense d'un autre collègue attaqué par Roger Marion. Son « pote », Éric Simon, s'est rendu coupable à l'égard de son patron d'une mention critique en langue corse retranscrite en marge d'une télécopie d'écoute : « *Couragiu, un ti pianta, dumane ma da cambia, RM fora !* » Autrement dit : « Courage, ne te plante pas, demain ça va changer, Roger Marion dehors ! »

Quelques jours plus tard « RM » se fend d'un rapport dans lequel il accuse le policier de fuites en direction de la presse et d'une faute grave commise au cours d'une perquisition chez des nationalistes dans la région de Balagne. Une perquisition à laquelle a également participé Yves Dujardin. En voulant défendre son ami, le lieutenant se retrouve lui aussi sur le banc des accusés. Les deux policiers sont sanctionnés d'un blâme et rapidement mutés.

Une sanction qu'Yves Dujardin n'accepte pas. Il entreprend un recours administratif. Au bout de cinq ans d'une lutte acharnée, il obtiendra l'annulation de son blâme et la condamnation de l'État à lui verser 5 000 francs d'amende. Il vient tout juste de passer capitaine à la Direction de la surveillance du Territoire, après quinze années en service actif sur l'islam radical.

L'assassinat du préfet Érignac

En 1996, l'actualité de la DNAT se déroule désormais en Corse. Les négociations battent de l'aile depuis le rassemblement, dans la nuit du 11 au 12 janvier à Tralonca, de six cents nationalistes cagoulés et armés jusqu'aux dents. Cette démonstration de force survenue la veille de la visite de Jean-Louis Debré dans l'île a pour but d'annoncer la trêve des attentats pour trois mois et de symboliser l'intégration des nationalistes dans le système démocratique. Elle provoque au contraire un scandale politique et souligne l'affaiblissement du rôle de l'État en Corse. Ceci entraîne aussitôt le retour d'une politique de fermeté, même s'il faut attendre neuf mois avant qu'une enquête soit ouverte sur le rassemblement de Tralonca. Sans aucun résultat d'ailleurs.

En juin 1997, la gauche revient aux affaires, Jean-Pierre Chevènement s'installe Place Beauvau. Une fois encore, on se dit rue des Saussaies que les jours de Marion sont comptés, en raison de ses liens avec la droite. Le directeur adjoint du cabinet de Chevènement, Patrice Bergougnoux, aurait demandé sa tête au directeur de la police judiciaire, Bernard Gravet. L'arrêté d'affectation du contrôleur général pour la police des polices serait sur le bureau du ministre, n'attendant plus que sa seule signature.

Mais, le 6 février 1998, le préfet Claude Érignac est assassiné à Ajaccio de trois balles dans la nuque en pleine rue. Un crime d'État jamais encore perpétré en France. Au lendemain de l'assassinat du préfet, Roger Marion se trouve dans l'avion qui amène Jean-Pierre Chevènement en Corse. Le flic est placé à l'arrière, l'air soucieux. Il va avoir une chance de séduire le ministre dont il connaît le goût pour le latin.

À leur arrivée à Ajaccio, la ville est sous le choc, le commissariat en pleine ébullition. Deux jeunes Marocains, désignés par un témoin, y sont en garde à vue. Jean-Pierre Chevènement affirme un peu vite aux médias que la police est en possession de « témoignages d'une certaine force ». Marion n'y croit pas, le fait savoir au ministre en critiquant ouvertement les méthodes d'investigation du commissaire Dimitrius Dragacci.

Ce Corse au caractère bien trempé avec une gueule à la Anthony Quinn est le chef du service régional de police judiciaire d'Ajaccio, chargé de l'enquête de flagrance. Fatigué et stressé, il répond à côté aux questions du ministre et s'embrouille un peu dans ses explications sur le fameux témoin qui a désigné les jeunes Beurs. Roger Marion répond alors à une question qui ne lui est pas adressée et lâche cette citation latine : « *Tenis unis, tenis nullus* » (« Un seul témoin, pas de témoin »). Le sort de Dragacci est scellé, la carrière de Marion sauvée. Quelques heures plus tard, les jeunes Beurs sont libérés bien que le parquet de Paris ait demandé la prolongation de garde à vue.

Lors du vol retour vers Paris, le contrôleur général est en tête de l'appareil, assis juste à côté de Jean-Pierre Chevènement. Tout un symbole...

Le 12 février 1998, Bernard Bonnet est nommé préfet de région en Corse. Il doit incarner le renforcement de l'État de droit en Corse, l'initiative et la rigueur. L'appareil d'État est remanié, la justice renforcée dans ses moyens et réactivée dans son action. L'enquête Érignac doit être le symbole de la politique du gouvernement en Corse. C'est la « cause sacrée », et du même coup un enjeu de pouvoir entre l'Intérieur et Matignon, entre la police et la gendarmerie. À l'intérieur même de la police, chaque service veut tirer bénéfice de la résolution de l'affaire.

Pour suivre le dossier, trois juges sont codésignés. L'incontournable et très médiatique Jean-Louis Bruguière, surnommé par ses pairs « l'Amiral », est aux commandes avec sous ses ordres deux juges qui ne s'apprécient pas : Laurence Le Vert et Gilbert Thiel. Dernier venu à la galerie Saint-Éloi, celui-ci y fait figure de mouton noir. Ancien membre du syndicat de la magistrature, mouvement proche de la gauche, il ne partage pas les méthodes de ses collègues. En froid avec Marion, lui-même très proche des autres magistrats et en particulier de Laurence Le Vert, il s'appuie sur les gendarmes ainsi que sur le SRPJ d'Ajaccio et Dimitrius Dragacci.

Au ministère de l'Intérieur, Marion fait alliance avec le directeur adjoint de cabinet de Jean-Pierre Chevènement, Patrice Bergougnoux, celui-là même qui réclamait sa tête quelques mois plus tôt. Faute de partager les mêmes idées politiques, le patron de la DNAT et l'ancien CRS ont un respect mutuel l'un pour l'autre. Tous les deux viennent de la base et ne rechignent pas à mettre les mains dans le cambouis. Ils appartiennent tous les deux à la franc-maçonnerie. Bergougnoux est au Grand Orient de France, Marion à la Grande Loge de France qu'il quittera plus tard.

Bergougnoux et Marion ont par ailleurs des intérêts communs : le premier aimerait prendre la place du nouveau directeur général de la Police nationale, Didier Cultiaux. Le second a dans son collimateur le directeur central de la police judiciaire, Bernard Gravet. Marion rend donc compte directement à Patrice Bergougnoux de l'avancée de « l'enquête Érignac » et passe par-dessus la tête de ses supérieurs. En contrepartie, il obtient la centralisation des enquêtes sur la Corse, contre la volonté des conseillers de Lionel Jospin.

Une guerre sans pitié oppose alors le boss de l'antiterrorisme au patron du SRPJ d'Ajaccio, Dimitrius Dragacci, qui n'admet pas la mainmise de Marion sur ses enquêtes. Le premier accuse le second d'avoir saccagé le début de l'enquête. Il n'a de cesse de rappeler qu'« au journal de TF1, un habitant avait entre les mains la douille de la balle qui a tué le préfet ». De son côté, le flic corse jure que Marion rend son travail impossible. « Il se comporte en Corse comme s'il était au Kosovo. Il ridiculise l'État par ses rafles. »

Marion remporte le premier round. Le 27 avril 1998, Dimitrius Dragracci est remplacé. Tout comme son adjoint, André Muhlberger, muté aux Stups de Marseille, qui paye au prix fort ses liens d'amitié avec le flic corse : en janvier 1999, il se voit retirer du tableau d'avancement. La décision est prise en urgence un dimanche, Place Beauvau, au cours d'une réunion à laquelle participent toutes les « huiles » de la police. La raison ? Le commissaire entretiendrait des relations avec une mouvement indépendant. Une calomnie. Heureusement pour la carrière d'André Muhlberger, le mouvement s'est depuis autodissous, et le flic pourra être nommé commissaire principal un an plus tard. Cette année-là, ironie du sort, sur le tableau d'avancement des commissaires, figure aussi la sœur de Roger Marion[1].

En mai 1998, le chef de la DNAT a les mains totalement libres en Corse.

La piste agricole

Selon lui, le mobile de l'assassinat est l'endettement agricole, l'obsession du préfet Érignac qui voulait casser la logique des moratoires. Durant deux ans, les syndicats à caractère nationaliste, contrôlés par le producteur de porcs et ancien parachutiste Marcel Lorenzoni et l'agriculteur Mathieu Filidori, se sont opposés à lui. Aux yeux de Roger Marion, c'est une raison suffisante pour qu'ils aient voulu sa mort.

Marcel Lorenzoni fait l'objet d'une perquisition sur la foi de deux communiqués adressés au journal *Libération* par un certain groupuscule « Sampieru », plusieurs mois avant le meurtre du préfet Érignac, qui évoquaient « l'idéal parachutiste et légionnaire » et « la filière porcine ». Marcel Lorenzoni apparaît comme le coupable idéal : il est né dans le village de Sampieru. Le nationaliste est incarcéré le 9 février après la découverte d'explosifs à son domicile. La DNAT est aussitôt saisie sur commission rogatoire (CR) pour « association de malfaiteurs en vue d'une entreprise terroriste... ». Marion va se servir de cette CR dite de « la piste agricole » comme d'un bulldozer. Il procède à de multiples interpellations, sans lien apparent avec le meurtre du préfet.

Au cours de l'année 1998, près de trois cent cinquante suspects sont interpellés pour seulement quarante-neuf mises en examen et trente-six incarcérations. Portes défoncées, erreurs d'adresses, interpellations non justifiées... la DNAT n'y va pas de main morte.

« J'ai vu passer en audience un cafetier et quatre petits vieux de soixante-dix à soixante-quinze ans qui avaient été arrêtés par

1. *Journal Officiel*, arrêté du 28 mars 2000, NORINTC0000185A, p. 4963.

la DNAT pour avoir joué à la manille en misant 50 francs, raconte Pierre Gouzenne, le président du tribunal de grand instance de Bastia, devant la commission parlementaire en 1999. Ils sont arrivés à cinquante dans un petit village de cinquante habitants pour les ramasser. Dans ce village, on ne veut plus entendre parler de la justice, de la police et de l'État de droit. »

Place Beauvau et au sein de la hiérarchie policière, la politique de l'autruche est de règle. « Marion est intouchable », dit-on, compte tenu de ses liens directs avec le cabinet du ministre. Pourtant en Corse, les flics doutent de voir son enquête déboucher.

Le 22 juin, le nationaliste Mathieu Filidori et son épouse sont à leur tour interpellés. Les enquêteurs ont relevé des « similitudes sémantiques » entre les tracts diffusés par sa mouvance et le communiqué du mystérieux groupe Sampieru.

Le 3 décembre 1998, Marion rend son fameux rapport sur la « piste agricole » désignant Marcel Lorenzoni et Mathieu Filidori comme les commanditaires du meurtre du préfet. Un travail d'orfèvre qui tombe à point nommé pour le retour du ministre Jean-Pierre Chevènement, après son coma, et précède l'anniversaire de la mort du préfet Érignac. Peu importe si quinze jours avant la remise dudit rapport, la chambre d'accusation de Paris a relâché Mathieu Filidori.

Par la suite, la piste agricole sur laquelle s'entête Marion sans explication, se révèle être totalement erronée.

L'enquête du préfet Bonnet

Le préfet Bonnet, l'autre personnage clef de l'enquête, a plus de flair. Dès juillet 1998, le haut fonctionnaire qui fume, dit-on, d'énormes cigares lors des perquisitions chez les nationalistes, connaît le mobile de l'assassinat, et dès septembre le nom des principaux coupables, grâce à son indic, Corte, qu'il évoque dans son livre[1]. Le commando espérait, en tuant le préfet,

1. Bernard Bonnet, *Préfet en Corse*, Paris, Michel Lafon, 1999.

déclencher un électrochoc pour rassembler les « purs » du mouvement nationaliste, égarés dans une politique de petits arrangements avec l'État. Pour ces irréductibles, l'élément déclencheur a été Sperone et les tractations qui ont suivi entre Pasqua et Santoni. « En s'appuyant sur la branche pourrie du nationalisme corse, Charles Pasqua a engagé l'État, et l'État doit payer la facture », peut-on lire dans le fameux document remis au préfet Bonnet.

Au mois de novembre, Bonnet apprend que le commando est composé d'« intellectuels » : Jean Castella et Vincent Andriuzzi et d'opérationnels : Alain Ferrandi, Joseph Versini, Marcel Istria et Stéphane Colonna, le frère d'Yvan. Pourtant, il faudra attendre six longs mois avant les premières interpellations. Entre le préfet Bonnet et le contrôleur général Marion, les ponts sont coupés. Le patron de la DNAT aurait voulu piquer l'indic du préfet pour se venger de la rétention d'informations pratiquée par ce dernier.

Le préfet rédige deux notes – l'une datée du 16 novembre, l'autre du 10 décembre – qu'il pense remettre au juge Bruguière, chargé de l'enquête. Tout y est : le nom des assassins, le mobile, le mode opératoire. « Si le ministre de l'Intérieur avait été à son poste, affirme Bernard Bonnet, les notes auraient suivi la filière normale : Bergougnoux, Bruguière, Marion. » Mais voilà, durant le coma de Jean-Pierre Chevènement – son « voyage », selon la propre expression du ministre –, c'est Matignon qui a pris les rênes de l'enquête. Or les conseillers de Lionel Jospin n'ont aucun respect pour le duo Marion-Bruguière qui appartient, selon eux, aux réseaux de Charles Pasqua. Ils n'apprécient pas plus les interventions des cow-boys de la DNAT en Corse.

Bernard Bonnet transmet donc ses informations par écrit au procureur de Paris, Jean-Pierre Dintilhac, qui les communique au juge Bruguière en prenant soin de se déplacer et en lui transmettant les infos par note « démarquée », pour cacher sa source. Et ce à la demande du préfet. Plus tard, le juge Bruguière, entendu deux fois par la commission parlementaire, expliquera n'avoir jamais eu connaissance des notes du préfet Bonnet. Ce n'est qu'en janvier 1999 que celles-ci sont transmises aux enquêteurs de la DNAT. Mais Roger Marion juge inutile d'exploiter la piste.

La chute du préfet Bonnet

Quatre mois plus tard, la triste « affaire des paillotes » débloque la situation. À quel prix ! Dans la nuit du 19 au 20 avril 1999, des officiers du GPS (groupe peloton de sécurité) de la gendarmerie tentent d'incendier le restaurant de plage Chez Francis, construit abusivement sur le bord de mer. Mais un gendarme se brûle le visage. Obligés de déguerpir en urgence, les fonctionnaires abandonnent une partie de leur matériel sur place. Les pieds nickelés sont mis en garde à vue dès le lendemain et lâchent très vite le nom de leur donneur d'ordre : le préfet Bernard Bonnet. Ils accusent le plus haut fonctionnaire de l'île de leur avoir demandé de détruire la paillote parce que son propriétaire représentait le symbole de la contestation de l'État de droit en Corse. Le 3 mai 1999, le préfet Bonnet est placé en garde à vue puis incarcéré[1].

Énorme scandale : en moins d'un an et demi, un préfet assassiné et son remplaçant incarcéré. L'image des pouvoirs publics, de l'État est bafouée, presque anéantie. La droite fait feu de tout bois alors que le ministère de l'Intérieur et celui de la Défense se rejettent mutuellement la faute de l'incendie de la paillote.

Le 4 mai, Lionel Jospin dissout le fameux GPS par qui le scandale est arrivé. Le Sénat, à majorité de droite, lance une commission parlementaire sur « la conduite de la politique de sécurité menée par l'État en Corse ». La majorité de gauche

1. Bernard Bonnet a été condamné le 15 janvier 2003 à trois ans d'emprisonnement dont un an ferme par la cour d'appel de Bastia. Sa condamnation a été confirmée en octobre 2004 par la Cour de cassation. Le président Jacques Chirac a depuis refusé sa demande de grâce.

de l'Assemblée nationale réplique par une commission sur « le fonctionnement des forces de sécurité en Corse au cours de cette législature et de la précédente ».

Marion reprend l'avantage

Le 19 mai 1999, la droite dépose à l'Assemblée nationale une motion de censure à l'encontre du gouvernement. Par ailleurs, le 21 mai, le préfet Bernard Bonnet doit être entendu. Le haut fonctionnaire menace de révéler les fameuses notes non utilisées dans l'affaire Érignac. De quoi faire sauter le ministre de l'Intérieur.

Roger Marion va venir en aide à Jean-Pierre Chevènement, comme il l'avait déjà fait pour Charles Pasqua : il appelle le directeur de cabinet du ministre Patrice Bergougnoux pour lui faire part de l'initiative qu'il va prendre.

Le coup de poker de Marion s'appuie en grande partie sur le boulot d'un de ses officiers, le lieutenant Éric Lemoigne. Ce jeune policier a créé un logiciel qui a permis d'isoler les communications téléphoniques entre six individus pour « la période du 5 au 8 février 1998 ». Soit les jours qui ont précédé et suivi le meurtre du préfet. « Il nous manquait une semaine de travail sur la téléphonie. Mais Marion pensait qu'il pouvait précipiter les choses et réussir un grand coup de filet durant le week-end de Pentecôte », raconte l'un de ses anciens adjoints.

Le 21 mai, neuf personnes sont interpellées : Alain Ferrandi, Pierre Alessandri, Didier Maranelli et Marcel Istria, leurs compagnes et deux autres militants. Toute la troupe remonte à Paris pour être interrogée dans les locaux de la DNAT. « Interdiction de communiquer avec qui que ce soit ! » exige Roger Marion de ses hommes, triés sur le volet pour l'occasion. Marion cache son opération aux autres services de police. Le « grand flic » se méfie même de son adjoint, Jean-François Lelièvre. « L'intellectuel, plus tard il saura, mieux ça sera », aurait confié Marion à son proche entourage.

La compagne de Didier Maranelli craque la première et fait

voler en éclats l'alibi de son ami, comptable à l'hôtel Grand Bleu à Ajaccio. Les aveux de Didier Maranelli arrivent plus tard dans la nuit de samedi à dimanche. Les éléments de téléphonie l'ont confondu. « Je reconnais avoir participé à l'assassinat de Claude Érignac », lâche-t-il, épuisé par six longues auditions menées de main de fer par un capitaine.

Lorsqu'une heure plus tard la septième audition démarre, le méritant officier n'est plus aux commandes. Roger Marion l'a remplacé[1]. Maranelli donne alors au chef de la DNAT les noms de tous les membres du commando et désigne Yvan Colonna comme l'assassin du préfet. Il est 3 heures du matin, ce 23 mai. Roger Marion signe de son nom le PV des aveux. À lui la gloire !

Quelques heures plus tard, le super flic sable le champagne avec le ministre, Place Beauvau. Un large sourire se dessine sur tous les visages. Dans la salle de réception, on note, selon les auteurs de *L'Enquête sabotée*, une absence de marque : celle du juge Jean-Louis Bruguière. Il n'a pas été prévenu. Dans son discours, Jean-Pierre Chevènement ne rend hommage qu'aux policiers. Ils « ont rendu un service éminent à la Corse, à l'État et à la République ». Il aurait pu ajouter : « et au ministre lui-même ».

Au cours de la soirée, le portable du contrôleur général sonne. Un gros pépin : le berger Yvan Colonna, l'assassin présumé du préfet, est introuvable. Le fils du député socialiste Jean-Hugues Colonna est « parti aux chèvres ». Marion n'exprime aucune émotion.

La fuite d'Yvan Colonna ne fait pas immédiatement scandale. Le 26 mai 1999, la motion de censure déposée par la droite à l'Assemblée nationale échoue à quarante-cinq voix près. La nouvelle de l'arrestation du commando est tombée à pic pour le gouvernement et son ministre de l'Intérieur. La gauche resserre les rangs. Il s'agit désormais de montrer que l'État de droit est en marche en Corse. Le lieutenant Éric Lemoigne

1. Christophe Deloire et Christophe Dubois, *L'Enquête sabotée*, Paris, Albin Michel, 2003.

à l'origine du coup de filet est oublié. Il ne reçoit ni promotion ni décoration. Il écope même sur sa grille de notation d'un 4 sur 10. Avec en marge cette appréciation de Roger Marion : « A mis en place un logiciel qui a fait ses preuves. Mais doit faire des progrès en procédure. » Écœuré, le lieutenant refuse de signer le document. Après d'âpres négociations, l'officier arrache de son chef un 5, mais l'appréciation demeure inchangée. En revanche, le chauffeur de Marion, reçoit la médaille du Mérite.

Au mois de juillet suivant, le ministre de l'Intérieur Jean-Pierre Chevènement élève Roger Marion au rang de chevalier de la Légion d'honneur, puis le nomme en août inspecteur général, le plus haut échelon de la police. Mais déjà l'orage gronde. Les deux commissions parlementaires dénoncent dans leurs rapports le « loupé » de la fuite de l'assassin présumé du préfet, Yvan Colonna. Il apparaît que le 21 mai, Roger Marion a volontairement choisi de ne pas mettre Yvan Colonna sur la liste des premières interpellations, dits du « premier cercle ». « Yvan Colonna n'est apparu à aucun moment, puisqu'il n'avait pas de portable au moment de l'assassinat », se défend Marion devant la commission. L'erreur est de ne pas avoir modifié son plan dès que l'épouse de Didier Marinelli a révélé la visite surprise du berger chez elle, le lendemain matin du meurtre du préfet.

Devant les députés, l'inspecteur général Roger Marion rejette la faute sur Dimitrius Dragacci. Il accuse le commissaire d'avoir prévenu le député socialiste Jean-Hugues Colonna que son fils allait être arrêté. Une accusation gravissime... Marion dépose sous serment mais sa fierté l'aveugle. Personne en Corse ou chez les flics n'ignore que le commissaire et l'élu sont fâchés depuis dix ans à cause d'une « affaire corse ».

Roger Marion se montre également insolent vis-à-vis des membres de la commission. Sa passe d'armes avec le socialiste Michel Charasse, membre de la commission sénatoriale, fait date.

Roger Marion : Est-ce que vous savez ce que c'est au moins de garder un terroriste ? [...]

Michel Charasse : Non, je ne sais pas, mais chacun son métier [...]

Marion : Moi, je vous pose une question.

Michel Charasse : Monsieur Marion, ce n'est pas une enquête sur moi mais sur vous.

Le patron de la DNAT vient en fait de commettre une grossière erreur d'appréciation. Il se croit sous l'autorité des juges, et, en déposant sous serment, pense être couvert par le secret. Mais toutes ses déclarations vont être révélées dans la presse. Un déballage de linge sale qui offusque toute la hiérarchie policière. De plus, à Matignon, Lionel Jospin est dans une rage folle. Tous les projecteurs sont à nouveau braqués sur la Corse. Exaspéré, il aurait téléphoné alors au ministre de l'Intérieur Jean-Pierre Chevènement pour l'invectiver : « Tenez votre chien en laisse ! » Entre Matignon et la Place Beauvau, l'ambiance est de nouveau délétère.

À la tête de la PJ

La Place Beauvau continue encore à soutenir l'enfant terrible comme si de rien n'était. Le 4 octobre, le ministre de l'Intérieur nomme Roger Marion numéro 2 de la police judiciaire. « On a résisté pendant six mois, mais Chevènement est revenu deux fois à la charge », explique un conseiller de Lionel Jospin[1]. Le ministre de l'Intérieur a obtenu la signature du président de la République et joue alors l'Élysée contre Matignon. « On a cédé car on faisait le forcing pour placer d'autres nominations », explique le même conseiller. C'est un tollé général. La Chancellerie ainsi que plusieurs parlementaires crient au scandale. « Ce type est à mon sens incontrôlable et en dehors des principes qui fondent une police républicaine », s'indigne Raymond Forni, vice-président de l'Assemblée nationale et président de la commission parlementaire. Mais Jean-Pierre Chevènement reste ferme sur son protégé. « Je ne protège pas M. Marion, affirme

1. Entretien du 31 mai 2005.

le ministre. Mon problème, c'est qu'il obtienne des résultats. Je m'efforce de promouvoir les gens qui ont du mérite. »

Aujourd'hui encore Jean-Pierre Chevènement garde toute sa confiance au policier. Irrité par notre question sur Roger Marion, l'ancien ministre insiste : « Marion est un très bon flic. Un flic hors pair. Comme je l'ai dit un jour à Lionel Jospin, un ministre de l'Intérieur a besoin d'avoir un bon chien de chasse[1]. » Tout est dit.

Le 4 octobre, Jean-Pierre Chevènement nomme Patrick Riou supérieur hiérarchique de Roger Marion. Ce gentleman de la PJ remplace le malheureux Bernard Gravet, débarqué un an avant sa retraite. Conceptuel et modérateur, Patrick Riou entretient de bonnes relations avec les magistrats. Son rôle est de pondérer le tempérament de son fougueux adjoint. Pas vraiment une réussite, même si contrairement à la rumeur les deux hommes s'entendent plutôt bien.

C'est Roger Marion qui tient véritablement à cette époque les rênes de la police judiciaire. Il y fait la pluie et le beau temps. « Déjà doté d'une assistante et d'une secrétaire, il obtient une troisième employée pour l'assister dans son travail la nuit », affirme Isabelle Horlans.

Pour noyauter la police judiciaire, l'inspecteur général nomme tous ses anciens adjoints marseillais aux postes de direction. Le commissaire Hervé Lafranque devient chef de l'Office central de répression du banditisme, Jean-Michel Mimran récupère la DNAT, Francis Choukroune prend le SRPJ d'Ajaccio et Christian Lothion, celui de Lyon. Marion compte s'appuyer sur eux pour arrêter Yvan Colonna. C'est son objectif numéro 1. La seule façon de laver l'affront et de devenir le patron de la police judiciaire. « Je l'aurai ! » répète-t-il aux uns et aux autres. Une obsession.

Le « grand flic » n'a perdu ni son flair ni sa force de travail. C'est encore lui, le premier, qui voit la main du même assassin dans trois affaires de meurtres sexuels et obtient la centralisation de ces affaires au sein de la DCPJ. Le 12 janvier 1999, le

1. Entretiens du 14 juin et du 12 juillet 2005.

tueur en série des trains, Ahmed Rezala, est arrêté au Portugal. Coordinateur de la traque, le numéro 2 de la DCPJ a passé la nuit entière du 24 décembre 1999 à son bureau, rue des Saussaies.

Au mois d'août 2000, Jean-Pierre Chevènement démissionne pour la troisième fois de sa carrière, fidèle à sa doctrine : « Un ministre ça ferme sa gueule ou ça démissionne. » « Au nom de la République », le ministre de l'Intérieur s'oppose au processus de Matignon qui vise à accorder un pouvoir législatif à l'Assemblée corse à l'horizon 2004. Le député socialiste Daniel Vaillant le remplace Place Beauvau. Depuis Pierre Joxe, jamais un ministre ne s'est autant préparé à l'Intérieur. Le poste de directeur général de la Police nationale est attribué à Patrice Bergougnoux qui devient rapidement, un ministre de l'Intérieur bis.

Mais pour Matignon et la Place Beauvau, l'arrestation d'Yvan Colonna demeure une priorité : cela rend Roger Marion incontournable. Lui seul tire désormais les ficelles de l'enquête sur l'assassinat du préfet Érignac. Il donne ordres et contrordres à Jean-Michel Mimran, son successeur à la tête de la DNAT. Jusqu'à ce que le soi-disant docile commissaire divisionnaire refuse d'obéir, suite à un contentieux sur une affaire kurde.

Pour contourner l'obstacle de la DNAT, Roger Marion se replie alors sur l'OCRB, dirigé par son fidèle lieutenant, Hervé Lafranque. Chargés de pourchasser les truands, les hommes de l'OCRB sont priés de traquer désormais Yvan Colonna. Parallèlement, il coupe les vivres de la DNAT et l'ampute de quinze hommes (sur soixante-quinze). Une situation que ne manque de dénoncer le procureur de la République de Paris. En vain. Roger Marion sera bientôt débarrassé de son successeur à la DNAT.

Le 9 septembre 2001, une mystérieuse note de police de deux pages baptisée « Iguane » et datée du 4 avril, est révélée par l'hebdomadaire luxembourgeois *L'Investigateur*[1]. Son contenu est explosif : elle annonce l'assassinat du nationaliste François Santoni – qui a effectivement eu lieu quatre mois plus tard, le

1. www.investigateur.info.

17 août. Nouvelle panique Place Beauvau : personne ne sait d'où provient cette note. Toujours bien informé, *Le Monde* révèle que le document aurait été transmis à la DNAT qui ne l'aurait pas exploité. En clair : son directeur Jean-Michel Mimran est un incompétent qui aurait permis l'assassinat de François Santoni. Ce document par ailleurs ne serait pas un original mais une copie informatique, dont le contenu est bourré d'erreurs et d'incohérences.

Malgré ces éléments pour le moins suspects, Jean-Michel Mimran se voit contraint par les juges de la galerie Saint-Éloi de s'expliquer. Le 23 octobre, il affirme que son service « n'a jamais eu en sa possession la moindre note Iguane ». Et il profite de l'occasion pour dénoncer la mise à l'écart de son service en mettant particulièrement en cause son supérieur hiérarchique Roger Marion. Il transmet sur ce plan un rapport accablant au juge Jean-Louis Bruguière, au parquet de Paris et à la direction de la police judiciaire. Mimran y démontre que l'OCRB double la mission de son service dans les recherches sur Yvan Colonna. Selon le rapport, la DNAT aurait « fait tomber un dispositif de filature » mis en place par l'OCRB. Le document évoque aussi un dérapage survenu le 14 mars 2001. Ce jour-là, la DNAT avait placé un proche de Stéphane Colonna sur écoute avant de découvrir qu'il était déjà espionné par l'OCRB depuis plusieurs semaines. « Ceci provoqua de vifs reproches contre la DNAT de la part du directeur central adjoint [Roger Marion] », précise Jean-Michel Mimran.

Un geste de trop. On ne s'attaque pas impunément à Marion. Le 30 octobre, le chef de la DNAT est débarqué puis placardisé dans les sous-sols de la PJ à Nanterre. Officiellement il devient conseiller du directeur de la police judiciaire. Autrement dit, plus grand-chose.

Furieux de cette mutation dans « l'intérêt du service » au terme d'une procédure expéditive, Jean-Michel Mimran traîne son employeur, le ministre de l'Intérieur, devant le tribunal administratif. Dans son dossier figurent deux lettres du Syndicat national des officiers de police assez embarrassantes pour Roger Marion. Elles dénoncent le ras-le-bol des policiers de la DNAT, exaspérés par le comportement de leur chef Mimran. Un coup fourré. Pour se débarrasser de Jean-Michel Mimran, Roger Marion a ressorti du tiroir de vieilles affaires.

Après une longue période de purgatoire, Jean-Michel Mimran est aujourd'hui à la tête de la délégation de la police judiciaire auprès de la Direction nationale des enquêtes douanières.

La bande de la Brise de Mer

En septembre et octobre 2000, le ministre de l'Intérieur Daniel Vaillant et Élisabeth Guigou, ministre de la Justice, lancent une offensive commune contre la grande criminalité en Corse à partir d'un constat très alarmant : le grand banditisme a la mainmise sur l'économie locale. Plusieurs magistrats débarquent dans l'île pour lutter contre les dérives mafieuses. Il s'agit de s'attaquer aux portefeuilles des voyous.

À la même époque, Roger Marion aurait, d'après le livre très documenté *Les Parrains corses* de Jacques Follorou et Vincent Nouzille[1], rendu certains services au grand banditisme en Corse et plus particulièrement à la bande de la Brise de Mer[2]. Selon les auteurs, Roger Marion aurait été convaincu que le gang protégeait la fuite d'Yvan Colonna. Et aurait parié sur le fait que la bande n'hésiterait pas à « balancer » le fugitif contre un petit coup de pouce de la police.

Tout commence en janvier 1997 lorsque le commissaire Yann Gréard de l'antenne de police judiciaire de Bastia apprend par ses contacts à la PAF que François Marinelli, un voyou de la bande de la Brise de Mer, s'est rendu en Sibérie, invité par trois ressortissants russes, au moment de l'ouverture d'un casino. En janvier et en avril, la PAF enregistre ainsi les mouvements d'une dizaine de truands corses fichés au grand banditisme vers la Russie. Le jeune commissaire Gréard, flic aussi opiniâtre que renfrogné, obtient de son chef, Dimitrius Dragacci, d'engager

1. Paris, Fayard, 2004.
2. En référence au nom d'un bar de Bastia où ces voyous se retrouvaient.

des investigations économiques et financières sur le fameux gang. « Il a suffi de passer tous les noms des voyous au cadastre et au Ficoba [fichier bancaire] pour s'apercevoir que le patrimoine de la bande était énorme, explique un ancien flic de la police judiciaire de Bastia[1]. Une telle opération n'avait jamais été effectuée auparavant. » Car la lutte contre le nationalisme en Corse avait focalisé tous les moyens.

En juin 1998, le commissaire Gréard rend son « œuvre » de trois cents pages avant de partir vers une nouvelle affectation à Grenoble. Blanchiment, investissements économiques dans l'immobilier, corruption politique... le rapport est, selon la même source, très « renseigné mais incomplet ». « Gréard a gardé sous le coude des informations. » Le rapport aurait été en tout cas transmis en un seul exemplaire au sous-directeur des affaires criminelles, Roger Marion. La justice n'en verra jamais la couleur.

Lors d'une réunion au sein de la Direction centrale de la police judiciaire, Roger Marion fustige violemment l'auteur du rapport et son travail, qualifié de « sans intérêt ». Le document est cloué au pilori. Selon Marion, la Brise de Mer est « un mythe créé par les policiers qui ont été incapables de neutraliser les suspects quand ils étaient opérationnels », ainsi qu'il l'a expliqué devant la commission parlementaire sur la Corse. Mais pourquoi un tel blocage si l'enquête du commissaire est insignifiante ? Par la suite, deux notes décrivant les liens entre la Brise de Mer et certains élus locaux, signées du même commissaire Gréard, seront transmises à la Direction centrale de la PJ. Sans plus de résultat.

« La question qu'il faut se poser, c'est pourquoi une enquête sur la Brise de Mer pose autant de problèmes, s'interroge un magistrat qui a travaillé en Corse[2]. Il existe un lien étroit en Corse entre les nationalistes et le grand banditisme. Et par rapport à cette situation, la classe politique locale est soit complaisante, soit terrorisée. »

1. Entretien du 4 juillet 2005.
2. Entretien du 1er décembre 2005.

L'affaire n'est pas finie. Le 31 mars 2000, le journaliste Jacques Follorou consacre une page entière dans *Le Monde* à la criminalité dans l'île. Il s'appuie alors entre autres sur les synthèses policières du commissaire Gréard. C'est à cette occasion que le procureur général de Bastia, Bernard Legras, chargé d'un rapport sur le même sujet, découvre l'existence du travail du commissaire. Ce qui a le don d'irriter le magistrat.

Bernard Legras raconte dans les conclusions de son rapport qu'après avoir lu l'article du *Monde*, il s'est adressé au directeur du SRPJ d'Ajaccio, Frédéric Veaux. Celui-ci, « visiblement gêné », lui fait savoir qu'il ne peut pas lui communiquer le travail de Yann Gréard et l'invite à contacter Roger Marion. Le 11 avril 2000, le procureur téléphone au numéro 2 de la PJ qui lui explique que ce rapport n'est en fait qu'une « compilation de comptes sans grand intérêt ». Néanmoins, Roger Marion promet au magistrat de lui « transmettre les informations nécessaires ». Mais rien ne vient.

Bernard Legras relance la machine. Le 3 juillet, le directeur de la police judiciaire, Patrick Riou, solidaire de son adjoint, a le « regret d'informer » le procureur « qu'il n'a pas trouvé trace des deux rapports cités dans l'article du *Monde* ». Bernard Legras n'apprécie que modérément : « Je dirai, pour rester mesuré, que cette fin de non-recevoir est éminemment désagréable », constate-t-il dans les conclusions de son rapport. Le procureur indique avoir rencontré de « grandes difficultés pour recueillir les informations nécessaires à l'analyse des phénomènes criminels ». D'autant que dans la même période, il s'est vu refuser la liste des Corses inscrits au fichier du grand banditisme.

Plus inquiétant, en mai et juin 2000, plusieurs services de police signalent la mystérieuse disparition du fichier du grand banditisme de Richard Casanova, le leader de la Brise de Mer. Alors que le voyou est sous mandat d'arrêt international depuis le 28 janvier 1991 à la suite du casse de la banque USB à Genève, sa fiche de recherche est retirée le 12 février 2000[1].

1. Jacques Follorou et Vincent Nouzille, *op. cit.*

Sur l'avis de recherche, il est indiqué que le voyou a été interpellé. Ce n'est pourtant pas le cas. Une erreur ? Personne ne peut répondre.

Les auteurs du livre *Les Parrains corses* affirment qu'un an plus tard Roger Marion aurait demandé un nettoyage du fameux fichier à l'un de ses lieutenants, le commissaire Francis Choukroune, chef du SRPJ d'Ajaccio. Les 5 et 6 juin 2001, dix-sept gros voyous auraient disparu ainsi du fichier...

« Une nuit, un gardien de la paix, nous a réveillés à 4 heures du matin, se souvient Isabelle Horlans. Une de ses connaissances avec un casier long comme le bras avait été interpellé en état d'ébriété sur la voie publique et avait donné le numéro de portable de Roger Marion au policier. En pleine nuit, Marion l'a fait sortir de la salle de dégrisement[1]. » Entre les voyous et Roger Marion, c'est du donnant-donnant. « Une autre fois, je sais qu'il est intervenu pour régler le problème fiscal d'un restaurateur connu des services de police », se rappelle encore Isabelle Horlans.

Marion joue sur tous les tableaux. Au printemps 2002, juste avant les élections présidentielles, le numéro 2 de la PJ aurait tenté un dernier coup de poker en négociant la reddition d'Yvan Colonna. Deux de ses émissaires auraient rencontré le député socialiste Jean-Hugues Colonna chez un maître-glacier de Sagone, qui n'est autre que le compagnon de la sœur d'Yvan. Un échec. D'autant que le commissaire Dimitrius Dragacci a appris la démarche de son ennemi et rédigé sur le sujet une note au ministère de l'Intérieur.

Pour Roger Marion, c'est le début des ennuis. Le 19 décembre 2001, Dimitrius Dragacci a porté plainte contre lui pour « dénonciation calomnieuse » avec constitution de partie civile : cette assignation fait suite aux accusations proférées par Roger Marion devant la commission parlementaire. « S'il m'avait envoyé une lettre d'excuse, j'aurais laissé tomber. Mais il n'a

1. Entretien du 2 décembre 2005

même pas fait ça ! » déplore le commissaire aujourd'hui à la retraite près de Cargèse[1].

Et la justice a suivi son cours. Le 9 juillet 2002, devant le juge Jean-Paul Valat, Roger Marion a concédé avoir commis une faute. Mais pas celle qui lui était reprochée. « Je considère qu'on a commis une erreur en acceptant de répondre devant les commissions d'enquête parlementaires aux questions sur les affaires en cours », affirme-t-il. Le magistrat n'est pas au bout de ses surprises. Chaque fois, le numéro 2 de la PJ se retranche derrière le secret de l'instruction. « Comme l'affaire de l'assassinat du préfet Érignac n'est toujours pas jugée et qu'Yvan Colonna n'a toujours pas pu être arrêté, j'estime que ce serait une erreur grossière de dire ce que je sais sur sa fuite. » Dès lors Roger Marion garde le silence.

Le préfet de Marseille

Le 9 octobre 2002, le « super-flic » est nommé préfet délégué à la sécurité et à la défense de Marseille. Une promotion qui flatte cet homme d'origine modeste. Cependant, Roger Marion n'en est pas moins écarté du pouvoir par le nouveau ministre de l'Intérieur Nicolas Sarkozy. Désormais, l'enquête Colonna se fera sans lui.

Préfet, Roger Marion a de nouvelles passions. Il se met à investir dans l'art en accrochant aux murs de son domicile de fonction des tableaux de Martin Bresse, l'encadreur de la rue Sainte à Marseille. Dans la bâtisse du boulevard Perrier, il multiplie les réceptions. Sans négliger pour autant sa forme physique : M. le préfet continue à courir chaque matin. Il pratique aussi régulièrement le tennis avec son ami André Guilpin, le patron du service régional de police judiciaire. Et puis, très vite, le flic de terrain se sent à l'étroit dans ses nouveaux habits. L'enquête lui manque. Alors il intervient dans les dossiers, investigue lui-même. Ce qui n'est pas son rôle. Ni du goût de

1. Entretien du 30 mai 2005.

certains. Mais Roger Marion ne sait vivre qu'en période de crise. « En temps de paix, ironise un de ses proches, il s'ennuie[1]. »

Lorsque la ville d'Arles a été frappée par les intempéries et s'est retrouvée en partie inondée, le préfet aurait reproché au commissaire de la ville de ne pas s'être rasé pour l'accueillir. « Le policier était très en colère. Il avait passé la nuit dans l'eau », rapporte un témoin de la scène[2]. Roger Marion se met de nombreux commissaires à dos en contestant les annotations de quatre d'entre eux. Du jamais vu à Marseille. Le syndicat des commissaires saisit l'occasion pour dire son ras-le-bol dans un courrier adressé au nouveau directeur général de la Police nationale, Michel Gaudin.

En revanche, le préfet entretient d'excellentes relations avec les politiques, de droite comme de gauche. Le député-maire de Marseille Jean-Claude Gaudin, son dauphin Renaud Muselier mais aussi leur rival socialiste, Jean-Noël Guérini, président du conseil général des Bouches-du-Rhône, ne tarissent pas d'éloges sur lui. « Roger Marion a une vraie intelligence politique. Et les élus apprécient de discuter avec lui des dossiers », analyse Isabelle Horlans. Les trois élus marseillais considèrent que le « super préfet » a remis les flics de Marseille au boulot. Pour preuve, la délinquance baisse. « Roger Marion a joué les élus contre la police, prétend un commissaire. Il n'a eu de cesse de raconter que nous étions des bons à rien.[3] » Le préfet n'épargne même pas son ami, André Guilpin, directeur du SRPJ. Et lui aussi se fâche.

Fin de partie

Le 4 juillet 2003, à 19 h 10, le téléphone de Roger Marion sonne. Au bout du fil, une magistrate qui apprend au préfet l'arrestation d'Yvan Colonna dans une bergerie de Porto-Pollo.

1. Entretien du 27 mai 2005.
2. Entretien du 30 mai 2005.
3. Entretien du 27 mai 2005.

« Marion a changé de tête, est devenu tout pâle et totalement muet », raconte un policier. Le préfet est humilié : son rival Bernard Squarcini a gagné la partie. « Depuis, il n'est jamais redevenu le même », confie un proche[1]. Pour ne rien arranger, Roger Marion s'attire les foudres de Nicolas Sarkozy parce qu'il sous-entend que l'arrestation du berger corse a été négociée.

De plus, Roger Marion se heurte désormais régulièrement à son supérieur hiérarchique, le préfet de région Christian Frémont, arrivé au printemps 2003. Directeur de stage de l'ENA de 1977 à 1990, Christian Frémont, soixante-deux ans, a formé toute une génération d'énarques aujourd'hui au pouvoir. D'où un redoutable réseau. Distingué et lettré, ce haut fonctionnaire est l'archétype du préfet à l'ancienne. À l'opposé d'un Roger Marion. À Marseille, on raconte qu'il se serait permis de faire en public une remarque sur la boucle un peu trop voyante des souliers du second. « Christian Frémont se rendait souvent à Paris, Roger Marion aussi, parfois en même temps. Il y a eu très vite un problème de gestion », explique un haut responsable policier[2].

Quoi qu'il en soit, en février 2004, le ministre de l'Intérieur Nicolas Sarkozy offre le poste de préfet occupé par Roger Marion à son ennemi Bernard Squarcini. Nouvelle humiliation. Roger Marion n'en est informé par Claude Guéant, directeur de cabinet du ministre, qu'une fois la nomination de « Squars » signée. Il l'apprend dans sa voiture alors qu'il se rend au ski à Courchevel avec son fils. Le surlendemain, il fait un infarctus sur les pistes. « Il a été pris d'une douleur épouvantable au bras gauche à environ deux mille mètres, raconte Isabelle Horlans. Grâce à son téléphone portable, il a pu prévenir le Samu dont l'hélicoptère s'est rendu au pied de la station. Marion a descendu la piste à skis. Lorsqu'il est arrivé en bas, le médecin lui a fait une piqûre d'atropine dans le cœur[3]. » Roger Marion s'en sort.

1. Entretien du 27 mai 2005.
2. Entretien du 27 mai 2005.
3. Entretien du 2 décembre 2005.

Le 30 mars 2004, le préfet quitte Marseille, très amer. Il n'y est resté qu'un an et demi. À son départ, le maire de Marseille, Jean-Claude Gaudin, se fend d'un communiqué tout à sa gloire où il souligne l'excellent travail de Roger Marion, en précisant que celui-ci « a fait baisser le taux de délinquance par une présence accrue sur le terrain et par une collaboration de tous les instants avec les divers partenaires publics ». Roger Marion traverse la France pour prendre ses fonctions à Lille, de nouveau nommé « préfet délégué à la sécurité et la défense. « Il redouble », ironise-t-on. En clair, le « super-flic » n'a pas encore le titre de « préfet ». Un affront de plus. Il a désormais cinquante-sept ans.

Dans ce bastion socialiste, il se lie rapidement avec les élus. Il est proche en particulier du maire de la ville, Martine Aubry. Mais il se fait tout aussi vite détester de nombreux flics en mettant à la porte le chef du cabinet de police. Un désamour qui s'ajoute à l'hostilité que lui porte le ministre de l'Intérieur, Nicolas Sarkozy, et plusieurs de ses lieutenants notamment depuis l'affaire Colonna.

Les Sanguinaires

En juin 2004, pavé dans la mare. Un livre sort en librairie : *Les Sanguinaires* d'Isabelle Horlans[1]. La rédactrice en chef de Canal + y révèle son histoire d'amour avec un certain commissaire Verdier dans un roman noir politico-judiciaire qui a pour toile de fond l'affaire Colonna et comme acteurs principaux des flics « sanguinaires » de l'antiterrorisme, des nationalistes et des journalistes. Guerre des polices, manipulations, coups tordus, désinformation...

Mis au placard par son P-DG Pierre Lescure quand celui-ci a appris qu'elle était avec un flic[2], elle règle en fait ses comptes

1. Isabelle Horlans, *Les Sanguinaires*, Paris, Denoël, 2004.
2. Isabelle Horlans a porté plainte contre la chaîne pour « discrimination ». Un arrangement a finalement été trouvé à l'amiable.

avec Roger Marion qui à l'époque refuse d'entendre parler d'elle. C'est lui, le commissaire Verdier, et il ne sort pas grandi du livre. Pas seulement en raison de sa façon particulière de lutter contre les terroristes. Isabelle Horlans sous-entend comment il l'a instrumentalisée, profitant de son désir d'interviewer Colonna pour tenter de coincer ce dernier.

À l'époque tous les journalistes spécialisés dans les affaires de police censurent le livre de leur consœur. Une poignée d'articles dans la presse régionale évoquent tout de même l'ouvrage, deux d'entre eux citent le nom de Roger Marion[1]. « Ce livre a fait très mal à Marion. Il s'est vu comme un monstre. Quelques-uns de ses amis qui le considéraient comme un homme d'honneur se sont détournés de lui », confie un proche de l'actuel préfet[2]. Depuis, les relations entre la journaliste et le grand flic se sont normalisées.

En septembre 2004 une rumeur lancée par ses ennemis annonce que le préfet est à deux doigts de quitter la « grande maison ». Il reviendrait, dit-on, travailler sur le port autonome de Marseille à la SNCM, la Société nationale des liaisons maritimes Corse-Méditerranée. Intox. Le préfet est hors de lui. Il n'est pas au bout de ses peines.

En février 2005, l'heure de la vengeance sonne pour Dimitrius Dragacci. Le préfet est mis en examen pour « dénonciation calomnieuse ». Ce que Roger Marion a contesté devant la chambre d'instruction de la cour d'appel de Paris. Mais il a été débouté. Désormais, on ne voit pas comment il pourrait échapper à un procès en correctionnelle.

Sera-t-il encore dans la police à ce moment-là ? Roger Marion a bientôt soixante ans, l'âge de la retraite. Il a subi deux infarctus. Sa titularisation comme préfet lui permettrait de jouer les prolongations durant cinq ans. Dans le cas contraire, il partirait avec une simple solde de commissaire divisionnaire. Impensable pour ce policier qui s'est dépensé sans compter pour

1. Articles de Christian Renucci dans *Corse Matin* et d'Hubert Coudurier dans *Le Télégramme de Brest*.

2. Entretien du 27 mai 2005.

gravir un à un tous les échelons de la hiérarchie. Mais sa nomination préfectorale est aujourd'hui suspendue à sa prestation lors du procès Colonna qui doit se tenir courant 2006.

Nicolas Sarkozy qui avait fait de l'arrestation du berger de Cargèse une priorité absolue, n'hésitant pas à le désigner publiquement comme l'assassin du préfet Érignac, a tout intérêt à le voir condamner. Or rien n'est encore joué. Dans le dossier d'instruction, les preuves matérielles qui le désignent comme le tireur sont extrêmement ténues. D'où l'importance du témoignage de l'ancien patron de la DNAT. Un cas de conscience pour Roger Marion puisque faire la démonstration de la culpabilité d'Yvan Colonna dans l'assassinat du préfet Érignac reviendrait aussi pour lui à reconnaître son erreur : il n'avait pas mis le nom du nationaliste dans le « premier cercle » des interpellations. *A contrario*, si à la barre il n'accable pas Colonna, il participera à son éventuelle relaxe, justifiant ainsi ses choix et les avocats du berger de Cargèse espèrent d'ailleurs beaucoup de son témoignage. Sans doute en vain. « Marion choisira sûrement la raison. Ce qu'il veut avant tout, c'est sa titularisation en tant que préfet », confie un proche[1].

Roger Marion peut-il se passer de la police ? « Difficilement, il a ça dans la peau », affirme la même source. Pourtant, la police est parvenue à se passer de Roger Marion. Le préfet fait partie de cette génération de flics en voie de disparition. La Place Beauvau compte désormais sur des policiers moins hauts en couleur mais plus techniques. « J'avais dit à Marion lors de son départ, ce qui était sincère, qu'il pourrait revenir pour servir d'autres fonctions », affirme Claude Guéant, le directeur de cabinet de Nicolas Sarkozy. Mais l'homme de confiance du ministre de l'Intérieur met immédiatement un bémol : « On ne peut pas être utile, quel que soit son talent, si l'on ne s'entend avec personne[2]. » Et surtout avec Nicolas Sarkozy, aurait-il pu ajouter...

1. Entretien du 2 décembre 2005.
2. Entretien du 1er août 2005.

12

Les indics

Le ministre de l'Intérieur, Pierre Joxe, a donné son feu vert. L'opération a pour nom de code « Gibraltar ». En ce jour d'hiver 1991, des policiers quadrillent l'aéroport d'Orly et des camionnettes de surveillance aux vitres sans tain, les « sous-marins » ou « soums », dans le jargon policier, sont en planque sur le parking des arrivées. L'avion en provenance de Nice doit atterrir vers 9 heures. À bord, plusieurs membres de la Camorra, la mafia italienne. Un agent des RG se trouve parmi eux. Il a pour nom Christian Lestavel, dit la « Loutre ». Depuis un an et demi, il infiltre l'organisation de Michele Zaza. Considéré par la police italienne comme l'un des principaux dirigeants de la « nouvelle famille de la Camorra », le parrain est incarcéré en France depuis mars 1989.

Indispensables indics

Dans la police, les indics, il est impossible de s'en passer. Impossible d'obtenir des informations sur un trafic de drogue sans être soi-même un trafiquant. Impossible d'infiltrer la Camorra sans être un « beau mec », c'est-à-dire un gros voyou. Qu'on les surnomme « tonton » ou « cousin » chez les flics, « balance » ou « donneuse » chez les voyous, les indics sont au centre de la plupart des enquêtes judiciaires et du travail des services de renseignements. Trafic de drogue ou d'armes, réseaux de prostitution ou de terrorisme... Autant de domaines où les écoutes téléphoniques, les filatures et autres moyens techniques ne suffisent pas. La preuve, après les attentats du 11-Septembre, il a été reproché aux services de renseignements américains d'avoir trop fait confiance à la technologie, au détriment des indics. Les policiers américains se seraient montrés incapables d'infiltrer les réseaux islamistes.

En revanche, les services français se targuent d'être à la pointe des méthodes d'investigation classiques. En France, pas un service d'élite, pas un commissariat central ou de quartier qui ne possède ses propres informateurs. Sans eux, la police judiciaire serait sourde et aveugle, et le coût des enquêtes serait multiplié par dix.

Mais les indics, c'est aussi la face cachée de la police, la partie immergée de l'iceberg, celle que le grand public ne doit pas soupçonner. Une police qui ne colle plus avec la police en gants blancs que veulent les politiques pour traiter le sentiment d'insécurité qui va décider de leur cote de popularité : du bleu partout sur le trottoir, des voitures sérigraphiées, des tests ADN, des fichiers d'empreintes digitales et des statistiques bien tenues... D'autant que la nouvelle hiérarchie policière, pétrie de culture administrative, répugne à mettre les mains dans le cambouis.

Christian Lestavel, alias la Loutre

« J'ai fait faire l'économie de beaucoup de filatures, de planques, d'écoutes téléphoniques... Avec cent fois plus de résultats[1] », assure Christian Lestavel. Lors de notre rencontre dans un café parisien, l'ancien agent infiltré des RG, la cinquantaine bien frappée sur un visage poupon, s'est installé dos au mur. Une habitude chez les flics et les voyous : toujours faire face à la salle. Ancien braqueur de banque, plusieurs fois

1. Entretiens du 20 et du 24 janvier 2005.

condamné, « la Loutre » s'est « retrouvée dans le renseignement » grâce au patron de la police judiciaire de Versailles, André Mariani, « un vieux monsieur qui l'avait pris en affection ». Il a d'abord, pour le compte des RG, remonté les filières d'armes et d'explosifs. Puis il a travaillé pour les Stups et la brigade de répression du banditisme de Nice avant de revenir aux RG. Dix ans de service.

En 1991, seuls le ministre de l'Intérieur Pierre Joxe, le numéro 2 des RG Jean-Paul Musy et ses adjoints sont au courant de son double jeu. Pour les autres, il n'est qu'un simple voyou, le porte flingue d'Alain Verbyst, un avocat aujourd'hui décédé, dont le milieu apprécie les conseils. Même sa compagne ignore la vérité. Le seul contact qu'il entretient avec la police, c'est avec son officier traitant, Jean-Paul Musy, qu'il appelle une fois par jour sur un numéro vert. Derrière, le numéro 2 des RG vérifie tout ce qu'il lui dit.

Pour les besoins de l'enquête, la police a sonorisé son domicile et mitraille au téléobjectif toutes les réunions auxquelles il participe. Parfois, un tireur d'élite tient les rencontres de l'infiltré au bout de son fusil à lunette, au cas où la situation dégénérerait. Christian Lestavel a pour consigne de refuser d'accompagner les voyous en mer sur leurs yachts. Au large, personne ne pourrait rien pour lui...

L'affaire Gibraltar

Pour le compte de l'avocat Alain Verbyst, aujourd'hui décédé, Christian Lestavel sillonne la Côte d'Azur, fréquente le clan Zampa et fait des affaires avec le redoutable Gianni Tagliamento, surnommé « Don Cicci », bras droit de Michele Zaza. Tagliamento caresse le projet d'une grande OPA sur les casinos en France. À ce titre, Alain Verbyst a monté une société écran, la Sofextour, qui s'est portée candidate au rachat du casino de Menton.

Aux yeux des truands, Lestavel travaille pour un réseau de policiers d'extrême droite ripoux, susceptible d'aider la

Camorra à obtenir des autorisations de jeux. Mais le caïd Gianni Tagliamento est méfiant. Il exige de rencontrer le patron de Lestavel, un certain Pierre Diener. Ce qui explique la visite des truands à Paris. Pour l'occasion, le chef de la cellule anti-mafia décide de sortir le grand jeu. Dans le hall de l'aéroport, c'est entouré de plusieurs gardes du corps et vêtu d'un long manteau en drap noir que Jean-Paul Musy lui-même accueille les visiteurs.

Lestavel est chargé des présentations. Sur ses gardes, Tagliamento n'a pas fait le déplacement. Mais ses lieutenants, Corte, le comptable, Félix Santoni et Jean-Claude Orsoni, sont au rendez-vous. À l'extérieur de l'aéroport, des voitures du ministère de l'Intérieur attendent en double file. Cette démonstration de force vise à convaincre les truands qu'ils ont bien affaire à un ponte de la police française.

Flics et truands s'engouffrent dans les véhicules. Après un bref passage à l'hôtel Hilton près de l'aéroport, le cortège se rend sous escorte et sirène deux tons jusqu'aux bords de la Marne, dans le restaurant Le Gibraltar. L'établissement est entièrement bouclé et sonorisé, des policiers en civil remplacent une partie du personnel. L'inspecteur divisionnaire des RG, Georges Marais, s'est occupé de la mise en place de tout le dispositif de surveillance. L'ancien commando de marine se balade en permanence avec un couteau de chasse coincé dans le haut de sa chaussure et plusieurs armes à feu dans le coffre de sa voiture. C'est d'ailleurs lui qui couvre régulièrement Lestavel de la lunette de son fusil.

Dans le restaurant, Jean-Paul Musy fait un grand numéro d'acteur. Impassible et glacial, il distribue les ordres à de faux porte-flingue. Les truands mis en confiance ne tardent pas à lui dévoiler leur plan de reprise des casinos français. Par l'intermédiaire de la Sofextour, ils avouent lorgner sur les casinos de Beaulieu-sur-Mer, Saint-Raphaël, Hyères, Néris-les-Bains et Chamonix... Sans oublier le cercle de l'Étoile, un établissement de jeux parisien dirigé par un certain Andreani Junior. À ce sujet, les truands sollicitent une autorisation pour faire courir les chevaux d'Andreani sur les hippodromes français. « Cela nous permettrait de négocier son cercle de l'Étoile à bon prix », explique sans détour l'un d'entre eux.

En échange, les truands font miroiter de belles commissions à Jean-Paul Musy qui peut leur promettre le Pérou sachant qu'ils n'obtiendront jamais pour leur projet l'aval des municipalités. Et pour cause : les mairies sont d'ores et déjà placées sous la protection des RG. À commencer par la principale cible des voyous, la municipalité de Menton qui a été mise au courant par Musy de la véritable identité des repreneurs de son casino.

Les lieutenants de Tagliamento profitent aussi de l'occasion pour évoquer le projet d'évasion qu'ils échafaudent pour leur boss Michele Zaza. Là encore ils réclament un coup de main, et Jean-Paul Musy ne dit pas non. En fin de repas, pour protéger la vie de son agent infiltré, le numéro 2 des RG cherche à convaincre les truands que Lestavel ne peut en aucun cas représenter une monnaie d'échange pour eux : « Lestavel n'est qu'un simple soldat. En cas de disparition, nous n'aurons aucun problème pour le remplacer », déclare-t-il à ses hôtes, en les regardant droit dans les yeux.

Le 17 avril 1991, soit à peine quelques mois plus tard, l'organisation de Michele Zaza est démantelée. C'est la première opération policière franco-italienne anti-mafia. Au total, une quarantaine de personnes sont interpellées, à commencer par Gianni Tagliamento et ses lieutenants. Christian Lestavel est également arrêté et placé en garde à vue, pour trafic de stupéfiants, de façon à ne pas éveiller les soupçons. Aux yeux des flics qui assurent son transfert du commissariat de Nice au tribunal de grande instance de Marseille, il n'est qu'un voyou de la Camorra. Le hasard veut d'ailleurs qu'il fasse le trajet en voiture avec la propre sœur du chef de la Camorra.

Quatre jours plus tard, Lestavel est libéré. Mais il y a un hic : parmi les documents saisis, tous ceux qui mettent en cause des groupes de casinos français seront restitués dans un sac-poubelle à l'ancien avocat Alain Verbyst. La consigne est claire : Christian Lestavel doit concentrer ses efforts sur les Italiens...

C'est le début des ennuis. En 1993, Alain Verbyst met en

cause le casinotier et député RPR Georges Tranchant. L'ex-avocat radié du barreau en veut au principal exportateur de machines à sous en France qui l'a congédié. Il l'accuse d'avoir bénéficié d'informations privilégiées auprès de la sous-direction des courses et jeux afin de déstabiliser ses concurrents et de racheter en sous-main des casinos. En ligne de mire : une demi-douzaine d'officiers de police.

Ses révélations aboutiront à la dissolution de la cellule anti-mafia et la mise sur la touche de Jean-Paul Musy. Une situation pas totalement étrangère au retour de Charles Pasqua au ministère de l'Intérieur. Musy subit par ailleurs une grave opération du cœur et se retrouve muté à Lyon.

Georges Marais devient le nouvel officier traitant de la Loutre et Christian Lestavel, qui communique avec lui par cassette ou minitel rose, infiltre désormais l'équipe de Jules Filippeddu, l'homme d'affaire spécialisé dans les jeux au domicile duquel Yves Chalier, on l'a vu, a trouvé refuge au Brésil lors de l'affaire du Carrefour du développement. L'infiltré accompagne régulièrement le sulfureux businessman jusqu'à la porte du ministère de l'Intérieur. Le rituel est à chaque fois identique : Jules Filippeddu fait appeler par le « planton » le brigadier-chef Daniel Léandri, le fidèle de Charles Pasqua chargé du dossier des casinos Place Beauvau. « Léandri venait chercher son ami en bas et remontait avec lui dans son bureau », affirme Christian Lestavel.

Un jour, l'indic est convoqué par le commandant Georges Marais qui lui transmet un mystérieux message : il doit choisir son camp, entre Jean-Paul Musy et les autres. Les autres ? Son nouvel officier traitant omet de lui préciser leur identité. Peu de temps après, la Loutre « passe au tourniquet », en clair la police des polices. En fait, Musy est dans le collimateur de la Place Beauvau. « On attendait de moi que je le charge. J'ai dit : "D'accord, mais avant j'ai des révélations à vous faire sur le conseiller de Charles Pasqua, Daniel Léandri." Mon audition s'est arrêtée là. Je suis sorti au bout de quarante-huit heures de garde à vue. »

En 1995, le nom de Lestavel est révélé dans la presse par

Yves Bertrand, patron des RG et ennemi de Jean-Paul Musy. L'infiltré disparaît dans la nature mais il se retrouve bientôt pris dans l'engrenage d'un dossier judiciaire au tribunal de Montluçon : celui du rachat par le groupe Tranchant du casino de Néris-les-Bains. Le casinotier y est mis en examen pour corruption par le juge d'instruction, Étienne Fradin, qui le soupçonne d'avoir versé un pot-de-vin de 2 millions de francs au maire de la ville, Henri Yermia. Chistian Lestavel, également mis en examen, n'a plus d'autre solution pour se tirer d'affaire que de décliner sa véritable identité. Dans une lettre de vingt-cinq pages, il raconte au juge tout ce qu'il sait tandis que Jean-Paul Musy vient à sa rescousse en confirmant son rôle au sein des RG.

Pour prouver sa bonne foi, Christian Lestavel fournit au juge quelques documents tout en disant avoir gardé à l'abri dans un garage des pièces de comptabilité concernant le montage financier de plusieurs grands casinos français. De quoi, selon lui, mouiller beaucoup de monde. Le juge est déstabilisé et son enquête sabotée.

À ce jour, la justice n'a toujours pas en sa possession les fameux documents. « Ils sont mon assurance-vie, confie Lestavel. Si à l'époque j'avais tout remis au juge Fradin, je ne serais plus de ce monde. » En 2000, il a été reconnu coupable de corruption et condamné à six mois de prison ferme. Escroc ou indic ? Le tribunal a choisi sans hésitation.

Protéger les indics contre les voyous

C'est un sujet ultra-sensible. L'histoire de la police de ces vingt-cinq dernières années est jalonnée de cadavres de « tontons ». Le 13 février 1982, Gabriel Chahine, un indic libanais des RG à l'origine de l'arrestation d'une dizaine de membres du groupe Action directe, dont Jean-Marc Rouillan et Nathalie Ménigon, est assassiné en pleine rue d'une balle dans la tête. En 1993, un tonton asiatique chargé d'infiltrer les Triades est retrouvé pendu dans le 13e arrondissement de Paris.

En septembre 1998, un certain Sylvain Loewinski, propriétaire de plusieurs sociétés de location de téléphones portables, est abattu chez lui de huit balles par deux hommes cagoulés. Les RG l'utilisaient pour savoir ce que racontaient ses clients, parmi lesquels figuraient quelques pointures du grand banditisme. L'indic avait un autre avantage aux yeux des policiers : il appartenait aux mouvances ultra gauche et anarchiste parisiennes et animait l'émission « Parloir libre » sur la station Radio Fréquence Paris Plurielle. De quoi établir des liens privilégiés avec d'anciens détenus ou des familles de prisonniers...

« Une parole de trop, un détail oublié dans une procédure, et ton indic est mort. Tu vis avec une épée de Damoclès », explique Greg, trente-sept ans, un grand maigre, officier dans un groupe des Stups en banlieue parisienne. Ce manipulateur d'indics hors pair se définit comme un « prestidigitateur ». « Je fais disparaître les indics des procès-verbaux », s'amuse-t-il[1].

En fait, les informations données par un tonton ne sont jamais reprises en l'état dans la procédure judiciaire à laquelle les avocats du voyou ont accès. Une prudence élémentaire. Entre la date de recueil du renseignement et celle qui sera mentionnée sur la procédure, il s'écoule parfois plusieurs jours, pendant lesquels les policiers multiplient les planques, les filatures et les écoutes téléphoniques dans lesquelles la justice ne peut pas mettre son nez parce qu'elles relèvent de Matignon et sont couvertes par le secret défense. Autant d'investigations cachées qui vont permettre de récolter des adresses et des identités supplémentaires qui seront présentées à la justice et permettront de dissimuler l'existence du tonton.

Le policier plante un décor et bâtit un scénario pour escamoter la présence de l'indic. Ce qui signifie par exemple que, dans les affaires de stupéfiants, certains des éléments d'enquête figurant dans la procédure sont truqués. Afin de mieux brouiller les pistes, les enquêteurs ont l'habitude de recourir à plusieurs indics sur une même opération. Le tonton à l'origine du tuyau présente à son fournisseur un autre « cousin » du service qui

1. Entretien en juillet 2005.

met lui-même le voyou en contact avec un autre indic et ainsi de suite... Mais avec la généralisation du téléphone portable, il est devenu plus compliqué de rendre invisible un indic. Mis au parfum des dernières techniques utilisées par les policiers pour pister les portables, celui-ci doit jongler avec plusieurs puces de téléphones pour effacer toute trace derrière lui.

Une fois l'affaire bouclée, le policier doit aussi « s'occuper du service après vente », selon l'expression de Greg. C'est-à-dire rassurer et protéger l'indicateur. Parfois même plusieurs années après la fin d'un dossier. « Qu'il t'appelle à minuit, le week-end, en vacances ou même le jour de ton mariage, tu dois être disponible pour lui répondre. C'est beaucoup de temps », explique Greg.

Attablé, dos au mur, dans un café enfumé, Jean-Philippe, un officier des Stups chargé du suivi des indics dans son groupe est accompagné de son indic préféré, Ahmed, quarante ans. Celui-ci est « entré dans le renseignement », comme il dit, « par amour » pour sa femme. Il y a douze ans, lorsque les flics ont perquisitionné chez lui, son épouse, étudiante en maîtrise de lettres modernes, ignorait tout de ses activités. Elle a cru à une erreur judiciaire. « J'ai eu honte. Elle hurlait aux policiers qu'ils étaient racistes, se souvient Ahmed le visage marqué par les abus de cocaïne. Pour ne pas l'abandonner, j'ai balancé mon fournisseur[1]. »

Ahmed affirme ne pas vivre avec la peur au ventre. « On ne te laisse jamais faire une affaire dans laquelle tu es trop exposé. En général, les voyous peuvent avoir un doute sur toi, mais cela reste un doute. Les flics savent noyer le poisson. Sauf si tu commets toi-même une erreur. Mais cela dépend de toi. Tu ne balances pas une affaire si tu ne maîtrises pas la situation. »

Demeurent les aléas de la vie de voyou. Il y a quatre ans, Ahmed s'est retrouvé criblé de dettes. Ses créanciers sont alors venus lui casser la figure. En pleine nuit, il a appelé à la rescousse Jean-Philippe qui a aussitôt réuni le groupe en

1. « Jeu dangereux chez les Stups », *Le Point*, 25 octobre 2002.

catastrophe. Les flics ont rappliqué en uniforme dans un véhicule de police et embarqué tout le monde au poste, y compris Ahmed, qui a ensuite été relâché sain et sauf...

Protéger les indics contre la justice

Face à la justice, la situation est encore plus délicate. Elle repose essentiellement sur l'entente qui existe ou non entre les différents services d'investigation rompus à la « manipulation » des indics. Longtemps, lorsqu'un tonton se faisait interpeller par une autre brigade, il suffisait qu'il annonce être le « cousin » de tel policier pour être remis en liberté après vérification. « La justice n'était pas tenue au courant, et s'il y avait un bout de procédure, elle partait à la poubelle », explique Patrick Mauduit, conseiller technique auprès du syndicat d'officiers Synergie.

Le ministère de la Justice lui-même s'est parfois montré coopératif. En 1979, c'est sur ordre direct de la place Vendôme qu'un certain Henri Le Blond est libéré en urgence de la maison d'arrêt de Fleury-Mérogis. Le malfrat y est incarcéré en préventive pour le cambriolage d'une bijouterie. Mais il détient une information capitale : la planque de l'ennemi public numéro 1, Jacques Mesrine, dont le pouvoir politique exige la tête. C'est le prix de sa liberté. Lorsque, le 2 novembre 1979, Mesrine est abattu par les hommes du commissaire Broussard, Henri Le Blond est déjà dehors.

« L'Institution n'a jamais voulu avouer qu'on avait eu l'ennemi public numéro 1 grâce à un indic qu'on avait fait sortir de taule, raconte aujourd'hui, attablé dans un restaurant chaleureux de Lille où il a ses habitudes, le commissaire Aimé-Blanc, à l'époque en poste à l'OCRB. Après l'arrestation de Mesrine, le patron de la PJ m'a dit : “Vous n'aurez ni récompense ni médaille, tout doit rester secret[1].” »

Plus tard, le malfrat sera cependant « couvert » lors d'un

1. Entretien du 18 novembre 2005.

cambriolage dans une banlieue bourgeoise de la région parisienne. Le commissaire Lucien Aimé-Blanc raconte être allé au moment du vol jusqu'à monter la garde avec deux inspecteurs, pour que tout se passe bien. Le commissariat le plus proche avait été prévenu que l'OCRB était en planque et qu'en cas d'incident, il ne fallait pas intervenir[1]. Aimé-Blanc avait toutefois pris soin de confisquer les armes de son indic le temps du casse. Montant du butin : l'équivalent en francs de 61 000 euros.

La seule ligne rouge à ne pas franchir pour un indic, c'est le meurtre, le viol..., tout ce que les flics appellent « l'atteinte aux personnes ». « Un jour, l'un de mes meilleurs indicateurs m'a avoué qu'il avait tué un autre dealer, confie ce commandant de police qui a fait toute sa carrière à la PJ en région parisienne. Je lui ai dit que je ne pouvais pas le couvrir et que je stoppais avec lui. Mais je ne l'ai pas dénoncé... » L'assassin a été arrêté quelques mois plus tard.

Aujourd'hui, il est devenu plus difficile pour les services de police de « décrocher » un indic, c'est-à-dire de le retirer des griffes de la justice. Désormais, les magistrats doivent être prévenus dès la première heure de garde à vue et la plupart d'entre eux acceptent mal que les policiers ferment les yeux sur un braqueur ou un dealer au motif que c'est un indic. Ce qui les irrite particulièrement, ce sont les contrats « hors la loi » passés entre le flic et le voyou. Chez les Stups par exemple, on laisse « travailler un tonton ». C'est-à-dire qu'on le laisse vendre de la drogue tant qu'il permet de faire tomber des trafiquants plus gros que lui. « S'il vend par dix grammes, il doit nous balancer un type qui fournit par vingt-cinq, s'il deale à vingt-cinq on lui demande de nous désigner une cible de deux cent cinquante grammes et ainsi de suite », explique un officier des Stups.

Pour « ferrer » un dealer, les policiers utilisent leur indic comme appât en lui demandant de jouer l'acheteur auprès du trafiquant. Dans le vocabulaire policier, c'est un « coup

---

1. Lucien Aimé-Blanc, *La Chasse à l'homme*, Paris, Plon, 2002.

d'achat ». Le plus souvent, l'argent est avancé par l'indicateur mais il peut arriver, exceptionnellement, que la police fournisse le liquide lorsqu'elle est sûre de le récupérer. Au moment où le dealer va chercher la « came » dont il a besoin pour effectuer la transaction, il est « filoché ». Pour les policiers, il s'agit de « le faire bouger » pour localiser sa planque. Et parfois l'indic se rend au rendez-vous dans une voiture fournie par les policiers. « On lui prête l'un de nos véhicules sur lequel on met des plaques d'immatriculation bidon », explique Claude, un commandant de PJ dans le Sud de la France.

Policiers et indics pratiquent un jeu dangereux. Beaucoup de cousins sont des étrangers en situation irrégulière pour qui l'obtention de papiers représente une excellente raison de coopérer avec la police. Du coup, pour les recruter et les fidéliser, les policiers vont suspendre une interdiction de territoire, un arrêté ministériel d'expulsion, ou même obtenir une autorisation provisoire de séjour de trois mois, puis d'un an s'ils donnent satisfaction. « Avoir des papiers procure au tonton une supériorité sur les autres, un confort psychologique. Il peut ainsi mieux faire marcher son business », explique Fabien, lieutenant de police. Au cousin de leur fournir des affaires s'il veut voir ses papiers régulièrement renouvelés. Djamel, trente-cinq ans, a ainsi pu régulariser sa situation administrative grâce à Jean-Philippe. Au bout de trois ans et une grosse saisie d'ecstasy. L'Algérien, au look « techno », est un pragmatique, comme la plupart des indics. « Ce n'est pas pour le bleu, blanc, rouge que je suis dans le renseignement. Ce n'est pas pour Chirac. C'est pour la protection dans le business, les papiers et le fric », nous déclare-t-il, un rien provocateur.

La rémunération des indics

Dans la police, le sujet est tabou. Depuis 2003, on paie officiellement les tontons avec de l'argent propre inscrit sur une ligne budgétaire. C'est le député UMP, Thierry Mariani, qui est monté au créneau pour que l'Assemblée se saisisse du problème. Son amendement[1] inspiré par le syndicat de police Synergie Officiers, préconisait d'affecter 30 % des saisies des amendes et des produits confisqués au paiement des cousins. Il a fallu attendre janvier 2006 pour que le garde des Sceaux signe le décret d'application. Un tel système existe pourtant depuis belle lurette aux Douanes où les « aviseurs » se voient reverser jusqu'à un tiers de la valeur des amendes et des confiscations[2].

Ainsi qu'aux RG et à la DST où des lignes de compte sont ouvertes et les tontons officiellement rétribués en euros. Christian Lestavel avait ainsi été engagé à la fin des années 1980 sur la base d'un remboursement de ses frais de l'ordre de 15 000 francs. Une somme versée en espèces. En PJ, les cousins étaient bien censés toucher une gratification. En général trois fois rien. Sur une saisie de dix kilos de cocaïne, d'une valeur supérieure à 600 000 euros, l'indic va empocher au maximum 1 000 euros. « Les collègues ont souvent honte de donner aussi peu à leurs tontons », indique Patrick Mauduit.

La première fois que Brahim, quarante-cinq ans, a travaillé pour les Stups, il a touché 720 euros. À l'époque, l'affaire a pourtant fait la une des journaux. Trafiquant international durant vingt ans, Brahim est venu lui-même taper à la porte de la police. « Un jour, mon père a compris ce que je faisais. Et il m'a giflé devant mes enfants », nous confie le repenti, un tantinet grassouillet, rencontré dans un café du 17e en compagnie de Jean-Philippe, son officier traitant. « J'ai compris à quel point ce que je faisais était dégueulasse et j'ai décidé de changer. » L'ancien trafiquant a tout balancé : noms, adresses, numéros de portable de ses anciens complices. Au bout de plusieurs mois, tout le réseau a dégringolé. Soit une vingtaine de dealers au total. « Tout ça pour 720 euros », soupire Brahim.

Impossible dans ce contexte de fidéliser un indic. Les flics ont donc recours au système D. À la fin des années 1980, Christian Lestavel a touché de la part du Crédit lyonnais l'équivalent de

1. Adopté le 22 mai 2003 à l'occasion de la loi Perben sur la criminalité organisée.
2. Une ligne budgétaire est dévolue à cet effet dans le code des douanes depuis 1957.

30 500 euros de primes en espèces pour avoir permis à la PJ de Nice de démanteler un gang spécialisé dans l'ouverture des coffres. Sans compter les frais versés pendant un an et demi, le temps de l'opération. Le gang infiltré par Lestavel possédait en fait les codes secrets des coffres des mille agences du Crédit lyonnais. « L'arrestation de la bande était à l'époque une priorité pour la Place Beauvau qui se sentait ridiculisée, explique Christian Lestavel. Aucun flic ne comprenait comment les truands s'y prenaient pour dévaliser les salles des coffres. »

Les malfaiteurs avaient déjà inscrit à leur palmarès le pillage de nombreuses agences à commencer par celle de Menton, en 1987, avec un butin de près de 800 000 euros. Ils ont finalement été interpellés en flagrant délit à Chartres dans une agence du Crédit lyonnais, le 24 juin 1988. Les policiers ont alors saisi un équipement impressionnant : scanner, gants de chirurgien, émetteur-récepteur, amplificateur téléphonique et même un transmetteur avec carte magnétique qui devait permettre de neutraliser le système de télésurveillance de la banque. « S'ils avaient réussi, c'était le jackpot. Un casse plus important que celui de Spaggiari à Nice », précise Lestavel, un brin admiratif. Le procédé qui consiste à faire payer l'indic par la société qui profite indirectement de ses « tuyaux » est, dit-on, monnaie courante dans les affaires de braquages de convois de fonds.

Rétributions en nature

En fait, chaque service de police récompense ses informateurs à sa façon. Chez les Stups par exemple, on les rémunère avec une partie de la drogue saisie. « La règle, c'est 10 % », reconnaît un officier des Stups. Ce qui signifie que sur un kilo d'héroïne, de coke ou de cannabis, le cousin prend cent grammes. Au 36, on se souvient encore de cet indic qui est ressorti du Quai des Orfèvres avec trois cents kilos de cannabis... « Son coffre était tellement chargé que les suspensions de la voiture étaient affaissées ».

La tentation existe pour un policier dont l'indic rapporte de belles affaires de le fidéliser en gonflant sa part. Avec parfois des dérives, comme ce groupe des Stups qui, pour ne pas se faire piquer son cousin par d'autres policiers, lui rétrocède 50 % de la drogue à chaque affaire. Ce qui lui vaut d'être bien noté par sa hiérarchie qui ignore la combine.

Non seulement les corsaires des Stups récupèrent une partie du butin, mais ils « nettoient » la concurrence. « On n'est pas dupes. Quand un indic nous donne une affaire, on sait que, la plupart du temps, il s'agit de faire tomber un rival », explique un capitaine de police qui, après quinze ans de PJ dont l'essentiel aux Stups, a rejoint le monde plus « propre » de la sécurité publique. Au final, la situation est aberrante : l'État est, à son corps défendant, l'un des principaux dealers du marché.

Remettre dans la nature une partie de la drogue saisie, les policiers le supportent de moins en moins. « Les indics, c'est un baril de poudre sur lequel on est assis et qui peut nous sauter à la figure à tout moment », prévient Jean-Philippe. Le trafiquant « balancé » peut toujours glisser à l'oreille du juge qu'il manque une certaine quantité de drogue sur la saisie. Autrement dit, la part qui a servi à rémunérer le tonton. Les policiers risquent alors la mise en examen pour complicité de trafic de drogue.

La mésaventure est survenue à Michel Alexandre, ancien chef de groupe à la brigade de répression du banditisme et scénariste du film *L.627* de Bertrand Tavernier et du *Cousin* d'Alain Corneau. L'ancien flic, que nous avons rencontré au bar d'un hôtel du 9e arrondissement de Paris où il a ses habitudes, se souvient avec émotion de sa confrontation avec un juge qui voulait l'envoyer en prison pour complicité. « Je ne pouvais pas lâcher le nom de mon indic. L'avocat de la partie adverse l'aurait eu, et j'aurais signé son arrêt de mort. »

Pour que les trafiquants ne repèrent pas la dîme de 10 % prélevée par l'indic sur la marchandise saisie, les policiers ont trouvé une astuce. Ils « coupent » la came. C'est-à-dire qu'ils remplacent une partie de la cocaïne ou de l'héroïne par un substitut de même couleur comme l'aspirine ou le talc. Et ce, avant que le laboratoire de police scientifique n'ait analysé la drogue afin d'en révéler le degré de pureté.

Les déboires du commissaire Féval

Les relations entre les flics et leurs indics se jouent en permanence sur le fil du rasoir. Le voyou risque sa vie, le flic au minimum sa carrière. Dans la police, tout le monde a en tête l'histoire du commissaire Philippe Féval. En 1992, l'arrière-petit-fils du romancier Paul Féval avait une carrière toute tracée qui devait le conduire au sommet de la PJ parisienne. Alors numéro 2 de la brigade de répression du banditisme, ce commissaire élégant et brillant affiche l'un des plus beaux palmarès de la PJ. C'est un flic à l'ancienne, qui sort la nuit dans les lieux fréquentés par les truands et collectionne les indics. Parmi lesquels Roland Plégat, un ancien braqueur, propriétaire du restaurant Les Muses à Paris. Le 22 juillet 1992, le flic apprend que deux trafiquants colombiens, surnommés Franco et Carlos, ont proposé au restaurateur vingt kilos de cocaïne pour 100 000 francs. Une très bonne affaire. Roland Plégat met-il Philippe Féval sur le coup pour lui permettre de faire une belle opération policière, ou l'utilise-t-il pour vérifier qu'il peut acheter sans risque la marchandise ?

Le commissaire croit en tout cas son indic rangé des voitures. En fait, l'Office central pour la répression du trafic illicite des stupéfiants soupçonne le restaurateur d'être au centre d'un trafic international de haschich et de cocaïne, et l'a placé sur écoute. Le 23 juillet, le restaurateur téléphone au commissaire pour l'avertir qu'il a rendez-vous le matin même avec les deux trafiquants colombiens aux Muses. Aussitôt, le flic met en place un dispositif de surveillance. Et là, surprise : les trafiquants en question se révèlent être deux tontons de l'OCTRIS venus appâter l'indic du commissaire pour le faire tomber. Une technique dite du « coup de vente », totalement interdite par la loi.

Le commissaire Féval se retrouve dans une situation inextricable : il lui est impossible d'arrêter les tontons de l'OCTRIS – cela ne se fait pas entre services – et il ne peut pas non plus laisser son propre indic mordre à l'hameçon et se faire interpeller avec vingt kilos de cocaïne.

À 13 heures, Philippe Féval déjeune aux Muses avec son adjoint. Roland Plégat est-il mis au parfum ? Toujours est-il que, du jour au lendemain, la ligne téléphonique du patron des Muses ne donne plus rien. Entre-temps, Philippe Féval a aussi prévenu l'OCTRIS que le patron des Muses est l'un de ses indics.

Le 7 juin 1993, Roland Plégat est tout de même arrêté dans son restaurant par les hommes de l'OCTRIS. Six mois plus tard, les ennuis commencent pour le commissaire Féval qui est placé en garde à vue par les bœufs-carottes. Aux yeux de la justice, Féval est un flic ripou. En 1996, il est condamné à quatre ans de prison ferme qui seront réduits de six mois par la cour d'appel de Paris. Libéré le 29 décembre 1997, Féval est aussitôt révoqué de la police[1]. Âgé de cinquante-huit ans, l'ancien commissaire, qui gère aujourd'hui la sécurité d'une importante entreprise, n'a pas souhaité nous rencontrer.

Celui qui était l'un des meilleurs flics de sa génération a ainsi été lâché par l'Institution qui craignait de voir déballer sur la place publique des méthodes illégales pourtant encouragées jusqu'au plus haut sommet de l'État. Lorsque, en 1989, le président François Mitterrand, qui inaugure à Lyon le siège d'Interpol, l'organisation internationale de police criminelle, glisse que la « guerre ouverte contre la drogue exige de sortir des normes[2] », les policiers présents reçoivent cinq sur cinq ce message sibyllin.

Dix ans après l'affaire Féval, l'un des deux indics sud-américains raconte à la justice suisse la manière dont travaillait

1. Une révocation que le tribunal administratif annulera sur une erreur de procédure, ce qui permettra à Philippe Féval de démissionner tout en gardant ses droits à la retraite.

2. Franck Heriot et Laurent Chabrun, *Cocaïne, quand des policiers piègent d'autres policiers, l'affaire Féval*, Paris, Le Cherche-Midi, 1998.

l'OCTRIS à l'époque. À propos des vingt kilos de cocaïne achetés par le propriétaire des Muses, Carlos explique au procureur fédéral du parquet de Berne : « L'opération a été montée par l'OCTRIS. Moi-même et Franco Fumarola, sur ordre de la police française, nous devions faire une provocation et tenter par tous les moyens de vendre de la cocaïne à l'intéressé[1]. » À l'occasion, on apprend que Carlos et Franco, qui disposaient d'un bureau au sein de l'OCTRIS, émargeaient officiellement en tant que traducteurs d'espagnol. De curieux interprètes puisque l'un des deux ne parle même pas le français !

Entre 1990 et 1992, Carlos et Franco auraient effectué une dizaine de coups d'achat et permis la saisie de six cent trente kilos de cocaïne[2]. Le problème c'est qu'à chaque fois ils disparaissent avec l'argent de la transaction. Pour justifier la fuite de leurs « collaborateurs », qui n'apparaissent jamais dans la procédure, l'OCTRIS évoque une faille du dispositif policier. Ainsi lors de l'opération « Mato Grosso » qui vise à démanteler un trafic de cocaïne entre le Brésil et l'Europe, Carlos et Franco convoient pour le compte de l'Office, sur un vol Air France, entre São Paulo et Paris, soixante kilos de cocaïne provenant des saisies de la police brésilienne. La coke est transportée dans une valise censée contenir du « matériel stratégique ». Une « livraison contrôlée », comme l'appelle sobrement la police française. En mars 2003, Carlos a remis à la justice suisse des photos prises à l'aéroport de Roissy où l'on peut voir les deux indicateurs en compagnie de policiers de l'OCTRIS : l'un des inspecteurs tient à la main la fameuse valise. L'opération Mato Grosso débouche sur l'arrestation de deux trafiquants italiens en possession des soixante kilos de cocaïne... et rapporte à Carlos et Franco l'équivalent en lires de plus de 100 000 euros. La justice suisse n'a donné aucune suite aux révélations de Carlos, mais la plainte au civil d'un ancien commissaire de la police helvétique pourrait peut-être faire ressurgir l'affaire. Fausto Cattaneo, qui avait infiltré les cartels de la drogue dans

1. Audition de Carlos en mars 2003.
2. Franck Heriot et Laurent Chabrun, *op. cit.*

les années 1990, a dû quitter précipitamment la police à cause des multiples pressions dont il a été victime après avoir dénoncé les méthodes des Stups français et suisses[1].

Le groupe chinois

Tout récemment, c'est un indic qui a failli faire couler le meilleur service de police spécialisé dans la criminalité asiatique de Paris. Mais la 2e division de la police judiciaire de Paris, le « groupe chinois » comme on l'appelle, a finalement été innocentée par la police des polices. Le 23 mai 2005, Deshun Weng a donc comparu seul devant le tribunal de grande instance de Bobigny pour « aide au séjour irrégulier de mineurs étrangers et associations de malfaiteurs ». Les policiers ignoraient que leur indic avait repris la tête d'un réseau d'immigration clandestine sur lequel ils avaient au préalable enquêté. Trahis par leur tonton, les flics du groupe chinois sont néanmoins venus le soutenir à la barre. Pouvait-il en être autrement ? Weng était à l'origine de 70 à 80 % des affaires élucidées par le groupe : immigration chinoise, enlèvements, vols à main armée, viols, homicide... En moyenne, une opération par mois. Mais la justice n'aime pas ce genre d'affaires. D'où cet interrogatoire imposé le 23 mai 2005 par la présidente du tribunal de grande instance de Bobigny au chef du groupe chinois[2].

« Vous trouvez normal d'être cité comme témoin de moralité dans cette affaire ? demande, glaciale, la magistrate.

— Ça ne me pose aucun problème, répond le commandant de police. C'est le début de la curée...

— Weng déclare que sa collaboration avec vous lui permettait de neutraliser ses ennemis. Qu'en pensez-vous ? renchérit la juge.

— Je sais que Weng a un passé criminel, mais il n'a jamais

1. Rapport du 27 novembre 1992 adressé au Conseil d'État du canton du Tessin et au ministère public de la Confédération helvétique.

2. Prises de notes pendant l'audience.

essayé de nous tromper. On ne s'est jamais posé la question de savoir comment il obtenait ses infos. C'est très classique dans le monde des indics. »

La réponse fait bondir le procureur de sa chaise qui demande à pouvoir lire une synthèse d'écoutes. Il y apparaît entre autres que Weng avait un projet d'enlèvement. « Il propose ses services à des voyous en leur précisant que s'il y a une plainte il sera sans doute sollicité par la 2e DPJ et qu'il sera alors temps de réagir en conséquence », lit le procureur. Le commandant garde le silence.

Les coulisses des relations entre indicateurs et services de police sont petit à petit dévoilées. Au fil des débats, on apprend que les policiers de la 2e DPJ ont permis à la famille de Weng d'obtenir des titres de séjour, qu'ils se sont aussi occupés de ses formalités auprès de la Caisse d'allocations familiales et qu'ils l'ont aidé à monter son restaurant à Bobigny.

« Jusqu'où peuvent aller les passe-droit ou les protections accordées à un indic ? interroge la présidente.

— L'investissement est proportionnel au rendement de l'indic », explique le policier.

Deux fusils-mitrailleurs et une arme de poing ont été retrouvés lors de la perquisition au domicile de Weng. Selon toute vraisemblance, ils provenaient d'une affaire réalisée en 2003 par le groupe de police. « Nous ne lui avons donné aucune arme, mais il a pu les récupérer par ses contacts », précise le commandant. En revanche, il reconnaît avoir fourni au tonton des billets d'avion retrouvés sur des passeurs interpellés.

« Weng faisait-il bénéficier les fonctionnaires de cadeaux en nature ? »

Brouhaha dans la salle.

« Non. En aucun cas. Nous mangions dans son restaurant et il nous faisait un prix. C'est tout. Sinon, nous avons reçu des calendriers chinois. » Et d'ajouter : « Il m'avait aussi donné des chaussures pour enfants à son retour de Chine. Il s'agissait d'une paire de pantoufles de qualité moyenne pour ma fille. »

Une broutille. L'honneur du commandant est sauf. Deshun

Weng a finalement été condamné à trois ans de prison ferme dont un avec sursis.

Le recrutement des indics

N'importe quel indic en sait suffisamment sur son officier traitant pour pouvoir le faire « tomber ». D'où l'importance de bien choisir ses tontons. « La règle numéro 1, c'est de savoir pourquoi la personne balance », explique Jean-Philippe. Les raisons qui conduisent un voyou à devenir un indic sont multiples. C'est le patron de bar qui souhaite éviter une fermeture administrative, la prostituée qui veut se venger de son mac, un souteneur qui désire la tranquillité dans son « bizness », le dealer accro à sa marchandise qui veut récupérer un pourcentage sur la prise, la compagne d'un braqueur qui est jalouse d'une rivale...

En fait, les indics se bousculent au portillon. « 90 % des personnes sont prêtes, lors de leur garde à vue, à balancer père et mère pour ne pas aller au trou », confie Jean-Philippe. La sélection est donc sévère. Pas question d'accorder une fleur sans avoir vérifié l'info et testé l'indicateur. « Il doit sentir que tu es le boss. Il faut lui montrer que tu maîtrises tout. Il n'y aucune place pour le doute », explique Greg. Il y a les tontons d'un jour et ceux de toute une vie. Le tonton idéal, c'est l'homme marié avec des enfants car il disparaît plus difficilement dans la nature. C'était le cas de Christian Lestavel qui vivait avec sa famille dans une villa à Montluçon.

N'est pas indic qui veut. Certaines qualités comme la patience, le sang-froid et un talent d'acteur sont indispensables. « Pour attraper un serpent, il ne faut pas mettre la main tout de suite », affirme Ahmed, un rien énigmatique. L'homme avoue n'avoir aucun scrupule. « Tout le monde balance. Je me suis fait moi-même donner. Je fais pareil. C'est le jeu. »

La plupart des tontons exècrent qu'on les qualifie d'indics. Ahmed dit « travailler dans le renseignement », Christian Lestavel, lui, se définit comme un « infiltré ». Tous deux se considèrent comme des auxiliaires de la police. « Sans nous, les flics ne sont rien. Ils ne peuvent pas s'infiltrer dans les bars, les cabarets, le trafic de came », constate Ahmed, d'un ton définitif.

Aujourd'hui, l'indic passe plus de temps à travailler avec le groupe PJ qu'à « trafiquer » dans son coin. Au bout de huit ans de bons et loyaux services, il a l'honneur de pouvoir participer de bout en bout aux enquêtes. Il planque, filoche, surveille... « J'aime l'ambiance qu'il y a au boulot. J'aurais aimé être flic, mais c'est trop tard », regrette-t-il. Emporté par son enthousiasme, Ahmed a déjà cogné sur un voyou pour défendre un « collègue » ou fait un croc-en-jambe à un trafiquant qui prenait la fuite.

Les cousins sont évidemment utilisés pour les opérations « undercover », non autorisées. Par exemple, quand il faut aller poser en Espagne une balise sous la voiture d'un trafiquant qui s'apprête à remonter sa came en France. « On prend avec nous un indic qui va s'acquitter de la mission. S'il se fait pincer, les flics espagnols n'auront pas la preuve que la police française est venue travailler chez eux sans autorisation », confie un chef de groupe aux Stups. De même, lorsqu'il s'agit de pénétrer clandestinement dans la planque d'un dealer pour s'assurer avant la perquisition que la drogue est bien là, certains flics font faire le boulot par un de leurs cousins qui a des compétences en serrurerie...

L'officier traitant

« Tenir un indic » n'est pas donné au premier flic venu. D'autant que cela ne s'apprend pas sur les bancs de l'école de police. Les notes administratives sur les sujets sont absconses, voire risibles. La manipulation des indics s'apprend sur le tas. « Dans chaque groupe, il y en a un qui s'y colle », explique Greg. Certains, comme Jean-Philippe, sont cooptés par un ancien. « Le vieux m'a testé puis m'a présenté ses "amis" avant de partir à la retraite. »

Le manipulateur d'indic doit être fin psychologue, d'une intégrité absolue et doté d'une bonne capacité d'écoute. Bref, il doit mettre en confiance. Quitte à devenir un confident. Les policiers jouent souvent les assistantes sociales auprès de leurs tontons. Ils s'occupent de la scolarité des enfants de l'un, de la mère malade de l'autre. Lorsque l'indic est « grillé », les flics s'efforcent de lui trouver une autre activité, un vrai métier. « Dernièrement, on a trouvé du boulot à l'un d'entre eux dans une entreprise de transport. On l'a même aidé à passer son permis poids-lourds », précise Claude, commandant de police dans le Sud de la France. Il y a deux ans, le fonctionnaire n'a pas hésité à traverser le pays pour aller « soutenir moralement » un vieil indic qui passait devant le tribunal. « Nous sommes des chasseurs. Et à la chasse, on ne laisse pas crever son chien », résume Claude.

La hiérarchie policière déteste les relations de familiarité entre policier et indic. « La seule consigne que l'on reçoit des "tauliers", c'est de garder nos distances avec nos tontons. Ils croient qu'un indic, on le tient uniquement par la menace. Ce sont des relations plus subtiles », s'emporte Jean-Philippe. Au fil du temps, les liens se resserrent et les rapports deviennent souvent amicaux. Lorsqu'un policier de la PJ change d'appartement, il n'est pas rare de voir quelques tontons venir lui prêter main forte pour son déménagement. Et vice versa. Le « soum » du service sert même parfois de camion de déménagement...

Jean-Philippe et Ahmed se téléphonent au moins deux fois par jour, même en vacances. Et chacun connaît la famille de l'autre. Lorsque la femme de Jean-Philippe était enceinte, elle ne disposait que d'un numéro à appeler en cas d'urgence : celui d'Ahmed. « Jamais il ne m'a lâché. J'ai énormément de respect pour lui », reconnaît Jean-Philippe. Côté indic, on exprime plus facilement ses sentiments : « Il compte plus pour moi que mon père et ma mère. Si un jour il change de poste ou quitte la police, je raccroche. » Brahim voue aussi une admiration sans bornes à Jean-Philippe : « Toute ma famille le connaît. Il m'a fait découvrir la nourriture française. En dehors de lui, je ne fréquente aucun Français. Il m'est arrivé quand je déprimais de l'appeler quatre ou cinq fois par jour, et il m'a aidé à remonter la pente. »

Souvent, les amitiés entre flics et indics subsistent bien après la fin de leur collaboration « professionnelle ». Christian Lestavel et Jean-Paul Musy déjeunent parfois encore ensemble. « Depuis qu'il est à la retraite, nous sommes devenus amis », confie Lestavel avec pudeur. De même, après seize années passées dans la police, le scénariste Michel Alexandre continue à entretenir des relations privilégiées avec certains de ses informateurs. Pour le personnage de l'indic, baptisé Nounours dans le film *Le Cousin*, Michel Alexandre s'est largement inspiré des informateurs avec lesquels il travaillait. Certains d'entre eux lui servent de modèles pour les séries policières qu'il écrit désormais pour la télévision. Durant notre entretien avec lui, son portable s'est soudain mis à sonner. À l'autre bout du fil, un indic à la retraite depuis six ans...

Lorsque la justice décide d'expédier le tonton à l'ombre, les policiers multiplient les petits gestes à son intention. Il arrive à certains d'adresser une lettre d'excuse à leur indic en sachant pertinemment qu'elle sera ouverte par l'administration pénitentiaire. D'autres entretiennent sa confiance en accompagnant le week-end sa femme et ses enfants qui viennent le voir en prison

Certains vont jusqu'à sortir leur informateur de cellule afin qu'il puisse passer une journée avec sa famille. Pour cela, ils font en sorte que son nom apparaisse dans une commission rogatoire, puis signalent qu'ils souhaitent l'entendre. À la fin de la journée, ils le ramènent en prison en prenant soin de noter sur le procès-verbal qu'il y a eu erreur. De même, il est d'usage d'envoyer de temps en temps un petit mandat à l'attention du tonton pour qu'il « cantine » un peu mieux. Ce que les policiers appellent ironiquement les « frais de justice ».

Le groupe chinois de la 2e DPJ n'a pas manqué d'en faire autant pour Deshun Weng, jusqu'à ce qu'il soit remis dehors en juin 2005. Une juste récompense : l'indic a continué même en prison à leur balancer des affaires...

13

Les cadavres dans le placard

L'affaire Gaccio

« Tout le monde finit par avoir des dossiers compromettants sur tout le monde et un intérêt commun : que ça ne sorte pas[1] », explique un commissaire de PJ qui a roulé sa bosse dans tous les grands services. Un système qui contribue à maintenir une chape de plomb sur des pans entiers du ministère de l'Intérieur. Et, ce faisant, rend possible une utilisation dévoyée de la police par le politique. « Le danger avec les gens qui sont tenus, c'est que l'on peut facilement les utiliser pour des coups tordus », renchérit le même commissaire.

L'affaire Gaccio est la parfaite illustration de cette dérive. À la fin de l'année 2002, le père des *Guignols de l'info*, l'émission phare de Canal +, a été victime d'une opération de déstabilisation – un « chantier » dans le jargon policier – auquel a participé l'un des groupes de la brigade des stupéfiants de Paris. L'affaire, montée de toutes pièces, a été apportée aux Stups par un ancien flic surnommé « Main moite ». Le dossier comprenait des renseignements sur le patrimoine immobilier et financier de Bruno Gaccio ou encore ses contacts téléphoniques.

Pour travailler, les policiers ont fait une réquisition judiciaire qui leur a permis de suivre en direct, quatre jours durant, le téléphone portable du père des *Guignols*. Et comme si cela ne

1. Entretien du 23 juin 2005.

suffisait pas, Bruno Gaccio a fait l'objet au début de l'année 2003 d'une demande d'écoutes administratives réservées d'habitude aux affaires de terrorisme, d'espionnage ou au crime organisé. Des « interceptions de sécurité », comme on les appelle, estampillées Secret Défense et autorisées directement par le Premier ministre. Dans le cas de Bruno Gaccio, la demande d'écoutes qui a été faite par la direction de la PJ parisienne pour le compte des Stups a heureusement été refusée par la commission de contrôle des interceptions de sécurité, mise en place en 1991 pour prévenir les dérapages.

Quoi qu'il en soit, cette requête extravagante n'a pu échapper au cabinet du Premier ministre d'alors, Jean-Pierre Raffarin, ni à celui du ministre de l'Intérieur de l'époque, Nicolas Sarkozy. « Je me souviens du préfet de police Jean-Paul Proust, m'avertissant : “On a une affaire de stups qui met en cause le monde des médias et implique quelqu'un des *Guignols de l'info*” », reconnaît aujourd'hui Claude Guéant. Et le directeur de cabinet de Sarkozy d'assurer : « Je n'ai plus eu de nouvelles par la suite[1]. »

Quelqu'un dans l'appareil d'État a-t-il tenté d'utiliser la police pour déstabiliser Bruno Gaccio et, avec lui, la première émission politique de France ? Difficile d'y croire. C'est pourtant ce que nous a certifié, sous couvert d'anonymat, un haut fonctionnaire, témoin privilégié de l'affaire.

Coïncidence troublante : à la brigade des Stups, on se rappelle l'excitation qui a gagné la direction de la PJ lorsque l'affaire Gaccio a débuté, et les encouragements à ramener du « biscuit » avec – fait rarissime – une promesse de prime, histoire de stimuler les troupes. Après la plainte déposée par Bruno Gaccio pour « atteinte à la vie privée », la justice enquête désormais sur une affaire qui pourrait peser sur les présidentielles de 2007. À moins qu'elle ne soit enterrée d'ici là...

1. Entretien du 1er août 2005

Corse : les manipulations policières

Dans un domaine aussi sensible que le terrorisme, le politique ne veut jamais savoir comment les policiers se débrouillent pour arrêter les poseurs de bombes. Ce qui compte, c'est le résultat. Le 22 juin 1998, la division nationale antiterroriste perquisitionne le domaine de Pinia à Ghisonaccia en Haute-Corse. La DNAT, qui a succédé à la 6e DPJ, a gardé comme patron Roger Marion. Cinq mois après l'assassinat à Ajaccio du préfet de Corse, Claude Érignac, l'arrestation des tueurs et le rétablissement de l'ordre en Corse constituent une priorité absolue pour le Premier ministre Lionel Jospin et son ministre de l'Intérieur Jean-Pierre Chevènement. Le chef de la DNAT croit à « la piste agricole ». Les deux nationalistes qui sont dans le collimateur de Roger Marion ont été appréhendés, on l'a vu, dans les jours qui ont suivi l'assassinat du préfet : Marcel Lorenzoni et Mathieu Filidori.

Mathieu Filidori, qui a pu fournir un alibi solide, a été très vite relâché. Membre influent du syndicat agricole corse, ce nationaliste de la première heure est cogérant, avec un certain Gérard Serpentini, de la société civile agricole du domaine de Pinia. C'est là que ce 22 juin 1998, à 6 heures du matin, trois policiers et un gendarme détaché à la DNAT mettent la main, dans une dépendance du domaine, sur un sac en plastique à peine dissimulé contenant des explosifs.

En Corse on sourit encore de la rapidité avec laquelle les flics de l'antiterrorisme ont trouvé ces pièces à conviction alors qu'ils étaient seulement quatre pour fouiller un terrain de huit cent quatre-vingt-six hectares. « Quelqu'un les avait placés là durant la nuit et nous savions exactement où chercher », nous a avoué l'un des quatre officiers de police judiciaire ayant participé à la perquisition[1]. Et de préciser : « Le sac en plastique dans lequel se trouvaient les explosifs provenait d'une enseigne de supermarché qui n'est pas implantée en Corse... » Après la

1. Entretien en avril 2005.

miraculeuse découverte, d'importants renforts convergent sur place pour ratisser le domaine. Une équipe de scaphandriers de la gendarmerie est même dépêchée pour draguer l'étang. En vain. Rien d'autre n'est trouvé.

Le 26 juin, Mathieu Filidori est mis en examen par la juge Laurence Le Vert pour « association de malfaiteurs en vue d'une entreprise terroriste » et à nouveau écroué à Paris. « La découverte d'explosifs sur ses terres a contribué à sa mise sous écrou », explique son avocat Antoine Sollacaro, qui conseille par ailleurs aujourd'hui Yvan Colonna.

Un suspect à tout prix

En fait, c'est le propre gardien du domaine, un dénommé Serge Garraccio, né à Lille et âgé de quarante-six ans, qui aurait trahi Mathieu Filidori. Selon les confidences de l'un des fonctionnaires ayant participé à l'opération, la DNAT aurait demandé à Serge Garraccio de cacher les explosifs dans la dépendance, contre la promesse d'envoyer à la trappe une affaire dans laquelle il était compromis. Dans une attestation datée du 8 mars 1999, adressée à Antoine Sollacaro, le gardien du domaine allégua avoir reçu à deux reprises la visite chez lui en juin 1998 de Roger Marion et du commissaire Éric Battesti de la Direction centrale des renseignements généraux.

« Je les ai reçus. Ils m'ont proposé un marché que j'ai été contraint d'accepter, écrit Serge Garraccio. D'après leurs calculs, il était nécessaire de retrouver des explosifs afin de compromettre MM. Filidori et Serpentini. Ces messieurs de Paris sont revenus chez moi avant le 15 juin. Ils m'ont demandé de déposer une charge dans un endroit bien précis dans une baraque à toit ouvert et dans les étangs. »

Une affaire qui n'est pas sans rappeler celle des Irlandais de Vincennes. Le 23 août 1982, les gendarmes de la tristement célèbre « cellule de l'Élysée » n'avaient pas hésité à placer des armes et des explosifs chez trois nationalistes irlandais afin de leur mettre sur le dos l'attentat de la rue des Rosiers à Paris.

Pour donner le change, Serge Garraccio[1] fait partie des personnes interpellées ce 22 juin 1998. Chez lui, les policiers découvrent un fusil semi-automatique de calibre 222 Remington, des chargeurs de munitions et plusieurs lots de cartouches. Le gardien est alors transféré à Paris au siège de la DNAT, présenté à Roger Marion puis libéré. Mathieu Filidori, lui, part directement en prison.

Libéré au mois de novembre 1998 par la chambre d'accusation, le nationaliste reste désigné par Roger Marion comme étant le principal suspect dans l'assassinat du préfet Érignac. Les charges contre lui sont pourtant très minces, elles reposent uniquement sur l'analyse sémantique des tracts revendiquant le meurtre, réalisée par Georges L., un officier détenteur de bien des secrets.

L'année suivante, le 20 mai, Mathieu Filidori est à nouveau mis en examen et écroué pour « complicité d'assassinat ». Un véritable acharnement. On connaît la suite : l'arrestation le 21 mai 1999 du commando aujourd'hui soupçonné de l'assassinat du préfet Érignac et la fuite du tueur présumé Yvan Colonna, finalement interpellé en juillet 2003. La piste agricole tombe définitivement à l'eau et Mathieu Filidori est blanchi par un non-lieu de toute participation à l'assassinat du préfet.

Pour la petite histoire, le syndicaliste agricole corse n'a jamais été interrogé par les juges sur la présence d'explosifs dans sa propriété, alors qu'il reste mis en examen pour « association de malfaiteurs en vue d'une entreprise terroriste ». Mais il est peu probable que la justice prenne le risque de le renvoyer aux assises, sous peine de se tirer une balle dans le pied si jamais Serge Garraccio venait raconter à la barre les drôles de pratiques de la DNAT...

À ce jour, Mathieu Filidori n'a déposé aucune plainte contre le préfet Roger Marion et le commissaire Éric Battesti[2]. Le fait

1. Serge Garraccio a, depuis, été mis en examen pour tentative d'homicide et incarcéré à la prison de Borgo en Corse.

2. Peu de temps après les faits le commissaire Battesti a pris la tête du commissariat de Cannes. Il dirige aujourd'hui les RG d'Ajaccio, après avoir commandé ceux de Bayonne.

qu'il ait le même avocat qu'Yvan Colonna, l'assassin présumé du préfet, explique peut-être cette retenue. Lors du procès d'Yvan Colonna, maître Antoine Sollacaro envisage en effet de faire citer à la barre Roger Marion qui a émis des doutes sur la culpabilité de son client. Yvan Colonna « n'est pas en cause dans la procédure en tant qu'auteur présumé de l'assassinat ! » a-t-il expliqué lors de son audition houleuse devant la commission parlementaire du Sénat[1].

Abus de pouvoir

Une chose est sûre, l'institution policière n'a certainement pas envie d'un grand déballage sur les dessous de la lutte antiterroriste. Le policier qui a bouclé, en 2004, la procédure Colonna n'est-il pas aussi l'un des quatre officiers de police judiciaire qui ont trouvé les explosifs chez Mathieu Filidori ? Georges L. a bénéficié d'une promotion l'année qui a suivi l'heureuse découverte, tout comme les autres policiers qui l'accompagnaient.

La quarantaine, plutôt beau gosse, George L. traîne une réputation sulfureuse. Accueilli à la DNAT en 1996 après un incident dans son précédent service, l'officier est dévoué à Roger Marion à qui il doit l'accélération de sa carrière. Quand il entre à l'antiterrorisme, Georges L. est capitaine depuis peu de temps. Trois ans plus tard, le voilà propulsé commandant. Dans la notice de renseignements et d'appréciations sur l'officier, datée du 1er juillet 1999, Roger Marion justifie ainsi cette montée en grade : « George L. s'est investi sans compter dans le suivi de l'enquête ayant conduit à l'identification des auteurs de l'assassinat du préfet de Corse Claude Érignac. » Et d'argumenter que le policier a « su prendre des initiatives et des responsabilités » et a été « souvent mis à contribution par sa

1. Commission d'enquête parlementaire sur le fonctionnement des forces de police en Corse, juin 1999.

hiérarchie ». En conséquence, le patron de DNAT le déclare « apte à des fonctions plus importantes ».

Deux ans après avoir été nommé commandant, Georges L. décroche le grade le plus élevé de la catégorie des officiers, il devient « commandant fonctionnel » et, l'année suivante, il prend la direction du groupe chargé de retrouver Yvan Colonna. Le 15 décembre 2003, le lieutenant Franck A. découvre par hasard, dans le bureau qu'il partage avec son chef le commandant Georges L., une réquisition judiciaire faite en son nom alors qu'il ne l'a jamais signée. Il s'agit d'un document falsifié, établi dans le cadre d'une commission rogatoire délivrée par la juge Laurence Le Vert et relative à l'information 1408 ouverte contre X pour association de malfaiteurs en vue d'une entreprise terroriste. La réquisition a été adressée au centre des impôts de Versailles-Le Chesnay pour obtenir des informations (profession, lieu de travail et téléphone) sur une dénommée Martine M., âgée de quarante-cinq ans et domiciliée dans les Yvelines. Mais à la date qui figure sur la réquisition, l'officier Franck A. était en congé.

Il ne tarde pas à découvrir que l'auteur du faux n'est autre que son propre chef. Pour se justifier, Georges L. s'embarque dans des explications obscures. Il affirme avoir effectué dans l'urgence cette réquisition judiciaire au nom de son adjoint parce qu'il venait d'apercevoir dans une voiture, le 7 novembre 2003 au Chesnay où il habite, une personne ressemblant au frère d'Yvan Colonna. À la DNAT, on découvre vite que Martine M. héberge en fait la compagne du commandant Georges depuis leur séparation.

Trois semaines après la fausse réquisition sur Martine M., Georges L. a utilisé le même procédé, toujours au nom du lieutenant Franck A., pour obtenir le nouveau numéro de téléphone portable de sa compagne. Deux fautes gravissimes qui auraient pu mettre fin à sa carrière si en amont l'institution policière n'avait décidé d'étouffer l'affaire, qui est pourtant remontée jusqu'au cabinet du ministre de l'Intérieur Nicolas Sarkozy.

Car dès le 16 décembre 2003, Franck A. adresse à Frédéric Veaux, le chef de la DNAT qui a succédé à Marion, un rapport dans lequel il dénonce les dérives du commandant. Deux jours plus tard, le patron de la DNAT le convoque et lui laisse entendre que compte tenu de la gravité des faits, Georges L. va être écarté. Pourtant, dès le lendemain, les rôles se sont inversés. C'est le lieutenant Franck A. qui se voit informé par le chef de la DNAT de son départ immédiat du groupe d'enquête en charge du dossier Colonna, au motif que son travail laisse à désirer.

Écœuré par cette volte-face, Franck A. alerte son syndicat qui avise aussitôt le chef du personnel de la Direction centrale de la police judiciaire. Celui-ci affirme alors n'être au courant de rien, tout comme le numéro 2 de la DCPJ. Le remue-ménage qui s'ensuit oblige le patron de la DNAT, Frédéric Veaux, à déclencher une enquête interne, sans toutefois saisir l'IGPN, la police des polices.

Le lieutenant Franck A. va payer très cher le fait d'avoir révélé qu'un commandant fonctionnel de la DNAT fabriquait de fausses réquisitions judiciaires dans une affaire de terrorisme. Dans les semaines qui suivent, il est descendu en flèche dans sa notation annuelle, celle qui décide de l'avancement. Et pendant trois mois, il fait l'objet d'un véritable harcèlement : changements à plusieurs reprises de bureau, de groupe, le tout accompagné de sous-entendus blessants et de brimades. La victime devient coupable. On lui reproche d'avoir « cafté ».

C'est finalement dans le bureau de Claude Guéant que l'affaire se tranche, suite à l'intervention du syndicat de Franck A. Un arrangement est trouvé : Georges L. reste à la DNAT, et Franck A. a le choix de sa mutation. Le 14 avril 2004, il intègre le service régional de police judiciaire dans le Sud de la France, un poste normalement impossible à obtenir avant quinze ans de service. Finalement, une enquête de l'IGPN sera diligentée quelques mois plus tard sur les fameuses réquisitions du commandant Georges L. Des anomalies seront relevées mais sans pour autant que cela nuise à la carrière du policier.

La force du secret

Pourquoi une telle mansuétude pour le commandant fonctionnel Georges L. qui n'a été ni sanctionné ni déplacé ? Officiellement, c'est parce qu'il est le policier le plus qualifié pour boucler l'épineux dossier Colonna. Pourtant, dans les couloirs du ministère de l'Intérieur, certains chuchotent qu'il a surtout menacé l'institution policière de révéler les dessous de certaines affaires, à commencer par la manière dont les explosifs ont été déposés dans la propriété de Mathieu Filidori. « Je ne tomberai pas seul », aurait averti le policier.

La Place Beauvau n'est donc pas définitivement à l'abri d'un scandale, dont le détonateur serait Georges L. En 2004, l'ex-compagne du commandant, sur laquelle portaient les fausses réquisitions judiciaires, a déposé plainte contre lui pour « coups et blessures ». Une affaire grave, jugée en correctionnelle le 14 décembre 2005 à Versailles, pour laquelle le policier a écopé en première instance de six mois de prison avec sursis. Georges L. a fait appel. S'il était définitivement condamné, il deviendrait difficile pour l'institution policière de ne pas se séparer de lui. Et, par là même, d'empêcher que des cadavres ne sortent du placard.

En attendant, le commandant continue de collectionner les promotions. En 2005, il a intégré un autre service sensible : la Direction centrale des renseignements généraux. Sans doute à la satisfaction de la patronne de la police judiciaire, Martine Monteil, qui s'est ainsi débarrassée d'un flic à la réputation controversée. Aujourd'hui, il travaille sous les ordres directs d'un commissaire qui n'ignore rien du passé du commandant. Ce commissaire unanimement reconnu pour ses qualités professionnelles et son souci de la déontologie a fourni à son officier une attestation de moralité, lors du procès intenté à Georges L. par son ancienne compagne pour coups et blessures : « J'ai pu observer son comportement hautement professionnel, tant dans la gestion des dossiers que lors des interpellations ou interrogatoires. Des objectifs qu'il a toujours dirigés selon les normes de la déontologie policière. » Et le commissaire de préciser : « C'est d'ailleurs en raison de ses qualités que j'ai sollicité ce fonctionnaire afin qu'il rejoigne notre sous-direction. » Pour que ce grand flic, promis aux plus hautes responsabilités, accepte de s'engager ainsi, c'est soit que Georges L. a effectivement des qualités incomparables, soit qu'il détient quelques secrets explosifs !

Des cadavres dans le placard, on en trouve à la pelle dans la maison Poulaga. Des affaires délicates que l'on ne voit jamais passer dans les conseils de discipline, et encore moins devant la justice. Les services les plus prestigieux sont souvent les plus sensibles, qu'il s'agisse du renseignement, de l'antiterrorisme, de la financière, des Stups ou même de la crime. Y faire un détour, c'est additionner de bons points pour sa carrière mais aussi parfois se mouiller pour le politique ou fermer les yeux sur des pratiques illégales.

La fin justifie les moyens

L'homme entre dans la pièce tiré par une laisse. Un sac plastique est placé sur la tête, noué autour du cou, et des menottes lui enserrent les poignets. Après avoir été exhibé comme une bête de foire devant une quinzaine de policiers réunis pour un pot de service, le gardé à vue est finalement assis par terre dans un coin de la pièce pendant que les officiers censés l'interroger se désaltèrent. « Le sac, c'était pour qu'il ne reconnaisse pas les visages et aussi pour s'amuser un peu. » C'est par bribes, la gorge serrée et les larmes aux yeux, qu'un ancien officier de police judiciaire, celui-là même qui tenait la laisse, nous raconte cette scène qui rappelle les séances d'humiliation infligées par des militaires américains à des prisonniers irakiens dans la tristement célèbre prison d'Abou Ghraïb.

À l'époque, l'officier est à la 6, la sixième division de police judiciaire, qui deviendra plus tard la DNAT. Il a participé à toute l'enquête sur les attentats islamistes de 1995 qui ont ensanglanté Paris. Comme d'autres policiers de son service, il confie avoir commis des sévices et des tortures sur les gardés à vue qui sont passés entre ses mains. Des exactions couvertes par une partie de la hiérarchie policière.

« Il y a des choses graves dont on ne peut pas parler »

Cinq anciens officiers de police judiciaire de la 6e DPJ ont accepté de nous raconter les méthodes utilisées dans la lutte antiterroriste au moment des attentats de 1995 pour faire parler les islamistes en garde à vue. Leur confession fut longue et difficile.

Ces officiers sont au départ des interlocuteurs parmi d'autres, recommandés par divers contacts tissés au fil de notre enquête. La première rencontre, entourée d'un luxe de précautions, a lieu en janvier 2005 dans un restaurant. Il sont deux en poste dans un service sensible. Au cours du repas, ils évoquent leur passage à l'antiterrorisme, et l'un d'entre eux glisse cette phrase : « Il y a des choses graves dont on ne peut pas parler. » Ce jour-là, nous ne relevons pas. L'entretien va s'éterniser jusqu'à la fin de l'après-midi et beaucoup d'autres sujets seront abordés. C'est le début d'une série de rendez-vous. Et un soir, dans un café, l'un des officiers revient sur ces « choses graves ». Pour la première fois le mot est lâché : « tortures ».

Un mot qui ressurgira au cours de notre enquête. Petit à petit, nous rassemblons toutes les pièces du puzzle. Jusqu'à ce jour du printemps 2005, où dans une grande brasserie parisienne, un ancien de l'antiterrorisme, aujourd'hui retraité, craque. Les larmes aux yeux, il nous raconte la scène du sac plastique. Cet homme n'avait aucun intérêt à ces révélations tout comme les autres fonctionnaires que nous avons interrogés. Tous nous ont livré ces confidences sans doute parce que la pression était trop grande, aussi grande que le besoin de libérer leur conscience. La répugnance à parler puis le profond malaise de ces hommes nous ont convaincus de la sincérité et de la réalité des scènes dont, bien entendu, nous n'avons nous-mêmes pas été les témoins directs.

Parmi les cinq officiers de police judiciaire qui nous ont parlé[1], deux affirment avoir pris part aux exactions. Ils confient non seulement avoir frappé certains gardés à vue mais aussi les avoir humiliés et parfois torturés. Le premier était un fonctionnaire expérimenté, aujourd'hui à la retraite. Le second, tout juste sorti de l'école de police. Les trois autres disent y avoir seulement assisté.

Carte blanche à la 6e DPJ

Tous expliquent ces dérives par la pression et le stress qui pesaient sur eux à l'époque. « On se serait cru en pleine guerre d'Algérie », se rappelle l'un d'eux. Tous évoquent aussi un « effet de groupe » et le contexte. « Nous vivions en vase clos, presque coupés du monde, avec l'impression d'être les sauveurs de la France, se défend l'un d'entre eux, toujours en activité. Tous les trois jours, une bombe explosait ou était découverte. Il fallait trouver coûte que coûte les poseurs de bombes. Pour ça, nous avions carte blanche. »

Le service avait en effet tout pouvoir pour faire cesser les attentats. Le 11 septembre 1995, la scène du sac plastique se déroule dans les locaux de l'hôtel de police de Lyon, sous les yeux d'un témoin involontaire, commissaire au SRPJ[2], qui s'en serait aussitôt indigné auprès d'un hiérarque de la 6. Celui-ci aurait stoppé net les protestations : « Tu arrêtes d'emmerder mes hommes. » En vain.

À l'époque, la France vit en effet au rythme des attentats. Le 25 juillet 1995, l'explosion d'une bombe artisanale dans une rame du RER à la station Saint-Michel fait huit morts et cent cinquante blessés. Le 17 août, c'est une poubelle qui explose et fait vingt-deux blessés près de la place de l'Étoile à Paris. Le 26 août, un engin explosif est découvert sur la ligne TGV

1. Entretiens réalisés en mars, avril, juin et octobre 2005.
2. Le commissaire en question conteste avoir été témoin de la scène, malgré les multiples témoignages contraires que nous avons recueillis.

Lyon-Paris. Le 3 septembre, quatre personnes sont blessées par l'explosion d'une bombe sur le marché Richard-Lenoir à Paris. Le lendemain, une tentative d'attentat échoue place Charles-Vallin, toujours dans la capitale. Enfin, le 7 septembre, à Villeurbanne, une voiture piégée explose devant une école juive, faisant quatorze blessés.

La France est sous le choc. Le 5 septembre, le Premier ministre Alain Juppé déclenche pour la première fois le plan « Vigipirate ». La pression qui s'exerce alors sur le gouvernement est à la mesure de la menace qui pèse sur la France. Rappelons que le 10 septembre, lors de l'émission « Sept sur sept », Jacques Chirac fustige le « désordre », le manque de « cohérence » et d'« harmonie » entre les services de lutte antiterroriste. Et menace « d'en tirer toutes les conséquences, à tous les niveaux, le moment venu ». Place Beauvau, la pression est énorme, le ministre de l'Intérieur, Jean-Louis Debré, exige des résultats. Dans les rues de la capitale, policiers, gendarmes et militaires, mobilisés pour la circonstance effectuent chaque jour entre trois et quatre mille contrôles d'identité.

Depuis le 9 septembre, les policiers sont sur la piste d'un Franco-Algérien de vingt-quatre ans originaire de Vaulx-en-Velin qui a participé à l'attentat manqué du 26 août contre le TGV. Khaled Kelkal a été identifié grâce à ses empreintes retrouvées sur la bombe qui n'a pas explosé. La 6 reçoit carte blanche pour retrouver Khaled Kelkal, dont la photo a été placardée dans tous les commissariats de France. En quatre jours, les policiers procèdent à trois vagues d'arrestations au sein de la mouvance radicale islamiste. Dans le Rhône et l'Isère, trente et une personnes sont interpellées. Parmi elle figure Slimane Rahmouni, vingt-quatre ans également, surnommé « Mustapha » ou « l'Afghan ». Il s'agit de l'homme qui le 11 septembre 1995 est exhibé, un sac plastique sur la tête, tiré par une laisse, dans les locaux du SRPJ de Lyon.

Les torturés

Slimane Rahmouni a été arrêté le matin même chez lui, au 5 rue Mottet de Gerando à Lyon, avec son frère Salih, vingt-deux ans, et son épouse bosniaque Amra A. Son nom figurait sur une liste fournie par les RG. Les trois suspects sont interrogés séparément par les hommes de la 6 dans trois bureaux mitoyens. Avant l'audition de Slimane Rahmouni, les policiers n'ont quasiment rien contre lui. « On savait simplement que Rahmouni effectuait des voyages en Bosnie, sous couvert de l'association humanitaire lyonnaise Équilibre. Chez lui, on avait saisi des billets d'avion pour le Pakistan, explique un fonctionnaire. C'est lors de ces déplacements que Slimane Rahmouni avait été interpellé à la frontière en possession de faux papiers cachés dans le double fond d'un sac cousu par sa compagne. »

Pendant sa garde à vue, Rahmouni avoue être un recruteur pour les camps d'entraînement en Afghanistan. Il reconnaît être impliqué dans un trafic de faux papiers et avoir convoyé des combattants et des armes pour le djihad en Algérie. Il s'accuse même de plusieurs braquages commis dans la banlieue lyonnaise. Des déclarations qui ne seront pas actées et donneront donc lieu à aucune suite judiciaire.

Les aveux de Slimane Rahmouni semblent directement liés à ses conditions de garde à vue. Pendant quatre jours, il ne reçoit quasiment rien à manger mais les coups et les gifles pleuvent. Il va en outre bénéficier d'un régime spécial. « Avec lui, on a utilisé l'électricité », raconte l'un des deux officiers qui a mené l'interrogatoire. Pour arriver à cet aveu, l'usage de l'électricité, briser ce tabou qui renvoie aux heures sombres de la guerre d'Algérie, il aura fallu presque un an d'entretiens.

C'est avec une arme d'autodéfense achetée dans une armurerie que l'islamiste est torturé. De la taille d'un gros téléphone portable, l'engin est doté de deux cônes en fer qui envoient, sous faible ampérage, des décharges électriques de 180 000 volts. Une fois, Slimane Rahmouni est collé contre un mur et le but du « jeu » consiste à le faire bondir le plus haut possible en

« l'électrifiant » au niveau des reins, du ventre, des bras et des jambes. L'un des deux fonctionnaires nous confie avoir soigneusement noté d'un trait sur le mur la hauteur de chaque saut. « La cloison de mon bureau tremblait, je suis allé voir ce qui se passait. Lorsque je suis entré, j'ai vu des taches de sang et des marques au crayon sur le mur », se souvient un autre policier de la 6.

Devant le juge d'instruction, Slimane Rahmouni est revenu sur ses premiers aveux en expliquant qu'ils étaient dus à « des violences policières » et à « des menaces de sévices contre sa femme[1] ». Une version qu'il a maintenue lors de son procès en février 1998. Niant tout en bloc, il a reconnu seulement être allé s'entraîner au Pakistan en insistant sur le fait que, là-bas, il n'a pas manié d'explosifs. Slimane Rahmouni, qui a été condamné à sept ans de prison ferme pour « association de malfaiteurs en vue d'une entreprise terroriste », vit aujourd'hui dans le Sud de la France et n'a pas souhaité nous rencontrer.

Le 27 septembre, deux semaines après l'arrestation de Rahmouni, deux autres islamistes vont endurer des conditions de garde à vue encore plus extrêmes. Abdelkader Bouhadjar et Abdelkader Maameri sont interpellés dans la matinée alors qu'ils ravitaillent Khaled Kelkal, caché dans le bois de Malval près de Lyon. À leur arrivée à l'hôtel de police de Lyon, les deux complices de Kelkal sont injuriés et roués de coups par les policiers de la 6 et du groupe de répression du banditisme de Lyon. « La consigne de nos chefs était claire : il fallait qu'ils parlent. Et on a tout fait pour », déclare un officier qui a participé aux interrogatoires.

Pour terrifier les gardés à vue mais aussi ne pas être identifiés par eux, certains policiers portent des cagoules. Abdelkader Maameri est suspendu à un portemanteau par un commissaire, tandis que dans un autre bureau, des officiers obligent Abdelkader Bouhadjar à s'accroupir sur un Coran. Les deux islamistes sont également « passés à l'électricité ». Ils subissent des tortures psychologiques. « On les a tenus éveillés durant

1. Compte rendu du jugement de février 1998.

quatre-vingt-seize heures, et on les a affamés et assoiffés pendant deux jours. Pour les humilier, on ne leur proposait que des sandwichs au jambon et de l'alcool », ajoute le même policier. Après chaque interrogatoire, les deux islamistes à bout de forces sont ramenés, traînés par les pieds, dans leur cellule.

Après la mort de Khaled Kelkal, abattu le 29 septembre par les gendarmes à Vaugneray, les deux islamistes ont aussi droit à « une petite séance photos ». « On leur a montré le corps de Kelkal criblé de balles gisant sur la route, puis les tripes à l'air à la morgue. Cela a été un tel choc pour Abdelkader Maameri qu'il n'a plus dit un mot. »

La justice ferme les yeux

L'islamiste retrouve la parole le 1er octobre 1995 lors de sa première comparution devant la juge antiterroriste parisienne Laurence Le Vert. Il dénonce ses conditions de garde à vue : « J'ai reçu des coups, des injures, des humiliations comme le fait qu'on m'a écrasé la tête avec les pieds. On me transférait de salle d'audition en salle de garde à vue en me traînant dans les couloirs parce que je n'avais plus de force. J'ai eu des coups de pied et on m'écrasait avec les pieds. J'ai parlé de ça au procureur mais pas au médecin qui m'a examiné car je ne pouvais plus parler... », peut-on lire sur le procès-verbal de la première comparution[1].

À la demande de son avocat Jacques Debray, Abdelkader Maameri est vu par un médecin expert qui constate que son corps est couvert d'ecchymoses et que ses tympans sont crevés. Mais le docteur précise que ces blessures peuvent être antérieures à la garde à vue...

Les confidences que les policiers nous ont faites sur les sévices infligés aux islamistes sont également corroborées par un autre

1. PV de première comparution, daté du 1er octobre 1995, acté par Laurence Le Vert, premier juge d'instruction au tribunal de grande instance de Paris, nº parquet 95.270.3904/0.

procès-verbal de première comparution[1]. Devant la juge Laurence Le Vert, toujours, Abdelkader Bouhadjar raconte : « J'ai été menacé, un homme cagoulé est venu avec un appareil électrique avec lequel il m'a mis des décharges. On m'a fait monter sur un Coran. J'avais les menottes et des bics coincés entre tous les doigts. Quand on m'a fait monter sur le Coran, on m'avait mis des charges au bout de chaque bras. Je n'ai rien eu à manger pendant quarante-huit heures. J'ai été frappé, j'ai des bosses à la tête. Je n'ai rien dit au médecin qui m'a examiné car j'avais trop peur. Quant à l'avocat, je lui ai dit que je n'avais rien mangé pendant quarante-huit heures. »

Abdelkader Maameri et Abdelkader Bouhadjar ont été condamnés le 15 septembre 1999 à dix ans de prison ferme pour « association de malfaiteurs en vue d'une entreprise terroriste ». Ils ont été libérés depuis. Le premier ne se trouverait plus actuellement en France, le second habite la banlieue lyonnaise et n'a pas voulu nous rencontrer. « Il a tiré un trait sur tout cela. Et il craint des représailles s'il parle », affirme Me Jacques Debray[2].

Manifestement, à aucun moment, la justice n'a tenté de vérifier les terrifiantes déclarations des deux islamistes. « Au nom de la raison d'État, il y a toujours une cécité consentie de la justice dans les affaires de terrorisme sur tout ce qui va au-delà de ce que la loi permet », affirme Jacques Debray.

À cent mètres du ministre

C'est au ministère de l'Intérieur même, au 6 rue des Saussaies à Paris, dans les locaux de la 6e DPJ, que semblent avoir été commises les exactions les plus graves. À moins d'une centaine de mètres du bureau du ministre, des gardés à vue ont été torturés.

1. PV de première comparution daté du 1er octobre 1995, acté par Laurence Le Vert, nº parquet 95.270.3904/0.
2. Entretien du 29 novembre 2005.

Le 1er novembre 1995, le chef supposé des poseurs de bombes, Boualem Bensaïd, dit « Mehdi », est interpellé par les policiers du RAID alors qu'il vient de donner l'ordre à l'artificier du réseau, Smaïn Aït Ali Belkacem, de commettre un attentat sur le marché de Wazemmes à Lille. Le lendemain, un groupe d'islamistes est arrêté à Villeneuve-d'Ascq. Dans un appartement, les policiers trouvent du matériel pour fabriquer une bombe artisanale et un pistolet automatique 380. Parmi les interpellés, figurent l'artificier Smaïn Ait Ali Belkacem, vingt-sept ans et Mohamed D., vingt-huit ans, dont la concubine Sylvie est la locataire de l'appartement.

Placés en garde à vue au SRPJ de Lille, les suspects sont transférés en fin de journée à Paris, dans les locaux de la 6e DPJ. À leur arrivée, ils sont conduits directement au cinquième étage où se trouvent déjà leur chef, Boualem Bensaïd, et Nasserdine Slimani, le cinquième complice de Khaled Kelkal, interpellé la veille à Lyon. Les gardés à vue sont pris en charge séparément.

« Les policiers m'ont conduit dans une petite pièce. On m'a assis, les mains menottées dans le dos. Dès que je disais quelque chose qui n'allait pas dans leur sens, je prenais des coups de pied dans le ventre », se souvient Mohamed D., que nous avons rencontré chez lui, à Lille[1]. Frêle, le visage marqué par dix ans de prison, il a refait sa vie. Cet ancien technicien en radiologie médicale est étudiant en maîtrise à Lille, marié à une infirmière avec laquelle il a eu un enfant. Il ne veut plus « entendre parler aujourd'hui d'islamisme ». Des cinq islamistes que nous avons contactés, il est le seul à avoir accepté de nous parler des conditions de sa garde à vue. « Durant quatre-vingt-seize heures, on a été séparés et chacun ignorait ce que l'autre subissait. On entendait simplement des hurlements et le bruit sourd des coups. »

Le lendemain, les policiers arrêtent le beau-frère de Mohamed D. dont ils ont trouvé l'ordinateur dans l'appartement. Néji N., trente-trois ans, un professeur d'anglais d'origine tunisienne, fait alors office d'imam à la mosquée de

1. Entretien du 19 octobre 2005.

Villeneuve-d'Ascq. Il est hébergé chez Mohamed D. mais ignore tout du projet d'attentat. Le soir du 3 novembre, il est transféré dans les locaux de la 6e DPJ. La nuit la plus longue de sa vie l'attend... L'imam, qui crie son innocence, est frappé et torturé toute la nuit. Il sera même pendu par les pieds à la fenêtre du cinquième étage.

Au petit matin, d'autres policiers prennent la relève pour poursuivre l'interrogatoire. Parmi eux, un officier, aujourd'hui décédé, enfile sur la tête de Néji N. un masque sado-maso équipé d'une boule d'angoisse qui obstrue la bouche. Des accessoires achetés dans un magasin spécialisé. « L'imam avait les menottes dans le dos et le masque sur la tête, le collègue l'a mis à genoux puis frappé avec une matraque pour le faire avancer dans la salle[1] », se souvient l'un des quatre policiers chargés de cet interrogatoire, qui a demandé à être retiré de la procédure.

Après deux ans de prison en préventive, Néji N. a finalement bénéficié d'un non-lieu. Il n'a jamais évoqué avec son beau-frère Mohamed D. les conditions de sa garde à vue. « J'ai constaté qu'il y avait une loi du silence entre les prévenus sur ce qui avait pu se passer durant leurs quatre jours de garde à vue », explique Frank Berton, l'avocat de Mohamed D. Il précise : « Mon client a été fortement impressionné par la machine policière mais aussi par les leaders du groupe comme Bensaïd ou Benkalcem. Il ne s'est pas plaint tout de suite de ce qu'il avait subi. »

Quand nous avons contacté Néji N., celui-ci nous a simplement dit : « Les policiers ont commis de graves exactions, ils doivent vivre avec ça sur leur conscience. Moi, j'essaie d'oublier[2]. »

Ce n'est qu'une fois au « dépôt » du Palais de justice de Paris, les cellules situées dans les sous-sols où patientent les détenus avant d'être présentés aux juges, que Mohamed D. a appris ce qui était arrivé aux autres. « On s'est raconté entre

1. Entretien du 20 octobre 2005.
2. Entretien du 20 octobre 2005.

nous ce qu'on avait subi, explique l'étudiant. Un Lyonnais dont j'ignore le nom m'a dit qu'on lui avait mis des électrodes aux oreilles. Les seuls qui ne se sont pas plaints, ce sont Boualem Bensaïd et Smaïn Ait Ali Belkacem. Pour eux, c'était normal, car ils avaient choisi d'être des combattants de Dieu », ajoute Mohamed D.

Les cas Belkacem et Bensaïd

Aucun des policiers que nous avons rencontrés n'a souhaité vraiment évoquer le sort réservé aux deux islamistes. Un sixième officier qui a quitté la police nous a certifié que ni Belkacem ni Bensaïd n'avaient été frappés ou torturés durant leur garde à vue. « La violence n'aurait servi à rien, nous a-t-il expliqué. C'étaient des illuminés. Ils nous disaient qu'ils n'avaient pas besoin d'avocat. En fait, Allah leur suffisait. Ils nous traitaient de mécréants. » Un de nos cinq interlocuteurs évoque pourtant, lui, des humiliations sexuelles à l'encontre de Boualem Bensaïd. « On s'est aperçu qu'il avait une minuscule verge, raconte ce policier. Du coup, on l'a ridiculisé avec ça pendant toute la garde à vue. Nous lui avons mis sous le nez les photos de Khaled Kelkal prises à la morgue puis nous avons comparé leurs deux sexes. »

Des photos de Bensaïd, prises selon toute vraisemblance au moment de son déférement, montre le visage du terroriste tuméfié et difforme. Pourtant, elles n'ont pas été versées au dossier d'instruction. Au cours de ses quatre-vingt-seize heures de garde à vue, l'islamiste a été interrogé à une trentaine de reprises et examiné par trois médecins différents. Le 2 novembre à 0 h 25, au cours de sa troisième audition, le docteur Saby Guedj constate « des douleurs lombaires bilatérales atypiques avec fièvre et vomissement ». Mais les deux médecins qui lui succèdent déclarent l'état du terroriste « compatible avec une garde à vue ». Ce n'est que le 3 novembre à 23 heures que le docteur Becour de l'Hôtel-Dieu relève la présence d'ecchymoses sur le visage du Boualem Bensaïd, notamment derrière son oreille gauche et à l'arrière de la tête. Malgré cela, l'islamiste est réinterrogé sans interruption de minuit trente à 3 h 45, puis de 5 h 30 à 8 heures. C'est au cours de ces deux auditions que les policiers obtiennent ses aveux...

Le 6 novembre, Valérie Dubois, l'avocate commise d'office auprès de Boualem Bensaïd, adresse au juge antiterroriste Jean-Louis Bruguière une note dans laquelle elle dit avoir constaté « de nombreuses traces d'hématomes notamment sur les yeux et sur le nez » de son client. Et de préciser qu'à « l'évidence M. Bensaïd a été maltraité lors de sa garde à vue ». Elle sollicite « le plus rapidement possible un expert médical » afin qu'il « constate les coups ». Mais le magistrat n'aurait pas donné suite. « Il est incompréhensible que le juge d'instruction n'ait pas ordonné immédiatement une expertise médicale, d'autant plus qu'elle était demandée par l'avocat qui assistait Boualem Bensaïd lors de son interrogatoire de première comparution », affirme Benoît Dietsch, l'avocat choisi plus tard par Bensaïd.

En octobre 2001, lors du procès en appel des auteurs de l'attentat du TGV, le président fait remarquer aux avocats que leur client ne s'est jamais plaint, que ce soit pendant sa détention ou devant le juge d'instruction. Quant aux docteurs Saby Guedj et Becour cités par la défense, ils confirment l'exactitude des certificats. S'agissant du visage tuméfié de Boualem Bensaïd, la justice estime qu'il était dû à la violente résistance de l'islamiste lors de son interpellation. Un commentaire que les policiers du RAID, qui ont procédé à l'arrestation, ont pour leur part moyennement apprécié...

En octobre 2002, lorsqu'il est jugé pour l'attentat à la station RER Saint-Michel, Boualem Bensaïd revient sur les conditions de sa garde à vue, durant laquelle il a avoué sa participation à l'attentat de Maison-Blanche[1] : « Je donne un faux nom, on me tabasse, on me dit que la sécurité algérienne se trouve dans le bureau d'à côté, qu'ils savent tout et qu'ils veulent que je leur raconte une histoire ! » Il poursuit : « Avec ces enquêteurs, on aurait tout avoué, même le tremblement de terre de Mexico. »

1. Audience du 2 octobre 2002

Des accusations contredites à la barre par un officier de l'anti-terrorisme. Le policier affirme qu'il n'y a eu aucun coup porté durant la garde à vue. Et précise même : « Au départ, c'était tendu, lui comme nous vivions depuis quatre mois avec une pression certaine. Mais, peu à peu, les choses se sont apaisées. Je me souviens d'avoir pris un café avec lui. »

Pourtant, c'est bel et bien parce que des doutes pèsent sur les conditions de garde à vue de Boualem Bensaïd que la justice britannique a refusé pendant longtemps d'extrader le financier présumé des attentats de 1995, Rachid Ramda. Celui-ci a été dénoncé sous son pseudo « Ilias » par Bensaïd, au cours de sa septième audition. Dans le PV[1], on peut lire les réponses de Boualem Bensaïd : « J'ai téléphoné à Ilias une seule fois il y a deux semaines. » Avant de rectifier : « Après réflexion, je l'ai appelé plusieurs fois. » Question du policier : « Parmi vos autres relations, qui connaît Ilias ? » Réponse de Boualem Bensaïd : « Il n'y a que moi et Tarek. » Et de préciser dans la phase suivante : « En fait, après réflexion, j'ai dû en parler avec Sofiane, qui travaille pour nous à Lille. » La justice britannique s'est peut-être demandé ce qui avait pu motiver la « réflexion » de Bensaïd. Pour convaincre la Haute Cour de Londres d'autoriser en décembre 2005 l'extradition de Rachid Ramda, l'avocat représentant la France a jugé nécessaire de faire valoir que le terroriste présumé ne serait pas interrogé par la police française mais par un juge d'instruction...

Le recours à la torture dans la lutte contre le terrorisme divise l'opinion publique américaine depuis le 11-Septembre. En France, après les révélations du général Aussaresses sur les méthodes d'interrogatoire pendant la guerre d'Algérie, on pensait la page définitivement tournée. Or on découvre que, lors de la dernière vague d'attentats qui a frappé l'Hexagone, des policiers français ont sans doute torturé à l'électricité les suspects pour les faire avouer. Des policiers qui sont eux-mêmes les premières victimes d'un système qui les a instrumentalisés au nom de la raison d'État.

1. PV n° 287/A/21 du 2 novembre 1995, 15 h 45-17 h 30.

14

À cinq cents kilomètres de la Place Beauvau[1]

Dans le hall flambant neuf, un grand cahier est ouvert sur un pupitre. Une idée de Nicolas Sarkozy à son arrivée au ministère de l'Intérieur, en 2002. En tournant les pages de ce cahier de doléances, on peut lire entre autres : « L'accueil est tout pourri. Vous avez tous des gueules d'enculés. Allez tous baiser vos mères ! », « Certains de vos collègues puent de la bouche », « Allez vous faire mettre, PD », « Allez vous faire enculer, fils de putes »...

Excédé, un gardien de la paix a fini par prendre le stylo pour répondre directement sur le cahier : « Qu'est-ce que ce livre ? Je me pose la question : est-il bien utile de relire les insultes que nous subissons oralement lors de l'exercice de notre mission ? Je ne le crois pas. » Nicolas Sarkozy voulait que chacun puisse s'exprimer librement. L'expérience a tourné court, le cahier qui jusqu'alors trônait bien visible dans le hall a été posé sous les yeux du responsable de l'accueil et depuis les propos sont devenus, comme par magie, nettement plus élogieux : « Bon accueil », « Félicitations », « Bravo au courage de la BAC »...

1. Cinq cents kilomètres, c'est une image : nous sommes en province, loin de la Place Beauvau. Pour brouiller les pistes, nous avons introduit des récits et éléments issus de plusieurs commissariats.

Quarante-huit heures en immersion

Ce cahier, nous n'aurions certainement pas été encouragés à le feuilleter si nous étions venus avec une autorisation officielle de reportage en poche. Surtout, le ministère de l'Intérieur aurait choisi pour nous un commissariat modèle et un fonctionnaire forcément langue de bois pour guide.

Nous avons donc opté pour une autre solution : nous faire passer pour les reporters du journal d'un syndicat policier. Ce qui nous a permis de suivre pendant quarante-huit heures la vie d'un commissariat et de nous rendre avec nos « collègues » policiers partout où nous voulions. Pourquoi le week-end ? Parce que les samedi et dimanche, la hiérarchie policière déserte les commissariats. Un paradoxe, puisque c'est le moment de la semaine où l'activité criminelle est a priori la plus forte, surtout la nuit.

Une immersion donc, dans un commissariat « de bout de ligne » comme on les appelle. L'un de ces commissariats qui vit sa vie dans une ville moyenne de province à des centaines de kilomètres de la Place Beauvau, et dont nous avons préservé l'anonymat afin de protéger les fonctionnaires qui y travaillent.

Les armes

Grand gaillard aux larges épaules, un policier de la brigade anticriminalité arrive pour prendre son service. Il râle : « Salut, bande d'esclaves ! J'ai oublié mon arme chez moi. Passe-moi ton flingue, Bruno ! » Le chef de l'armurerie est absent, comme souvent la nuit. Le malabar s'indigne de l'interdiction faite aux policiers de laisser « l'outil de travail » dans leurs casiers en dehors des heures de service. Une protestation qui fait l'unanimité. Beaucoup avouent qu'ils désobéissent sur ce point.

Les armes ? Vaste sujet. Bientôt, tous ici toucheront leur sig sauer SP 2022, le nouveau pistolet de la Police nationale. Personne n'a été consulté sur le choix de l'arme. « Ça va être un joujou plus difficile à manipuler, croit savoir un gardien de la paix, à la silhouette enveloppée. Ce sera plus dangereux parce que l'on ne verra pas toujours s'il y a une balle engagée. » En avril dernier, au commissariat de Nantes, un policier a justement tué accidentellement un jeune adjoint de sécurité lors d'une erreur de manipulation de son sig sauer. Ce qui a fait monter au créneau un syndicat de gardiens de la paix sur le thème : « Des armes aussi puissantes ne devraient être mises en service qu'après une formation suffisante tant en quantité qu'en qualité. » Mais pour se familiariser avec le sig sauer, les policiers n'auront droit qu'à six heures de formation. Et ensuite vogue la galère, avec en guise d'entraînement seulement soixante cartouches par an à tirer.

« Combien d'entre vous ont-ils déjà tiré au cours de leur mission ? » Deux mains se lèvent. Au passage, on apprend que les policiers devront s'exercer chez les convoyeurs de fonds de la Brinks, parce que, dans cette ville, la police ne dispose pas de centre de tir.

Sous-effectif

Mais ce soir, personne ne devrait « défourailler ». « Ça va être très calme, parce qu'il fait un froid glacial, à ne pas mettre un voyou dehors », explique un brigadier. Les rues sont désertes, la ville s'endort devant la télévision. Dans le commissariat, une vingtaine de flics s'apprêtent à assurer la nuit. La moitié sur le terrain, éclatés en trois patrouilles de deux, épaulées par deux équipes de la brigade anticriminalité pour les « flags », les flagrants délits. Le reste au chaud dans les bureaux. Soit cinq véhicules pour une ville de deux cent mille habitants qui additionne chaque année vingt-quatre mille faits constatés, dont 60 % surviennent le soir et le week-end.

« Toutes les nuits, on croise les doigts pour qu'il n'y ait pas un gros pépin. Parce qu'on ne peut compter sur aucun renfort », avertit le chef de quart, un quinqua au visage fatigué, le seul officier présent cette nuit-là. La compagnie de CRS la plus proche est à soixante-dix kilomètres. « Si elle est en caserne quand on a besoin d'elle, il faudra deux heures au minimum pour la faire bouger. » Et comme l'ordre devra être signé par le ministre à la demande du préfet, « on attend le dernier moment pour déranger l'autorité ».

Appeler à la rescousse les policiers des deux villes les plus proches ? Impossible. Eux aussi sont en sous-effectif. Quant à sonner les flics du jour, mieux vaut ne pas trop y compter. Une fois rentrés chez eux, ils ne meurent pas d'envie de rempiler. « Moi, j'éteins mon portable. Comme ça, il n'y a aucun risque ! » s'amuse un vieux briscard, à deux ans de la quille. Quand bien même « ceux du jour » seraient contactés, ils risqueraient d'arriver trop tard. La plupart des flics n'ont pas les moyens d'habiter en centre-ville. Ils vivent à vingt, trente et parfois même cinquante kilomètres du commissariat Trop loin pour être opérationnels au cas où ça viendrait à chauffer...

La popote

Très vite, les choses sont dites. « Ici, vous êtes avec les fortes têtes, ceux qui ont du mal à dire amen aux ordres débiles. » Et d'expliquer : « Il y a un fossé entre les flics du jour et ceux de la nuit. » Les francs-tireurs préfèrent la nuit, même si du coup, un véritable week-end, c'est-à-dire du vendredi soir au dimanche soir, ils n'en connaissent qu'un toutes les sept semaines. La compensation financière est maigre : 80 centimes de plus de l'heure. Mais l'essentiel, confient-ils, c'est d'être « tranquilles ». Car la nuit, et plus encore en fin de semaine, la hiérarchie policière se repose.

Soudain, la porte s'ouvre. Un courant d'air glacé s'engouffre dans la pièce. « Putain, les gars, on se les gèle ! » hurle le gardien de la paix à l'accueil. « Déjà de retour ? » demande un autre flic. « On te cause, à toi ? » Les trois flics frigorifiés de la BAC filent au sous-sol. On change d'univers. Alors que côté face, là où l'on reçoit le public, tout est flambant neuf, ici tout est sale et défraîchi. Les murs sont grêlés, recouverts d'une peinture jaune pisseux, l'éclairage est blafard. Un signe qui en dit long : la porte à double battant qui fait office de ligne de démarcation entre l'espace public et le reste du commissariat n'a été repeinte que d'un côté, comme si on avait calculé au pot de peinture près pour construire un faux décor.

Éclairés au néon qui grésille, un dédale de couloirs façon Union soviétique conduit à la « popote ». Une salle dans laquelle trône une grande table en bois. C'est ici que bat le cœur du commissariat. On s'y raconte les potins et on casse du sucre sur le dos des tauliers. Entre minuit et 1 heure du matin, alors que les patrouilles sont censées se relayer sur le terrain, tout le monde est là pour casser la croûte. Dans un coin, un frigo et deux vieux micro-ondes jouxtent une cafetière qui tourne à plein régime pour produire le « mazout », le café très noir. Chacun sort du frigo son Tupperware qui contient la tambouille préparée à la maison. Tout est mis en commun sur la table. Au menu ce soir : foie de veau avec pâtes, grosse salade de riz, escalopes à la crème, saucisson coupé au Laguiole. Il y a bien un restaurant administratif, mais il est fermé le week-end. Et même en semaine, ses horaires sont tellement administratifs que les policiers n'en profitent quasiment pas.

« Est-ce qu'il y a du carburant ? » lance un grand brun au visage taillé à la serpe. À peine a-t-il le temps de finir sa phrase qu'une bouteille de rouge sortie d'on ne sait où circule de main en main, malgré l'interdiction absolue de faire entrer de l'alcool dans un commissariat. Un signe qui ne trompe pas : les plus jeunes s'abstiennent.

Démotivés

Autour de la table, la vingtaine de policiers affichent au compteur sept ans de maison minimum. Les silhouettes arrondies laissent deviner que la condition physique ne fait plus partie des priorités. Ici, loin des « belles » affaires accaparées par le service régional de police judiciaire, la routine a fait son œuvre. Avec cette impression d'être là pour appliquer « les circulaires qui tombent de Paris ».

« Chaque soir, il faut que ma femme me pousse à venir. Alors j'y vais et j'attends tranquillement que ça se passe », reconnaît un gardien de la paix qui flirte avec la quarantaine. Et de raconter qu'une nuit, peu de temps après son arrivée, les alarmes de cinq boutiques de la ville se sont mises à sonner quasiment en même temps. « Je savais que c'était une ruse pour éparpiller les flics. Une spécialité des gangs de manouches que j'avais vus à l'œuvre plusieurs fois quand j'exerçais en région parisienne. Il ne fallait surtout pas se précipiter parce que cela signifiait qu'une bijouterie allait être attaquée à la voiture bélier de l'autre côté de la ville. Je l'ai dit à mon chef qui n'a rien voulu entendre. Les manouches ont cassé la bijouterie. Depuis, c'est fini, je ne prends plus aucune initiative. »

La plupart des policiers en poste dans les commissariats de province ont débuté en Île-de-France où ils ont accumulé les points qui leur ont permis par sauts de puce, trois ans dans une ville, trois ans dans une autre, de revenir dans leur province d'origine, souvent au moment de l'arrivée du deuxième enfant. Après en avoir bavé des années en banlieue en rêvant du moment où ils pourraient enfin poser leur valise, ils éprouvent vite la nostalgie des montées d'adrénaline. « La plupart du temps, ici, on intervient pour des faits divers liés à l'alcoolisme ou des différends familiaux », explique le gardien de la paix. Le quotidien d'un commissariat d'une petite ville de province, c'est un travail de l'ombre où l'on s'use sur des affaires peu valorisantes aux yeux de la hiérarchie, qui n'intéresseront jamais les médias nationaux et encore moins la Place Beauvau. Avec un sentiment d'inutilité, comme si la mission était de remplir le tonneau des Danaïdes.

Beaucoup ont profité de leur retour en province pour acheter leur maison, ils se sont lourdement endettés. L'argent est d'ailleurs l'un des principaux sujets de conversation. « En 1981, un gardien de la paix stagiaire gagnait le double du SMIC, soit à l'époque 3 800 francs. Aujourd'hui, pour faire un double SMIC, il faut onze ans de boîte », se lamente un molosse de la BAC.

À côté, un motard, encore sanglé dans sa tenue, s'amuse à éprouver devant nous la motivation de ses collègues :

« Dans l'armée, on peut partir à la retraite au bout de quinze ans. Si c'était possible dans la police, lesquels d'entre vous partiraient ? »

Toutes les mains se lèvent.

« Qu'est ce qui vous énerve le plus ici ? » interroge-t-il.

La réponse fuse :

« La paperasse !

— Pour une heure passée sur la voie publique, on sait que l'on a derrière deux heures de paperasse », s'emporte le flic de la BAC.

Une simple interpellation pour alcoolémie demande plusieurs PV. Résultat : certains préfèrent ne pas faire de zèle. « Sinon ce serait ingérable. »

Un policier, proche de la retraite, se vante : « C'est moi qui en fait le moins, ici. » Ses collègues acquiescent en expliquant que, lorsqu'il est de garde la nuit à l'accueil, il regarde des DVD sur l'ordinateur du service. « Et c'est pas des polars » précisent-ils d'un air entendu.

L'autre sujet de conversation favori, c'est le manque de respect qui mine le moral. « On n'interpelle même plus pour les insultes », constate le motard. Récemment, lors d'une garde à vue, un policier s'est fait mordre par une toxicomane séropositive. L'agression a secoué le commissariat. « Le collègue a angoissé pendant six mois. Il avait peur d'être contaminé », explique un policier moustachu en bout de table. « Faut pas s'étonner si les gars dépriment, tombent malades ou font semblant », ajoute-t-il. Étrangement, les épidémies de congé maladie touchent particulièrement les policiers les moins payés.

Aux champions de l'arrêt maladie s'ajoutent les « déclassés », ces flics temporairement exemptés de voie publique, et qui, bien que cantonnés à un travail purement administratif, continuent de toucher la prime de risques, qui représente jusqu'à 22 % du salaire, voire même la prime de zone difficile, qui peut atteindre 1 000 euros par an. Soit quinze à vingt mille privilégiés pour toute la Police nationale.

Les tauliers

À mesure que la soirée avance, les langues se délient. La température monte d'un cran dès que l'on aborde les relations avec les commissaires. On nous raconte la polémique du port du bouc qui a électrisé l'ambiance du commissariat. « L'année dernière, parmi cinq nouvelles recrues arrivées de Paris, trois portaient un bouc. Le taulier a exigé qu'ils se rasent, ce qu'ont refusé les trois gardiens », se souvient un policier syndiqué. L'histoire est remontée jusqu'à la Direction centrale de la Police nationale et les syndicats s'en sont mêlés. Pour obtenir gain de cause, ils ont exhibé un poster officiel sur lequel on voit le ministre de l'Intérieur, Nicolas Sarkozy, remettre la prime au mérite[1] à un policier portant le bouc. « Le directeur départemental a dû céder », affirme fièrement le syndicaliste. Les commissaires se sont vengés sur les appréciations des « barbus ».

De leur côté, les gardiens de la paix usent de tous les moyens possibles pour « emmerder le taulier ». Un jour, un conducteur contrôlé positif à l'alcootest se recommande du commissaire. Mal lui en prend puisqu'il se retrouve aussitôt placé pour la nuit en cellule de dégrisement. « Comme ça, le matin, il a pu prendre le petit déjeuner avec son ami commissaire », s'amuse un policier.

« En province, verbaliser un notable est tout de suite sensible », s'emporte un brigadier. D'autant que le commissaire doit sans cesse composer avec le maire, premier magistrat de la ville. « Ça finit souvent avec un Post-it du taulier ainsi libellé : "Voyez ce qu'il en est. S'il y a eu manquement, sanctionnez" », raconte le brigadier.

Il n'y a pas longtemps, un motard du commissariat a écopé d'un blâme pour avoir voulu se protéger après s'être fait agresser par le fils d'un avocat. Le gamin, totalement ivre, s'était fait bousculer par une bande de voyous. « Lorsqu'il nous

1. La prime au mérite, d'environ 300 euros par an, est censée récompenser les policiers les plus efficaces.

a aperçus, il a foncé sur nous pour nous insulter en nous reprochant de ne pas avoir été là pour le défendre. Très énervé, il s'est jeté sur le collègue qui lui a mis une gifle pour se défendre dans un geste réflexe. Malgré le témoignage des amis du gamin, le motard a été sanctionné. Motif officiel : Il n'avait pas dressé de procès-verbal pour "outrage ou agression" ! » En signe de protestation, les gardiens de la paix ont fait la « grève des contraventions » pendant plusieurs semaines.

Dans les séries policières telles que Navarro ou Julie Lescaut, on voit à longueur d'épisodes des commissaires mener des enquêtes sur le terrain et interpeller des voyous. Ils sont toujours respectés de leurs hommes. Ici, c'est tout le contraire. La base perçoit ses supérieurs comme de simples gestionnaires et des privilégiés. Par exemple, les places de parking dans la cour fermée de l'hôtel de police auxquelles seuls les commissaires ont droit. « Même la nuit, quand ils ne sont plus là, la cour nous est interdite », se révolte le policier de la BAC. Ou encore les voitures de service. « La 406 Peugeot et la Renault Laguna du commissariat sont utilisées comme voitures personnelles par le taulier et son adjoint », explique le délégué syndical. Du coup, pour l'équipe de la BAC, il ne reste parfois que la Clio.

Cette « privatisation » des voitures n'est pas une coutume locale. Récemment, six policiers d'une BAC de la région parisienne se sont retrouvés avec une seule voiture : le commissaire était parti aux sports d'hiver avec l'autre véhicule du service. « Ici on a eu, une seule fois, le privilège de patrouiller avec la 406 du patron, raconte le flic de la brigade anti-criminalité. C'était au moment de la nomination du nouveau préfet. Il avait insisté pour faire un tour avec la BAC. Le taulier a dû faire nettoyer la 406 et surtout enlever le siège bébé fixé à l'arrière. »

Les statistiques

L'une des rares compétences que les policiers du commissariat daignent reconnaître à leur patron est sa capacité à jouer avec les statistiques. C'est d'ailleurs pour cela qu'ils le surnomment

« Gérard Majax », en référence au célèbre prestidigitateur. Il est vrai qu'au ministère de l'Intérieur règne la dictature du 4001, du nom de la base de données qui recense les crimes et délits – l'outil de communication du ministre pour prouver qu'il est capable de tordre la courbe de la délinquance.

Du coup, les petits arrangements avec les statistiques se pratiquent à tous les niveaux, de la Place Beauvau jusqu'aux commissariats de province, en passant par les directions centrales. Pour réussir ces tours de passe-passe, il suffit d'utiliser le code « Q », c'est-à-dire le panier des contraventions, dont les chiffres ne sont pas pris en compte par les statistiques officielles. On y fait glisser un maximum de petits délits qui devraient normalement peser dans le 4001.

Quand on ne peut pas transformer un délit en contravention pour le faire disparaître des chiffres de la délinquance, on le change de catégorie à l'intérieur du 4001. Si par exemple, la case des « cambriolages » déborde, toutes les nouvelles procédures sont cataloguées dans un autre type d'infractions, comme les « atteintes aux biens ». Et vice versa. Autre astuce efficace : fusionner les délits. Si cinq voitures sont brûlées ou détériorées dans la même rue, un seul PV est dressé pour l'ensemble des véhicules.

Dans ce domaine, ce qui fait de vous un bon commissaire, c'est le taux d'élucidation. Un critère de performance qui se bricole en rapprochant la courbe des faits élucidés de celle des faits constatés. « Il n'y a pas longtemps, on a pris un type en train de crever des pneus, raconte le gardien de la paix. Il a pris quatre mois en comparution immédiate. Après, dans les statistiques, on lui a collé sur le dos les cent quarante plaintes pour pneus crevés qu'on avait », explique un gardien de la paix, visiblement rompu à toutes ces techniques.

Pour gonfler la courbe des faits élucidés, certaines affaires sont manifestement plus « rentables » que d'autres. Ainsi, mieux vaut enquêter sur les chéquiers volés que sur les cambriolages. « Un voleur de chéquier interpellé, cela signifie autant d'infractions résolues que de chèques émis », précise le même gardien.

Les sans-papiers sont aussi de « bons clients » pour les statistiques du commissariat : chaque interpellation correspond à un fait élucidé. « Démanteler un petit réseau de dealers, c'est moins payant qu'un ramassage de sans-papiers ou de fumeurs de shit, renchérit le chef de quart. Bien sûr, vous avez droit à des articles de presse pendant quelques jours, mais c'est beaucoup de temps d'enquête, et à la fin de l'année en termes de statistiques, c'est zéro. » Gérard Majax, lui, aurait un faible pour envoyer en mission « pipotest ». C'est ainsi qu'au commissariat on appelle les opérations « alcootest » qui permettent, selon la formule consacrée, de « faire du crâne » ou « du bâton », du chiffre en somme.

Les oukazes de la Place Beauvau

Ce qui a contribué à dégrader l'ambiance, même entre non-gradés, c'est la « prime au mérite » instaurée par Nicolas Sarkozy. « C'est la prime à la lèche. Le règne de l'arbitraire parce qu'il n'y a pas de profil type du “bon flic” », commente un gardien qui vient de refaire du café. Aux yeux de leurs collègues, les récompensés seraient tous des pistonnés. Plutôt que de passer pour des « jaunes », les bénéficiaires de la prime préfèrent le plus souvent la reverser dans la cagnotte du service qui sert à organiser les « pots ».

Ils continueraient bien toute la nuit à raconter leurs bras de fer avec les tauliers, mais le chef de quart vient de recevoir un appel radio. Un litige a opposé trois consommateurs dans un café du centre-ville. L'un des hommes est blessé, les deux autres se sont enfuis en voiture, une Audi T4 gris métallisé. L'équipe de la BAC sort au pas de course.

Une heure plus tard, la BAC ramène menottes aux poignets un jeune en survêtement à capuche. « On a pas mal appuyé sur le champignon et tant pis pour la circulaire », lance l'un des flics. La référence à la circulaire déclenche l'énervement général de la tablée.

Le moustachu se lève pour décrocher, punaisée sur le mur,

ladite note de service, datée de mai 1999, sur « la poursuite des véhicules en fuite ». Et de la lire à haute voix : « Tout d'abord, s'il est du devoir du policier de tout mettre en œuvre pour interpeller les auteurs de crimes ou de délits. Il n'en demeure pas moins qu'aucune situation ne peut justifier la blessure de tiers ou, pire, le décès de ceux-ci ou de fonctionnaires du fait d'actions trop risquées de la part des intervenants. » Applaudissements et ricanements autour de la table. « Est-ce que le mec qui a pondu cette circulaire est monté une fois dans une bagnole de police ? s'insurge un policier. La course-poursuite, c'est ce qui nous donne encore la petite décharge d'adrénaline, le sentiment d'être des vrais flics. »

Dans le commissariat, on vit ainsi au rythme des oukazes de la Place Beauvau. « Ça change au gré des circonstances médiatiques et des lubies des ministres », précise, fataliste, le brigadier.

Parmi les autres circulaires restées en travers de la gorge, celle sur « les indulgences ». Depuis le 18 décembre 2002, les policiers n'ont plus le droit de faire sauter des PV. Sous peine de sanctions disciplinaires. « Pour les policiers, c'était un outil précieux. Même s'il y avait des abus, cette pratique permettait de travailler dans un climat serein, de s'attirer un peu de reconnaissance, et de temps à autre de grappiller des infos, regrette l'un des gardiens. Du jour au lendemain, on nous a retiré ce petit pouvoir. L'hypocrisie, c'est qu'au niveau des commissaires les indulgences continuent comme si de rien n'était. On a pour consigne d'être intraitables, mais les PV sautent dans notre dos ! »

Le recrutement et le niveau des policiers

La prime au mérite soumise à l'arbitraire, les indulgences devenues chasses gardées des tauliers, les notes de service kafkaïennes..., on vous en parle au bout de quelques heures passées dans un commissariat. Le niveau de certains gardiens de la paix entrés dans la police par la petite porte est un sujet moins spontanément abordé.

Depuis 1997, l'institution policière a dû massivement faire appel aux emplois jeunes pour combler la vague des départs à la retraite. Trente six mille deux cent trente ADS, pour « adjoints de sécurité », ont été intégrés dans la police entre novembre 1997 et 2001. Aucun diplôme n'étant exigé, quatre ADS sur cinq n'avaient pas le baccalauréat, et encore moins le niveau pour devenir gardien de la paix[1].

Près de la moitié des adjoints de sécurité, soit quatorze mille six cent quarante, sont tout de même devenus gardiens de la paix en profitant d'un concours « aménagé ». « Ici, on a vu des ADS acceptés avec moins de 7 sur 20 de moyenne. Et avec des 2 ou des 3 sur 20 dans certaines matières », souligne le chef de quart. Une situation d'autant plus mal vécue que, dans le même temps, le niveau du concours externe pour devenir gardien de la paix grimpait en flèche. « Sur le terrain, on se retrouve avec des ex-ADS passés gardiens, qui sont incapables de gérer des situations délicates. »

Ce qui est d'autant plus dangereux que le taux d'encadrement a chuté. « Les anciens n'apprennent plus le métier aux nouveaux », déplore un quadra. Pis, les relations sont de plus en plus tendues. « Je préfère ne pas me retrouver à patrouiller avec certains nouveaux. Ils manquent de sang-froid et j'ai peur qu'ils se mettent à paniquer », poursuit le même policier.

Faut-il voir dans le manque d'encadrement et la qualité de certains recrutement l'une des causes de l'augmentation du nombre de bavures ? La Commission nationale de déontologie de sécurité recensait 724 plaintes pour « violences alléguées » en 2004, contre 611 l'année précédente. Soit un bond de 18,5 % en un an. En 2002, le chiffre des bavures était de 560 et il était de 517 en 2001. Toujours est-il que, dans son rapport, la commission pointait du doigt l'absence de personnel d'encadrement dans la police[2].

1. Selon un rapport de l'IGPN, la police des polices.
2. Rapport 2004 de la CNDS.

4 heures du matin, c'est la relève.

« Personne en cage ? demande le nouveau chef de quart.

— Un seul crâne, on a ronflé toute la nuit, répond un brigadier aux yeux pourtant rougis par la fatigue.

— Tant mieux, au moins ça ne sentira pas le vomis », réplique l'officier en faisant allusion au week-end précédent, où des fêtards ivres morts ont passé la nuit dans la cellule de garde à vue.

Et l'un des deux policiers de rappeler avec satisfaction les protestations des avocats venus voir leurs clients : les « baveux » ont fait un scandale devant l'état des geôles...

La « polprox »

Dans la matinée, on nous propose de nous montrer une antenne de police située au nord de la ville, à quelques kilomètres du commissariat. « Bienvenue dans la polprox », nous lance l'un des policiers à notre arrivée au poste. La polprox, dans le jargon, c'est la « police de proximité ». Une réforme lancée avec tambours et trompettes en 1997 par le ministre de l'Intérieur Jean-Pierre Chevènement. Il s'agissait de rapprocher la police des citoyens. Dans cette agglomération choisie à l'époque comme ville-test, la municipalité a fait construire à ses frais dix antennes de police.

Mais, en 2002, Nicolas Sarkozy a scié les pieds de la « polprox ». Histoire de bien montrer que ce n'était plus la priorité, le ministre a viré de son poste de directeur départemental de la sécurité publique à Toulouse l'ancien conseiller de Jean-Pierre Chevènement, Jean-Paul Havrin. Le père de la police de proximité s'est retrouvé du jour au lendemain chargé de la promotion du sport dans la police.

L'antenne de police de proximité est un bâtiment de trois étages avec parking sous vidéo-surveillance. À l'intérieur, une odeur de neuf, des escaliers en bois, une salle de réunion sous les toits. Au départ, le poste était prévu pour fonctionner avec vingt-quatre policiers et devait couvrir un territoire de cinquante kilomères carrés pour près de quarante mille habitants. Aujourd'hui, il ne compte que deux gradés, six gardiens de la paix et quatre ADS équipés de pistolets 7.47 de vingt ans d'âge. Le téléphone sonne, mais personne ne décroche. Le week-end, l'antenne est fermée.

Au départ, celle-ci avait pourtant vocation à faciliter le dépôt de plaintes pour les habitants du quartier. En 2004, sur neuf cent soixante dossiers traités par le poste, seuls trois ont donné lieu à des poursuites judiciaires. La moitié a été classée sans suite, l'autre s'est soldée par des rappels de la loi.

Pour écoper leur pile de plaintes, les policiers utilisent l'astuce du Post-it. « Quand on enregistre une plainte, on met le moins de détails sur le PV, confie l'un des policiers de l'antenne. Les éléments un peu trop précis, on les note sur un Post-it, comme cela il n'y a pas de trace officielle et c'est plus facile à classer. Comme tu n'as rien noté sur le PV, personne ne viendra te reprocher de ne pas avoir vérifié tel ou tel détail. » Un coup d'œil sur le bureau suffit à constater l'épidémie de Post-it.

« Si tu enquêtes de façon trop approfondie, tu croules sous les dossiers. Et le parquet se plaint alors au taulier qui te passe un savon », explique le policier désabusé, dont le bureau est actuellement encombré d'une trentaine de dossiers. Le chef de poste, lui, a trouvé une solution plus radicale, pour assécher le dépôt de plaintes : fermer le bureau un jour sur deux au prétexte d'envoyer les hommes patrouiller dans la rue.

Au moment où nous ressortons du poste, un couple s'avance vers les policiers. La jeune femme, d'une trentaine d'années vient de se faire arracher son sac à main. Elle veut déposer une plainte.

« Désolé, madame, mais l'antenne est fermée le week-end. Il faut vous rendre au commissariat du centre-ville », explique poliment l'un des fonctionnaires de police.

Colère du compagnon de la victime :

« Les voyous, eux, ne ferment pas le week-end ! »

Imperturbables, les policiers enclenchent l'alarme. Pour la police de proximité, il faudra attendre lundi matin.

Depuis l'embrasement des banlieues à l'automne 2005, l'opposition fustige le « tout répressif » de Nicolas Sarkozy, qui aurait été, selon elle, l'un des éléments déclencheurs des émeutes. Dans les couloirs du ministère de l'Intérieur, on parle de réanimer, sous un autre nom, la police de proximité. Effet d'annonce ?

Dominique Monjardet est l'un des artisans de la police de proximité. Ce sociologue, qui était conseiller à la Direction centrale de la sécurité publique sous Jean-Pierre Chevènement, a été le témoin impuissant de son décollage raté. « Chevènement voulait que la réforme soit pliée au printemps 2002 pour coller avec les élections présidentielles. On n'avait pas encore fini d'établir la liste des villes tests que le ministre annonçait que la police de proximité était déjà en place dans soixante-deux circonscriptions et que c'était une réussite. Vouloir en moins de trois ans l'étendre dans les quatre cent soixante-deux commissariats français était totalement utopique[1] », explique cet universitaire dont les travaux sur la police font référence[2]. Le tout piloté jusqu'au moindre détail depuis Paris. « On nous disait que dans telle rue il fallait mettre tant de policiers et dans telle autre en enlever tant », se souvient un commissaire de sécurité publique.

Comme le souligne Dominique Monjardet, « si l'on veut relancer la police de proximité, il faut responsabiliser les policiers sur le terrain et leur donner des raisons de s'impliquer ». Ce qui suppose que Beauvau accepte de laisser la main aux patrons de la sécurité publique dans les départements, et de recruter des troupes au niveau local. « Aujourd'hui, Paris et l'Île-de-France consomment un quart des emplois mais ne fournissent que 10 % des recrues, déplore le sociologue. Pendant dix ou quinze ans, le policier va être affecté loin de chez lui et

1. Entretiens du 20 et du 25 janvier 2005.
2. « La police de proximité, une révolution culturelle », *Les Annales de le recherche urbaine*, 2001.

on va lui demander de faire de la police de proximité alors qu'il est un déraciné, sans lien affectif avec l'endroit où il travaille. »

C'est pourtant dans le commissariat de bout de chaîne, avec les gardiens de la paix, que se fait la police au quotidien, celle qui décide, sans tours de passe-passe statistiques, du sentiment d'insécurité. Et donne ou pas l'élan nécessaire à un ministre de l'Intérieur pour sauter le mur de l'Élysée..

ANNEXES

Organigramme du ministère de l'Intérieur

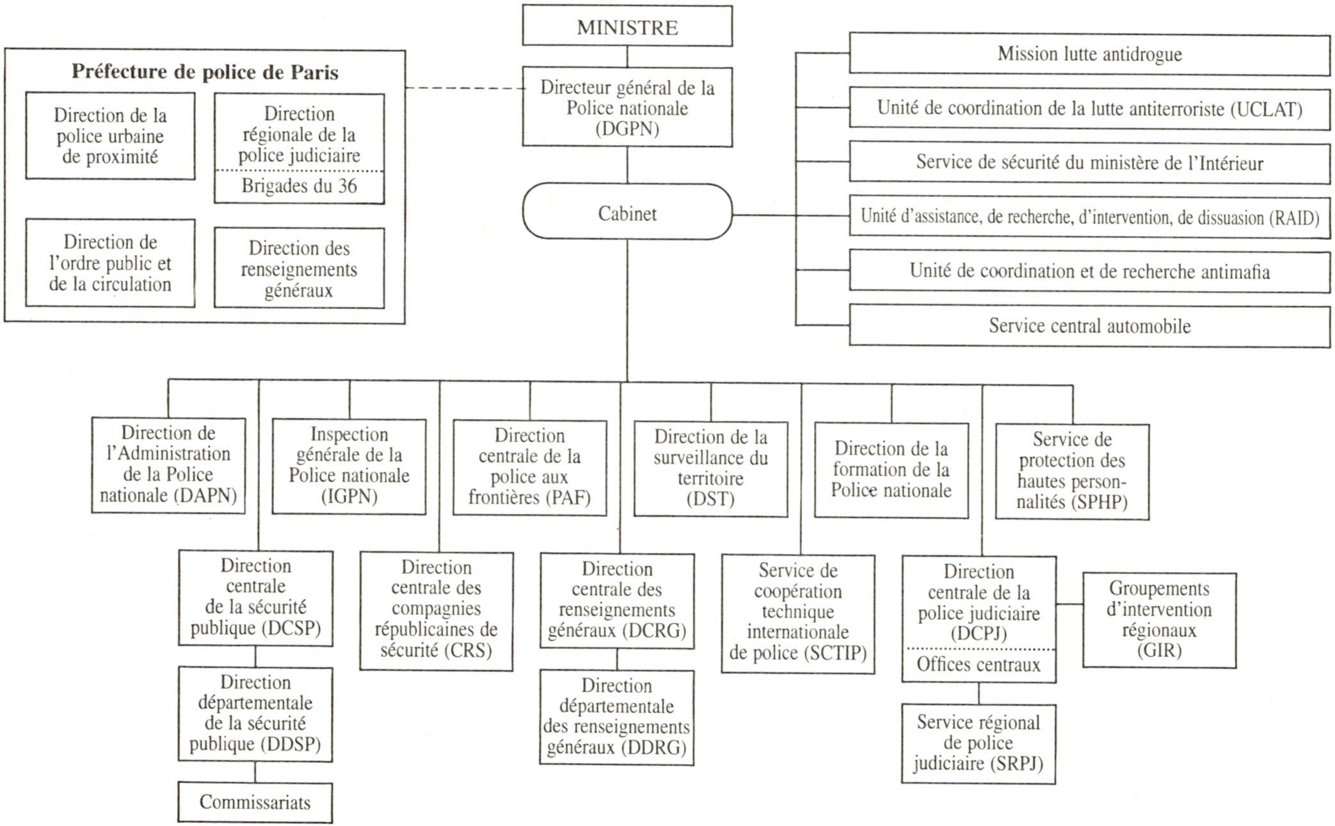

Galons souples des corps de la Police nationale

Corps de maîtrise et d'application

Gardien de la paix stagiaire — Gardien de la paix — Sous-brigadier de police — Brigadier — Brigadier chef — Brigadier major

Corps de commandement et d'encadrement

Élève lieutenant de police — Lieutenant stagaire — Lieutenant (anc. inspecteur[1] — Capitaine (anc. inspecteur principal) — Commandant (anc. inspecteur divisionnaire)

Corps de conception et de direction

Commissaire de police — Commissaire principal — Commissaire divisionnaire — Contrôleur général — Inspecteur général — Directeur des services actifs

Sigles et acronymes du ministère de l'Intérieur et de la Police nationale

ADS : adjoint de sécurité.
BAC : brigade anticriminalité.
BRI : brigade de recherche et d'intervention.
BRB : brigade de répression du banditisme.
CNDS : Commission nationale de déontologie de la sécurité.
CNCIS : Commission nationale de contrôle des interceptions de sécurité.
CRS : compagnies républicaines de sécurité.
DAPN : Direction de l'administration de la Police nationale.
DCPJ : Direction centrale de la police judiciaire.
DCRG : Direction centrale des renseignements généraux.
DCSP : Direction centrale de la sécurité publique.
DGPN : Direction générale de la Police nationale.
DGSE : Direction générale de la sécurité extérieure.
DNAT : Division nationale antiterroriste (ex « 6 »).
DST : Direction de la surveillance du Territoire.
FASP : Fédération autonome des syndicats de police.
FPR : fichier des personnes recherchées.
GSPR : groupe de sécurité de la présidence de la République.
IGA : Inspection générale de l'Administration.
IGPN : Inspection générale de la Police nationale.
IGS : Inspection générale des services (sur Paris et petite couronne).
INHES : Institut national des hautes études de sécurité.
INTERPOL : organisation internationale de police criminelle.
MILDT : mission interministérielle de lutte contre la drogue et la toxicomanie.
OCLOO : Office central de lutte contre le crime organisé, fusion de l'OCRB (Office central pour la répression du banditisme), de l'OCRTAEMS (Office central pour la répression du trafic des armes,

explosifs et matières sensibles) et l'OCPRF (Office central chargé des personnes recherchées ou en fuite).

OCRTIS : Office central pour la répression du trafic illicite de stupéfiants.

OPJ : officier de police judiciaire.

PAF : police aux frontières.

PJ : police judiciaire.

PUP : police urbaine de proximité.

PP : Préfecture de police de Paris.

RAID : unité d'assistance, de recherche, d'intervention et de dissuasion.

RG : renseignements généraux.

RGPP : renseignements généraux de la préfecture de police de Paris.

SAT : section antiterroriste du parquet de Paris.

SCHFPN : syndicat des commissaires et hauts fonctionnaires de la Police nationale.

SCTIP : service de coopération technique international de la police.

SDPJ : service départemental de police judiciaire.

SGP-FO : syndicat général de police-Force ouvrière.

SNIP : syndicat national indépendant et professionnel (CRS).

SNOP : syndicat national des officiers de police.

SNRO : section nationale de recherche opérationnelle des RG (ex SORS : section opérationnelle et recherches spécialisées).

SPHP : service de protection des hautes personnalités (ex VO, voyages officiels).

SRPJ : service régional de police judiciaire.

STIC : système de traitement des infractions constatées.

UCLAT : unité de coordination de la lutte antiterroriste.

UNSA Police-SNPT : Union nationale des syndicats autonomes-Syndicat national des policiers en tenue.

USIT : unité de soutien aux investigations territoriales.

Le parler flic

4001. Le système de mesure statistique de l'activité policière.
Aplatir. Interpeller en plaquant au sol le délinquant.
Baveux. L'avocat, car il parle beaucoup.
Beau mec. Un voyou d'envergure.
Bleus. La police en tenue.
Bœufs ou *bœufs-carottes*. Inspection générale des services (la police des polices).
Cage. La cellule de garde à vue.
Client. Le voyou.
Coup d'achat. Pour « ferrer » un dealer, les policiers utilisent leur indic comme appât en lui demandant de jouer l'acheteur auprès du trafiquant.
Coup de vente. Une pratique interdite qui consiste à faire vendre de la drogue par un indic pour appâter un trafiquant
Cousin (*tonton* ou *indic*). L'informateur de police.
C.R. La commission rogatoire délivrée par le juge d'instruction.
Crapauds. Les jeunes de banlieue, parce qu'ils disent : « Quoi, quoi, quoi... ».
Discret. Le système de micros et d'écouteurs dissimulés qui permet aux policiers de communiquer entre eux lors d'une filature.
Dispo. Le dispositif policier de surveillance ou d'intervention.
Emballé. Une fois interpellé, le voyou est amené dans les locaux de police.
Faire bouger. Inciter une personne que l'on surveille à se déplacer, par exemple pour repérer sa cache.
Faire de la bâtonnite. Faire du chiffre, c'est-à-dire, pour un service de police, additionner les faits constatés ou bâtons.
Faire l'environnement. Lister tous les contacts d'un suspect.
Faire un crâne. Effectuer une interpellation.

Faire un flag'. Une arrestation en flagrant délit.
Filoche. La filature.
Flicard. Le gardien de la paix.
Gav. La garde à vue.
Gomme à effacer le sourire. La matraque.
J.V. Un jeune violent.
Maison Poulaga. La police.
Matériel de secteur. Expression utilisée chez les CRS pour désigner les « filles faciles ».
Mettre les pinces. Passer les menottes.
Mexicaine (à la). Lorsqu'un service de police entre sans y être autorisé dans un domicile pour y poser micros, caméras...
Perquis'. La perquisition.
Polprox. La police de proximité.
Prélim'. Agir en préliminaire, c'est-à-dire à la demande du parquet, avant qu'un juge ne délivre une commission rogatoire.
Rossignol. Le trousseau de clefs (faire chanter le rossignol).
Sauter ou *serrer*. Interpeller.
Savonnette. Deux cent cinquante grammes de haschich.
Soum'. Pour sous-marin, le camion banalisé aux vitres teintées, utilisé pour les surveillances discrètes.
Taulier. C'est ainsi que les officiers appellent le commissaire.
TK. Un commandant, en référence à l'indicatif radio utilisé.
Trique. La matraque ou l'interdiction de territoire prononcée par un juge en complément d'une peine. D'où l'expression « être tricard ».
Zonzons. Les écoutes téléphoniques.

Bibliographie sommaire

Bruno AUBRY, *Les Parrains de la côte*, Marseille, L'Écailler du Sud, 2005.

Alain BAUER, *Grand O*, Paris, Gallimard, coll. « Folio », 2002.

Nicolas BEAU, *La Maison Pasqua*, Paris, Plon, 2002.

Stéphane BERTHOMET et Christophe BIGOT, *Le jour où la France tremblera, les vrais risques pour l'Hexagone*, Paris, Ramsay, 2005.

Daniel CARTON, *La Deuxième Vie de Charles Pasqua*, Paris, Flammarion, 1995.

Fausto CATTANEO, *Comment j'ai infiltré les cartels de la drogue*, Paris, Albin Michel, 2001.

Laurent CHABRUN et Franck HÉRIOT, *Cocaïne*, Paris, Le Cherche-Midi, 1998.

Frédéric CHARPIER, *Au cœur de la PJ*, Paris, Flammarion, 1997.

Sophie COIGNARD, *La Vendetta française*, Paris, Albin Michel, 2003.

Thierry COLOMBIÉ, *Le Belge*, Paris, Stock, 2002, 2003.

Christophe DELOIRE et Christophe DUBOIS, *L'Enquête sabotée*, Paris, Albin Michel, 2003.

Jacques FOLLOROU et Vincent NOUZILLE, *Les Parrains corses*, Paris, Fayard, 2004.

Elise GALAND et Romain ICARD, *Suzy contre mon gros loup, Que cache le mystérieux groupe AZF*, Paris, Privé, 2005.

Isabelle HORLANS, *Les Sanguinaires*, Paris, Denoël, 2004.

Pierre JOXE, *Pourquoi Mitterrand*, Paris, Éditions Philippe Rey, 2006.

Gérard JUSTIN, *Par inadvertance, témoignage sur trente ans de police*, publication à compte d'auteur.

Pierre MARTINET, *Un agent sort de l'ombre*, Paris, Privé, 2005.

Patrick MAUDUIT et Stéphane BERTHONET, *Connaître l'enquête policière*, Victoires éditions, 2006.

Dominique MONJARDET, *Ce que fait la police*, Paris, La Découverte, 1996.

Pierre PÉAN, *Affaires africaines*, Paris, Fayard, 1983.

Edwy PLENEL, *Procès*, Paris, Stock, 2006.

Alain ROLLAT et Philippe BOGGIO, *Ce terrible monsieur Pasqua*, Paris, Orban, 1988.

Jean-Michel ROSSI, François SANTONI, entretiens avec Guy BENHAMOU, *Pour solde de tout compte*, Paris, Denoël, 2000.

Patrick ROUGELET, *RG, la machine à scandales*, Paris, Albin Michel, 1997.

Joël TERRY, *Mille jours pour vaincre l'insécurité*, Grâne, Créaphis, 2005.

Table

Cet ouvrage a été composé et mis en pages
par Étianne Composition
à Montrouge.

Cet ouvrage a été imprimé par

FIRMIN DIDOT

GROUPE CPI

Mesnil-sur-l'Estrée

pour le compte des Éditions Robert Laffont
24, avenue Marceau, 75008 Paris
en mars 2006

Dépôt légal : février 2006
N° d'édition : 47089/08 – N° d'impression : 78534

Imprimé en France.